汉哲管理论丛

事业单位
组织人事改革实务

THE REFORM PRACTICE
OF INSTITUTION'S ORGANIZATION AND
PERSONNEL MANAGEMENT

段磊　刘金笛◎编著

中国发展出版社
CHINA DEVELOPMENT PRESS

图书在版编目（CIP）数据

事业单位组织人事改革实务／段磊，刘金笛编著．—北京：中国发展出版社，2014.7

ISBN 978-7-5177-0194-1

Ⅰ.①事… Ⅱ.①段… ②刘… Ⅲ.①行政事业单位—人事制度—体制改革—中国 Ⅳ.①D630.3

中国版本图书馆 CIP 数据核字（2014）第 144990 号

书　　名：事业单位组织人事改革实务
著作责任者：段磊　刘金笛
出 版 发 行：中国发展出版社
（北京市西城区百万庄大街 16 号 8 层　100037）
标 准 书 号：ISBN 978-7-5177-0194-1
经　销　者：各地新华书店
印　刷　者：北京科信印刷有限公司
开　　本：700mm×1000mm　1/16
印　　张：23
字　　数：370 千字
版　　次：2014 年 7 月第 1 版
印　　次：2014 年 7 月第 1 次印刷
定　　价：50.00 元

联 系 电 话：（010）68990630　68990692
购 书 热 线：（010）68990682　68990686
网 络 订 购：http：//zgfzcbs.tmall.com//
网 购 电 话：（010）88333349　68990639
本 社 网 址：http：//www.develpress.com.cn
电 子 邮 件：bianjibu16@vip.sohu.com

序 » Preface

作为区别于政府部门、企业单位的另一组织形式，建国以来，事业单位为我国的经济发展与社会进步做出了巨大的贡献，其历史贡献光辉且不可磨灭。

然而，不可否认，随着国家经济社会发展与民主化、法制化进程的推进，现有体制下的事业单位也面临着诸多难以解决的问题，包括：自身的法律定位问题，民众公益服务需求的提高与事业单位实际提供能力的矛盾，实际运作中的功能不清、政事不分、事企不分问题，以及人员管理方面的引进、激励、退出机制不畅问题，等等。这些问题的存在，已经影响到了事业单位在公共服务方面的作用发挥，影响到了事业单位在我国社会经济秩序中的形象，也影响到了事业单位的健康发展。

然而，事业单位的改革涉及方方面面，可谓任重道远，正是基于这样的现实，党中央、国务院在事业单位改革方面的决策充分体现了超前谋划、科学设计、坚定不移、积极审慎的原则。

2011 年 3 月，国务院公布《中共中央 国务院关于分类推进事业单位改革的指导意见》，明确提出了事业单位分类改革具体要求。

2013 年 11 月，十八届三中全会通过《中共中央关于全面深化改革若干重大问题的决定》，明确提出要加快事业单位分类改革。

2014 年 4 月，李克强总理签发第 652 号国务院令，颁布《事业单位人事管理条例》，该条例于 7 月 1 日起正式执行。

随着“使市场在资源配置中起决定性作用”的经济体制改革的不断深化，事业单位组织人事体制的变革也正在围绕“建立科学、高效的选人、育人、留人、用人机制”而展开，以期真正实现“因事择人、因人任用、事得其人、人尽其才”的目标，使事业单位焕发活力，健康发展。

然而，事业单位的组织人事改革，从其范围、规模、难度来看，无论在我国还是国外都是首例，这就必然会面临理论上的困境，设计中的困惑，操作中的困难。在这方面，需要我国的政府与行政管理学者、人力资源管理学者、法律学者等共同努力，为改革提供理论支撑。更为现实的一点，通过总结改革中的成功经验与案例，为大面积推动改革提供实战技术与策略方面的帮助。本书正是基于这样的目的而编著。

在本书的第一章，对于事业单位的概念、分类特征与发展历程进行了描述，对于事业单位改革的背景、阶段、目标、难点等进行了分析和介绍。

在第二章，对于国外公共服务组织的发展与改革经验进行了探讨，以期帮助改革者拓展视野，打开思路，找到可资借鉴之处。

在第三至第九章，分别从事业单位的组织管理、岗位管理、绩效管理、薪酬管理、基础人事管理、人才开发、人事管理信息化等七个方面进行介绍。在每个章节，都遵循“概念介绍—事业单位现存问题—改革技术与方法—改革案例与实战”四个步骤，谈概念、摆问题、讲方法、看案例，让读者能够清晰地掌握该部分的理论要点和技术方法。

特别需要说明的是，在各章节之后，本书收集、整理了十九个事业单位的组织人事改革方面的实战案例，这些案例涉及教科文卫等多个领域，有背景介绍，有改革过程，有技术方法，也有改革效果描述与分析，这些案例生动形象，具有很强的操作性，有利于帮助读者迅速找到改革的模板和范例，并从以上案例中汲取经验与教训。在改革全面铺开的今天，这些案例应该说弥足珍贵。

未来，随着事业单位分类改革的深入推进，单位的组织人事管理也将迎来巨大的变革和发展。在这个变革和发展的过程中，一定会出现许多新的问题需要国家、社会、事业单位本身以及关注事业单位发展和改革的每一位有识之士共同去分析、探讨、研究，期望本书能够为读者在这方面的思考、工作提供一些帮助，也欢迎大家就书中的问题进行更为深入的探讨。

本书的编纂，毫无疑问是站在巨人的肩膀之上，在此，对给予本书以启发、帮助与支持的国内外学者、专家、研究机构表示诚挚的谢意，对于所引用案例的作者致以深深的谢意。如有引用不妥之处，也欢迎与我们联系，再版时一定进行调整。

由于时间和水平所限，书中难免有疏漏、不确之处，恳请读者提出宝贵意见，以利再版的修改。

作为中国领先的行政研究机构——北京大学政府管理学院的博士，也以此书献给我亲爱的的母校，献给培养我的亲爱的导师们，希望这本书能够不辱使命，为中国的事业单位改革尽一份绵薄之力。

段　磊

2014 年 6 月于北大燕园

目 录

第一章
事业单位发展及改革

作为一种社会组织形式，事业单位广泛分布于我国科学研究、文化教育、医疗卫生、体育、新闻出版、广播影视、社会福利、环境保护、城市公用事业等各个领域，它的不断发展和演变对社会经济发展和科学技术进步起到了决定性的作用。在新的形势、新的要求之下，事业单位将承载更多的历史使命和责任，它的发展与改革已经成为我们国家和社会面临的重大课题。

第一节　事业单位概念界定

为了更好地研究、理解事业单位的发展及改革，首先要从事业单位的基本概念谈起。因考察角度和理解方式的不同，在不同历史时期，对事业单位概念的认识存在着较大差异；对于事业单位的内涵界定，也分别从组织目的、组织职能、组织属性、经费来源、产出成果形式等多个角度出发，呈现出了不同的结论。本书着重从工具书、规范性文件、学术研究三个角度去归纳、总结事业单位的基本内涵。

一、工具书对“事业单位”的定义

《辞海》中对事业单位的定义是：“受国家机关领导、所需经费由国库开支、不实行经济核算的部门或单位，如学校、医院、科研机构等。”

《中国大百科全书》中对事业单位的定义为：“以增进社会福利、满足社会文化、教育、科学、卫生等方面需要，提供各种社会服务为直接目的，其工作成果与价值不直接表现或主要不表现为可以估量的物质形态或货币形态的组织形式。”

二、规范性文件对于“事业单位”的定义

1955 年第一届全国人大第二次会议《关于 1954 年国家预算和 1955 年国家预算的报告》是我国官方文件中第一次使用“事业单位”这个概念。

1963 年的《国务院关于编制管理的暂行办法（草案）》是这样定义事业单位的：“为国家创造或者改善生产条件，促进社会福利，满足人民文化、教育、卫生等需要，其经费由国家事业费开支的单位。”

1965 年的《国家编制委员会关于划分国家机关、事业、企业编制界限的意见》则表述为：“凡是直接从事为工农业生产和人民生活等服务活动，产生的价值不能用货币表现，属于全民所有制单位的编制，列为国家事业单位编制。”

1984 年全国编制工作会议印发的《关于国务院各部门直属事业单位编制管理的试行办法（讨论稿）》这样表述：“凡是为国家创造或者改善生产条件，从事为国民经济、人民文化生活、增进社会福利等服务活动，不是以为国家积累资金为直接目的的单位，可定为事业单位，使用事业编制。”

1986 年，《民法通则》第 50 条第 2 款规定：“具备法人条件的事业单位、社会团体，依法不需要办理法人登记的，从成立之日起，具有法人资格；依法需要办理法人登记的，经核准登记，取得法人资格。”事业单位法人作为中国特色的一个法人类型，正式出现在国家的民事立法中，但《民法通则》没有对事业单位这类社会组织的内涵予以明确限定。

1999 年，《中华人民共和国公益事业捐赠法》规定：“公益性非营利的事业单位是指依法成立的，从事公益事业的不以营利为目的的教育机构、科学研究机构、医疗卫生机构、社会公共文化机构、社会公共体育机构和社会福利机构等。”初步规范了事业单位概念的基本内涵，明确了事业单位法人作为市场主体的资格、性质和地位，标志着事业单位这一组织形式在市场经济条件下正逐步走向规范化和法制化。

2004 年修订的《事业单位登记管理暂行条例》的表述值得重视：“本条例

所称事业单位，是指国家为了社会公益目的，由国家机关举办或者其他组织利用国有资产举办的，从事教育、科技、文化、卫生等活动的社会服务组织。”这个概念限定了事业单位的出资人只能是国家。

三、学术研究领域对于“事业单位”的定义

民法学者着重从法人分类角度解释事业单位法人。佟柔教授认为，事业法人是依靠国家预算拨款从事经济活动以外的业务活动的各类组织，如以实现社会主义国家文教、卫生、学术等职能为目的的国家机关和社会团体。江平教授认为，事业单位法人是指从事非营利性的、社会各项公益事业的法人，如学校、医院等。事业单位法人虽然有时也取得一定利益，如文化演出等，但获取利益并不是事业单位法人本身的目的和宗旨。彭万林认为，事业单位法人是从事非营利性的各项社会公益事业的各类法人，包括从事文化、教育、卫生、体育、新闻出版等公益事业的单位。这类法人不以营利为目的，一般不参与生产和经营活动，虽然有时也能取得一定收益，但属于辅助性质。

公共管理学者则侧重从组织属性角度解释事业单位。黄恒学认为所谓“事业单位”，是指受国家行政机关领导，没有生产收入，所需经费由国库支出，不实行经济核算，提供非物质生产和劳务服务的社会组织。娄成武等主编的《公共事业管理学》把事业单位定义为“以特定的公共利益为目标、提供公共服务的非营利性的组织，包括事业单位、社会团体（不包括民主党派等政治组织）、民主非企业单位”。

由著名社会学者成思危先生主编的《中国事业单位改革——模式选择与分类引导》中，把事业单位定义为：为了社会公益目的，由各级政府、企业法人、社团法人或公民个人出资以及上述法人和自然人的某种合资形式依法举办的，依法自主运作，独立承担民事责任，从事教育、科技、文化、卫生、体育等方面的非营利性社会服务活动的独立法人。

尽管以上三类定义有所不同，但其共同点也非常明显，即都认可事业单位的存在使命是为社会提供非营利性的公共服务。

第二节 事业单位分类与特征

一、事业单位分类

大多数事业单位建立的目的是提供公共服务，而事业单位提供的服务类型十分繁杂，其客户包括社会公众、个人、农户、企业以及各类党政机关。在这一庞大的体系中，其隶属关系、所有制关系、服务对象、资金来源等都不尽相同，为了便于分类管理，通常采用各种分类标准，把事业单位分为若干类别。

按照工作内容、服务对象的不同，可以划分为教育事业、科研事业、文化文艺事业、新闻出版事业、广播电视事业、卫生事业、社会福利事业等。按照隶属关系的不同，可以分为国务院所属事业单位、中央部委和省（市）政府所属事业单位、地区（市）政府所属事业单位、县（市、区）政府和乡政府所属事业单位等。按照所有制形式的不同，可以分为全民所有制事业单位、集体所有制事业单位和股份制事业单位等。按照资金来源的不同，可以划分为“全额拨款”、“参公（即参照公务员）”、“财政补贴”、“自收自支”等类型。按照事业单位的社会功能，也可划分为行政支持类事业单位、社会公益类事业单位（纯公益类事业单位、准公益类事业单位）、经营类事业单位。

根据《中共中央 国务院关于分类推进事业单位改革的指导意见》，按照社会功能，将现有事业单位划分为承担行政职能、从事生产经营活动和从事公益服务三个类别。

①承担行政职能的事业单位，即承担行政决策、行政执行、行政监督等职能的事业单位。认定行政职能的主要依据是国家有关法律法规和中央有关政策规定。这类单位逐步将行政职能划归行政机构，或转为行政机构。今后，不再批准设立承担行政职能的事业单位。

②从事生产经营活动的事业单位，即所提供的产品或服务可以由市场配置资源、不承担公益服务职责的事业单位。这类单位要逐步转为企业或撤销。今

后，不再批准设立从事生产经营活动的事业单位。

③从事公益服务，即面向社会提供公益服务和为机关行使职能提供支持保障的事业单位。改革后，只有这类单位继续保留在事业单位序列。根据职责任务、服务对象和资源配置方式等情况，将从事公益服务的事业单位又细分为公益一类和公益二类。

公益一类事业单位，即承担义务教育、基础性科研、公共文化、公共卫生及基层基本医疗服务等基本公益服务，不能或不宜由市场配置资源的事业单位。这类单位不得从事经营活动，其宗旨、业务范围和服务规范由国家确定。

公益二类事业单位，即承担高等教育、非营利医疗等公益服务，可部分由市场配置资源的事业单位。这类单位按照国家确定的公益目标和相关标准开展活动，在确保公益目标的前提下，可依据相关法律法规提供与主业相关的服务，收益的使用按国家有关规定执行。

二、事业单位特征

首先，服务性是事业单位最基本、最鲜明的特征。事业单位主要分布在教、科、文、卫等领域，是保障国家政治、经济、文化生活正常开展的社会服务支持系统。

其次，公益性是由事业单位的社会功能和市场经济体制的要求决定的。在社会主义市场经济条件下，在一些领域，某些产品或服务，如教育、卫生、基础研究、市政管理等，不能或无法由市场来提供，但为了保证社会生活的正常进行，就要由政府组织、管理或者委托社会公共服务机构从事上述社会公共产品的生产，以满足社会发展和公众的需求。

第三，绝大多数事业单位是以脑力劳动为主体的知识密集性组织，专业人才是事业单位的主要人员构成，利用科技文化知识为社会各方面提供服务是事业单位的主要手段。虽然事业单位主要不从事物质产品的生产，但由于其在科技文化领域的地位，对社会进步起着重要的推动作用，是社会生产力的重要组成部分，在国家科技创新体系中，居于核心地位。

第三节 事业单位发展及改革

一、事业单位的历史沿革及改革背景

事业单位作为我国特殊的社会组织，它的产生与发展有着特定的历史背景。新中国成立以后，在当时的计划经济体制下，国家为了适应社会主义建设的发展和满足人民群众精神文化生活的需要，设立了大量的从事教育、科技、文化、卫生等公共服务的社会组织。时至今日，事业单位仍是我国各类人才的重要集聚地，是社会主义物质文明和精神文明建设的重要力量，是实施科教兴国战略、推进社会主义现代化建设的重要领地。

截至2010年底，全国行政事业单位总资产为119741亿元，按照每年10%左右的速度增长，目前这一资产规模已经超过12万亿，在编人员近3000万，事业机构大体有25种行业类别，包括：教育、科研、勘察设计、勘探、文化、卫生、体育、新闻出版、农林牧水、交通、气象、地震、海洋、环保、测绘、信息咨询、标准计量、知识产权、进出口商检、物资仓储、城市公用、社会福利、经济监督、机关后勤，等等。

据统计，事业单位拥有我国60%的人才，三分之一的国有资产，其经费支出占政府支出的30%以上，而对GDP的贡献只有5%～10%。从整体上看，事业单位为我国的经济社会发展作出了重要的贡献，尤其是在推动社会发展、扩大公益服务方面，起着十分重要的作用。但是，也有一些事业单位，占用国家资源，享受财政支持，却没能充分、有效地提供服务，履行职责，而是利用事业单位非政非企又亦政亦企的模糊定位，最大限度地运用、享受着政府部门、企业两方面的有利条件，最大限度地游离于政府的行政约束和企业的市场压力之外，其结果必然是扰乱了经济运行规则，破坏了社会资源的合理配置。许多事业单位甚至成为腐败现象滋生的土壤和国有资产流失的渠道。

《中共中央 国务院关于分类推进事业单位改革的指导意见》明确指出：事业单位是经济社会发展中提供公益服务的主要载体，是我国社会主义现代化建设的重要力量。改革开放特别是党的十六大以来，各地区各有关部门积极探索事业单位改革，不断创新事业单位体制机制，稳步推进教育、科技、文化、卫生等行业体制改革，积累了有益经验，取得了明显成效，为进一步推进改革奠定了基础。事业单位提供公益服务总量不断扩大，服务水平逐步提高，在促进经济社会发展、改善人民群众生活方面发挥了重要作用。

当前，我国正处于全面建设小康社会的关键时期，加快发展社会事业、满足人民群众公益服务需求的任务更加艰巨。面对新形势、新要求，我国社会事业发展相对滞后，一些事业单位功能定位不清，政事不分，事企不分，机制不活；公益服务供给总量不足，供给方式单一；资源配置不合理，质量和效率不高；支持公益服务的政策措施不完善，监督管理薄弱。这些问题都影响到了公益事业的健康发展，迫切需要通过分类推进事业单位改革加以解决。

分类推进事业单位改革，是深入贯彻落实科学发展观、构建社会主义和谐社会的必然要求，是推进政府职能转变、建设服务型政府的重要举措，是提高事业单位公益服务水平、加快各项社会事业发展的客观需要。必须从改革开放和社会主义现代化建设全局的高度，充分认识分类推进事业单位改革的重大意义，切实增强责任感和紧迫感，坚定不移地把这项改革推向深入。

事业单位改革是一项艰巨、复杂、系统的工作，不仅涉及130万个单位、近3000万工作人员，不仅涉及事业单位与事业体制，而且与经济体制、政治体制、社会体制息息相关。同时，我国的事业单位是在几十年计划经济体制孕育下形成的，功能定位、管理体制、运行方式、组织个性根深蒂固且有强大的体制惯性，而且与经济体制、行政管理体制改革相比，我国事业单位、事业体制方面的改革严重滞后。因此，事业单位改革必然是涉及面广、触及深层次体制、艰苦而复杂的工作。从某种意义上说，事业单位体制不仅是制约事业单位发展的巨大障碍，而且已经成为制约我国经济体制、政治体制改革及社会转型的重要因素，深化事业单位改革更加具有紧迫性。

二、事业单位改革的阶段及进程

改革开放以来，伴随着经济体制改革和行政管理体制改革的深化，事业单位改革也在不断推进，已经在部分行业和某些地方取得了重要进展。党的十一届三中全会至今，我国事业单位改革大体经历了四个阶段。

第一阶段：1978 年党的十一届三中全会到 1992 年党的十四大期间

这一阶段主要是拨乱反正，恢复社会事业，适当下放各类事业单位的管理权，大多数事业单位实行行政首长负责制，行政首长对本单位有经营管理权、机构设置权、用人自主权和分配决定权。

1985 年 3 月，中央下发了《关于科学技术体制改革的决定》，科技体制改革全面展开。

1985 年 4 月，国务院批转了卫生部《关于卫生工作改革若干政策问题的报告》，对卫生事业单位改革提出了要求。

1985 年 5 月，中央又下发了《关于教育体制改革的决定》，决定对教育事业单位进行改革：有步骤地实行九年制义务教育，基础教育由地方负责、分级管理；调整中等教育结构，大力发展职业技术教育；改革高等学校的招生计划和毕业生分配制度，扩大高等学校办学自主权。

1985 年，中办、国办又转发了文化部《关于艺术表演团体改革的意见》，对文化事业单位改革作出了部署。

在上述一系列文件的指导下，从 1985 年开始，我国事业单位改革在科研、卫生、教育、文艺等领域陆续展开。

第二阶段：1992 年党的十四大到 2002 年党的十六大期间

1993 年，党中央印发《关于党政机构改革的方案》和《关于党政机构改革方案的实施意见》。意见明确提出事业单位改革的方向是实行政事分开，推进事业单位的社会化。

1996 年，中办、国办印发了《中央机构编制委员会关于事业单位改革若干问题的意见》。这是党和国家就事业单位改革下发的第一个专门文件。文件提出了事业单位改革的指导思想和目标，以及事业单位改革的具体措施。

1998 年 7 月，国务院印发了《关于调整撤并部门所属学校管理体制的决定》，国办转发了教育部等部门《关于调整撤并部门所属学校管理体制的实施意见》。

1998 年 12 月，国办转发了国务院机关事务管理局、中央编办《关于深化国务院各部门机关后勤体制改革意见》。

1999 年 2 月，国务院转发了科技部、中央编办等 5 部门《关于国家经贸委管理的 10 个国家局所属科研机构管理体制改革的意见》。

1999 年 4 月，国办转发了国土资源部、中央编办、体改办《地质勘查队伍管理体制改革方案》。

1999 年 8 月，中办、国办下发了《关于调整中央国家机关和省、自治区、直辖市厅局报刊结构的通知》。

1999 年 8 月和 2000 年 5 月，国办分别下发了《关于清理整顿经济鉴证类社会中介机构的通知》

2000 年 2 月，国办转发了教育部等部门《关于调整国务院部门（单位）所属学校管理体制和布局结构实施的意见》。

2001 年 8 月，中办、国办转发了中宣部、国家广电总局、新闻出版总署《关于深化新闻出版广播影视业改革的若干意见》。

所有这些文件，对各类事业单位的改革都提出了具体政策，事业单位改革分领域不断推进。

第三阶段：2002 年党的十六大至 2007 年党的十七大期间

十六届三中全会提出“继续推进事业单位改革”，四中全会、五中全会进一步提出“加快推进事业单位分类改革”。

2003 年 7 月开始，在党中央、国务院的领导下，在中央文化体制改革试点工作领导小组的具体指导下，在全国 9 个地区和 35 个单位进行了文化体制改革试点。

2005 年底，党中央、国务院下发了《关于深化文化体制改革的若干意见》，文化事业单位改革全面推进。

在从 2003 年开始的农村配套改革的乡镇机构改革中，把乡镇事业单位改革作为一个重要方面，结合乡镇行政机构一并进行改革。

第四阶段：2007 年党的十七大至今

十七届二中全会通过的《关于深化行政管理体制改革的意见》对深化事业单位改革提出了具体要求，明确按照政事分开、事企分开和管办分离的原则，对现有事业单位分三类进行改革。

2008年国务院决定在山西、上海、浙江、广东、重庆进行事业单位改革试点。

2008年10月，国办印发了《关于文化体制改革中经营性文化事业单位转制为企业和支持文化企业发展两个规定的通知》，明确了改革的配套政策措施。到2008年底，全国333个地级市中，开展文化事业单位改革的已达117个。

2009年，对出版社进行改革，全国出版社除保留4家外，全部改制为企业；杂志社的转企改制工作也逐步展开。

2009年4月，党中央、国务院下发了《关于深化医药卫生体制改革的意见》，提出医药卫生体制改革坚持公共医疗卫生的公益性质，实行政事分开、管办分开、医药分开、营利性和非营利性分开，以建立健全覆盖城乡居民的基本医疗卫生制度。

2010年2月，卫生部、中央编办、发展改革委、财政部、人力资源和社会保障部联合下发了《关于印发公立医院改革试点指导意见的通知》，决定在各省、区、市分别选择1~2个城市（城区）进行公立医院改革试点，国家选择16个有代表性的城市进行公立医院改革试点。

2011年3月，国务院公布《中共中央 国务院关于分类推进事业单位改革的指导意见》，明确提出了事业单位分类改革的具体要求。

2011年11月，国务院公布《事业单位人事管理条例（征求意见稿)》，征求意见稿规定，国家建立事业单位工作人员工资的正常增长机制；工作人员的工资水平应当与国民经济发展相协调、与社会进步相适应。

2013年11月，十八届三中全会通过的《中共中央关于全面深化改革若干重大问题的决定》中明确提出：加快事业单位分类改革，加大政府购买公共服务力度，推动公办事业单位与主管部门理顺关系和去行政化，创造条件，逐步取消学校、科研院所、医院等单位的行政级别。建立事业单位法人治理结构，推进有条件的事业单位转为企业或社会组织。建立各类事业单位统一登记管理制度。

三、事业单位改革的目标与工作重点

1. 指导思想、基本原则和总体目标

指导思想：高举中国特色社会主义伟大旗帜，以邓小平理论和“三个代表”重要思想为指导，深入贯彻落实科学发展观，按照政事分开、事企分开和管办分离的要求，以促进公益事业发展为目的，以科学分类为基础，以深化体制机制改革为核心，总体设计、分类指导、因地制宜、先行试点、稳步推进，进一步增强事业单位活力，不断满足人民群众和经济社会发展对公益服务的需求。

基本原则：坚持以人为本，把提高公益服务水平、满足人民群众需求作为出发点和落脚点；坚持分类指导，根据不同类别事业单位的特点，实施改革和管理；坚持开拓创新，破除影响公益事业发展的体制机制障碍，鼓励进行多种形式的探索和实践；坚持着眼发展，充分发挥政府主导、社会力量参与和市场机制的作用，实现公益服务提供主体多元化和提供方式多样化；坚持统筹兼顾，充分发挥中央和地方两个积极性，注意与行业体制改革、政府机构改革等相衔接，妥善处理改革发展稳定的关系。

总体目标和阶段性目标：到2020年，建立起功能明确、治理完善、运行高效、监管有力的管理体制和运行机制，形成基本服务优先、供给水平适度、布局结构合理、服务公平公正的中国特色公益服务体系。今后5年，在清理规范基础上完成事业单位分类，承担行政职能事业单位和从事生产经营活动事业单位的改革基本完成，从事公益服务事业单位在人事管理、收入分配、社会保险、财税政策和机构编制等方面改革取得明显进展，管办分离、完善治理结构等改革取得较大突破，社会力量兴办公益事业的制度环境进一步优化，为实现改革的总体目标奠定坚实基础。

2. 改革内容

（1）科学划分事业单位类别

①清理规范现有事业单位。对未按规定设立或原承担特定任务已完成的，

予以撤销。对布局结构不合理、设置过于分散、工作任务严重不足或职责相同相近的，予以整合。

②划分现有事业单位类别。在清理规范基础上，按照社会功能将现有事业单位划分为承担行政职能、从事生产经营活动和从事公益服务三个类别。对承担行政职能的，逐步将其行政职能划归行政机构或转为行政机构；对从事生产经营活动的，逐步将其转为企业；对从事公益服务的，继续将其保留在事业单位序列，强化其公益属性。今后，不再批准设立承担行政职能的事业单位和从事生产经营活动的事业单位。

③细分从事公益服务的事业单位。根据职责任务、服务对象和资源配置方式等因素，将从事公益服务的事业单位细分为两类：承担义务教育、基础性科研、公共文化、公共卫生及基层基本医疗服务等基本公益服务、不能或不宜由市场配置资源的，划入公益一类；承担高等教育、非营利医疗等公益服务、可部分由市场配置资源的，划入公益二类。具体由各地结合实际研究确定。

（2）推进承担行政职能的事业单位改革

①严格认定标准和范围。根据国家有关法律法规和中央有关政策规定，按照是否主要履行行政决策、行政执行、行政监督等职能，从严认定承担行政职能的事业单位。

②区分不同情况实施改革。结合行政管理体制改革和政府机构改革，特别是探索实行职能有机统一的大部门体制，推进承担行政职能的事业单位改革。涉及机构编制调整的，不得突破政府机构限额和编制总额，主要通过行政管理体制和政府机构改革中调剂出来的空额逐步解决。对部分承担行政职能的事业单位，要认真梳理职能，将属于政府的职能划归相关行政机构；职能调整后，要重新明确事业单位职责、划定类别，工作任务不足的予以撤销或并入其他事业单位。对完全承担行政职能的事业单位，可调整为相关行政机关的内设机构；确需单独设置行政机构的，要按照精简效能原则设置。已认定为承担行政职能但尚未调整到位的事业单位，在过渡期内继续按照现行法律法规和政策规定履行职责，使用事业编制且只减不增，人事、财务、社会保险等依照国家现行政策规定实施管理。

（3）推进从事生产经营活动的事业单位改革

①推进转企改制。制定从事生产经营活动的事业单位的转企改制方案，按

照有关规定进行资产清查、财务审计、资产评估，核实债权债务，界定和核实资产，由同级财政部门依法核定国家资本金。转制单位要按规定注销事业单位法人，核销事业编制，进行国有资产产权登记和工商登记，并依法与在职职工签订劳动合同，建立或接续社会保险关系。事业单位转企改制后，要按照现代企业制度要求，深化内部改革，转变管理机制，并依照政企分开、政资分开的原则，逐步与原行政主管部门脱钩，其国有资产管理除国家另有规定外，由履行国有资产出资人职责的机构负责。

②完善过渡政策。为平稳推进转制工作，可给予过渡期，一般为5年。在过渡期内，对转制单位给予适当保留原有税收等优惠政策，原有正常事业费继续拨付。在离退休待遇方面，转制前已离退休人员，原国家规定的离退休费待遇标准不变，支付方式和待遇调整按国家有关规定执行；转制前参加工作、转制后退休的人员，基本养老金的计发和调整按照国家有关规定执行，保证离退休人员待遇水平平稳衔接。在医疗保障方面，离休人员继续执行现行办法，所需资金按原渠道解决；转制前已退休人员，转制后继续按规定享受职工基本医疗保险、补充医疗保障等待遇。有条件的转制单位，可按照有关规定为职工建立补充医疗保险和企业年金，要做好离退休人员的服务管理工作。

(4) 推进从事公益服务事业单位改革

①明确改革目的。强化事业单位的公益属性，进一步理顺体制、完善机制、健全制度，充分调动广大工作人员的积极性、主动性、创造性，真正激发事业单位生机与活力，不断提高公益服务水平和效率，促进公益事业大力发展，切实为人民群众提供更加优质、高效的公益服务。

②改革管理体制。实行政事分开，理顺政府与事业单位的关系。行政主管部门要加快职能转变，创新管理方式，减少对事业单位的微观管理和直接管理，强化制定政策法规、行业规划、标准规范和监督指导等职责，进一步落实事业单位法人自主权。对面向社会提供公益服务的事业单位，积极探索管办分离的有效实现形式，逐步取消行政级别。对不同类型事业单位实行不同的机构编制管理，科学制定机构编制标准，合理控制总量，着力优化结构，建立动态调整机制，强化监督管理。

③建立健全法人治理结构。面向社会提供公益服务的事业单位，探索建立理事会、董事会、管委会等多种形式的治理结构，健全决策、执行和监督机

制，提高运行效率，确保公益目标实现。不宜建立法人治理结构的事业单位，要继续完善现行管理模式。

④深化人事制度改革。以转换用人机制和搞活用人制度为核心，以健全聘用制度和岗位管理制度为重点，建立权责清晰、分类科学、机制灵活、监管有力的事业单位人事管理制度。加快推进职称制度改革。对不同类型事业单位实行分类人事管理，依据编制管理办法分类设岗，实行公开招聘、竞聘上岗、按岗聘用、合同管理。

⑤深化收入分配制度改革。以完善工资分配与激励约束机制为核心，健全符合事业单位特点、体现岗位绩效和分级分类管理要求的工作人员收入分配制度；结合规范事业单位津贴、补贴的要求，实施绩效工资；进一步做好义务教育学校、公共卫生与基层医疗卫生事业单位绩效工资制度的推行工作；对其他事业单位，按照分类指导、分步实施、因地制宜、稳慎推进的原则，实施绩效工资。各地区、各部门要根据改革进程探索对不同类型事业单位实行不同的绩效工资管理办法，分步实施到位。同时，要完善事业单位的工资正常调整机制。

⑥推进社会保险制度改革。完善事业单位及其工作人员参加基本养老、基本医疗、失业、工伤等社会保险政策，逐步建立起独立于单位之外、资金来源多渠道、保障方式多层次、管理服务社会化的社会保险体系。事业单位工作人员基本养老保险实行社会统筹和个人账户相结合，养老保险费由单位和个人共同负担，个人缴费全部记入个人账户。养老保险基金单独建账，实行省级统筹，基本养老金实行社会化发放。实行“老人老办法、新人新制度、中人逐步过渡”，对改革前参加工作、改革后退休的人员，妥善保证其养老待遇水平平稳过渡、合理衔接，保持国家规定的待遇水平不降低。建立事业单位工作人员职业年金制度。统筹考虑企业、事业单位、机关离退休人员的养老待遇水平。

⑦加强对事业单位的监督。建立事业单位绩效考评制度，考评结果作为确定预算、负责人奖惩与收入分配等的重要依据。加强审计监督和舆论监督。面向社会提供公益服务的事业单位，要建立信息披露制度，重要事项和年度报告要向社会公开，涉及人民群众切身利益的重大公益服务事项，要进行社会公示和听证。

⑧全面加强事业单位党的建设。按照党章和有关规定，及时调整党的组织设置，理顺隶属关系，选好配强党组织领导班子，加强党员教育、管理、服务，做好思想政治工作，推进精神文明建设，领导工会、共青团等群众组织开展工作，充分发挥党组织在促进事业发展、完成本单位中心任务中的领导核心或政治核心作用，保证党的基本路线方针政策在事业单位的贯彻执行。

(5) 构建公益服务新格局

①大力发展公益服务。适应经济社会发展和人民群众需要，不断拓展公益服务领域，增加公益服务品种，扩大公益服务供给总量。发挥政府主导作用，引导社会力量广泛参与，引入市场竞争机制，充分调动各方面积极性，不断增强公益事业发展活力。通过改革，形成提供主体多元化、提供方式多样化的公益服务新格局，努力为人民群众提供广覆盖、多层次的公益服务。

②强化政府责任。按照逐步实现基本公共服务均等化的要求，优先发展直接关系人民群众基本需求和国家安全、社会稳定的公益服务，促进公益服务公平公正。加快发展农村、欠发达地区和民族地区公益事业，缩小城乡之间、地区之间公益服务水平差距，切实满足广大农民和城市低收入群体医疗、教育、文化等公益服务需求。优化公益服务资源配置，合理规划布局，科学设置事业单位，打破条块分割和行政区划界限，推进资源共享。创新公益服务提供方式，完善购买服务机制，提高服务质量和效率。

③鼓励社会力量兴办公益事业。完善相关政策，放宽准入领域，推进公平准入，鼓励社会力量依法进入公益事业领域。对社会力量兴办公益事业的，在设立条件、资质认定、职业资格与职称评定、税收政策和政府购买服务等方面，与事业单位公平对待，并切实加强监管，引导其健康发展。完善和落实税收优惠政策，鼓励企业、社会团体和公民个人捐赠公益事业。大力倡导和发展志愿服务。

④充分发挥市场机制作用。完善扶持政策，充分发挥市场在公益事业领域资源配置中的积极作用，为社会资本投资创造良好环境，推动相关产业加快发展，满足人民群众多层次、多样化服务需求。

(6) 完善支持公益事业发展的财政政策

①加大财政对公益事业发展支持力度。加快建立健全公共财政体系，调整支出结构，加大投入力度，着力构建财政支持公益事业发展长效机制。制定和

完善支持社会力量兴办公益事业的财政政策，形成多渠道筹措资金发展公益事业的投入机制。对事业单位的财政资金使用情况进行绩效考评，严格资金管理，提高使用效益。

②改革和完善财政支持方式。按照国家政策和以事定费的原则，结合不同事业单位的具体特点和财力，对不同类型事业单位实行不同的财政支持办法，合理制定标准，实行动态调整，健全监管制度，充分发挥财政资金的效用。对公益一类，根据正常业务需要，财政给予经费保障；对公益二类，根据财务收支状况，财政给予经费补助，并通过政府购买服务等方式予以支持。

③推进预算管理、政府采购和国有资产管理改革。研究建立事业单位资产配置标准体系，促进资产管理与预算编制有机结合，强化事业单位政府采购预算管理与执行，规范政府采购操作执行行为。加强行政事业性收费管理，严格收费项目和标准审批。建立健全事业单位财务会计和国有资产管理制度，加强财务监督，确保财政资金和国有资产使用规范、安全和有效。

（7）认真做好组织实施工作

①加强领导。分类推进事业单位改革，事关经济社会发展全局，是一场广泛而深刻的变革，任务复杂艰巨。为加强对改革工作的领导，中央建立了分类推进事业单位改革工作部际联席会议制度，负责交流改革情况、研究共性问题、提出工作建议等工作，具体工作由中央编办承担。教育、科技、文化、卫生、新闻出版等部门都要按照现行的领导体制和政策规定，继续推动行业体制改革。中央和国家机关负责组织所属事业单位进行改革。中央编办、财政部、人力资源社会保障部等部门各司其职，密切配合，指导做好相关工作。各省（区、市）党委和政府对本地区的改革负总责，建立领导小组，健全工作机制，结合实际研究制定实施意见并抓好组织落实。

②稳步实施。坚持分类指导、分业推进、分级组织、分步实施的工作方针，注意把握节奏，加强统筹协调，做到条块结合、上下结合，条件成熟的可率先改革，暂不具备条件的允许过渡，不搞“一刀切”。应继续深化改革试点，不断总结试点经验，完善相关政策措施。严禁突击提拔干部、严禁超职数配备干部或违反规定提高干部职级待遇。切实加强新闻宣传和思想政治工作，正确引导社会舆论，营造良好改革氛围，确保社会和谐稳定，确保国有资产不流失，确保公益事业健康发展。

3. 改革方向与理念

经过30多年的历程，我国的改革已走过“摸着石头过河”的阶段，改革的顶层设计已开始破题，事业单位改革也不例外。关于事业单位改革的方向与理念，归纳而言就是三句话：政事分开，事企分开，管办分离。强化事业单位的公益属性，是此次事业单位分类改革中尤为突出的主导理念。事业单位就是公益属性的事业单位，不再包括行政类和经营类的事业单位，即“甩掉两头、留下中坚”。

所谓“政事分开”，就是行政归行政，事业归事业。行政机构履行管理职能，事业单位承担公益服务，分工明确，各干各的，绝不能一个部门半行政半事业，不伦不类。实现这个“分开”要做两方面的工作。

一是强化规范行政管理行为。既然部分事业单位肩负着行政管理的职能，而且确有存在必要，那就让这部分事业单位的职能回归行政管理部门，其人员成为公务员。随着社会发展，行政管理内容与领域的扩大是必然的，不能因为政府精简机构，压缩编制，就让这部分职能与人员悬空。就目前来看，一些事业单位回归行政部门并不必然导致行政机构与行政编制膨胀。裁减行政机构内部现有冗员和现有空转机构，可以在很大程度上解决事业单位回归的编制问题。

二是做大做强社会公益服务。社会再发展，也肯定有市场解决不了也不愿解决的问题，这就需要社会公益事业作为必要的补充。随着社会的发展，社会公益事业的范围与内容也会不断扩大和丰富，这部分事业是事业单位存在的使命所在，也是不可推卸的责任。承担这部分职能的单位是未来事业单位的主体，是名副其实的事业单位。此类事业单位的规模、数量、种类会不断扩大，也必须不断扩大，才能更好地满足社会发展的客观需求和人民群众的期待。

所谓“事企分开”，就是事业是事业，企业是企业。事业单位不能推卸公益责任，也不能抢企业的饭碗。可以市场化的事业单位，既然已经在干企业的事，就应当彻底走向市场，以企业身份与其他企业开展公平竞争，不能身后还系着一根“保险绳”。正因为事业单位是非营利性的，才有政府财政拨款一说。既然这个单位已经可以在市场活动中盈利，就不应再依靠财政的支持。图书出版单位的改革，就是一个很好的例子。将来，会有更多的事业单位走上这条道路。

所谓“管办分离”，是指事业单位与行政部门的关系。纯粹的事业单位无法自负盈亏，必须依靠财政拨款，因而，政府有责任对事业单位的运行效果进行监督和管理。但“管”是有特定内容的：重在管钱而不是管人，管结果而不是管过程。行政部门要负起“管”好公益事业的责任，把事业单位的“事业”与“干事业的人”管起来，但“办”就应当让事业单位自己去承担，业务操作、人员招聘与使用、工资福利等微观运行的权力就应当真正交给事业单位去行使，行政部门不宜插手过多。

不同类型事业单位的改革方向，以及改革前后的问题对比，如表 1.1 所示。

表 1.1　　不同类型事业单位的改革方向及改革前后问题对比

分类	主要涉及单位	改革方向	改革前后
承担行政职能的事业单位	地震局、气象局、电监局、海洋局、林业局、国家统计局调查队、保监会监管局、供销社、卫生执法总队、环境执法总队、公路局、运政所、城管、路政、盐政、市政管理处环保监察大队、劳动保障监察大队等	划为或转为行政机构，人员成为公务员	改革前问题：事业单位利用所占有的公共资源乱收费、乱罚款的现象，把服务变成了收费；事业单位官僚化，造成公共资源的浪费和公众利益的损失。改革后问题：可能突破机构限额，与大部门体制方向相违；可能突破人员编制限制，与精简效能原则不符；可能给地方政府带来财政压力，继而形成改革阻力
从事生产经营活动的事业单位	科研院所、出版社、电影制片厂、出版社、报社、体育馆等	逐步将其转为企业	改变此类事业单位政事不分、管办不分的现象；可能在改革过程中出现国有资产流失现象；原有事业单位在岗及退休工人，可能面临待遇下降等问题
纯公益性质的事业单位	承担义务教育、基础性科研、公共文化、公共卫生及基层的基本医疗服务等基本公益服务，不能或不宜由市场配置资源的事业单位，如乡镇诊所、社区医院等	继续保留在事业单位序列，划入公益一类。由政府出资保障的，不再允许其存在经营性活动	当下教育产业化，滋生择校费等问题；通过事业单位改革长期不治的义务教育阶段择校费有望叫停

续表

分类	主要涉及单位	改革方向	改革前后
准公益性质的事业单位	承担高等教育、非营利性医疗等公益服务，可部分由市场配置资源的高等教育院校、职业教育、综合医院等	继续保留在事业单位序列。划入公益二类。面向社会提供公益服务，按照政府确定的公益服务价格收取费用，其资源在一定区域或程度上可通过市场配置	自主开展相关业务活动，并依法取得服务收入，执行政府定价或指导价。在完成规定任务的基础上，可依法开展相关的经营活动。收入中属于政府非税收入的按规定纳入财政管理，实行收支两条线。所需经费由财政根据不同情况补助。加大政府约束和社会监督力度

四、事业单位改革的难点

由于事业单位改革涉及面广，触及体制、机制的深层次问题，涉及利益关系的重大调整，在推进中必然会遇到一些困难、问题和难点。

1. 改革动力不足

事业单位改革实质上是政府自身改革，目前看，改革动力仍然不足。一方面，从提高公共服务质量和效率的目的出发，社会公众对深化事业单位改革持积极态度。另一方面，事业单位利益相关方对改革存在迟疑或观望态度。首先，部分主管部门不愿意改革，一旦改革将导致其利益受损，改革积极性不高。其次，很多部门习惯了现有的事业单位管理体制和运行机制，对改革后事业单位的运营和发展存有疑虑，担心改革带来不稳定而不敢改革。

2. 相关配套政策有待完善

完善的配套政策是顺利推进改革的保证。而改革的相关优惠政策主要由中央确定，地方政府难以提出相应的机制和政策。目前，支持事业单位改革的组织人事、收入分配、社会保障、财政管理等配套政策还不完善，也成为制约改革顺利推进的瓶颈。

3. 现有法律法规和制度滞后

现有体制下的法律、法规框架对事业单位改革之后的制度设计缺乏支撑，相关部门对改革中出现的新情况、新问题缺乏深入研究，难以为事业单位改革过程中的制度设计实践提供及时的指导，导致改革推进难、到位难，这些问题包括：事业单位建立和完善法人治理结构缺乏相关法律法规的支撑，事业单位的决策机构——理事会与上级机构管理关系的衔接需要探索和研究，等等。

4. 社会力量参与不足

目前公益服务的举办主体还是公有的事业单位，社会力量还没有充分进入社会事业领域，社会力量兴办公益事业的积极性还没有充分发挥。促进社会力量举办公益事业，不仅可以扩大公益服务供给总量，使人民群众有更多的选择，而且有利于打破垄断，对国家举办的事业单位形成压力，形成相互竞争、共同发展的局面。

五、事业单位分类改革实践

虽然事业单位改革的过程中遇到了诸多问题与阻碍，但改革是大势所趋，全国各省市也都在积极尝试和探索，此处选取广东、山西、温州等省市的改革模式，希望从中发掘经验，作为其他省市事业单位改革的参照和借鉴。

1. 广东模式

2008 年底发布的《广东省事业单位分类改革实施意见（征求意见稿）》，对事业单位的分类进行了尝试，将现行的事业单位分为三类：行政类事业单位、经营服务类事业单位和公益类事业单位。其中只有公益类事业单位才是《试点方案》适用的对象，其他两类事业单位，前者要撤销、与国家机关合并，后者则应逐步实施改制成为企业。

对于公益性事业单位，又可进一步划分为三类。

第一类，从事关系国家安全、公共安全、公共卫生、公民基本权利、义务教育、基础研究、群众体育、生态资源和环境保护的基本公益服务，不能或不宜由市场配置资源的，应实行“收支两条线”管理，所需经费由同级财政予以保证，履行职责依法取得的收入上缴财政，不能自主支配。这类事业单位的开支由地方财政全额拨款，包括缴纳养老保险的单位承担部分，也由地方财政承担。

第二类，面向全社会提供公益服务，涉及人民群众普遍需求和经济社会发展需要，可部分实现由市场配置资源，所需经费由财政给予不同程度的投入，同时鼓励社会力量投入；其公益服务项目和收费标准由政府规定，其他业务活动项目与收费标准接受政府指导；提供公益服务依法取得的服务性收入，按规定实行“收支两条线”管理。这类事业单位的相关开支由地方财政不同程度地拨款，缴纳养老保险的单位承担部分，也由地方财政按拨款比例承担。

第三类，从事的业务活动具有一定公益属性，但社会化程度较高，可基本实现由市场配置资源；单位自主开展公益服务和相关经营活动，所需经费主要来自服务性收入、经营性收入以及社会力量投入等，实行经费自理；承担政府有关公益任务的，政府视其所提供服务的数量和质量，通过购买服务的方式给予相应支持。这类事业单位的相关开支实行经费自理，只有在承担政府有关公益任务的情况下，财政才给予相应的拨款支付，缴纳养老保险的单位承担部分，也主要由单位自行负担。

以广州市文化事业单位的改革为例，广州市文化事业单位的改革分三种类型：第一类是公益性文化事业单位，包括图书馆、博物馆（纪念馆）、文化馆（站）等；第二类是广州日报报业集团、广州电视台、社科院等单位，该类单位将实行事业体制，由政府重点扶持；第三类是其他艺术院团，放映、演出、文化发行、电视剧和娱乐节目制作等经营性文化单位，要逐步进行转企改革，面向市场。

再以佛山市事业单位改革模式为例，《佛山市事业单位分类改革的实施意见》对佛山市事业单位分类改革的原则、内容、政策衔接和组织实施进行了明确。《实施意见》根据广东省有关事业单位分类改革的精神，按照事业单位的功能特征、经费来源及发展方向，将事业单位划分为行政类、公益类和经营服务类三个类型。其中，对行政类事业单位将按照政事分开、事企分开的原则，对其职能进行全面清理，除法律法规明确规定外，不再批准设立行政类事业单位；对经营服务类事业单位，以逐步转制为企业为改革方向，进行企业注册，并注销事业法人，核销事业编制，今后不再批准设立从事经营服务活动的事业单位；对公益类事业单位，根据职责任务、服务对象和资源配置等情况划分为三个小类，优化公共事业资源配置，实施相应的改革和管理措施。

2. 山西模式

2009 年，山西省开始推进事业单位分类改革，根据中央统一安排和省编委会议确定的改革总体设想，全省事业单位分类改革大体分三步进行：第一步是对现有事业单位进行清理、规范；第二步是对事业单位进行机构分类；第三步是根据事业单位的不同类别进行相应的人事制度改革和养老保险制度改革。

山西事业单位分类改革的要求与原则：事业单位分类改革，按照社会功能划分为承担行政职能、从事生产经营活动、从事公益活动三大类，按照政事分开、事企分开、管办分离和分离指导的原则，采取撤销、合并、下放、转企等方法，对不同事业单位实施不同的改革方案。

以太原市为例，2009 年《太原市事业单位改革实施意见》规定：按照事业单位的职能，将事业单位分为承担行政职能的、从事生产经营活动的和从事公益服务的三个类型，按照政事分开、事企分开和管办分离的原则，通过调整、剥离、转移等方式，对不同类别事业单位实施不同的改革方案。

第一，将予撤销的事业单位包括：机构编制部门批准成立一年以上未组建或一年以上不开展工作的事业单位；原承担的工作职责已消失或履行职责的法定依据已消失的事业单位；长期无正式在编工作人员，其日常工作由机关工作人员或其他外聘人员承担的事业单位；没有任务或任务严重不足，长期不出成果，社会效益差的事业单位。

第二，成建制合并的事业单位包括：部门内部设置零散、规模过小、职责相近、服务对象单一以及不具备法人条件的事业单位；虽隶属关系不同，但职能相同或相近、职能交叉、设置不合理的事业单位；因主管部门撤并或职能调整，需相应进行合并调整的事业单位；同一部门多个承担执法职责的事业单位。

第三，将逐步转为企业的事业单位包括：生产经营性事业单位及其他以营利为目的的事业单位；现承担的工作任务可由市场自行调节解决，或可通过政府购买服务等方式交由其他社会组织承担的事业单位；进行收费服务，属于社会中介类的事业单位。在对事业单位进行清理的基础上，太原市还将对事业单位的机构名称、职责任务、机构规格、人员编制、编制结构、经费形式、领导职数、内设机构进行规范。其中，事业单位的经费形式具体分为财政拨款、财政补助和自收自支 3 种类型。

3. 温州模式

以温州市农业局为例，具体说明温州市事业单位改革的基本思路。温州市农业局是主管全市农村和农业经济发展的市政府组成部门，管理范围涉及农村财务政务、种植业、养殖业、农垦、农业综合执法、农业机械化、农村能源、农产品质量标准和安全，以及城市副食品生产与供应和基本农田保护、农村土地承包、农村面源污染治理等。

改革前，温州市农业局所属事业单位共有 11 个，其中全额拨款单位 9 个，差额拨款单位 1 个，自收自支单位 1 个，机构规格均相当于乡科级。

温州市农业局根据市人民政府《关于深化事业单位改革的意见》（温政发〔2004〕35 号）和市府办《关于温州市市属事业单位分类工作实施意见》（温政办〔2004〕137 号）的要求，结合农业工作实际，将事业单位类别划定为三大类：一是监督管理类 8 个，包括市农业综合执法支队、市农机管理处、市畜牧兽医站、市农村能源办公室、市农业站、市特产站、市植保站、市种子公司（市种子站）。二是纯公益类 2 个，包括市农产品检验测试中心、市优质农产品开发服务中心。三是准公益类 1 个，即市原种场。

根据不同的分类，温州市农业局对各类事业单位制订了不同的改革方案。

广东、山西、温州等地的分类改革模式，为事业单位的分类改革开了局，带了头，提供了借鉴的范例。

第二章
国外公共服务组织发展及改革借鉴

事业单位是我国在计划经济体制下形成的特有的社会服务组织形式，国外并没有定位、功能与之完全相同的组织形式，在国外，从事此类服务的组织统称为非营利性机构，它们是存在于政府部门与营利部门之外的庞大的社会部门体系，通常被称为"非政府组织"（简称 NGO）、"非营利组织"（简称 NPO）、混合型组织，另外，还有第三部门（The Third Sector）、非营利部门（Non - Profit Sector）、独立部门（Independent Organization）、公民社会组织（Civil Society Organization）、志愿组织（Voluntary Organization）、慈善组织（Charitable Organization）、社区组织（Community - based Organization）等。我们将上述组织形式统称为"公共服务组织"。这类组织与政府组织、企业组织构成功能上的互补关系，共同满足多样、不同的社会需求。

本章主要介绍国际上的"公共服务组织"的发展和改革状况，希望能够从中发现国际惯例、成功经验与失败教训的可资借鉴之处。

第一节　国外公共服务组织的概念和发展

一、国外公共服务相关组织的概念界定

国际上，介于政府、企业之间的公共服务组织规模庞大，名称各异。在此，我们主要介绍三种国际上普遍认可的组织形式。

"混合型组织"。20 世纪 80 年代以来，英国、日本、美国等发达国家在市

场化理念和新管理主义思潮的影响下，相信政府部门如能引入企业经营方式，可以大大提升公共服务的效率和质量，因而，开始利用“混合型组织”来执行行政任务和提供公共服务。这种混合型组织在执行行政任务和提供公共服务时兼具政府机关和私营部门的特色。而政府通过法律规范先行、财务审计约束、公开信息披露、完善治理结构、强化问责机制来执行对混合型组织的监管。

“非政府组织”（英文“Non - Governmental Organization”，缩写 NGO）。在国外，NGO 兴起于 20 世纪 70 年代，20 世纪 80 年代以后开始在世界范围内得到迅速发展和普及。目前，NGO 对社会发展的推动和影响已经比肩政府和企业，它正在成为社会政治、经济、环境等领域的第三支柱。在以西方发达国家为主流导向的国际文献中，NGO 常常指的是发展中国家的民间组织或非营利组织，它们强调的主要是这些组织同国家集权政府的区别，因而，带有更多的政治方面的含义。

“非营利组织”（英文“Non - Profit Organization”，缩写 NPO）。这个概念的产生晚于 NGO。起初，非营利组织主要指美国社会中那些根据联邦税法获得减免税待遇的特殊组织，20 世纪 80 年代以后开始流行，渐渐成为学术界通行的一般性概念，并兴盛于全球。这种组织形态最早起源于 17 世纪，是因应于工业革命中出现的社会不平等现象，伴随着近代资本主义的发展而发展起来，因而，它也具有丰富的西方文化和社会体制的背景。“非营利组织”这一名称本身就映射出其背后隐含的前提假设，即先它而存在着另一种组织形态——营利组织或企业，这类组织是以追求利润最大化为目的的。由此可知，非营利组织是一个基于市场经济、政府与企业部门严格分工、企业独立运作等背景而出现的概念，它的存在和特征是与市场经济的进程和营利部门（企业）的发展密切相关的，非营利组织的出现被理解为政府失灵和市场失灵的产物。

综合来看，NGO 与 NPO 这两个概念的区别在于：

非政府组织是从“国家、社会”的角度着眼的。在现代国家内，最主要的组织是政府组织，政府是以某种合法程序产生的权力机构，它既掌握至高无上的权力，也对国民经济负有重大责任。在政府的权力和责任未及之处，某种社会组织就会占据政府无力顾及的空间，这就是社会空间。从政治权力的角度来说，与政府组织相对应的是以社会性组织或非政府组织命名的社会团体、社会机构。

非营利组织则是从“经济、社会”的角度着眼的。从这一角度来看，与经济组织（企业）相对应的是社会性组织，经济组织是营利组织，社会性组织是非营利组织。它们不以营利为目的，而是以使用公共基金或保本经营的方式，提供政府无法提供、经济性组织不愿提供但社会又有现实需求的公共服务。

NGO 和 NPO 是从不同角度来说明社会团体的性质，这两个概念都是近年从西方引进的，对它们的内涵和外延以及概念的解释，目前国内还没有形成共识。美国喜欢用 NPO 一词，联合国的各种文件和其他西方国家的官方文件里使用最多的是 NGO 一词。在我国，往往把这两类组织称为公益组织或慈善组织，根据《社会团体登记管理条例》第 2 条规定，NPO、NGO 和社会团体三者内涵互相交叉，业内人士认为没有本质区别。

我们经常可以听到的非政府组织有国际红十字协会（ICRC）、国际商会（ICC）、绿色国际组织（GCI）、国际标准化组织（ISO），等等。国际性的非营利组织有联合国开发计划署（UNDP）、联合国儿童基金会（UNICEF）、国际青少年基金会，等等。

除了以上三种公共服务组织形式外，国外存在着各种功能和形式的“第三部门”。它们或是纯公益行为，完全是民间组织；或是政府背景，提供公共服务的补充。

二、国外公共服务组织与事业单位的关系和区别

基于以上三种公共服务组织形式的比较，混合型组织在形态和功能上是最接近于我国事业单位的一种组织或部门。混合型组织的经费虽多来自政府补助，却不像政府机关受制于僵化的官僚体系和公法规范，在人事和财务方面可享有相当的灵活性，能够提供更加专业、贴近社会需求的公共服务。如同中国的事业单位，混合型组织有着政府机关或私营部门难以取代的地位，对其所在国家的政府角色发挥起着积极的补充作用。这些国家均采用“立法先行”的方式，对混合型组织的治理结构、预算约束、信息披露、问责机制等进行了全方位的规范。

在实践中，我国在推进事业单位改革的过程中也逐步提出了非营利组织的概念。试图参照国外非营利组织的运作机制推动中国事业单位的改革。要在中国事业单位改革的过程中引入非营利组织的机制，有必要首先对二者做一个比较。

表 2.1 事业单位和非营利组织的主要区别

	非营利组织	事业单位
存在背景	有限政府—市场经济—公民社会的三元社会结构	全能政府、计划/市场经济的一元社会结构
组织性质	非政府、非营利、独立性、志愿性	政府意志下的职能分工不同的“单位”
资金来源	多种渠道筹资	政府财政拨款
产权基础	公益产权	公有产权
运作模式	基于宗旨	基于计划
经营管理	完善的经营理念和独立的管理模式	免费服务和完成政府福利
监督机制	社会监督为主	行政监督为主
政府角色	法律环境建设，税收政策支持，政府购买服务	直接经营管理者

注：出自王竞，《我国事业单位改革研究》，武汉大学硕士毕业论文，2003 年 6 月。

具体来说，非营利性组织与我国事业单位的区别在于：

第一，非营利组织不是国家履行公共职能的工具，它是基于宗旨激励的、在社会中自发产生的、实现公益或互益目的的、独立自治的组织，国家可以通过税收政策进行引导和通过购买服务提供资源支持，但不能以此作为履行行政指令的手段，也不能以社会自治为借口推卸自己的公共管理责任。

第二，非营利组织与企业同样是市场体制中独立运作的主体，二者与政府部门之间既有功能互补又有相互监督、权力均衡，而不是政府意志下的职能分工不同的“单位”。

第三，非营利组织以公益产权为基础，体现的是社会自我组织、自我管理、自我调节的机制，对其运行过程的监督，也是以社会化的监督机制为主，而非行政监督。

第四，非营利组织不是免费服务的福利单位，它在西方的经验中已经形成一整套自己的运行规律和管理模式，包括完善的经营理念、成熟的筹款模式、独特的财务制度、独立的组织结构和社会监督体系，它同样需要良好的管理和运营，同时，还要有相应的税收政策和法律制度环境的支持。

美国约翰—霍普金斯大学的萨拉蒙教授曾经主持了在全球42个国家开展的国际非营利组织的比较研究项目，对全球不同地区非营利组织的状况和作用进行了详尽的阐述和比较，他的研究成果如下。

第一，无论从占国家支出还是吸纳就业而言，非营利组织都构成了区域中的重要经济力量。各国非营利组织的规模平均约占GDP的4.6%，占非农就业人口的5%，占服务业就业人口的10%，相当于政府公共部门就业人口的27%。

第二，非营利组织在各地区和国家的分布特点是，在多数发达国家规模较大。以就业为指标，西欧各国非营利组织最为发达，如荷兰、爱尔兰、比利时等均占到非农就业人口的10%以上，比英美等国还要高。而中欧、东欧各国则平均只有1%左右。

第三，非营利组织活动领域的分布特点在各地区不同。仍然以就业为指标，2/3的非营利就业集中在三个传统福利领域：教育、卫生保健和社会服务。这一点在西欧更为突出，其中英国、爱尔兰、比利时等国以教育领域为首要，美国、日本、荷兰等国以卫生保健为首，法国、德国等以社会服务为首，澳大利亚、芬兰等则三个领域比较平衡。而拉美国家则以教育领域为主导，中欧和东欧各国以文化和娱乐组织占据主导，在其他方面作用有限，以上差异显示了政府直接提供的福利内容受到典型的文化背景因素的影响。

第四，非营利组织的收入来源，以经营收入和政府的支持为绝对主导。与人们想象的不同，慈善捐赠收入实际只能为非营利组织提供约1/10的收入来源，而会费与经营性收入，以及政府以各种方式提供的资金构成非营利组织的主要收入来源。其中西欧国家政府支持更加重要，在爱尔兰、比利时、德国、以色列、芬兰、法国，政府提供的资源达到非营利组织总收入的60%～80%，其他发达国家及拉美、中欧、东欧各国则以经营收入为主，尤其拉美各国经营收入高达70%～85%。没有一个国家的非营利部门是靠慈善捐赠为主支持的，但资料显示，中欧和东欧的慈善捐赠比其他地区高出近一倍。另外，不同活动领域的非营利组织的收入构成也有差异，其中，以政府资助为主导的领域是卫生保健（55%）、教育（47%）和社会服务（45%）。

通过以上研究可以发现，市场经济发达的地区，非营利性部门往往也比较发达，它们通过自我组织、自我服务机制，履行着教育、卫生保健和社会服务等方面的使命。但是，政府并非因此而卸掉了社会服务的责任，而是通过提供税收优惠政策、提供赠款、购买服务（以项目、保险、代币券及其他第三方支付方式）等方式提供财政支持，由非营利组织实现这些服务。

需要强调的是，中国的事业单位还不具有严格意义上西方非营利组织的特征，主要表现为：对政府的依附性，部分履行政府职能的非自治性，名义上的非营利与实质的营利性，等等。这些问题都决定了事业单位向非营利组织的转型，是一个庞大的、长期性的系统工程。

三、国外公共服务组织的发展及改革实践

1. 非营利组织

（1）美国

美国的非营利组织活动有着悠久的历史，19 世纪，托克维尔在《论美国的民主》中便观察到美国社会的一个重要特点是各种志愿组织的活跃。根据美国税法 501（c）（3），美国的非营利组织包括宗教、慈善、教育、科学、公共安全实验、文学、促进业余体育竞争或防止虐待儿童或动物等七个方面，在这些方面的非营利性、非政治性组织才可以作为慈善组织，申请获得税收优惠。美国的非营利组织主要分布在社会和法律服务、公民权益、教育、医疗、文化艺术等方面，有 2/3 的社会服务机构、一半左右的大学、一半以上的医院、70% 的博物馆、艺术馆和几乎所有的交响乐团都是私立非营利机构；如果按总开支算，医疗组织占总数的一半以上，医疗与教育合计可以占到总开支的 4/5。这些非营利服务机构的规模可以做到很大，而且往往做得比公立机构或营利性组织更加出色，如著名的哈佛大学、耶鲁大学、福特基金会、洛克菲勒基金会、费城交响乐团、美国企业研究所等，都是非营利组织。美国非营利组织活动的一大特点是大量的志愿参与，有调查显示有 49% 的美国公众每年利用业余时间参加各种非营利性的慈善活动，这与美国公众的自治传统是相关的。

（2）英国

英国的志愿互助和民间慈善传统可以上溯到几个世纪以前，1601 年《慈

善法》和《救济法》代表了政府鼓励民间慈善的取向，非营利组织在过去的300多年里始终在福利和互助等领域扮演着主导角色。英国传统意义上的“志愿部门”不包括学校、俱乐部、行业协会等，比国际常用的“非营利部门”的概念要窄。英国的“志愿部门”主要分布在社会服务和互助领域，不过如果将教育等方面纳入，英国非营利组织主要的分布领域是在教育研究、文化娱乐和社会服务，其中教育占到非营利组织总开支的40%以上。近年来，英国非营利组织在资金来源上对政府资助的依赖增大，私人捐赠和志愿参与有下降的趋势，不过它们仍然有着强大的独立传统和独特的模式，尤其是在非营利组织与政府的关系上，有着不同于美国商业主义或欧洲合作主义的互补、互促的传统，值得借鉴与学习。

（3）澳大利亚

澳大利亚的非营利组织在澳大利亚人的生活中扮演着重要角色，其主要有慈善团体、俱乐部、私立学校、教堂、协会、游说议员者组织等形式，主体是社会福利服务。20世纪70年代以来，政府设立基金鼓励社区服务，一批开展社区服务的非营利组织得到了很大发展。有资料显示，1993年澳大利亚的以社会福利服务为主体的非营利组织已达到11000个，它们都具有一定的规模，约有职工10万人，还不包括许多的志愿工作者。1994年，福利服务组织总支出48亿澳元（约合人民币250亿元）。澳大利亚的非营利组织（社会福利服务组织）都是由民间经办，它们与居民的关系很密切，可以更灵活、更有效率地适应和满足居民的需要，从而减轻政府负担；它们与政府是一种合作关系，可以平等地通过竞争机制获得政府的资助，同时，它们必须履行相应的义务，提供符合政府要求的服务。

（4）日本

日本的非营利组织大多成立于20世纪70年代以后，并于1995年开始得到快速发展。根据日本经济企划厅的统计，1996年日本具有正式法人地位的非营利组织已达25万多个，尚不具有正式社团地位的非营利组织约有85000多个，占国内生产总值的4.5%和非农就业人口的3.5%。日本的非营利组织主要集中在医疗卫生保健、社会福利和国际合作领域。在日本，政府对非营利组织进行多方面的严格限制，非营利组织的民间性和独立性较弱，非营利部门被人为分割成许多门类，各自有专门的主管部门，受专门的法规约束，只能在专门为它们划定的领域里活动。因此，日本非营利组织的规模比其他西方发达国家小得多。

2. 混合型组织

(1) 英国的非部委公共团体

非部委公共团体是介乎政府与私营部门之间的混合型组织，系由政府部委或行政机构设置的非政府组织，在政府监督下提供行政、商业、咨询或管制性的公共服务。

非部委公共团体的设立没有固定程序可循，主要是基于发起机关的政策考量，因此不同团体的权利、职责各不相同。英国政府内阁办公厅负责指导部委设立非部委公共团体，并参加起草设立法案的相关条款。在法人治理结构方面，非部委公共团体大多采用董事会制。董事长领导团体并负责营运策略，确保方向及业务符合部委设定的目标。董事多为兼职，成员及酬劳标准，明列于内阁办公厅年度公共团体报告。在董事会的领导下，执行长负责团体的营运、财务及人事管理；由相关部委任命的会计主管，向议会及监督部门负责；非部委公共团体所属的职员，采用市场化的聘任机制，不享有公务员待遇。

(2) 日本的独立行政法人

日本政府在20世纪90年代中期启动独立行政法人改革，推动公共服务组织体制创新。独立行政法人改革，是将既有的国家机关或机构改制成为新的独立（公）法人，赋予其与国家法人有别的法律人格，分担履行国家任务。独立行政法人制度的建立，意在将政府的“规划”职能与“实施”职能分立，依照公共事务的内容与性质，追求最适当的组织及营运模式，从而实现政府机构精简，提升行政效率、质量及透明度。此外，独立行政法人从国家行政组织独立出来，可解脱官僚体制的僵化束缚，提高预算和人事方面的灵活性，将市场竞争机制导入行政机关。虽然还是国家财政预算拨款，但财务上采取企业会计原则，人事上采用“非公务员型”管理模式，不受政府编制和工资法限制，雇用方式可以实现多样化。

(3) 美国的准政府机构与政府性公司

准政府机构是与政府有一定的法律关系，但其关系相对微弱的组织或团体，大体上包括五类机构：一是政府支持企业，例如在金融危机期间备受争议的房利美（Fannie Mae）与房地美（Freddie Mac）；二是联邦政府资助的研发公司，例如鼎鼎有名的洛斯拉莫斯国家实验室和兰德公司；三是与政府相关的非营利组织，例如证券交易委员会辖下的证券投资者保护公司；四是政府支持的风险投资基金；五是国会授权的非营利组织。此外，还有一些难以归类的机构，例如著名的史密森学会。

对于政府性公司，美国法律也无一致的定义。政府性公司虽为数不多，涵盖的类型却迥异，有规模庞大且广为人知的公司，例如美国邮政和联邦存款保险公司，也有不知名的小公司。政府性公司都要受到所有适用于“政府机关”的法律的管辖，除非有明确的豁免条款。美国最高法院曾经裁决，政府性公司具有的内在法律特征，不因立法语言或公司法而掩蔽，其所履行职责的性质不影响其政府特征。

第二节　国外公共服务组织分类

一、国际公共事业组织体系的分类

1. 联合国国际标准产业分类体系（The U. N. International Standard Industrial Classification System），简称 ISIC

该体系将各种组织的主要经济活动划分为 17 大类、60 小类。公共事业组织是 ISIC 体系的一大类，又分为 3 小类 15 分项，包括：①教育类：小学教育，中学教育，大学教育，成人教育及其他。②医疗和社会工作类：医疗保健，兽医，社会工作；③其他社区和个人服务类：环境卫生、商会与专业组织，工会，其他会员组织（包括宗教与政治组织），娱乐机构，新闻机构，图书馆，博物馆及文化机构，运动与休闲。

2. 欧共体经济活动产业分类体系（NACE）

该体系主要根据社会组织的运作是否依靠捐赠的标准将其划分为教育、研究与开发、医疗卫生、其他公众服务以及休闲与文化等 5 类 18 项经济活动，包括：①教育类：高等教育，中小学教育，职业教育，护理教育。②研究与开发类：科研院所，研究机构。③医疗卫生类：医院、诊所，牙医，兽医，其他医疗机构。④其他公众服务类：社会工作，慈善机构，专业组织，雇主协会，工会，宗教组织和学会，旅行社。⑤休闲与文化类：娱乐机构，图书馆、档案馆、动物园，体育组织。

3. 约翰—霍布金斯大学非营利组织结构比较研究中心设计的非营利性组织国际分类体系（ICNPO）

该体系由萨拉蒙与安海尔提出，该体系根据经济、显著性、精确性、完整性及组织的力量这五条标准，社会公益组织划分为 12 个大类以及 24 个小类：①文化与休闲：文化与艺术；休闲；服务性俱乐部。②教育与科学研究：中小学教育；高等教育；其他教育；研究。③卫生：医院与康复；诊所；精神卫生与危机防范；其他保健服务。④社会服务：社会服务；紧急情况救助；社会救济。⑤环境：环境保护；动物保护。⑥发展与住房：经济、社会、社区发展；住房；就业与职业培训。⑦法律、推进与政治：民权与推进组织；治安与法律服务；政治组织。⑧慈善中介与志愿行为鼓励。⑨国际性活动。⑩宗教活动和组织。⑪商会、专业协会、工会。⑫其他。

通过欧洲、亚洲、美洲 22 个典型国家的非营利部门的研究发现，大量的公共服务组织集中在教育、卫生保健、社会服务、文化和娱乐等领域。总体来看，全部公共服务组织就业的 2/3 集中在 3 个福利服务传统领域，其中，教育占 30%，卫生保健占 20%，社会服务占 18%。表 2.2 是对各国非营利部门集中领域的比较。

表 2.2 各国非营利部门集中领域

类型	国别
以教育为主	英国、阿根廷、比利时、爱尔兰、巴西、以色列、墨西哥、秘鲁
以卫生保健为主	美国、荷兰、日本
以社会服务为主	德国、法国、西班牙、奥地利
以文化、娱乐为主	罗马尼亚、斯洛文尼亚、捷克、斯洛伐克
平衡的类型	芬兰、澳大利亚、哥伦比亚

其中，在以教育为主的 8 个国家中，教育领域的就业平均约占公益就业的 48%；在以卫生保健为主的美国、日本、荷兰，卫生保健领域的就业平均占其公益就业的 45%；在以社会服务为主的奥地利、德国、西班牙、法国等西欧国家，社会服务领域平均占公益总就业的 44%；匈牙利、罗马尼亚、捷克和斯洛伐克等四个中欧国家大都以文化、娱乐为主；澳大利亚、芬兰、哥伦比亚三国中，有 14% ~26% 的公益就业集中在教育、卫生保健和社会服务等三个领域，但其中没有一个领域超过公益就业总人数的 26%。

总体来看，这些组织的收入来源大都由公共部门的财政支持、慈善捐款和会费收入三部分构成，以 1995 年的数据为例，22 个国家非营利部门的收入构成大概是：会费收入占 49%，公共部门的支出占 40%，慈善捐赠占 11%。具体来看，会费收入是 22 个国家中 13 个国家的主要收入来源，所占比重为 47% ~85% 之间；另外 9 个国家公益组织的收入来源主要是公共部门的赠款和合同，以及公共部门的社会保险和卫生保健项目的第三方支付，所占比重在 45% ~77% 之间。

值得注意的是，没有一个国家的公益组织主要是由私人慈善支持，其中美国和以色列的个人捐赠高于其他发达国家，但其占公益总收入的比重也不超过 13%。另外，以公共部门支出为主的领域多集中于卫生保健、教育和格式化福利服务领域，在这些领域，公共部门支持的比重占该领域收入的 45% ~55%.

二、典型国家的公共事业组织分类

1. 美国公共事业组织的分类

美国的公共事业组织不仅包括基金会、慈善凑款会等公益类组织，也包括社交联谊、互助合作、业主和专业协会等互益类组织，还包括私人创设的学校、医院、社会福利机构、艺术团体、博物馆、研究机构等服务类组织。因此，美国的非营利法人主要包括公益法人、互益法人以及宗教法人。其中，美国联邦所得税法对公益组织的税收减免分为两类：一类是服务公众的组织，主要是由 501（c）（3）条款规范的慈善、基金会、宗教、科学研究机构，对这类组织免除所得税，并对向这类组织捐赠的组织或个人进行所得税的相应减免；另一类是服务成员的组织，主要是由 501（c）条款中除（3）项外的（1）至（27）项及 527、528 等条款规范的组织，对此类组织只给予所得税减免，向这类组织捐赠的不给予所得税减免。另外，美国税务系统一般通过三种途径对公益组织的活动进行监督：一是对公益组织的年度报告进行监督；二是国内税务局对公益组织的账目和记录进行审计；三是通过评估对违规的公益组织进行处罚，最严厉的处罚是取消其慈善免税资格。同时，美国的公益组织必须通过一定形式将免税申请表、有关证件文件、免税证明及最近三年的申请表等资料和信息向社会公开披露，并接受广大社会公众的、各种形式的监督和评价。

2. 日本公益组织的分类

日本的公益组织主要分为公益法人、社会福利法人、学校法人、宗教法人、医疗法人、特殊法人、公益信托基金、共同组合以及市民团体等九类。其中，“公益法人指按照 1896 年《民典法》的规定，与崇拜、宗教、慈善事业、科学艺术相关，或以其他形式与公益相关，且不以获利为目的的社团和财团。改革前政府对公益组织的设立采取许可、认证和认可三种制度，公益法人通过主管政府机构的成立批准后再履行法律登记”。2006 年 6 月，日本国会公布了《关于一般社团法人以及一般财团法人法》、《关于公益社团法人以及关于公益社团法人以及公益财团法人认定法、有关相关法律完善法》三部改革法案。改革的主要内容包括：一是改变现行的公益法人成立许可主义，采取准则主义，即只要认证申请者提供的章程满足法律规定的要件，不经政府机关的审查就可以登记成立一般社团法人或一般财团法人。二是将获得法人资格与判断法人的公益性分开，既内阁设置由民间人士组成的委员会，委员会根据规定独立判断或认定法人的公益性。另外，日本 70% 的都、道、府、县都建立了支援服务设施，各地已成立了超过 200 家公益组织支援中心，主要围绕非营利组织开展各种日常支援服务活动，如提供场地、信息、文印服务等，同时也发挥着信息咨询、信息提供、培训调研、活动中介和政策建议等作用；政府部门也在相关行政事务的政策制定、工作推进中为非营利组织建立制度性的对话、协商机制。

3. 英国公益组织的分类

英国的公益组织没有独立的分类标准。其中，英国慈善救助基金会根据公益组织的活动领域将其分为保护动物、艺术、社区进步、教育、就业、一般福利、住宅、国际救援、医疗和健康、环境保护、休闲娱乐、宗教与心理改造、青少年发展等在内的14类组织。目前英国有近20万家慈善组织，40万以上的志愿者组织，数量多，但以中小型组织为主，在教育、文化娱乐和社会服务三个领域特别活跃，但是在医疗卫生服务领域比较薄弱。经费来源于多种渠道，以中央或地方政府资助和社会募捐为主，拥有大量的志愿者资源。英国政府对公益组织的监管主要是慈善委员会负责，但只是对那些超大型组织进行重点监督，且通过建立全国性的公益举报和受理机制进行间接监督，在英国，任何一个地方的公民都可以在任何时候用电话举报或直接举报公益组织的违规行为。

另外，“伙伴关系”是近年来英国政府与民间社会关系发展中较具代表性的模式之一。其中，《政府与志愿及社区组织关系协定》（COMPACT）是确立政府与非营利组织之间合作伙伴关系的法律协定，具体规定了政府和其他组织之间的合作原则和各自责任。“在国家层面上，COMPACT由首席代表代表中央政府及其他政府机构，与代表志愿社区组织的COMPACT工作小组签署；在地方层面上，COMPACT由各类地方公共机构与志愿部门联合签署，包括：地方当局、地方战略伙伴、教育部门的学习和技能委员会、医疗保险方面的初级保险信托、应急服务部门以及地方志愿和社区组织等。”总之，COMPACT年度会议是政府和志愿部门之间的协调平台，由政府部门部长、地方政府、COMPACT工作小组等共同参加。

第三节　国外公共服务体制改革典型模式

一、国外公共服务管理体制发展概述

20世纪80~90年代以来，随着西方市场经济发达国家“新公共治理改

革”（Public Governance Reform）运动的不断推进，各国政府在实现其本身“行为透明化、决策民主化和权力多中心化”的同时，逐步将市场机制引入公共服务领域，以尽可能充分发挥社会各类组织的竞争优势，提高整个公共服务的质量和效率，其中的主要措施包括：通过合同承包、特许经营、凭单等形式把原来由政府部门承担的公共服务职责委托给市场竞争中的私营公司和个人机构；打破公共服务领域中不必要的政府垄断，形成各种服务提供主体间平等竞争的市场环境；在存在市场失灵的服务领域，代表公众利益进行严格的市场监管，确保公共服务（产品）的质量和效率。

从国际范围来看，西方发达市场经济国家、苏联及东欧转轨经济国家和发展中国家在公共服务领域的改革都有各自不同的成功经验和失败教训。

二、经合组织国家公共服务改革模式

西方主要发达市场经济国家，特别是经合组织（OECD）国家的公共服务组织在最近几十年里都经历了组织和管理上的重大改革，特别是新西兰、英国、荷兰和瑞典。在把市场机制引入公共服务领域方面，新西兰模式最为典型，该模式的要点包括：服务的购买者与提供者分离，建立公共服务委员会管理绩效合同以及对预算管理和会计制度进行重要改革以便真实地反应政策成本。这些手段也被引入到了其他国家的服务体系中，只是程度稍低。在建立“代理机构”方面，英国可能是世界上投入精力最多的国家，其改革的努力集中在如何更好地进行绩效管理方面。

在经合组织国家中，各种代理机构和公共行政实体是与我国事业单位最接近的组织形式。20世纪90年代以来，这些国家的公共服务组织的核心由传统的官僚机构向“授权”或“独立”类公共代理机构转变。其中，授权机构在法律上与政府机构没有区别，有准合同性质的关系。例如，英国的护照代理机构因其法律和安全原因，仍然属于英国内务部，但出于管理效率的考虑，将它设置为执行代理机构，从而获得了很大的灵活性。独立机构在法律上独立于政府机构，具有独立的法人地位，但一般与上级主管单位有合同关系，如英国广播公司设立为“非政府机构”，它有独立的法人地位，但与上级主管部门有合同关系。

然而，经合组织各个国家在进行以代理机构为核心的公共服务组织改革中并没有统一的模式。目前，这类授权机构和代理机构与传统的核心行政部门如国会、联邦和地方政府等共同构成了更为宽泛的所谓“大国家部门”，无论从人员还是公共开支的角度来看，目前经合组织国家的公共服务组织都占国家部门的50%左右，与核心行政部门大体相当。

总的来看，OECD国家在逐步建立授权和独立的公共代理机构的过程中，正在努力加强对此类机构的效率和绩效目标的综合审查。公共代理机构在提高管理效率、协调政府政策制定与实施、促进公众参与等方面取得了较为积极的效果。未来的发展方向是：如何在公共代理机构享有自主权与相应的问责机制之间建立合理的制衡机制，增加透明度，改善绩效以及监督能力，这方面的措施可能包括完善公共代理机构的治理结构，提高人事任命和薪酬设定的透明度以及建立严格的问责机制，等等。

三、苏联及东欧转轨国家的公共服务改革模式

苏联和东欧的转轨国家在向市场经济转轨的过程中，公共治理的改革和政治体制改革密切相关，首先是对国家和政府的根本职能进行重新界定，随后是伴随着以大规模私有化为标志的“休克疗法”，逐步建立起更符合市场经济规律的行政管理体制。

许多转轨国家（特别是俄罗斯、拉脱维亚和哈萨克斯坦）在进行行政体制改革的过程中，一般是先建立政府机构职能审查机制，以取消机构、优化职能、公共服务私有化等方式对原有的政府职能进行重组和改革，重新界定国家和政府的权限和职能。根据世界银行的信息，俄罗斯、拉脱维亚、哈萨克斯坦等国在转轨过程中遵循OECO国家的经验，在公共行政治理方面设立了大量的授权机构和独立机构，但由于这些机构都没有建立合理的预算机制和完善的治理机构结构，目前都在接受严格的审查。而中东欧的其他转轨国家，在转轨初期多倾向于OECO国家的公共治理模式，但现在已经开始不再完全采用这类方式，而是更加着力于将公共服务提供机构重新合并入传统的官僚机构中。

研究发现，转轨国家在学习OECD国家公共服务体制改革经验的过程中，往往缺乏一套完整系统的概念框架和法律框架。在进行公共服务监管体制建设

时，也是直接移植或完全照搬其他国家的组织形式和“纸上条文”。最新的转轨国家改革经验表明，在基础性的制度如法律制定、公共预算、问责机制、独立司法体制以及相应的财务审计体系都未建立的前提下，转轨国家在公共服务的改革过程中，“监管俘获”和“政府俘获”的现象将十分严重，不仅无法保证公共服务的质量和效率，反而会造成公共资金使用的严重浪费。

需要注意的是，中东欧转轨国家向市场经济转轨的初期，虽然也遇到了国民生产总量持续下降的困难，但在90年代的后半期都逐步建立起了民主制度以及支持市场发展的法律和监管体系，从而恢复了国民经济的持续、高速增长。但俄罗斯、乌克兰、罗马尼亚等国家虽然也尝试建立民主制度和市场体制，但过程中遭遇了严重的腐败问题，导致整个社会经济生活未能如期进入上升通道。

四、发展中国家的改革模式

发展中国家的改革模式与OECD国家、转轨国家的改革有一定的相似之处，主要以巴西、印度尼西亚、印度以及拉丁美洲一些国家为代表。1995~1999年期间，巴西在学习经合组织国家经验的基础上，制定了“国家机构改革方案”，该方案加强了国家核心部门包括立法部门、政府行政机构的行政管理模式，主张对提供公共服务职能的机构按“新公共管理模式”实行“合同管理”。

印度尼西亚比较重视由非营利机构来提供部分公共服务，按照总统宪章设立了“特殊目的的慈善基金”的准政府机构，其主要任务是将从公众中征集的资金用于公共服务业。这种改革模式的问题是，在实际运作中一些基金组织没有建立起完善的治理结构，预算资金使用缺少外部审核和监督。

印度目前的社会公共服务仍然是通过传统的官僚科层级方式来提供。但最近，印度也在考虑增加更多的公共服务主体，政府也在考虑将部分辅助性公共服务外包出去，以提高公共服务的竞争力和服务水平。

拉丁美洲和加勒比的一些发展中国家则更强调改革过程中民众的参与和互动，这些国家往往通过广泛的调查吸收民意，鼓励社会公众参与到对公共服务机构的管理中去。

第四节 值得借鉴的经验及启示

一、非营利组织和混合型组织的发展借鉴

无论是英国的非部委公共团体、日本的独立行政法人，还是美国的政府性公司，其设立的目的无非是政府部门希望在执行行政任务或提供公共服务时能有一种更加灵活的身份，以摆脱“公私二元体制”的束缚，从而建立一种能够提升公共服务效率与质量的混合型体制。

在传统的二元体制中，公法形态上的行政组织受到政府部门人事、财政及预算法令的限制，不仅用人机制上受到公务员体制的约束，其行为也必须符合法定程序，不得变通、逾越法律的规矩。当社会公众对公共服务提出新的要求时，政府部门常常无法快速反应以解决问题。而私法形态上的行政组织，享有更多人事和财务上的灵活性，能够因应环境迅速做出调整。

综观美国、英国、日本对混合型组织的立法监管，主要集中于四个方面。

一是立法规范先行，由于接受政府委托履行职能，混合型组织的设立和运作须遵循法定程序，并在数量上受到控制。

二是财务预算审计，虽然在资金运用支配上享有自主性，但必须遵循审计和绩效评估的要求，甚至需要向国会进行报告。

三是强调信息公开，混合型组织有义务披露其执行业务和使用资金的情况。

四是规范法人治理和问责机制，主管部门必须在重大决策、人事选任和日常运作方面负起监督责任。

需加以注意的是，美国、英国、日本的“事业单位”，其立法监管的目标虽然基本一致，但各有独特的政治、经济、法律背景。

英国在20世纪80年代解决非部委公共团体面临的困境时，首先通过调研厘清了问题的缘由，大量制定法律指引和确定主管部门，强化了对非部委公共团体法人治理结构的规范，完善了外部监督体系，确立了有效的信息披露机

制，最终构建了一套行之有效的问责机制。

日本为应对战后官僚体制一成不变的弊端，主动发起了独立行政法人制度创新，在设立要件、组织结构、业务运行、财务会计、监督评鉴等各方面形成了较为完善的配套设施，但是最后未能顶住既得利益集团反对改革的压力，导致功亏一篑。

美国虽然重视混合型组织的功能，但基本采取“一事一议”的方式，不追求统一监管立法，其原因在于：美国的公民社会高度发达，对公共部门权力资源的使用，历来有深入调查、批判的传统。

虽然说事业单位监管立法的思路和措施必须与一国的实际结合，不能依样画葫芦，但必须强调的是，无论是在哪一个国家，“事业单位”的法人治理结构、财务约束和信息披露都是监管立法的核心，在此基础上，再通过建立绩效评价制度、内外部监督制度来强化运营责任，追求成本效益最大化、服务质量最优化。

从表面来看，中国事业单位改革面临的挑战与20世纪80年代初的英国较为相似，但从本质上来讲，事业单位改革是行政管理体制乃至政治体制改革的重要环节，中国面临的深层次困难更加突出。事业单位的改革，不能仅仅着眼于消极的削减人员和经费，而应把目标定位在提供高效优质的公共产品和服务上。要实现公共服务效率和质量的提升，切入点必须是全面强化问责机制，推行信息公开来制约不当行为，通过完善法人治理结构和财务审计制度来实现成本效益最大化，从而保证改革最终取得成功。

二、国外公共服务部门分类的经验借鉴

在国外，公共服务组织正在逐渐成为政府在公共服务提供中的得力助手与合作伙伴。从国外公共服务组织的分类来看，一是价值目标明确，公共服务组织必须是为公益或互益服务，运行必须受到利润不分配以及组织资产不以任何方式转变为私人财产的限制；二是公共服务组织主要集中于提供教育、科技、文化、体育、卫生等社会福利产品的领域，通常每个领域再细分为若干小类别，从而为各领域明确一个相对清晰的边界；三是包括大量提供社区或邻里组织、青少年服务等社会互助服务和商业协会、专业协会等市场中介服务的组

织；四是为鼓励公共服务组织的建立，各国通常都会给予其一定的税收减免优惠，并且制定相应的监管措施，以确保其运行不偏离成立宗旨；五是国外公共服务组织的经费主要来源于公共部门的捐赠和合同，以及会费收入等；六是各国政府在加强对公共服务组织财政支持的同时，积极探索并发展与民间公益机构的合作机制。国外公共服务组织分类对中国事业单位分类具有如下借鉴意义。

①事业单位分类应首先确定事业单位组织的价值目标，这也是一个重新界定国家事业职能范围的过程。在传统的计划经济体制下，事业单位免费或无偿向社会提供精神产品和服务，不进行独立的经济核算，一切经费由财政供给并接受各级政府的统一领导。改革开放以来，事业单位的经营自主权不断扩大，并且随着社会公共事务的增加和政府行政改革的推进，很多行使公共权力的职能也转移到了事业单位。随着社会的发展，现有的事业单位构成不仅与传统的事业单位价值目标冲突，而且事业单位体系内部的价值目标也难以统一，这不利于对事业单位进行统一管理和规范。国外公共服务组织的目标是实现公益价值，并且通过对组织收入和资产处置的限制以确保其公益宗旨，这就为国外公共服务组织的分类提供了重要的价值依据。

②与国外公共服务组织相似，中国的事业单位也主要集中在教育、科技、文化、体育、卫生等社会文化和福利产品领域，但中国的行业分类缺乏明确的价值指向，从而导致现有的事业单位分类几乎囊括了这些领域所有的产品与服务。因此，在根据行业对事业单位进行分类的基础上，应根据各类事业单位的价值目标（即所提供产品的特性和满足社会需求的类型）细化事业单位分类。

③与国外公共服务组织相比，中国的事业单位体系内也大量存在着提供社会互助或市场中介服务的组织，还包括大量行使行政执法或监管职能等公共权力的组织。对这些功能各异的组织的改革目标，应分别考虑，需要根据单位所承担功能的不同对其进行分类治理。

④国外公共服务组织分类通常会根据组织公益性的强弱给予相应的税收优惠和财政支持，同时加强公益监管、在政府与公共服务组织之间构建合作伙伴关系，为公共服务组织的有效运行提供有力的制度保障。而中国事业单位分类由于缺乏明确的价值目标，导致现有的事业单位体系还存在大量满足私人需求或行使国家公权力的组织，对于这些组织的税收、财政和监管政策，势必要区

别对待。通过科学有效的分类标准区分各类事业单位，是能否有效推进事业单位分类改革和管理创新的关键环节。中国的事业单位分类，实际上需要解决两个层面的问题，一是为什么以及是否需要事业单位的问题，这是确定事业单位价值目标与重新界定国家事业职能范围的过程；二是如何分类推进事业单位改革的问题，即对不属于且仍处于国家事业职能范围内的事业单位的组织形式与运行机制进行改革与重构的问题。

三、国外公共服务组织管理体制的借鉴和启示

从各个国家和地区的经验来看，在不同的历史时期，其公共服务具有不同的发展模式，例如：美国的医院是以非营利性机构为主导，营利机构与公立机构并存；欧洲则是以公立机构为主导，营利机构与非营利机构并存；日本是公立机构与私立非营利机构平行发展，各有千秋。由于社会事业过于复杂，受到历史惯性、公众认可、地域文化、经济基础等各方面因素的影响，在进行公共服务组织的改革与新模式的建立时，必须充分考虑具体环境及特定服务所面临的问题，因地制宜，逐步推进。

1. 发展多种组织形式的公共服务提供者

在中国，无论是在官方统计上，在常人的思想观念上，还是在日常生活中，说到“事业单位”，几乎无一例外指的是政府举办并管理的事业单位。其实，这是一种狭隘的界定，对于公共服务组织来说，不仅要寻求组织最优化、效率最大化，更要保持组织形式的多样性、适应性和灵活性。在这方面，来自于经合组织国家的公共服务提供者组织给予了我们一定的启示：在中国，几乎所有的公共服务提供者都是事业单位，而在经合组织国家，公共服务提供者有多种多样的形式，它们的自主程度及问责机制也是多样化的，正是这些因素使得它们更容易适应服务的不同性质和周边环境。而早在20世纪80年代初，改革开放之后，一些自愿、自立、自治的民办事业单位就在中国自发兴起，如各种民办学校、医院、养育院、戒毒中心，等等。这些现在随处可见的民办事业单位十分弱小，与中国的民营企业同行，但却没有像民营企业那样幸运，得到政府对民营企业那样的待遇，甚至连合法性也成了问题，缺乏明确的法律地

位、有效的税收优惠以及政府援助。

2. 重视法律法规以及配套制度建设

美国、日本等各国公共服务事业的改革经验表明，必须建立完备的法律、法规与配套制度，规范化、透明化的制度体系是确保事业单位改革成功的关键。同时，需要有一个事业单位管理体制，对管理权限进行划分，对资源配置进行管理，需要建立事业单位的监管机制和运营机制，对事业单位改革提出指导意见，提出配套措施，提高运行效率，需要加强对事业单位资金和预算的管理，对预算执行情况进行监督，增强预算执行的透明性，控制收支总体平衡，保证各项资金的合理、有效使用。而我国当前的情况是，针对公共服务事业单位的法律与制度方面的建设相对滞后。目前，北京海淀区和上海、无锡等地在教育、文化、卫生等领域实施的改革都面临一个共同问题，就是改革后的学校、医院等单位的法律定位问题。理论上他们应明确为公立非营利性机构的一种，但至今非营利机构在中国尚没有明确的法律定位。非营利性机构的注册登记、法人治理结构、活动范围、法律上的权利义务、资产与财务的管理模式、政府的支持与监管等各方面的法规几乎都是空白，这就对改革的操作和巩固改革成果带来了很大的难度。

3. 加强政府主办的基础性作用

在发达国家，虽然存在调整政府与民间力量在公共事务方面分工的趋势，但长期以来由政府承担各项社会公益事业基本责任的格局并没有改变。基础性的社会公益事业仍然采取政府主办的方式，政府确保对其投入。对于我国来说，改革的重心不是事业单位的产权制度问题，而是在保证履行公益目标和确保政府投入与宏观管理的前提下，改善公共服务的组织模式，提高公共服务组织的运行效率。

但同时，从欧洲国家爆发的福利危机可以看出，如果公立机构的比重过于庞大，国家财政不堪重负，特别是随着人口老龄化之后，财政负担将更加严重。因此，一些欧洲国家在经历了市场主导、政府主导之后，又开始了新一轮的私有化热潮。然而，社会福利的提供有一定的刚性，能上不能下，这也是目前欧洲一些国家私有化改革举步维艰的原因。中国应该接受欧洲国家的教训，不能过于倚重公立机构。事实上，目前中国的事业单位比重不是高，而是太高。不仅如此，在政府放权且监督不力的情况下，有的事业单位本身还出现了“市场化”的倾向，名义上以公益为目的，实质上却牟取个人或者组织的自身利益，偏离了事业单位设立的初衷。

总体来说，美国和欧洲的国情和中国相差太远，一些制度设计也许不错，但可能并不适合中国的国情，我们学不了，也做不到。而在社会事业发展方面，东亚国家和我国台湾地区却有许多值得我们借鉴的经验和教训。

4. 实现加强公共服务组织的独立性与对其有效的监督制约相结合

无论是日本的独立行政法人制度，还是国内的管办分离改革，核心是扩大相关机构的自主权，进一步调动机构和相关人员的积极性，提高服务效率。相当一部分事业单位的负责人和职工认为，事业单位并不是搞不好，而是因为事业单位自主权不够，管得过多过死，不利于调动事业单位自身的积极性。事实上，事业单位管理的主要问题是长期以来简单套用对行政机关的管理办法，改革的方向是建立一套适应各类事业单位自身特点的管理办法，而不是简单地放权。即使强调要发挥事业单位本身的自律性，也必须以这些单位首先建立自律性，能够实现自己管理自己。在这一过程中，政府仍然要对有关机构的活动实施严格的管理与监督，以防止出现“一放就乱”的情况，以保障改革后公共服务组织的持续健康发展。

例如，随着改革的进展，相当一部分原来由政府直接支持的事业单位可以改为间接支持，即实行民办公助、政府采购、设立专项基金、税收优惠等办法，而不再是直接包办，但所谓的公助、采购、基金制、税收减免等办法也都渗透着政府的管理和控制，只不过是管理办法改变了。同样，如果某一个民办非营利性机构不能自律，偏离了非营利的方向，那么，它就不能再享受税收优惠政策，因此，必须在放权的同时加强管理与监督。

第三章 事业单位组织管理改革技术与实践

本书前两章就事业单位及国外公共服务组织的宏观发展与改革进行了论述。从本章开始将聚焦在事业单位组织人事领域的改革，并分别从组织管理、岗位管理、绩效管理、薪酬管理、人事管理、人才培养与发展、人事信息化等七个方面进行论述和研究。本章重点关注事业单位的组织管理改革。

第一节 组织管理概述

一、组织管理的定义

组织是为了达到某些特定目标，在分工合作的基础上所构成的集体或团体。从管理学的角度，组织可看作是反映机构和个人关系的网络式结构。具体来说，组织是一个完整的实体，它是按照职能目标分工、责任归属、指挥关系和工作程序设置的各个层级、各类部门、各个职位所共同构成的完整体系。

作为管理活动的一部分，组织管理就是通过建立组织结构，规定职务或职位，明确责权关系，以确保组织成员互相协作、共同配合、有效实现组织目标的过程。组织管理的工作内容包括四个方面。

①确定组织的特点、外部环境和目标。

②根据组织环境和目标划分工作部门，设计组织结构。

③设计组织中的各种职务或职位，明确各自的责任并赋予相应的权利。

④制订流程和制度，规范组织中纵、横各方面的相互关系。

概括地说，组织管理应当使成员明确组织中有哪些工作，分别由谁去完成，工作者承担何种责任、具有何种权利，以及组织中各成员的相互的关系如何。只有这样，才能避免由于职责不清、责权利不对等、管理关系不明确等原因造成的执行障碍，从而使组织实现高效、协调运行。

二、组织管理的特点

组织管理有以下三个方面的特点。

①组织管理是围绕组织目标来进行的。组织目标是组织存在的基础，组织管理就是为了有效地协调组织内的各种信息和资源，提高组织效率，顺利达成组织目标。

②组织管理是一个动态的协调过程。既要协调组织内部人与人的关系，又要协调人与物的关系，并且随着组织目标的变化，内部的关系也要不断进行优化调整。

③组织管理是一种责权对等的制度设计。组织中的职责必然要对应于相应的权利，以及纵向和横向的资源支持，否则，组织的职能也将无法有效实现。

三、组织管理的基本原则

组织管理的基本原则包括以下几项。

①职权分明原则：要使每一项职能都具体能落实到一个执行机构或一个岗位，职责不要分散，也不能多头领导。

②互相协调原则：要使得组织的各个部门、岗位互相衔接，使组织内部既有分工，又有合作，面向共同的目标，实现协调一致。

③集分权结合原则：要确定科学的管理幅度和管理层次，实现统一领导、分级管理。既要坚持必要的集中领导，使指挥决策有效而迅速，又要实行分级管理，调动各方的积极性。

④精简高效原则：要根据实际需要合理设置机构及岗位，实现精兵简政，降低决策周期，降低管理成本。

四、组织管理的具体工作内容

广义的组织管理，其工作内容包括职能设计、管控模式设计、组织框架设计、流程设计、工作标准设计、组织变革管理，等等。狭义的组织管理，主要是指职能和组织结构设计。

①职能设计。所谓职能设计，是指根据组织的使命和目标，设计相应的运营和管理职能。例如，组织目标和定位发生了变化，需要对组织的职能进行审核，以及进行必要的增减，再比如，新设立一个组织，首先要进行组织职能的设计。

②管控模式设计。所谓管控模式设计，是指根据组织的管理思想和原则，进行管控方式的选择，包括集分权结构设计、职能在不同层级的分配方式设计、权限管理体系设计，等等。

③组织框架设计。所谓组织框架设计，是指根据职能和管控模式，选择组织形式，进行纵向的层次设计、横向的部门设计。

④流程设计。所谓流程设计，即协调方式的设计，就是研究各层次、各部门之间如何进行合理的协调、联系、配合，以发挥系统效能，这种协调机制的设计，往往是以流程图、工作关系图等方式进行标示。

⑤工作标准设计。所谓工作标准设计，就是明确各部门的工作规范和准则，从而保证各层级、各部门按照统一的工作要求和标准进行配合和行动，这种工作标准，一般以作业标准、管理制度等形式体现。

⑥组织变革管理。所谓变革管理，就是基于组织现状，明确组织变革的内容与方向，设计科学、合理的变革方案与路径，以确保变革成功。组织变革，有时是组织形式方面，有时是管控模式方面，有时则是流程及制度方面，无论何种组织变革，都可能涉及利益的变化，都会有不同程度的阻力，只有遵循科学的程序和方法，才能保证组织变革安全、高效。

第二节　事业单位的组织管理现状

一、事业单位组织管理现状

事业单位是我国在传统政治体制下形成的一种特殊组织形式，它“半官半民”的属性，以及与政府、企业之间错综复杂的关系，导致了其在组织及部门归属上的定位困难。而从组织功能的角度考察，我国以社会公益服务为目的的教育、科技、文化和卫生等社会服务组织，在很大程度上与国外的“非营利组织”基本一致。然而，由于历史原因，介于政府和企业之间，事业单位存在着自身的组织定位悖论，这种悖论直接妨害了事业单位的组织运行逻辑。随着市场经济的发展，“让市场发挥决定性作用”成为未来社会改革的主导思想，传统体制下事业单位的组织管理模式，已经越来越不能够适应提升公共服务质量与效率的要求。

具体来说，事业单位的组织管理现状存在以下特点。

1. 管理模式行政化

事业单位数量多，涉及内容广泛。根据国家发展和改革委员会的数据，我国有事业单位130多万个，其中独立核算事业单位95.2万个，纳入政府事业单位编制的人员近3000万人，各项事业经费支出占国家财政支出的30%以上。事业单位与企业和政府部门相比，主要优势在于其提供公共服务的专业化水平，但目前事业单位的管理模式行政化倾向较为明显，按照行政级别和行政层级进行管理和控制，存在着从部级、司级到县级和科级等不同层级的事业单位。以学校为例，行政化倾向严重，不同学校存在不同行政级别，以至于出现行政级别代替学术质量成为判断学术水平高低的标准的怪现象。

设立事业单位的规范由政府制定，宏观性、政治性、行政性较强，反映社会公共管理规模的特征较弱。在特定的政治经济体制和意识形态下，强调与之相适应的“事业”性质，社会事业与经济活动、行政行为与公益行为、行政行为与企业行为、事业行为与企业行为的边界不清。事业单位的社会定位、管理和运行长期缺乏法律规范，加上条块分割、各级政府的理解、运作和利益趋向的异同，以及人事整合所造成的人为因素等，使得事业单位的设立存在非规定性与随意性，导致事业单位不规则膨胀，人浮于事，同时，政事、政企、事企不分，矛盾交织。在计划经济条件下，所有制形式单一，高度国有化，事业单位由各级政府主办和管理，根据指令性计划要求运行，成为政府的附属。事业单位内部层层下达指令计划，自身没有自主权，失去主动性。

2. 职能目标计划化

计划化是传统事业单位的一个重要特征，是与整个计划经济体制相适应的。各级政府按照各自的发展规划和计划，以指令性计划的形式安排各事业单位的阶段性工作目标和任务。如学校的招生计划、文化、卫生设施的建设计划、技改项目计划等。这种高度集中使事业单位丧失了自主决策权，割断了事业单位的市场联系，使事业单位成为完成上级所下达的事业计划的一种工具，成为上级行政主管部分的附属物，更进一步强化了事业单位的行政化。与之相反，从事市场化生产经营活动的事业单位，其组织管理方面已经在向市场上的同类或相似企业看齐或靠拢。

3. 资源配置指令化

国家包办一切事业，是通过政府各事业职能部门及其附属的各类事业单位来实现的。而国家的各类事业资源，也是通过各种行政化方式来加以配置和运用的。由于事业单位行为方式的非产业化，以及国家财政无偿供给各类事业经费，人员调配和工资额度完全按计划执行，造成资源配置严重不合理。同时，这种体制和机制又直接推动各部门、各地区、各单位为了各自利益，建立各自所属的事业体系或争取更多的事业资源，包括要经费、要编制、要项目，形成了“政出多门”、“事出多门” 的事业发展格局，造成了 “大而全”、“小而全” 的分割与封闭型的事业发展模式。如，中央各部门几乎拥有本部门所属的普通高等学校和中等专业学校，还有各类科研机构、文化机构、体育机构等。虽然是“事出多门”，但都由国家包办；虽然“重复建设”，但又相互分割、相互封闭，这种发展格局和模式，造成了有限的事业资源的不合理配置和大量浪费。

4. 行为模式双面化

所有事业单位在设立时都将为社会提供服务和不以盈利为目的作为条件，具有非政非企性质。兼具行政管理和市场化经营活动的单位，一般采取“双体系并行管理”的原则，即市场化的经营活动与行政管理职能分别设置部门进行管理，但一些单位在此后的运作过程中，在未经合法授权和主客观条件具备的前提下，逐步演变成“亦事亦政亦企”，即依事业之名，拥有并从事行政管理活动，或形成企业经营行为，从而一方面享受财政供养，另一方面实施行政收费或营利性经营。这类单位利用事业性质上的非政非企的空间，行亦政亦企之实，最大限度地享用行政资源，获取企业化的利益，这实际上是事业单位的异化，从某种程度上是对社会事业资源和市场份额的侵掠，以及对于公众利益的占有。

总体来看，当前我国事业单位的组织管理方式与公共服务需求之间的矛盾日益突出，事业单位面临着迫切的、系统性的组织变革要求。

二、事业单位组织管理的类型

如前所述，我国事业单位存在的主要空间是教育、科技、文化、卫生、公共服务、慈善救助、企业服务等领域，而事业单位的组织管理方式与其具体承担的职能紧密相关，此处，分别以北京协和医院、北京第二中学、机械工业出版社、天津市住房公积金中心、中国质量协会、中国红十字会为例，具体说明其组织形式的特点。

1. 医院的组织管理形式——以北京协和医院为例

从医院的组织形式来看，可分为直线制、直线—职能制、矩阵制及其他复合组织类型。

直线制组织中，一切指挥和管理职能由行政负责人（如院长）担当，不设任何职能机构，这种组织形式一般只适用于小型医院。

直线—职能制将组织的权力划分为两部分——直线职权和参谋职权。直线—职能制组织中的管理人员有两类：一类是直线指挥人员，拥有对下级的指挥和命令权，并对工作负全部责任；另一类是直线指挥人员的参谋——职能管理人员，如管理办、医务科、人事科、财务科、设备科等，他们对下级机构只起业务指导作用。

而矩阵制组织则在保留了直线职能组织的基础上，又增加了按规划目标划分的横向领导体系，提高了管理的目标感和针对性。其在医院组织中的实质意义在于：把按职能划分部门和按业务划分部门结合起来，充分吸收了二者的优势，增加了管理的柔性，现代医院的组织管理，多采用这种形式。

随着医院诊疗组织的中心化和专业化发展，以及医疗保障制度、医院补偿及分配制度的改革，针对社会医疗需求和医学科研工作的需要，医院的组织形式也逐渐向"策略经营单位"的形式转化。如医院管理集团的出现，使得医院的组织管理模式更加复杂，既要兼顾集团各子医院的经营管理，又要兼顾集团各部门的协调发展，不会因为某些局部收益而影响到集团的整体发展，这就涉及集团化管理的理论和方法。

随着医学科技的进步、信息化水平的提高以及医药管理体制的变革，医院的管理也开始采用更加灵活的、复合型的组织形式，以充分发挥多种组织模式的优势，扬长避短，使医院能够对外界环境的变化做出及时的反应。

在部门设置方面，医院的部门通常是多种部门划分方式的综合，如按时间（"三班倒"轮班制）、按患者（门急诊、住院部等）、按职能（行政后勤等），等等。目前我国医院的主要构成部门一般包括诊疗部门、辅助诊疗部门、护理部门、机关职能与后勤保障部门。除此之外，还有一些其他常设部门，如由于承担着医学教学和科研任务，大型医院通常设有科研教学部门，负责教学培训、科学研究及新药、新诊疗技术开发工作的计划、组织、实施，部分较大规模的医院还设有各种临床实验室或研究室，作为开展临床研究的专业基地。

此外，根据规模的不同，医院还会设立学术委员会、医疗事故鉴定委员会、药事管理小组、病案管理小组、院内感染管理委员会、服务监督委员会等辅助组织，以利于医院部门之间的横向协调及民主管理。这些委员会或小组有些是常设，有些是临时设置。

在核心管理层方面，我国一般实行院长负责制，综合性医院院长的管理跨度一般为3～5名分管副院长。国外中小型医院多采用"一长三部"制，即整个医院设一位院长，下属医疗、护理、后勤三部，在院长的统一领导下，医疗、护理、后勤三条线三位一体，共同完成医院的各项任务。这种体制组织层次少，部门分工明确，护理工作自成体系，较为适应现代医院的管理。

上述部门共同构成医院的组织管理体系，其一般性的原则是：以医疗为中心，从业务实际需要出发，在满足上级卫生行政部门统一要求的前提下，遵循组织设计的基本原则，兼顾医院的发展规划与自身的技术力量，在充分论证的基础上，进行科学的设计。

以下以北京协和医院为例，具体介绍医院的组织管理体系。

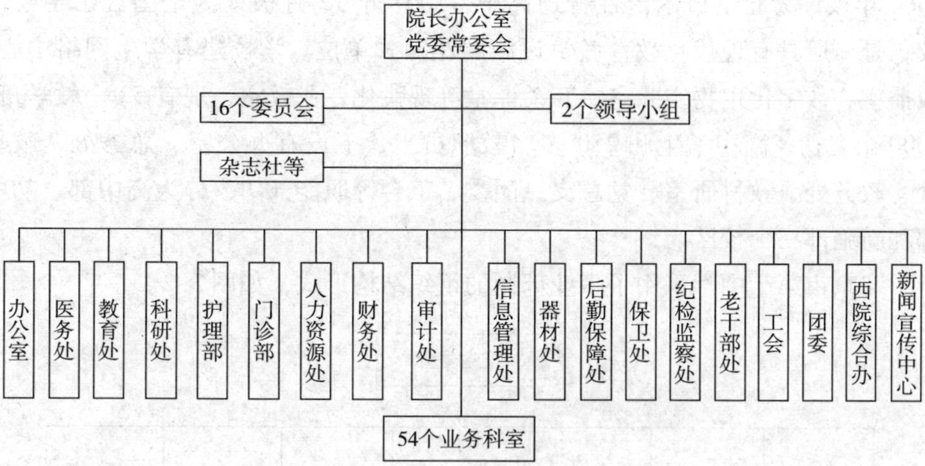

图 3.1　北京协和医院组织结构简图

资料来源：北京协和医院网站。

北京协和医院是集医疗、教学、科研于一体的大型三级甲等综合医院，医院建成于 1921 年，由洛克菲勒基金会创办。北京协和医院的最高领导机构为院长办公室和党委常委会，下设学术委员会、医疗委员会等 16 个委员会，信息建设和工程建设两个领导小组，协和医院创办了医学杂志社并设立了科技开发公司和疾病分类中心，19 个行政职能处室完成医院的各项管理职能，而 54 个业务科室负责医院的医护工作等。

根据医院的现实情况，北京协和医院采用的是矩阵制的组织结构。既有相应的职能部门和业务科室，又有根据工作需要成立的各个委员会和领导小组等，这类组织结构在遇到一些问题时能够灵活应对，提高管理效率。

2. 北京市第十中学

中国绝大部分的学校都是公立学校，是隶属于政府的教育部门。中国学校的部门一般来说有教务处、教研处、年级组、总务处、政教处、校长办、团委、学生会、工会等，这些又可分为教学、后勤、政教、党政工团等四大块，分别由专职副校长或书记分管，其组织形式为直线—职能制。

现以北京市第十中学为例，具体介绍学校的组织结构。

北京市第十中学于1949年建校，1978年被评为北京市丰台区重点中学，2004年被评为北京市示范性普通高中，2007年12月被评为全国红十字模范校，是一所具有现代化教育教学设施的花园式单位。学校建有学生网络中心、演播室、数字化生物实验室、互动课堂等现代化专业教室，现有52个教学班，2000余名初、高中学生和250多名教职员工，下设有办公室、总务处、政教处、教务处、教科研室、党总支、团委、工会等职能部门，分为高中部、初中部和新疆部三个校区。

北京市第十中学采用了事业部制的组织结构形式，如图3.2。

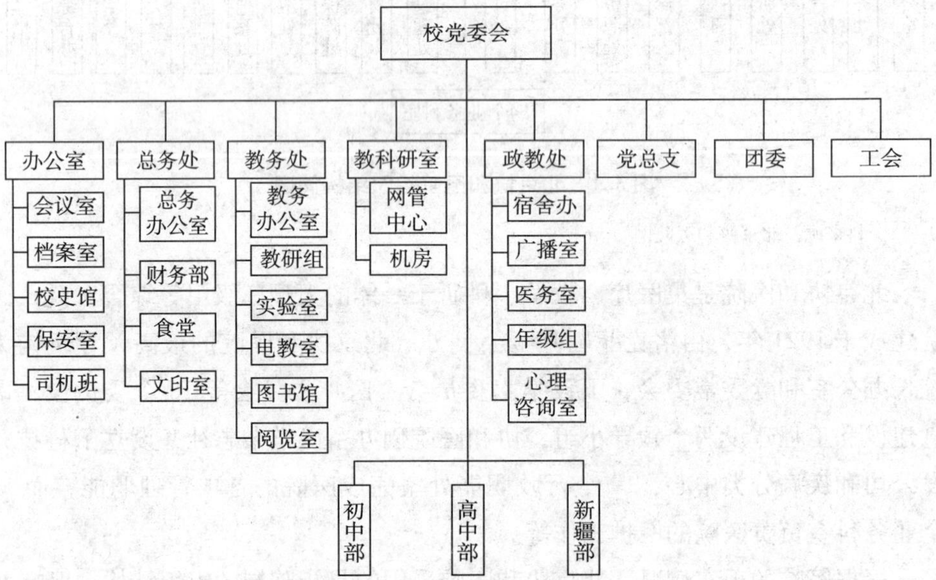

图3.2 北京市第十中学组织结构图

资料来源：北京市第十中学网站。

3. 机械工业出版社

中国的出版社依附于政府而存在，大部分采用的是直线—职能制的组织形式，各部门只专注于本部门的专业和业务，部门间协调十分困难。

出版社一般设置有编辑部、教材科、发行科、办公室、人事科、总编室、财务科、出版科、校对科、美编室、资料室等部门，其最高职位为社长，下设有总编、总监、各部室负责人等。

现以机械工业出版社为例，具体介绍出版社的组织结构。

机械工业出版社成立于1952年，经过60年的发展，逐步形成了专业出版、教育出版、大众出版的产业格局，并向数字出版、产品流通、电子商务、网络教育延伸，构建起了完整的知识信息采集、加工、传播服务体系。机械工业出版社最高领导机构为党委常委会，下设有16个职能部门，出版社拥有四个产业群，分别为咨询、期刊、图书、分销，各产业下设相应的研究所或分社、分子公司，并拥有印刷厂、商贸公司等。

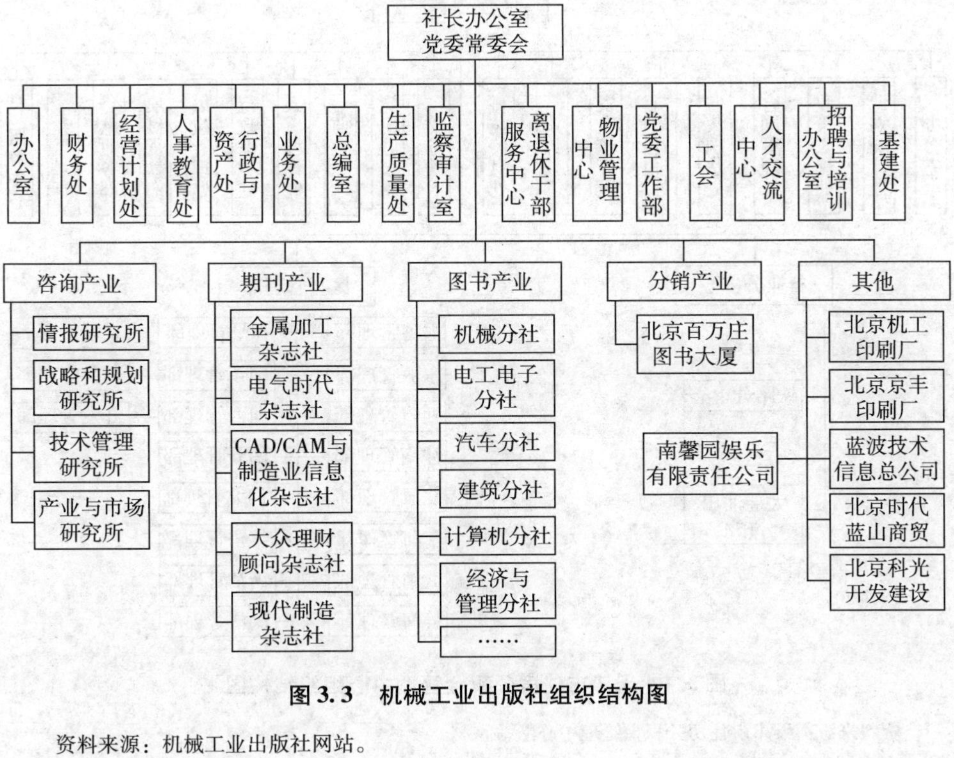

图3.3 机械工业出版社组织结构图

资料来源：机械工业出版社网站。

机械工业出版社所涉及的行业较多，为提高管理效率，采用了事业部制的组织结构形式，具体见图 3. 3。

机械工业出版社的 16 个职能部门主要完成对出版社所涉及各项产业的管理功能，各研究所、杂志社、分子公司在所处的行业、产业中自主经营、自负盈亏。坚持走市场化道路，已由一个传统科技出版社发展成为行业领先的多领域、多层次、多媒体的大型综合性专业出版集团。

4. 天津市住房公积金中心

中国各个地市均设有住房公积金管理中心，为当地市政府直属的事业单位。一般设置有办公室、人事科、财务科、审计科、贷款管理科、归集管理科、政策法规科、信息管理科等部门，根据所在地市的规模和业务量的情况，下设有一些分中心，负责办理相关区域的公积金业务。其最高领导为主任、党委书记，一般由政府委任。

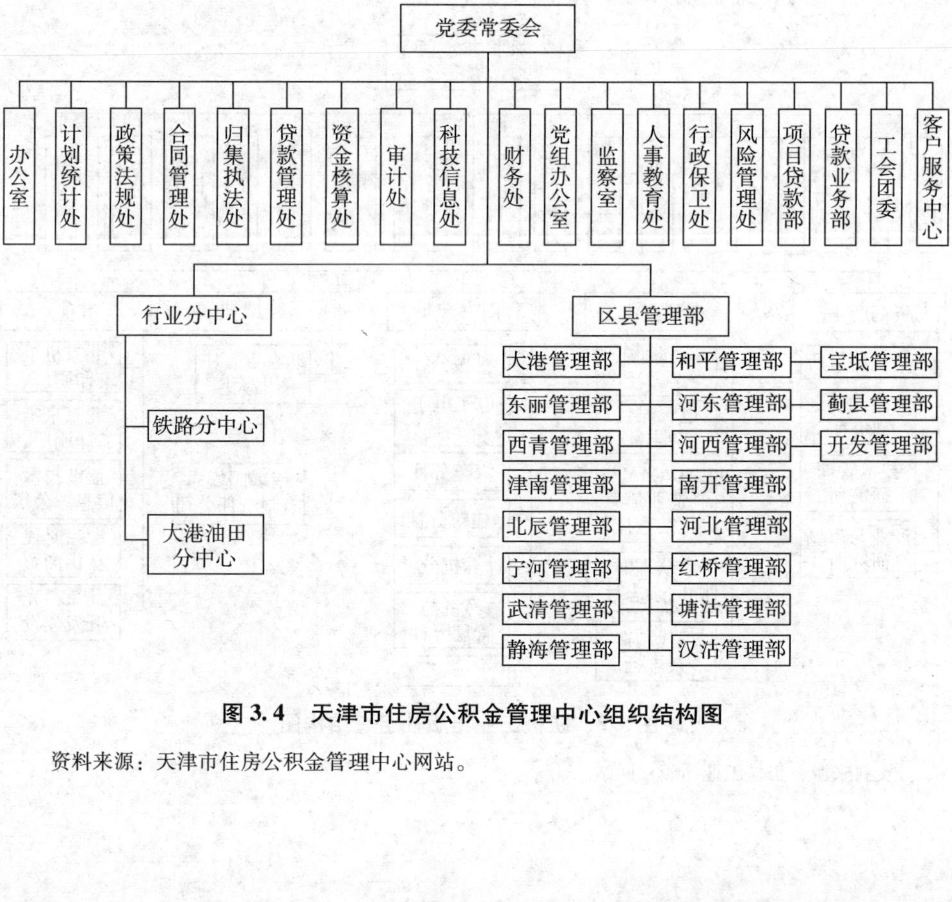

图 3. 4　天津市住房公积金管理中心组织结构图

资料来源：天津市住房公积金管理中心网站。

现以天津市住房公积金管理中心为例，具体介绍公积金管理中心的组织结构。

天津市住房公积金管理中心（前身的主体是天津市住房资金管理中心）于2002年成立，是直属于市政府的副局级事业单位，负责全市住房公积金的管理和运作。

天津市住房公积金管理中心设有19个职能管理部门，承担相应的管理工作，根据业务的类型和地区分布情况，下设有铁路、油田两个行业分中心，在天津市各区县共设有19个管理部，负责相应地区和行业的公积金归集、提取、使用的业务承办。

天津市住房公积金管理中心根据业务发展需要，所采用的是直线—职能制的组织结构形式，如图3.4所示。

5. 中国质量协会

据不完全统计，中国拥有全国性的协会超过万家，在这些协会中，只有少数协会是由政府主导创办的，这部分协会在编制上属于事业单位，如中国质量协会、中国红十字会、中国花卉协会等，而其他绝大部分协会均为民间创办，如中国工艺美术协会、中国收藏家协会。

一般来说，协会采取的是矩阵制的组织结构形式，其最高权力机构为会员代表大会，一般每年召开一次，会员代表大会选举出理事会负责执行会员代表大会做出的决议，协会的常设机构为秘书处，负责组织处理协会的日常工作，下设办公室、培训部、研究发展部、会员服务部、财务部等部门，各司其职。协会根据其创办宗旨等，一般会组织协会内相应的专家、学者成立一些专门的工作委员会，解决会员单位或行业上遇到的难题等。

下面以中国质量协会和中国红十字会为例，具体介绍协会的组织结构。

中国质量协会于1979年8月31日成立，注册机关为国家民政部，业务主管部门为国务院国资委，是国务院国资委领导下和国家质检总局指导下的全国性质量组织。有冶金、轻工、纺织、石油、邮电工业、科学技术、软件等19家分会和宝钢、海尔、联想、上海一汽、兖矿、上海三菱、青岛港务局、五粮液、英特尔（上海）等上千家会员单位。

中国质量协会设有秘书处、工作委员会、会员单位，秘书处下设6个职能部门和7个直属单位，有学术与教育等7个工作委员会，会员单位则分为省、自治区、直辖市质量协会、全国性行业质量协会、直属企业会员等。

中国质量协会根据协会的组织规模和涉及的领域，与时俱进地采用了矩阵制的组织结构形式，如图3.5所示。

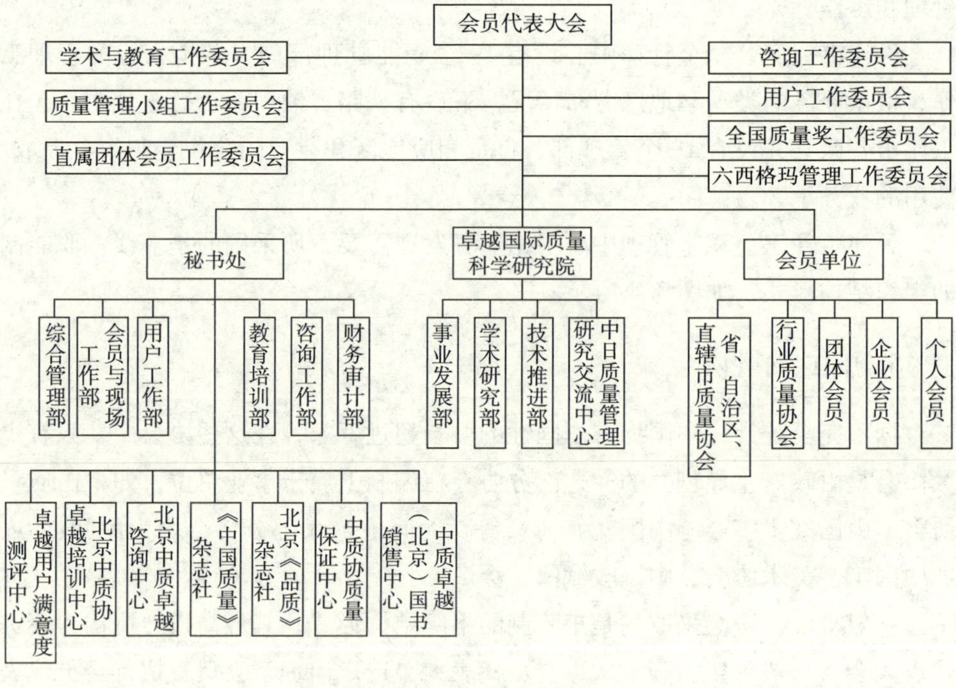

图3.5　中国质量协会组织结构图

资料来源：中国质量协会网站。

6. 中国红十字会

中国红十字会于1904年成立，是从事人道主义工作的社会救助团体，是国际红十字运动的成员。主要从事救助难民、救护伤兵和赈济灾民活动，为减轻遭受战乱和自然灾害侵袭的民众的痛苦积极工作，并参加国际人道主义救援活动。

截至2011年底，中国红十字会有31个省（自治区、直辖市）红十字会、334个地（市）级红十字会、2848个县级红十字会和新疆生产建设兵团红十字会、铁路系统红十字会、香港特别行政区红十字会、澳门特别行政区红十字会；有 9.8 万个基层组织，215.6 万名志愿者，11 万个团体会员，2658 万名会员。

中国红十字会的最高权力机关是全国会员代表大会，理事会在全国会员代表大会闭会期间执行其决议，执行委员会负责指导地方分会、行业分会的工作。

中国红十字会的地方分会包括省（区、市）、地（市）、县（区）级红十字会和新疆生产建设兵团红十字会，行业分会有铁路系统红十字会。香港、澳门红十字会为中国红十字会高度自治的地方分会，依照红十字运动基本原则，结合特别行政区实际独立自主地开展工作。

总会设有办公室（人事部）、赈济救护部、筹资与财务部、组织宣传部、联络部、监察审计室等部门和机关服务中心、训练中心、备灾救灾中心、援外物资供应站、中国造血干细胞捐献者资料库管理中心、人体器官捐献管理中心、事业发展中心、中国红十字基金会、报刊社等直属单位。

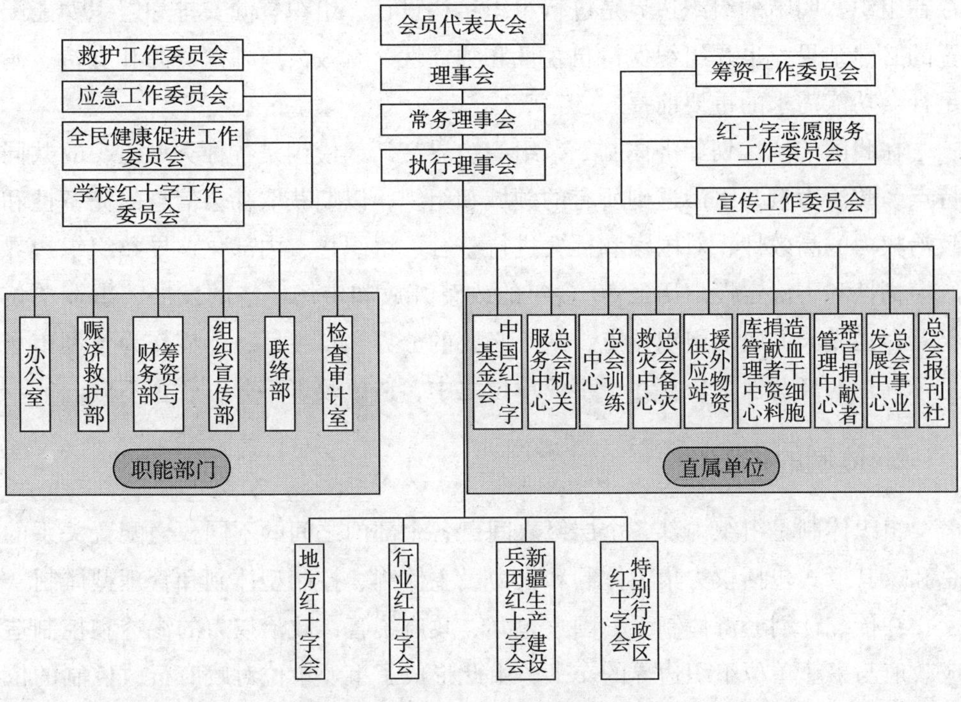

图 3.6　中国红十字会组织结构图

资料来源：中国红十字会网站。

执行委员会设有7个专门的工作委员会，由相关领域的专家、学者和相关部门的领导组成，分别为应急工作委员会、救护工作委员会、全民健康促进工作委员会、宣传工作委员会、筹资工作委员会、志愿服务工作委员会、学校工作委员会。

中国红十字会的组织结构如图3.6所示，为矩阵制的形式。

三、事业单位组织管理的问题和弊端

从组织视角考察，困于传统体制的局跟，在组织设计和制度安排方面，我国的事业单位存在着一系列问题和弊端，主要表现为以下四个方面。

1. 边界的模糊性

组织必须维持其与环境之间的边界才能生存，如果没有可辨的边界，则不存在组织。明晰的组织边界是进行组织结构设计、组织资源安排和组织功能配置的必然结果，也是组织保持自主性和独立性、有效汲取外部资源和支持、满足社会功能需求的重要前提。

在我国传统计划经济体制下，组织边界交叉、模糊是各种类型组织的共同特点，政治力量几乎渗透到所有的领域和组织，以期获取社会信息的完备性和政治权力的高效性，对国家和社会进行整合、组织化、内部化，导致组织边界的模糊性和不确定性。历经30多年的改革开放和市场经济的发展，事业单位仍然存在先天的政治组织特点，缺乏必要的分界和自主性，本应作为营利市场主体存在的经营性单位存在于事业单位之中，造成政事不分、政企不分。

2. 体制的依附性

组织体制是组织内部各个层级之间、各个部门之间的不同权力配置关系的总和，其形式包括权力集中体制和权力民主体制、控制型体制和管理型体制。

在传统计划经济体制下，国家包办、政府统管，政治权力的渗透和控制造成政府与事业单位组织边界的交叉，由此形成了事业单位对政府行政控制的依附格局。这种依附性的组织体制直接导致了两种后果：一是事业单位的行政化和附属化。事业单位具有相应的行政级别，事业单位的财务、人事和社会福利制度等也无异于行政单位，政府充当事业单位的举办者、所有者、管理者或运营者等多重角色，政府主管部门通过行政手段直接领导和管理其所属的各类事业单位。二是本位主义。事业单位与其主管行政部门是上下级关系，缺乏建立在功能互补上的横向联系，因而事业单位在责任方向上对上不对下，在服务范围与对象上不是面向社会。组织体制上的行政依附性，不仅扩大了政府的事业职能，而且抑制了社会办事业的积极性和创造性，阻碍了事业组织效率的提高。

3. 管理结构形式的单一化

组织的管理结构形式是组织为实现具体目标而形成的对权力、职责的具体安排，包括组织部门结构、组织层次结构及其相互沟通、控制和协调的组织制度等，它是决定组织效率的关键因素。事业单位的性质、目标、功能、活动内容与运作方式等均不同于政府机构、企业，所以事业单位的组织管理结构形式也有别于其他组织。

在传统集权的政治体制下，自上而下的行政组织体系通常按照一个模板来进行构建，下级组织一般是上级组织的翻版，事业单位的管理结构形式主要是对其主管行政机构的复制，从而导致不同性质的事业单位之间在管理结构上表现出高度的一致性。官僚制作为行政机构的一种主要管理模式也直接被复制进事业单位组织之中，其弊端越来越凸显，导致事业单位结构僵化、机构臃肿、人浮于事、效率低下，单一化的组织形式极大地抑制了组织功能的分化和发展。

4. 环境约束的软化

事业单位的产品和服务直接面向社会，关系到个人和群体的利益得失，因而社会的监督和约束构成了事业单位存在与发展的重要外在环境。但是事业单位对政府的行政依附体制，使得组织的生存资源直接来自于政府的支付，从而割断了事业单位对社会的公共责任关系。

历史和体制的原因使得我国事业单位的社会监督较为薄弱，主要表现在：第一，公众监督意识薄弱，社会主义制度下对利益高度一致性的过度强调，政治领域对权力缺乏制衡和制度化约束等，造成公民权利意识和监督意识淡薄；

第二，新闻舆论监督的无力，主要体现在舆论监督渠道不畅、新闻媒介的监督力度不足、舆论监督滞后于其他监督等；第三，民间监督和评估组织的缺失，发达国家的民间监督和评估机构发挥着对公益机构的绩效进行评价和监督的作用，而我国在这方面的缺失是显而易见的。

第三节　事业单位组织管理改革技术与方法

一、管控模式及其基本类型

管控模式是一个相互影响、相互支持的有机体系，其确定过程需要涉及三个层面的问题。首先是狭义的管理模式的确定，即总部对下属机构的管控模式；其次是广义的管控幕式，它不仅包括狭义的、具体的管控模式，而且包括治理结构的确定、总部及各下属机构的角色定位和职责划分、组织架构的具体形式选择（直线—职能制、事业部制、矩阵制、子公司制及多中心网络式）、对集团重要资源的管控方式（如对人、财、物的管控体系），等等；最后是对与管控模式相关的一些重要外界因素的考虑，涉及业务战略目标、人力资源管理、工作流程体系以及管理信息系统等。

1. 企业集团管控模式的类型

集团管控模式，按照集团对下属机构控制的紧密程度，可以分为财务型管控模式、战略型管控模式和操作型管控模式。

（1）财务型管控模式

在财务型管控模式下，集团总部是投资决策中心，通过财务管理和领导的方式追求资本价值最大化。集团总部负责集团的财务和资产运营，包括财务计划、投资决策、实施监控以及对外部企业收购、兼并等。集团总部主要以财务指标对下属机构进行管理和考核，总部一般无业务管理部门。集团总部下发给下属机构每年的财务目标，不具体过问下属机构的生产管理情况，只关注其盈利能力和投资回报情况，只要下属机构完成了集团设定的财务目标就可以。这种管控模式之下，集团总部的人员并不多，主要是财务管理人员。

（2）战略型管控模式

在战略型管控模式下，集团总部是战略决策和投资决策中心，主要关注总体战略控制，业务组合的协调发展、投资业务的战略优化，以及战略协同效应的培育。通过对成员的战略施加影响而达到控制目的，主要控制手段有战略规划与控制、财务控制、人力资源控制，以及部分重点业务的管理。战略型管控模式是介于集权与分权之间的一种管控模式。集团总部在资产上对下属机构进行控制，并负责集团财务、资产运营和集团整体的战略规划；各下属机构同时也要制定各自的业务战略规划，并提出实现规划目标所需投入的资源预算。集团总部审批下属机构的计划并给予有附加价值的建议，批准其预算，再交由下属机构执行。总部对下属机构的管理主要通过年度报告或者季度报告与述职的形式来表现，这种管控模式适用于下属机构业务相关性较高的集团。一般采用这种控制制度的集团，总部的规模都不大，主要集中在进行集团战略控制、集团综合平衡及提高集团综合效益上。

（3）操作型管控模式

在操作型管控模式下，集团总部是经营决策中心和生产指标管理中心，以对集团自有的集中控制和管理、追求经营活动的统一和优化为目标，直接管理集团的生产经营活动，也就是说，总部从战略规划制定到实施几乎样样都管，是一种集权型管控模式。由于集团总部在设置上通常组织结构庞大，职能人员数量众多，各下属机构的职能人员数量相对较少且业务相关性较高。

2. 集团管控模式选择的要素

具体到某个组织的集团管控模式，可能是投资管控型与战略管控型相结合，也可能是操作管控型为主，隐含战略管控型的影子；有些集团在不同业务上采取不同的管控模式。一般而言，集团管控模式的选择主要受行业特点、组织规模、发展战略、领导风格等因素的影响，组织应深入分析自己在这几个因素上的现状与特点，以此来选择适合自己的管控模式。

（1）行业特点

不同的行业具有不同的特点，在管理控制上也有所不同。通常情况下，如果业务运营比较单一，不需要成员企业做出太多个性化经营决策的行业，具备实现集权管控的基本条件，而对于那些需要成员企业做出大量个性化经营决策的行业，则需要侧重于分权型管控。举例来说，电力行业是一个高度重视安全性的行业，但业务运营相对较为单一，新的电厂投入运营后要确保安全可靠、稳定发电就可以了。电厂就是一个生产车间，除安全生产需要严格按照上级公司的指示来进行外，其他诸如调度开停机、设备检修、保障安全生产活动并没有其他太多的经营决策。因此，发电集团大都实行集权的管控模式，电网企业对下属的供电企业也实行相对集权的管控模式，这种管控模式是由行业的特点所决定的。

（2）发展战略

发展战略是整个集团未来发展的全局性部署，可以归结为高度专业化、相关多元化和无关多元化三种类型。对于高度专业化战略的集团来讲，所有成员机构都从事同一业务，每个成员机构的管控都能够从不同程度复制到其他成员，在这种发展战略下，集团完全可以对成员机构实行集权式的管控，也就是说，具备了实行集权管控模式的基本条件。而对于无关多元化来说，每个业务都有各自不同的行业特点，需要采取不同模式进行管控，因此集团无法对成员机构实行更为紧密的管控模式，分权成为必然。相关多元化集团根据业务特点，可以对集权与分权的需求进行平衡。

（3）组织规模

组织规模决定了集团总部的管理幅度和范围。在集团发展初期，成员较少，属于单一区域，这种情况下，集团有足够的能力对成员实行紧密的集权型管控。而当组织规模不断扩大时，需要管理和协调的事务越来越多，全部交由集团总部来决策会影响到决策速度和质量，面对竞争日趋激烈的今天将极为不利；这就需要集团总部逐步放权，向分权型管控过渡。以万科为例，在发展初期，万科实行的是集权型管控，投资的经营权和决策权分离，有限的专家资源全部集中在总部，各地子公司的投资决策、人员、资金等专业性事务都上报给集团进行决策。随着企业的快速扩张，区域子公司越来越多，全国 24 个城市运作约 50 个项目，依靠集团来一一作出决策必然贻误战机，因此，万科在 2005 年对管控模式进行了重大变革，由集权型管控向分权型管控转变。

(4) 企业家精神

每个人在做出各种决策时都有自己的风格，决策者对管控的紧密程度源于他对局势掌控程度的需要，企业家亦是如此。有些企业家善于把握细节，事必躬亲，在集团管控中体现为集权型管控；而有的企业家则更善于抓大放小，体现为分权型管控。

一般来讲，国有企业的企业家更倾向于分权型管控，这是因为企业家成长于系统规范的组织当中，习惯于有序授权的组织氛围，在成长为集团领导者之后也就更倾向于分权型的管控。而民营企业家则更倾向于集权型管控，这是因为民营企业家大多是自创企业，从无到有、从小到大发展起来，而这种发展环境注定了企业家对于分权缺乏足够的安全感，因此，在成长为集团领导者之后，也更倾向于沿用这种管控方式。

除了以上四种影响因素之外，集团管控模式的选择还会受到诸如人力资源、企业文化等因素的影响，只要把握这些影响因素并进行深入分析，就能够找到适合自身实际的管控模式，实现集团对成员的有效管控。

二、各类组织形式及其特点

常见的组织形式包括直线制、职能制、直线—职能制、事业部制、模拟分权制、矩阵制、扁平化组织，等等。

1. 直线制

直线制是一种最早也是最简单的组织形式。它的特点是各级行政单位从上到下实行垂直领导，下属部门只接受一个上级的指令，各级主管负责人对所属单位的一切问题负责。总部不另设职能机构（可设职能人员协助主管人工作），一切管理职能都由行政主管个人履行。

直线制组织结构的优点是结构简单，责任分明，命令统一。缺点是它要求行政负责人通晓多种知识和技能，亲自处理各种业务，而在业务比较复杂、企业规模较大的情况下，把所有职能都集中到最高主管一人身上显然是难以胜任的。因此，直线制只适用于规模较小、技术较简单的组织，对技术和经营管理较复杂的组织并不适宜。

2. 职能制

职能制组织结构，是各级行政单位除主管负责人外，还相应地设立一些职能机构。如在中心下面设立职能机构和人员，协助中心主任从事职能管理工作。这种结构要求行政主管把相应的管理职责和权力交给相关的职能机构，各职能机构有权在自己业务范围内向下级行政单位发号施令。因此，下级行政负责人除了接受上级行政主管人指挥外，还须接受上级各职能机构的领导。

职能制能够适应技术比较复杂、管理要求比较精细的组织，能够充分发挥职能机构的专业管理作用，减轻直线领导人员的工作负担。但缺点也很明显：它影响了集中领导和统一指挥，形成了多头领导，不利于建立和健全各级行政负责人和职能科室的责任制，在职能管理层往往会出现有功大家抢、有过大家推的现象；另外，在上级行政领导和职能机构的指令发生矛盾时，下级可能无所适从，影响工作的正常进行，容易造成纪律松弛，管理秩序混乱。由于这种组织结构形式的明显缺陷，现代组织一般都不单独采用职能制模式。

3. 直线—职能制

直线—职能制也叫直线参谋制。它是在直线制和职能制的基础上，取长补短，吸取这两种形式的优点而建立起来的。目前，我们绝大多数组织都采用这种结构形式，这种结构把企业管理机构和人员分为两类，一类是直线领导机构和人员，按命令统一原则对各级组织行使指挥权；另一类是职能机构和人员，按专业化原则从事各项职能管理工作。直线领导机构和人员在自己的职责范围内有一定的决定权和对所属下级的指挥权，并对自己部门的工作负全责。而职能机构和人员则是直线指挥人员的参谋，不能对直接部门发号施令，只能进行业务指导。

直线—职能制的优点是既保证了企业管理体系的集中统一，又可以在各级行政负责人的领导下，充分发挥各专业管理机构的作用。其缺点是职能部门之间的协作和配合性较差，职能部门的许多工作要直接向上层领导报告、请示才能处理，这加重了上层领导的工作负担，也造成办事效率的低下。为了克服这些缺点，可以设立各种综合委员会，或建立各种会议制度，从而起到协调、沟通、帮助高层出谋划策的作用。

4. 事业部制

事业部制最早是由美国通用汽车公司总裁斯隆于 1924 年提出的，故有“斯隆模型”之称，也叫“联邦分权化”，是一种高度集权下的分权管理体制。它适用于规模庞大，业务品种繁多，技术复杂的大型组织，是国外大型企业经常采用的一种组织形式，近几年我国企业也大量采用这种组织结构形式。事业部制的核心是分级管理、分级核算、自负盈亏，即一个公司按地区或按产品类别分成若干事业部，从产品设计、原料采购、成本核算、产品制造一直到产品销售，均由事业部及所属工厂负责，实行单独核算，独立经营，公司总部只保留人事决策、预算控制和监督大权，并通过利润等指标对事业部进行考核和监控。也有的事业部只负责指挥和组织生产，不负责采购和销售，实行生产和供销分立，还有的事业部按区域来划分。

5. 模拟分权制

模拟分权制是一种介于直线—职能制和事业部制之间的结构形式。许多大型企业，如连续生产的钢铁、化工企业，由于产品品种或生产工艺过程所限，难以分解成独立的事业部。又由于企业的规模庞大，以致高层管理者感到采用其他组织形态都不容易管理，这时就出现了模拟分权制组织形式。所谓模拟，就是模拟事业部制的独立经营、单独核算，而不是真正的事业部，实际上是一个个“生产单位”。这些生产单位有自己的职能机构，享有尽可能大的自主权，负有“模拟性”的盈亏责任，目的是要调动他们的生产、经营积极性，达到改善生产经营效果的目的。需要指出的是，各生产单位由于生产上的连续性，很难将它们截然分开，就以连续生产的石油化工为例，甲单位生产出来的“产品”直接就成为乙生产单位的原料，这当中无须停顿和中转。因此，它们之间的经济核算只能依据企业内部的价格，而不是市场价格，也就是说，这些生产单位没有自己独立的外部市场，这也是与事业部的差别所在。

模拟分权制的优点除了调动各生产单位的积极性之外，就是解决企业规模过大不易管理的问题。高层管理人员将部分权力下放给生产单位，减少了自己的行政事务，从而把精力集中到战略问题上来。其缺点是不易为模拟的生产单位明确任务目标，容易造成考核上的困难；各生产单位领导人不易了解企业的全貌，在信息沟通和决策方面也存在着一定的缺陷。

6. 矩阵制

既有按职能划分的垂直领导系统，又有按产品（项目）划分的横向领导关系的组织结构，称为矩阵制组织结构。矩阵制组织是为了改进直线—职能制横向联系差、缺乏弹性的缺点而形成的一种组织形式。它的特点是：围绕某项专门任务，成立跨职能部门的专门机构，例如，组成专门的产品（项目）小组从事新产品开发工作，在研究、设计、试验、制造各个不同阶段，由有关部门派人参加，力图做到条块结合，以协调有关部门的活动，确保任务的完成。这种组织结构形式是固定的，人员却是变动的，需要谁，谁就来，任务完成后就可以离开。项目小组和负责人也是临时组织和委任的。任务完成后就解散。有关人员回原部门工作，因此，这种组织结构非常适用于横向协作和攻关项目。

矩阵制结构的优点是：机动、灵活，可随项目的开始与结束组织或解散。由于这种结构是根据项目组织的，任务清楚，目的明确，各方面有专长的人都是有备而来，因此，在新的工作小组里，能够沟通、融合，把自己的专长同整体工作联系起来，为攻克难关、解决问题而献计献策。矩阵制还加强了不同部门之间的配合和信息交流，克服了直线职能结构中各部门之间互相脱节的现象。

矩阵制结构的缺点是：项目负责人的责任大于权力，因为参加项目的人员来自不同部门，隶属关系仍在原单位，只是为“会战”而来，所以项目负责人对他们管理困难，没有十分充分的激励与惩治手段，这种人员上的双重管理是矩阵结构的先天缺陷，由于项目组成人员来自各个职能部门，当任务完成以后，仍要回原单位，因而容易产生临时观念，对工作有一定影响。

矩阵结构适用于一些重大攻关项目，可用来完成涉及面广的、临时性的、复杂的重大工程项目或管理改革任务，特别适用于科学研究单位。

7. 扁平化组织

扁平化组织是指管理层次少而管理幅度大的一种组织结构形态，通过破除公司自上而下的垂直高耸的结构，减少管理层次，增加管理幅度，裁减冗员来建立一种紧凑的横向组织，达到使组织变得灵活，敏捷，富有柔性、创造性的目的，它强调系统、管理层次的简化、管理幅度的增加与分权。扁平化组织的特点有以下几个方面。

①以工作流程为中心而不是部门职能来构建组织结构。公司的结构是围绕有明确目标的几项“核心流程”建立起来的，而不再是围绕职能部门；职能部门的职责也随之逐渐淡化。

②纵向管理层次简化，削减中层管理者。组织扁平化要求企业的管理幅度增大，简化繁琐的管理层次，取消一些中层管理者的岗位，使企业指挥链条最短。

③企业资源和权力下放于基层，顾客需求驱动。基层的员工与顾客直接接触，使他们拥有部分决策权能够避免顾客反馈信息向上级传达过程中的失真与滞后，大大改善服务质量，快速地响应市场的变化，真正做到“顾客满意”。

④现代网络通信手段。企业内部与企业之间通过使用 E－mail、办公自动化系统、管理信息系统等网络信息化工具进行沟通，大大增加管理幅度与效率。

⑤实行目标管理。在下放决策权给员工的同时实行目标管理，以团队作为基本的工作单位，员工自主作出自己工作中的决策，并为之负责；这样就把每一个员工都变成了企业的主人。

扁平化组织的优点是有利于缩短上下级距离，密切上下级关系，信息纵向流动快，管理费用低。而且由于管理幅度较大，被管理者有较大的自主权、积极性和满足感。缺点是管理幅度较宽，权力分散，不易实现严格控制，加重了对下属组织及人员进行协调的负担。

8. 网络型组织

网络型企业是虚拟企业的一种，关于网络型组织的一个被较为普遍接受的定义是：网络型组织是由多个独立的个人、部门和企业为了共同的任务而组成的联合体，它的运行不靠传统的层级控制，而是在定义成员角色和各自任务的基础上通过密集的多边联系、互利和交互式的合作来完成共同追求的目标。网络型企业组织结构中，企业各部门都是网络上的一个节点，每个部门都可以直接与其他部门进行信息和知识的交流与共享，各部门是平行对等的关系，而不是以往通过等级制度渗透的组织形式。密集的多边联系和充分的合作是网络型组织最主要的特点，而这正是其与传统企业组织形式的最大区别所在。这种组织结构在形式上具有网络型特点，即联系的平等性、多重性和多样性。企业的网络化变革过程中，必须通过大力推广信息技术的使用，使许多管理部门和管理人员让位于信息系统，取消中间管理层或使之大大精简，从而使企业组织结构扁平化，企业管理水平不断提高。根据组织成员的身份特征以及相互关系的不同，网络型组织可以分为四种基本类型，分别是内部网络、垂直网络、市场间网络和机会网络。

企业内部的网络型组织结构是不确定的，各个公司的网络型组织也并不一样。但它们都有一些基本特征。

①合作、民主、自由、宽容。知识化生产时代的产品特点是不断创新，且是以创造性劳动为主。但是，创新所需要的知识和信息的集合从来就是分布不平均的。创造性劳动需要上级尊重下级，鼓励创新，允许失败，鼓励不同意见相互交流。网络型组织与此相适应的形式有合理化建议、同级业绩评议等等。网络型组织的另一个重要特点是自由和宽容的组织文化。例如，3M 公司在管理上允许员工有部分上班时间做一些个人的兴趣爱好，IBM 也允许员工在工作时间做“私活”；有的公司实行自我管理、自我评价，如自行确定工作定额；实行分权和授权，更好地激发和利用人的兴趣和爱好。

②网络型企业供给关系以企业间合作为基础，企业边界模糊。在新企业网络型供给关系下，合作具有更为重要的地位，核心企业可以帮助供应商解决技术问题，节约的成本则双方共享；供给企业也可以修改核心企业的设计要求，减少的成本也可以双方共享。企业由追求自身利益最大化转向追求整个价值链（供应链）上的价值最大化。这样的合作关系使得企业与企业之间的传统界限变得模糊，这些相互联系的上下游企业组成了一个更大的虚拟企业，也称之为虚拟一体化供给链。

③网络型组织通过团队（基层项目小组和高层管理专业小组）来适应创造性劳动对知识的密集性要求。创造性劳动需要不同知识背景的人相互组合，企业团队就是由此而产生。团队是加强合作、加强信息交流的一种方式，也是网络型组织的一种形式。

④网络型组织通过权力和责任本地化来激发人的积极性、能动性与自我管

理能力。在实行分权和授权的变革后，即使在非独立核算的下级单位，决策也并非是由上级部门作出后下达执行，而是下级部门自行决策后上报，或上级与下级商议后决策；重要的不是权力而是业绩。设立利润中心和成本中心、划分和建立独立的核算单位（以自我管理团队为核算单位）也是网络型组织的特征之一。

⑤网络型组织具有柔性化的特点。柔性化是指在组织结构中设置一定的非固定和非正式或临时性的组织结构，这些组织结构往往是以任务为导向的，可以根据需要而设置或取消，与正式的组织结构有着网络型而不是直线型的关系。

⑥网络型组织具有多文化、个性化和差异化的特点。在网络型组织中，每一个人都是网络组织上的节点，他们之间的联系比在传统直线型组织下更密切。企业内部多种文化和差异、个性则有利于知识和信息的整合。

⑦网络型组织通过学习和培训增加组织的知识密度。具体形式有职工培训、教育投资、多岗位轮换等。

三、事业单位组织设计的基本原则

事业单位组织设计的原则，归纳起来包括以下几项。

①战略导向原则。组织是实现组织战略目标的有机载体，组织的结构、体系、过程、文化等均是为完成战略目标服务的，达成战略目标是组织设计的最终目的。因此，事业单位的组织设计，应通过组织结构的优化和完善，确保战略目标的有效实现。

②适度超前原则。事业单位组织结构的设计，应综合考虑组织的内外部环境、当前状况以及未来的发展战略，在组织设计层面适度超前，预留发展空间。

③系统优化原则。现代组织是一个系统工程，组织中的人、财、物与外界环境联系紧密，需要充分考虑交叉业务活动的统一协调和过程管理的整体性，需要对外部环境具有较高的适应性和应变能力，同时，机构设置应与组织目标一致，流程设计应简化高效，有利于信息畅通、迅速决策、有机协调。

④有效管理幅度与合理管理层次原则。管理层级与管理幅度的设置受到组

织规模的制约，在组织规模一定的情况下，管理幅度越大，管理层次越少。应在有效控制的前提下尽量减少管理层级，促进信息流通，实现组织扁平化。其中，管理幅度的设计受主管指挥、监督部属能力的限制，没有一定的标准，粗略地讲，高层管理幅度一般为3～6人，中层管理幅度一般为5～9人，基层管理幅度一般为7～15人。

⑤责权利对等原则。责权利相互对等，是组织正常运行的基本要求。权责不对等对组织危害极大，有权、无责容易造成瞎指挥的现象，有责、无权、无利会严重挫伤职工的积极性，也不利于任务目标的完成。因此，在组织结构设计时应着重强调职责和权利的对等设置，使组织能够做到职责明确、权利对等、分配公平。

⑥职能专业化原则。组织目标的实现需要多种专业职能的密切配合，因此，应充分考虑职能的专业化分工，应将相同类型的专业职能尽可能归集到一个或一类部门，将组织的人才、资源也配置到对应的部门，促进部门职能的专业化发展，使得部门在提高自身专业化水平的基础上，实现与其他部门的有效配合。

⑦稳定性与动态性相结合原则。首先，组织结构必须具有一定的稳定性，这样可使组织中的每个人工作相对稳定，相互之间的关系也相对稳定，这是组织正常运转的必要条件，如果组织结构经常变化，必然会造成职责不清晰、组织运行混乱、效率不高的局面。同时，从另一个角度来看，由于组织的外部环境和内部条件不断变化，组织结构又必须具有一定的动态性，如果组织结构、组织职责不适应这种变化，组织就容易缺乏生命力、缺乏经营活力，甚至逐步被社会所淘汰。因此，组织应在保持稳定性的基础上进一步加强和提高动态适应性。

四、事业单位组织设计程序

事业单位的组织设计程序，通常包括外部环境分析、战略分析、组织功能分析与设计、组织结构方案设计、方案评审与选择等步骤。

1. 分析外部环境对组织的要求

这一环节，主要是考察组织所处的外部环境具有哪些特点，对组织有何要求，如果要很好地适应环境，组织应当具备哪些核心要素。

以某行业设计院（以下简称 A 设计院）为例，在组织结构变革之前，管理团队对自身的外部环境进行了深入的分析，发现有以下特点。

①市场容量保持增长。品种的结构调整和国内技术改造加快，工程建设总体市场快速上升。

②市场竞争日趋激烈，利润率下降。

③客户需求经常发生变化。行业普遍存在工期紧、操作不规范的问题；业主更加关注工期、成本、质量，不愿过多地与承包商打交道，而是希望由总包单位整体负责。

④项目类型发生变化。收益高、风险大的总承包形式，得到越来越多业主的认可。

⑤行业存在着周期性和不确定性。

基于以上外部环境特点，A 设计院提炼出了适应于外部环境的四项能力。

①市场预见能力：由于市场结构正在发生变化，未来也存在着一定的不确定性，需要组织有较强的市场预见能力和判断能力，能够抓住市场先机，比其他竞争者领先一步。

②项目组织和执行能力：在市场快速上升期，要求组织要迅速提高自身的项目组织和执行能力，以尽可能多地承揽项目，防止市场份额被挤压；同时，还要有能力将项目做好，实现预期的经济效益。

③总承包能力：由于市场趋势已经在向项目总承包方向发展，A 设计院需要迅速建立和提升自己的总承包能力。

④风险适应能力：为防范行业的周期性和不确定性风险，在本次组织优化中，A 设计院要充分考虑组织的灵活性问题，要有效借用外部资源，而不是盲目地扩大自身的业务规模。

以上四项能力的打造，不但影响到 A 设计院战略的制定，也直接影响到 A 院组织结构的优化设计。

2. 明确战略对组织的要求

组织必须服务于战略，战略成功实施的基础和前提是要有一套健全的组织管理框架，能够适应环境的需要，支持战略目标的实现。

还是以A设计院为例，基于外部环境的分析，A设计院形成了自己的战略体系，并分解成为若干战略举措，针对不同的战略举措，都可以分析、得出其成功因素，以及对于组织的要求，如表3.1所示。

表3.1 A设计院的战略体系

战略举措	成功因素	组织因素	结构方案
1. 加强设计业务	•人力资源 •高效的工程项目管理 •有竞争力的技术优势与有效的技术管理 •达到国内、国际标准的质量管理体系 •有效的成本控制	•保障组织高效运转的管理人才和技术人才 •高效、精简的项目管理机构及流程 •良好的质量管理体系 •一流的技术管理体系 •系统的项目预算与成本控制体系	•强化项目管理模式 •成立技术质量部 •完善财务职能
2. 大力拓展全国市场	•加强地区市场开发 •有效的客户获取及客户管理 •加强品牌营销与竞标能力、报价优势 •良好的后期服务	•分支机构的建设 •成功的品牌维护与市场营销 •统一、高效的营销方式与大量的经营管理人才 •竞标活动的系统组织	•设置分院 •成立市场营销部
3. 以设计为龙头的相关多元化发展	•人力资源 •融资与资本运作能力 •深度挖掘客户与设计相关的需求 •加强与主要业主之间的协调配合	•业务单元高度独立的管理体制 •吸引及培养人才 •新业务与主业之间的协调	•实行事业部管理模式

3. 确立实现规定目标需要的活动，并对它们进行分类组合和部门划分

1985年以后，遵照“科学技术必须面向经济建设”的方针，A设计院开始探索大型科研院所改革发展的道路，号召科技人员“下楼出院”，建立了“人人有任务，个个有指标”的经济承包制，确立了“面向国民经济建设，面向国防军工，实行科工贸一体化”的发展模式。在此期间，原有的事业单位的组织结构模式基本上未发生变化，仍然保留着20多个研究室的建制，指导思想是：在继续原有科研任务的同时，开展和增加一些“创收”工作，此时

的组织结构图如图 3.7 所示。

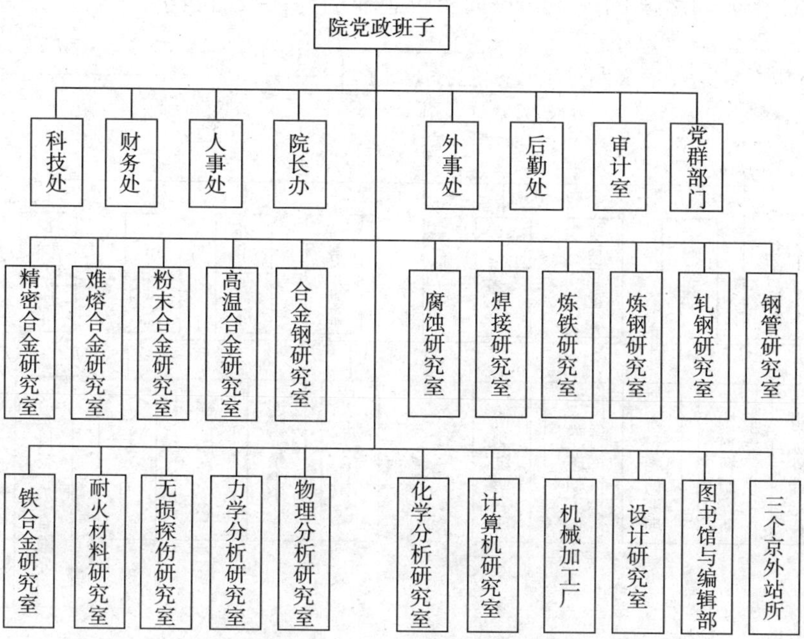

图 3.7　A 设计院事业单位模式的组织结构图

1998 年开始，根据国家科技体制改革的总体部署，面对事业单位将转为科技企业的新形势，A 设计院调整结构，强化管理，原有的 20 多个科室的建制被打破，组织结构发生了根本性变化，逐步整合建立了“五所五中心”的研发和转化机构，整合、组建了安泰股份有限公司，并于 2000 年实现上市；成立了独立法人的后勤服务公司，实现了主辅分离，组织结构图如图 3.8 所示。

本着优化、精简、高效的原则，A 设计院精简了职能部门，整合了二级研究所（室），组建了一批二级公司，其中安泰科技为上市公司；主辅分离，成立了实业总公司，加强后勤管理。改革力度很大，但仍存在院所和安泰科技上市公司之间职权不清、二级研究所（室）市场化程度不高、总部职能部门效能需要提升等问题。

在转制院所发起设立的子公司上市后，院所和上市子公司之间新型关系的合理构建对两者的发展都有重要影响：科研院所进行优质资产的剥离并不是要放弃对这部分资产的控制，然而过多的干预又不利于其建立现代企业制度。A

设计院通过组织结构设计和优化，完善了现代企业法人治理机构，并以此来处理和控股子公司之间的关系，进而实现企业的整体战略目标。

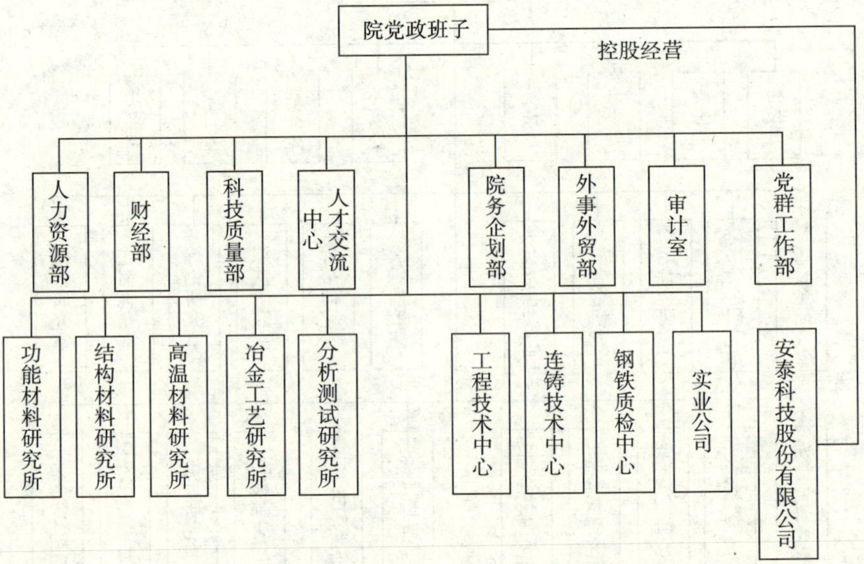

图 3.8 A 设计院转制为科技企业后的组织结构图

4. 备选组织结构方案设计

A 设计院的组织变革目标是：以国有独资企业形式向集团化组织发展，逐步建设成为产权多元化、决策科学化、管理规范化的拥有现代企业制度的科技型企业集团，备选的组织结构方案如下。

（1）方案一

①在研发方面，成立隶属于 A 设计院的中央研究院，赋予法人地位，一方面保留 A 设计院的金字招牌，承担行业共性技术的研发任务和国家新材料的研发工作；另一方面是集团全资的研究机构，承担集团研发职能，为工程和产业体系孵化出创新性的技术和产品；重要的研究所和国家级中心牌子保留，归中央研究院代管。

②在工程和产业方面，建立产权清晰、结构多元化的集团公司模式，成立产业公司、专业工程项目公司和产品制造公司，与联盟企业同时并存。

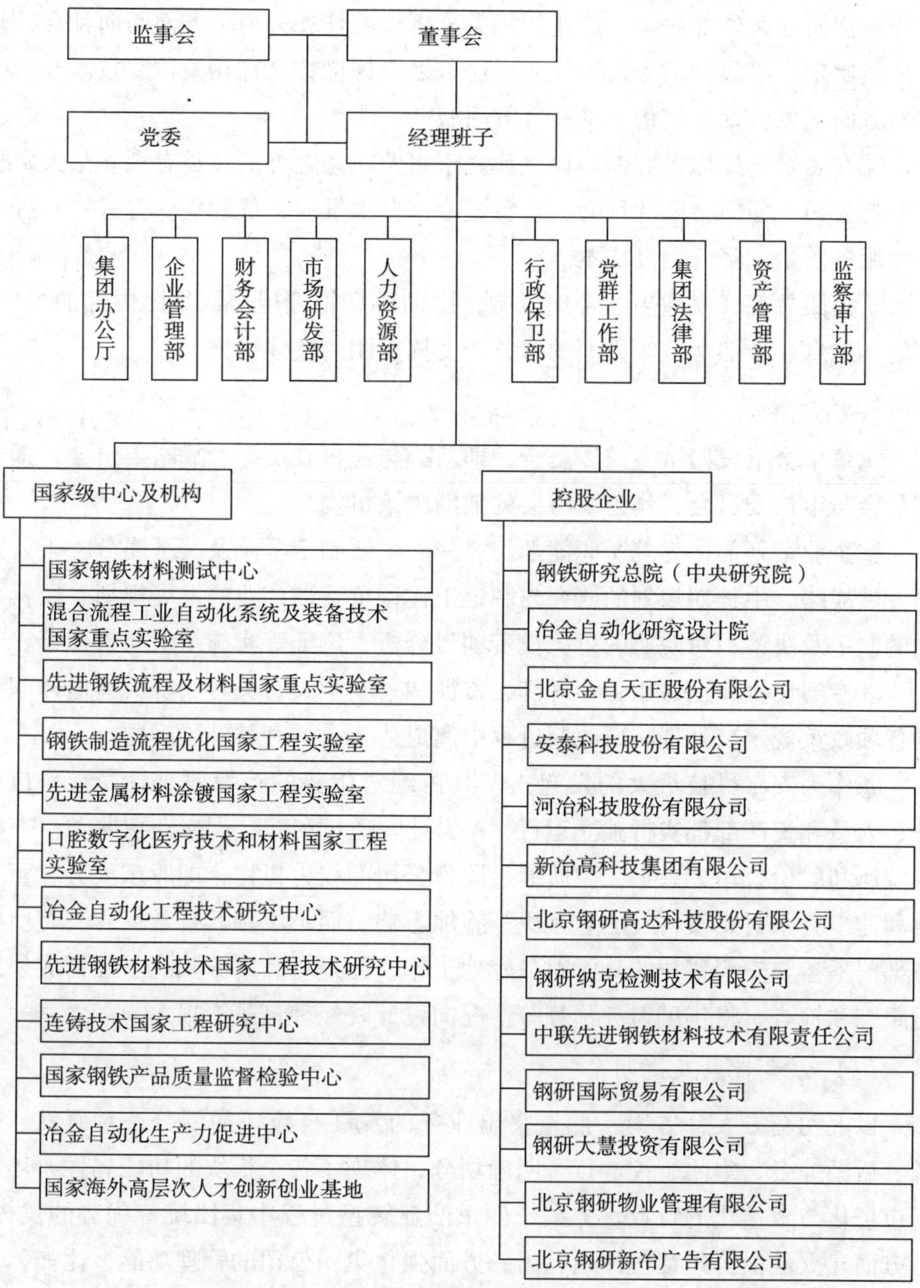

图 3.9　方案一 A 设计院组织结构图

③在材料分析检测方面，保持和成立几个国家级中心，赋予法人地位，一

方面承担研究院内部研发、产业的相关分析检测任务；另一方面面向社会，承担质量鉴定、事故仲裁等检测任务；还可以发挥优势，在相关检测技术与设备仪器方面提供咨询、销售、维修等方面服务。

④在后勤支撑体系方面，设立独立于主营业务之外的、具有独立法人资格的服务公司，面向集团和社会，自负盈亏，自谋发展，优胜劣汰，进一步提高后勤服务质量，降低后勤成本。

⑤集团总部成立适当的管理机构，协助最高管理层协调集团内部的投资、市场、信息、干部考核等方面的事务，发挥集团的整体优势。

（2）方案二

①董事会下设四个专门委员会，即薪酬与考核委员会、战略委员会、提名委员会与审计委员会，作为董事会的辅助决策机构。

②企业策划部作为院所职能部门之一，主要制定全院及其下属分、子公司的发展战略、中长期规划的研究与制定工作；负责该产业的发展规划、经营规划的制定及决策；对院所的重大投资项目分析、论证等实施组织与管理等。

③专门设置离退休职工管理部，贯彻和落实中央有关转制院所离退休职工的各项政策规定，处理院所改制过程中离退休人员的利益补偿问题。

④作为安泰科技最大的发起人及其占绝对优势的控股股东，安泰科技财务、人员和资产部都实行独立运行，A设计院通过利润分配来获取收益。在转制院所和股份公司关系上，院所通过股份公司的权力机构，即股东大会、董事会和监事会来对安泰科技的重大决策施加影响，而不干预其日常运营。院所财务部门不参与安泰科技的日常财务管理工作，但是对其财务状况与经营成果进行跟踪和检查，将年度财务预算等情况向设计院经理班子汇报。

（3）方案特点及说明

以上两套方案，方案一侧重突出业务的发展与板块的划分，对研发、生产、后勤综合、集团管控进行了明确划分，体现了各个板块的功能属性，体现了市场化与效益化的特点。方案二侧重凸显转型过程中集团统筹优势的发挥，一方面建立健全公司治理体系，另一方面强化集团公司的管理功能，比如，对企划职能的强化，对人员离退的统筹协调等。鉴于以上特点，需要考虑企业转型发展的决心，企业发展的速度，企业的文化以及承受能力等，酌情选择适合的组织管理方案。

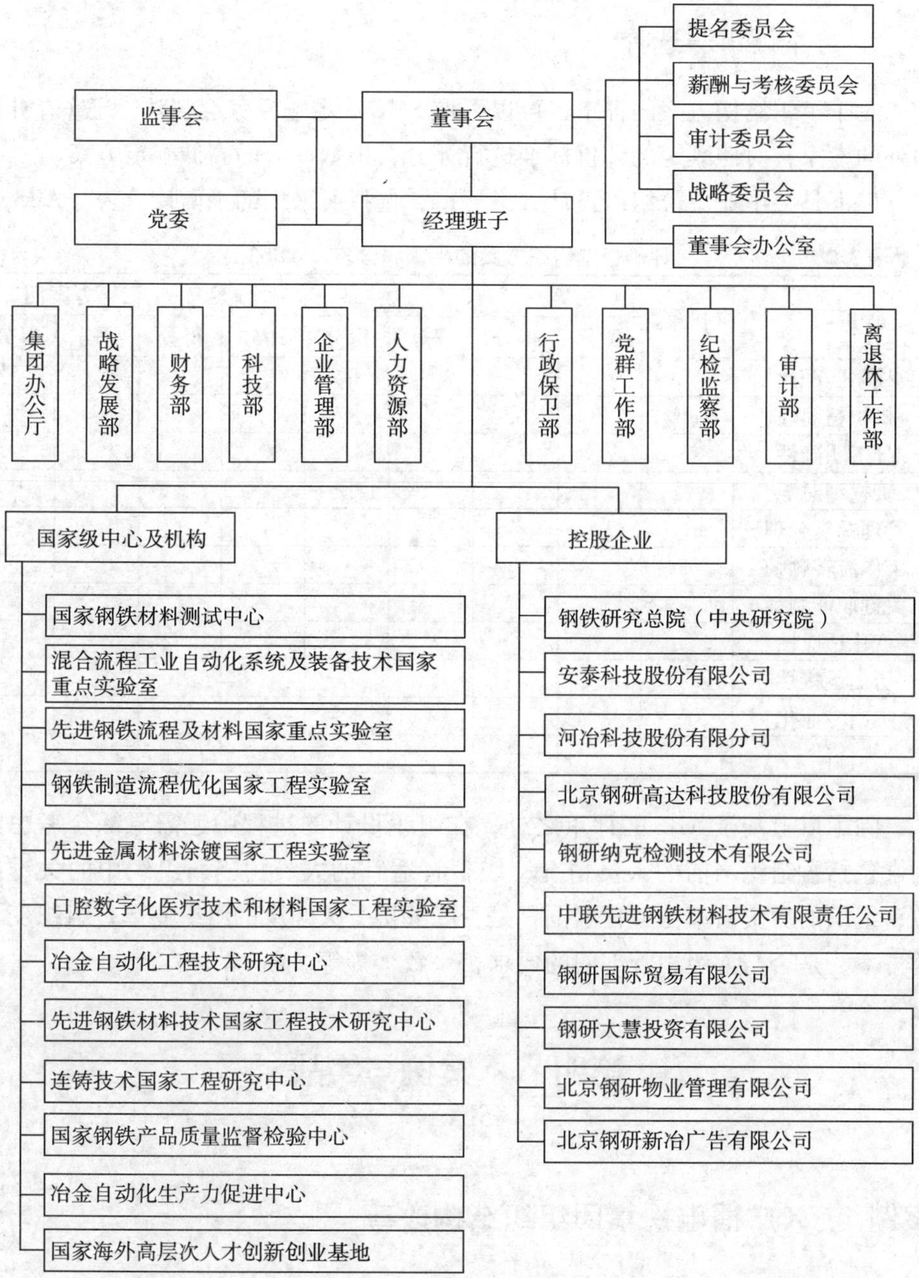

图 3.10　方案二 A 设计院组织结构图

5. 方案评审与选择

对于组织结构方案的评审，可以采取 SMC（主题专家会议法），邀请机构内外的专家，对照既定的评价标准进行评分，根据评分的高低确定方案。

以下是某事业单位组织设计方案评审、选择所采用的平衡计分表（ABS）。

表 3.2　　评价备选组织方案的平衡积分表（ABS）

评价因素	权重	方案一		方案二		方案三		方案四	
		评分	得分	评分	得分	评分	得分	评分	得分
战略匹配性									
机构精简性									
分工明确性									
责权利对等									
管理幅度合理									
工作流转顺畅									
关键职能制衡									
变化适应性									
历史承接性									
突出专业化									
合计									

除了以上基于 ABS 的评审之外，在组织设计的过程中还需要综合考虑的因素包括：组织当前的人员情况，能否有适宜的人员担当新组织中的关键岗位；组织的历史沿革与文化氛围，是否能够接受大幅度的组织变革；组织变革的方案，是否与上级主管部门的要求相一致，等等。

第四节　案例与实战

案例 1：X 广播电视集团组织结构改革

1. 案例背景

X 广播电视集团成立于 2003 年 12 月，是国有大型现代化传媒集团，属于企业化管理的事业单位，集团以广播、电视为主业，同时兼营相关产业。下辖新闻、民族、经济、音乐、交通 5 个广播频率，卫视、公开、经济、TV－4、购物、文化旅游、妇女儿童、影视文艺 8 个电视频道及广电网络传输公司、发射传输中心、广播电视报社、音像资料馆、音像出版社、广播电视高塔、新闻传播研究所、广播电视科研所等企事业单位。

2003 年底集团组建时，资产规模 18 亿元，2006 年底达到 24 亿元，三年实现增长 32%。2007 年，集团总收入超过 10 亿元。其中，广播电视主业收入持续增长，电视广告收入实现增长 21%；卫视频道 2007 年在全国 31 个省级卫视收视名列前茅，卫视频道可接收人口超过 7.3 亿，覆盖人口结构位居全国省级卫视第三位。

集团官方网站是 X 广电集团的互联网新媒体，是省内首家影视类专业门户网站，定位为“以宽带音视频为核心的综合性媒体网站”，内容涵盖 8 套电视节目、1 套数字移动节目以及人民广播电台 3 套广播节目，目前已发展成为集新闻资讯、体育、影视、音视频点播直播、电视频道与广播频率节目推广宣传、收视预告、大型活动互动支持、广告服务及监播、卫视会员俱乐部、电视节和无线增值业务等多个单元于一体的新媒体整合信息娱乐传播平台。

在我国文化体制改革的背景下，广电行业的市场化、集团化发展是大势所趋。由于过去主要是事业单位管理方式，X 广电更多地突出了其事业化的工作性质，而成立集团之后，对主要业务进行了事业化和产业化的区分，建立了相应的管理机制，因此，集团的组织结构也要适应这一变化，做出相应的调整。

2. 存在问题

当前，X 广电的组织结构运行中存在着以下六个方面的突出问题。

①事业体制下管理僵化，浪费严重，效率低下。过去广播电视行业的主管单位是省委宣传部和省广电局，省委宣传部主要是舆论导向的监督和领导干部的管理，而具体的人事和财政则由省广电局全权管理。由于过去的广电行业属于国家拨款的事业单位，广电局是国家财政拨款的渠道，广电行业的人员进入、档案管理和党、团、工会的管理均由广电局负责。由于政府机构是主要管理者，广电行业事业单位的性质非常明显。

在旧的结构下，由于广播和电视成立的时间不同，也因此形成了各具法人地位的事业单位。特别是电视行业，由于有线电视的发展，成立了有线电视台，而有线电视台和无线电视台除了在传播方式上不同外，其组织结构、业务流程、节目传播完全一样，两个电视台的成立使得频道之间的竞争激烈，技术设备重复配置，形成严重的资源浪费。但由于各自都是独立法人，都要挣钱养活自己，这种竞争又不可避免。虽然主管单位都是广电局，但广电局又没有相应的组织结构来协调这种不良的竞争，在这种情况下，集团的成立就非常必要。集团的成立，就是要在最大限度上克服过去的旧体制给广电行业的发展带来的局限，尽可能促进广电集团灵活、高效、低成本协调运转。

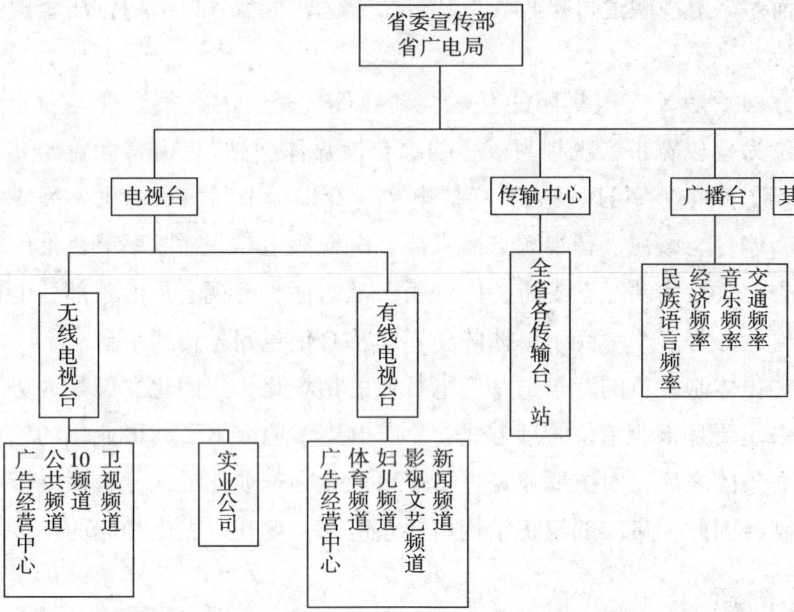

图 3.11　X 广播电视集团组织结构图

②组织运行导向非市场化。由于过去的事业单位性质，使得广播、电视等不同业务之间、频道与频道、部门与部门、节目与节目之间存在着相对独立、各自为政的局面，大家更多考虑的是如何完成上级交办的宣传任务，如何不犯政治错误。因此，整个组织的设置，特别是在行政部门的设置上完全照搬了上级主管部门的机构设置。如此，上级主管部门交办的工作能够很容易地找到对口部门，便于开展工作，便于责任的划分。因此，组织之间很难形成互动和协作也就在所难免。总体来看，当前的组织结构设置没有充分考虑作为一个经营

单位的目标任务如何实现，而只是考虑了如何对上级负责的问题。

③缺乏市场化的用人机制和人才管理体系。在过去的体制下，进入广电行业的要求是非常严格的，只有具有事业编制身份的人员才能进入这个行业。虽然随着改革开放，广电行业有了比较自主的人才引进方式，但仍然存在编制内和编制外的区别。而事业单位体制改革的主要方向就是打破以前的用人制度，实行全员聘用制。此外，过去 X 广电仅仅是按照国家行政政策的规定，对职工进行档案、工资、福利、离退休、调转等方面的基础人事管理，还没有建立现代化的人力资源管理体系，也就无法对集团的发展壮大提供人才资源的保证。

④频道资源浪费现象严重。过去，由于没有对频道资源进行统一的规划和安排，X 集团的频道之间往往会产生严重的竞争，造成自相残杀的局面。由于没有将频道的节目作为一种文化产品来对待，不对节目进行市场细分，使得频道之间受众重合。在节目内容上，社会上什么节目形式受欢迎，大家就都去搞，各频道之间没有差异化，没有自己的特色，使得频道品牌形象的树立非常困难。

⑤预算会计制度不能适应新形势下的管理需要。广电行业过去一直采用预算会计制度，这是与单位的性质密切相关的。这种会计制度在过去的体制下，便于国家财政机关对广电单位的财务状况进行监督，但不利于核算单位本身的经营效益，财务部门更多的只是作为单位的付款部门而存在，而这些付出去的钱是否产生了经济效益，不是财务部门考虑的问题。也就是说，单位的收入与支出是不产生关系的两条线，无法充分发挥财务分析、评估和建议的作用。

⑥设备采购及管理缺乏管理。对于广电行业来说，先进的采、编、录、播设备是基本的生产资料，小到一个话筒，大到整个发射系统，往往都采用了最先进的技术，而广电行业的技术革新也是日新月异，技术淘汰率很高。正因为如此，重复购置设备、闲置有用设备都是非常严重的资源浪费。在过去的组织中，没有一个专门的机构负责这项工作，往往都是频道、节目或技术部门需要什么样的设备，就打报告，领导签字批准，就可以购买，没有一个机构在购置前对其进行可行性分析，避免采购的浪费和资源的闲置。

总体来看，由于广电行业体制、机制的限制，X 广电的组织结构和功能设置已经严重滞后于其产业化发展的速度。要适应快速发展的趋势，必须要对原有的组织架构进行变革，建立适应产业化发展、面向市场、面向社会、面向受众的组织模式。

3. 国内其他广电企业组织结构借鉴

目前我国广播电视集团（总台）的模式有三种：第一种以湖南广播影视集团为代表，是广播电视集团（总台）与广播电视局合署办公，领导班子交叉任职，政企、政事职能相对分开；第二种以江苏省广播电视总台（集团）为代表，广播电视集团（总台）与广播电视局“两块牌子、两套人马和两套领导班子”，政企、政事职能彻底分离；第三种以上海文化新闻传媒集团为代表，是文化广播影视集团与文化广播影视管理局“两块牌子、两套人马和两套领导班子”，领导班子中少数同志因工作需要兼职。

（1）湖南广播影视集团

湖南广播影视集团是由湖南广播电视总台（含湖南人民广播电台、湖南电视台）、潇湘电影制片厂、湖南广播电视报社、湖南广播电视产业中心、湖南广电网络公司等企事业单位以资产为纽带的方式，在统一经营、管理广播影视业务的基础上组建的联合组织，是独立核算的国有事业集团，具有独立事业法人地位。集团以广播、电影、电视、报刊、网络等多种媒体为依托，以广播影视为产业，兼营广告、网络、会展、投资、房地产、影视摄制基地等相关产业。主要任务和目标是：通过集团化运作，进一步促进生产要素合理流动，发挥集团优势，提高资源利用效率，达到“优化结构、优势互补，增进效益、壮大实力”的目的。通过十年左右的努力，成为湖南经济与社会发展的重要增长点，成为我国广播影视生产和文化产业的重要基地，成为在全国具有一流实力及影响的重要媒体集团。

湖南广播影视集团的组织结构如图 3.12 所示。

从组织结构来看，湖南广播影视集团将综合职能部门和需要扶持的事业化单位放在集团的直接管理部分，将频道和产业化公司放在直属的二级单位，这种组织结构体现了湖南广播影视集团的管理思路，即按事业化和产业化两个维度划分内设部门与二级单位，这样，既可以充分发挥集团集中管控的优势，又可以避免对于市场化的业务管得过细、过死，使产业化企业失去活力。

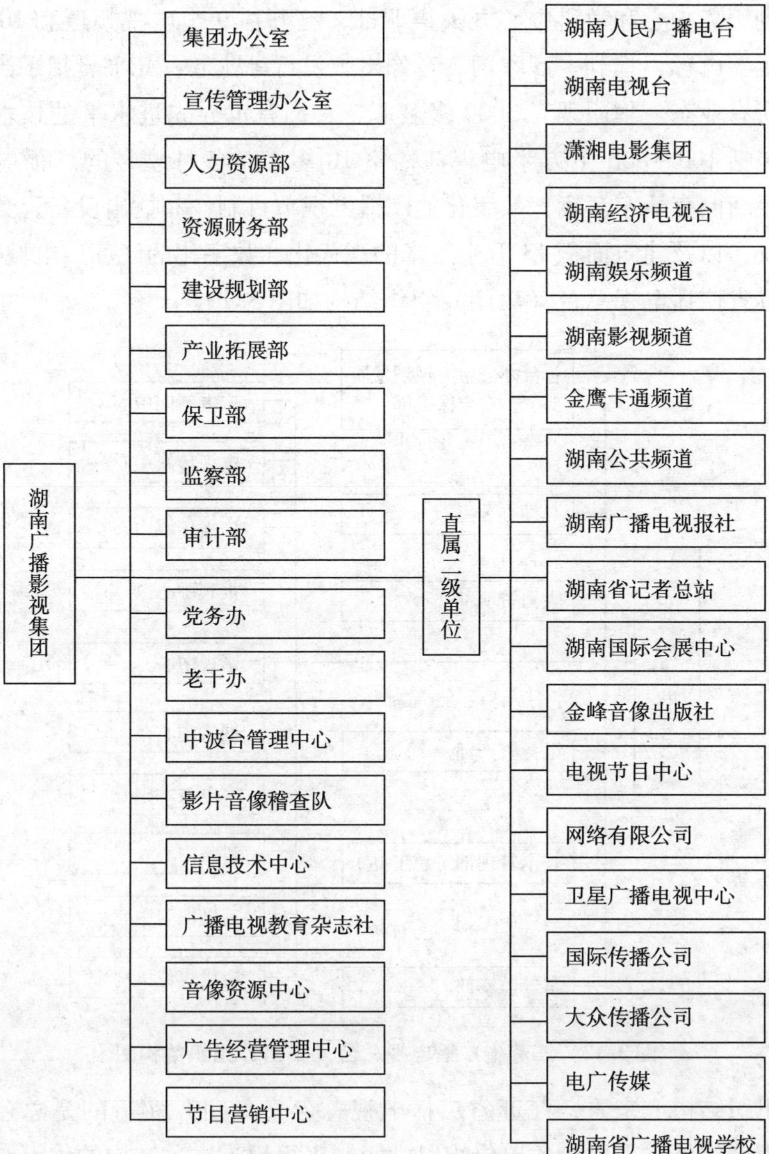

图 3.12　湖南广播影视集团的组织结构图

（2）江苏省广播电视总台（集团）

江苏省广播电视总台（集团）成立于2001年6月，下设广电新闻中心、电视传媒中心、广播传媒中心、广电技术中心、影视中心、网络中心、报刊中心、后勤服务中心和教科中心九大事业部，已开播9个电视频道和10套广播节目，涵盖电影、报刊、互联网、音像出版发行等业务，几乎囊括了当今大众传媒的所有业态。集团现有3000多名职工，拥有世界先进水平的技术设备和设施，包括100～800平方米电视演播室10多个，各种型号的广播电视转播车、卫星新闻直播车7辆，数字化的广播电视节目制作和播出设备，数字硬盘播出系统，以及建筑面积13万平方米的现代化、数字化的江苏广电城。

江苏省广播电视总台（集团）组织结构如图3.13。

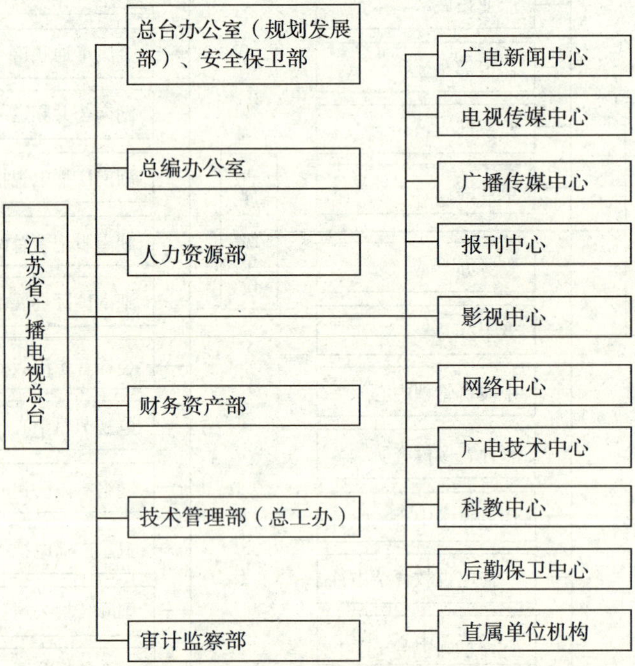

图3.13 江苏省广播电视总台（集团）组织结构图

从组织结构上来看，江苏省广播电视总台（集团）实行的是总台制，除综合管理部门外，其他业务单位均以中心制来组织，这种结构的优点在于能够将专业资源有效整合，比如，新闻中心专门制作新闻类节目，从而使得专业技术人员将精力完全放在节目创作上，而不需过多地考虑基础性的管理工作。

（3）上海文广新闻传媒集团

上海文广新闻传媒集团隶属于上海文化广播影视集团，是一家集广播、电视、报刊、网络等于一体的多媒体集团。集团是在2001年整合上海人民广播电台、上海东方广播电台、上海电视台、东方电视台、上海有线电视台等单位的基础上组建而成，有5000多名职工。2005年，被中国传媒产业年会评选为“中国最有投资价值的传媒机构”第一位。集团主营广播电视媒体及相关传媒娱乐业务（包括演艺、体育、技术服务与研发、传媒娱乐投资等）。旗下的广播电视媒体包括12套模拟电视频道，11套模拟广播频率，其中，电视日播出量258小时，广播日播出量214小时，同时开办了数字付费电视、宽频网络电视、手机电视和IPTV业务；集团还主办和参股经营报纸、杂志、新闻网站以及音像出版等业务，以及管理和控股上视女足、东方男女篮球等7支体育运动队。

2005年，集团顺利完成了电视新闻资源、广播新闻资源、娱乐资源整合，组合成立了电视新闻中心、广播新闻中心、综艺部、音乐部、大型活动部。集团的广播节目在上海地区的市场占有率为90.6%，黄金时段达91.1%，电视节目在上海地区黄金时段市场占有率近70%。2005年集团总收入达37.5亿余元，比2004年增长24%，其中广告创收31.16亿，增长21%，占总收入的82.9%，广告收入所占比重下降，创收结构进一步优化。集团下属东方卫视在国内已覆盖所有直辖市、省会城市和计划单列市，覆盖人口超过5亿，并且在日本、美国、澳大利亚、中国澳门等国家和地区落地播出。集团的传媒娱乐产业群正在进行全方位拓展，包括节目版权销售、品牌衍生经营、新媒体业务开发、艺人经纪、购物电视等内容。

同时，集团也致力于通过资本运营的方式发展壮大。集团积极遵循融入全国、服务全国的发展战略，面向市场服务受众，寻求伙伴加强合作，正努力实现从为播出而制作转变成为市场而制作，从地方广播电视播出机构转变成面向全国乃至全球华语世界的内容提供商、发行商和服务商。

上海文广新闻传媒集团的组织结构如图3.14。

从组织结构上来看，由于上海文广新闻传媒集团是上海文广集团下属最大的、以传统传媒为主的集团公司，主要是经营频道和频率，也包含一些新媒体和平面媒体，业务性质决定了它的组织结构必然是相对市场化的模式，没有太多事业化的影子，产业化发展的思想相对来说更为彻底和全面，因此，它的组织结构更趋向于完全市场化的企业集团运作模式。

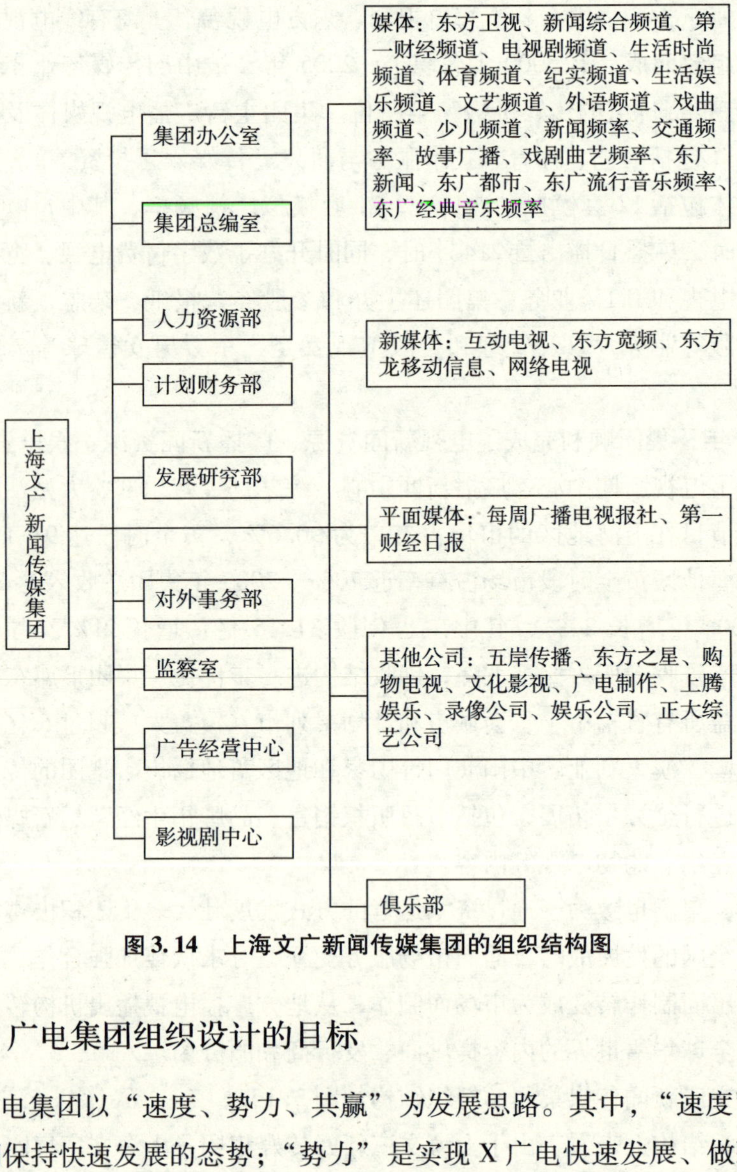

图 3.14　上海文广新闻传媒集团的组织结构图

4. X 广电集团组织设计的目标

X 广电集团以“速度、势力、共赢”为发展思路。其中，“速度”是指 X 广电强调保持快速发展的态势；“势力”是实现 X 广电快速发展、做强做大必不可少的条件，以“势”为方向，认清大势、顺势而为、乘势而上，以“力”为内核，打造核心竞争力、拓展节目传播力、壮大事业发展力、增强机制内驱力、凝聚队伍战斗力；“共赢”，是最终目标，也是 X 广电速度与势力根本价值的体现。

随着 X 广电进入产业化运营阶段，集团化管理模式不仅仅要从“形”上相似，还要从“神”上领会，要从集团的实体性质、功能作用、目标定位出发，树立产业化意识、资本运营理念，在市场开拓能力、企业管理水平上着力提升，不仅是相同部门的简单合并，而是要打造有着共同目标的经营整体。

具体来说，X广电集团本次组织管理体系优化的目标包括以下几个方面。

①建立企业文化新秩序。将一个企业的价值取向凝聚在一起的是企业文化，本次改革中，要通过建立规范化的集团CIS系统，加强职工对企业文化的认识，逐步形成为全体职工所认同、遵守，带有企业特色的价值观念、经营准则、经营作风、企业精神、道德规范、发展目标等，从而最大限度地提高集团各成员企业的凝聚力与向心力。

②加强频道资源的整体规划和管理。频道资源是广电行业拼杀的武器，只有将这个武器用好，才能赢得竞争的胜利。对频道资源进行市场营销，首先要对各频道进行市场定位，只有分清了受众的需求以及竞争对手的情况，才能据此确定频道的节目设置。同时，集团还要对频道的特色化发展进行统筹安排，避免集团内部频道之间的无序竞争，实现合理化安排。使各频道在节目类别、内容、风格、品位等各方面，实现合理设置、合理定位、相互合作、错位经营、全天候、无缝隙涵盖所有类型的观众，从而提高整体竞争力，最大限度提高市场份额。

频道的定位和数量确定后，就是要根据各频道的特色对频道进行包装，打造频道形象。整个集团的频道要有统一的品牌和风格，但各频道又要有自己的特色和专长。处理好热门频道和冷门频道的关系，不能只追求频道短期效益，而要从培养固定的观众群入手，追求频道的可持续发展。避免简单地以题材作为频道划分依据，而是按照频道的功能定位和目标受众的划分来安排。频道要根据不同时段、观众构成、竞争对手的节目设置，有策略地规划节日安排，使节日覆盖无缝隙，尽可能多地涵盖所有目标观众，实现最大限度地占领市场份额。

③促进节目制作专业化、节目传播社会化。使节目的制作符合本频道的定位，节目的设置向纵深方向发展，内容更加专业化。这种细分方式进一步避免了频道间的内耗，又在最大范围内吸引了受众的注意。尽可能使频道之间的节目设置不重叠。发展品牌栏目，打造名牌节目。

④促进集团资金合理利用。成立“结算中心”，对集团资金进行有效整

合，统一面向节目制作、传输、经营中心和公司委派会计，集中管理财会人员，统一监督、统一预决算。根据集团的发展需要进行资金的统一调控。这样，既提高了资金的使用效率，又增强了集团在金融机构的信用度，降低了融资成本，增加了融资能力。充分利用经济收入杠杆，通过科学的考核制度，促进资金的合理利用。

⑤促进固定资产物尽其用，保值增值。当前，集团固定资产缺乏有效管理，重复投入，设备闲置、浪费现象严重。针对这一现象，要尝试实行资产的有偿调配、使用，真正盘活资产，使得物尽其用、保值增值。集团化改造要建立统一的资产管理中心，制定严格的资产投资计划，并对各频道、各部门的固定资产进行合理配置，最大限度发挥已有资产的使用价值，避免闲置浪费，减少重复投资。

⑥提高人力资源管理水平。人力资源的合理配置，对于集团的产业发展至关重要。要做到人力资源的合理配置，就必须严格遵循“人尽其才”和“惟才是举”的用人标准，使职业素质高、业务水平精、工作能力强的职工，在适合自己的工作岗位上发光发热。按照科学的人力资源管理机制，要建立从职工招聘、培训、绩效考核、激励到职业发展的一体化的管理体系，最大限度地调动职工的积极性，创造最大的个人价值和企业价值，使人才真正流动起来，打破“论资排辈”的旧观念，建立健全科学、合理的用工分配制度。

总之，广电集团的机构设置要摆脱简单的机构组合，不仅仅是重组，更重要的是适应产业化发展需要，同现代化企业管理制度相结合，通过对企业文化的有效整合、使集团内部整个观念得到更新，观念更新后就会对结构的变革产生信心，结构重组后必然带来新的管理体制，而新的管理体制又将激发集团的生命力和创造力。

5. 设计原则

①任务与目标原则。组织结构是实现组织目标的手段，无论是哪种组织形式，或是配置哪些职能部门，都必须从实现组织目标来加以考虑，组织的任务和目标是组织结构设计的关键。

②管理幅度适当原则。减小管理幅度会使管理层次增多，管理人员增加，相互之间的协调工作难度加大，信息传递容易发生遗漏和失真，办事效率低，

容易助长官僚主义。而扩大管理幅度可以减少管理层次，精简组织结构和管理人员，但是幅度过大也容易导致管理失控，各自为政。因此，需要选择一个适宜的管理幅度。

③统一指挥原则。每个下属都只应向一个上级主管汇报，只有这样才能保证命令和指挥的统一，避免多头领导和多头指挥。组织内部分工越细，统一指挥就越显重要。政令从多个地方发布，会使员工不知所措，也会给不负责任的员工以利用矛盾、逃避责任的机会。

④责权利协调原则。在进行组织结构设计时，既要明确每一个部门或职务的权力范围，也要明确其应该承担的责任。权力和责任的一致性，是组织有效运转的前提条件，有责无权或权限太小，将不利于工作开展的灵活性；有权无责或责任过小，又会导致权力滥用和无人负责现象并存的局面。

⑤因事设职与因人设职相结合原则。组织中每项工作都是由一定的人员来完成的。因此，在组织结构设计时，必须根据组织目标来将每一项工作落实到具体的工作岗位上，做到因事设职。但从另一个角度，组织设计也应当考虑人的因素，确保组织中的部门和岗位有人承担，保证有能力的人有机会做他们真正胜任的工作，做到“人”与“事”的良好结合。

⑥稳定性和适应性相结合原则。机构一旦设置完成，就应在相当长的时间内保持结构相对稳定，但机构的稳定并不代表僵化和一成不变，为了适应不断变化的内外部环境，为了新业务的培育成功，也需要组织具有适度的灵活性和适应性。

⑦分工协作原则。组织设计要确保组织内有合理的分工，但又要在分工的基础上进行必要的协作，应根据组织的职能和业务性质出发，在机构之间进行合理分工，提高管理专业化程度，提高工作效率。同时，也要加强部门间的横向联系与协作配合。

6. 改革难点

任何组织在进行改革时，所面临的问题都会很多，X广电集团也不例外。

在国家文化体制改革的要求，以及国内、国外媒体生存环境的影响下，广电行业集团化改革是行业发展到一定阶段必然会采取的战略举措，建立适应集团化的组织结构也是必然的要求。在X广电集团组织结构设计时，参照了相关省级媒体集团组织结构的设计以及分工，结合了现代企业管理制度和上级主管部门的要求，在管理体制上也作了很多调整。但是要从以前纯事业性质的单位转变为企业化管理的单位，对于行业内的一大批老职工来说，接受起来非常困难，他们已经习惯了过去的生产经营方式，突然要从思想认识上和业务处理上改革这种方式，对于这些将毕生精力都奉献给了广电事业的职工来说，非常不容易。

综合来看，集团组织结构改革所面临的难点，主要来自两个方面。

①个人因素。组织结构改革，必须会损害旧有结构中一部分人的既得利益，部分管理者及职工担心变革后自己的地位会降低，收入等利益会发生变化，由于对未来的不确定性产生了不安全感和恐惧感，出于对自身安全的保护，对改革产生了抵制的情绪。

其次，惯性和惰性。个人的习惯是一个长期积累的过程，一旦形成了相对稳定的习惯，人们总是倾向于安于现状，一旦组织变革冲击到这部分职工的习惯或价值观，抵制变革的情况随之就会产生。

再次，对变革的目的、意义了解不足或认识简单。组织变革不只是由上向下命令式的行为，而应该调动全体职工积极参与；不应该只是管理层的文件，而应该将具体的变革任务分配给下属，使职工对未来的看法不再盲目乐观，对现实的压力产生紧迫感，从而推动变革的进行。

最后，由于管理理念的差异，有些职工一开始就认为当前的变革是错误的，当然不可能对变革提供有力的支持。还有极个别的人，不是对变革本身有不满，而是对变革的发起人怀有成见，由反对变革者到反对变革。他们并不真正了解变革本身，只是单纯从感情上接受不了发起变革的人，于是就产生一种盲目而强烈的抵触情绪。当然这是一种极其个别的情况，但是其影响力较大，也是最不好解决的问题。

②组织因素。传统的组织结构之下，管理层对组织变革缺乏热情。他们大多数人认为，我们的体制能够适应当前的业务需要，不需要变革，不能看到别的省份改革了，我们就非要跟着改。同时，大家普遍对改革的前景不看好，对未来很迷惘，严重缺乏信心。

同时，由于组织未能及时提出有利于变革的各项政策与措施（比如人员分流与安置措施等），导致大家对于改革之后自身的位置、利益与去向等没有方向，也直接影响到变革的动力。组织结构改革需要前期充分的动员、规划和准备，这些都需要组织资源的支持和保障。

7. 解决措施

组织变革在广电行业集团化的进程中是大势所趋，不以人的意志为转移，但又要积极创造条件，采取措施，消除不利于改革的因素，保证组织变革的顺利进行。

①营造改革迫近气氛，做好充分的动员工作。将集团当前的经营环境、所面临的困难与机遇等公之于众，促进集团上下形成共识，通过各种手段告诉职工改革迫在眉睫，使职工有充分的思想准备。

②促进职工积极参与。通过开展培训教育，使职工学习新知识、接受新观念、掌握新技能，学会用新观点和方式来看待和处理新形势下的各种新问题，从而增强对组织变革的适应力和心理承受能力，要让职工认识到，变革虽然会损失少部分人的既得利益，但是如果不变革，影响的将是整个企业、全体职工的生存和发展，由此而增进他们对组织变革的理性认识，自觉成为改革的生力军。

③注意策略，关注抵制变革的苗头。组织变革要选好时机，把好分寸，循序渐进，配套进行。当出现抵制变革的信号时，意味着某一步变革产生了非预期的影响，那么，就应该花时间仔细研究产生抵制情绪的原因，并采取恰当的解决方案，待问题解决之后再继续推进。

8. X 广电集团组织结构变革方案

（1）集团组织结构模式选择

基于事业单位的性质，在省委宣传部的领导、省广播电影电视局的行业管理下，立足于大型现代化传媒集团的定位，集团的组织结构设计立足以下四个要点。

一是以宣传为中心，积极推动广播电视事业的发展。

二是将事业体制中可单独面向市场经营的资产、资源、业务剥离出来，推进广播电视的产业化发展、集约化经营、市场化动作。

三是通过做强做大产业，为广播电视宣传事业提供强有力的经济支持和保障，建立产业支持事业、事业产业协调发展的新机制。

四是以广播电视为主业，兼营相关产业，逐步将集团建成综合性、多媒体、跨地区的大型现代化传媒集团。

基于以上指导思想，经过多次研究和讨论，X 广电集团的组织结构如图 3. 15。

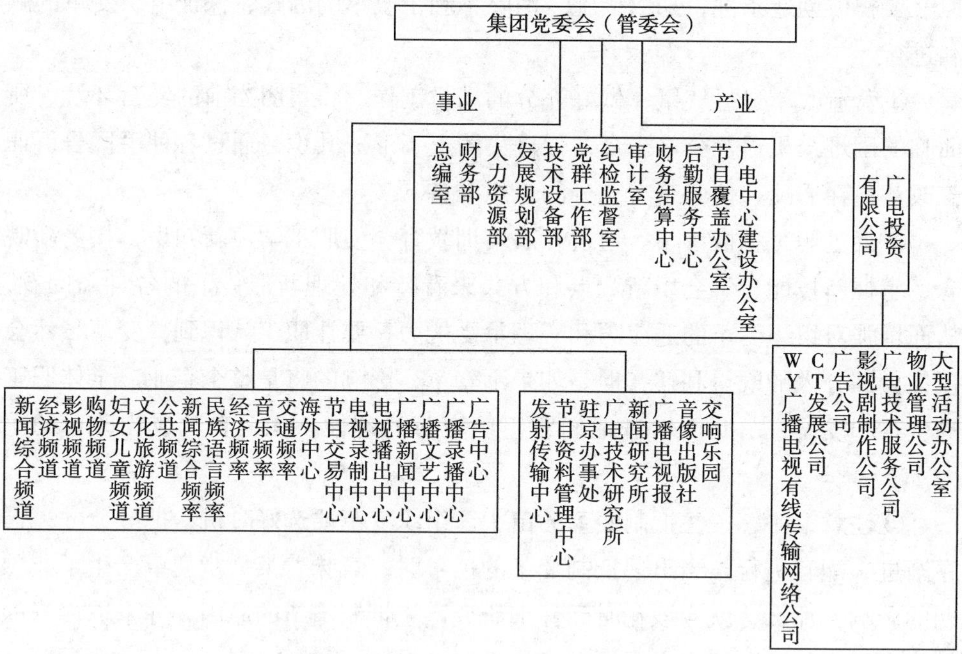

图 3. 15　X 广电集团的组织结构图

（2）集团组织运行机制优化

基于以上架构，在组织运行机制方面，改革的要点包括以下几个方面。

①实行党委领导下的管理委员会负责制。X 集团实行党委领导下的管委会负责制，设立管理委员会，实行重大问题的集体决策和领导，管委会主任为集团的法人代表；建立集团纪律检查委员会，全面负责集团的纪检、监察工作；下设编辑委员会、技术委员会、经营委员会三个专业委员会，分别负责宣传、技术、经营方面的工作事项研究和议定。

②对全部广电机构实行一级管理。集团对下辖全部广电机构实行一级管理，取消原电视台、有线广播电视台、人民广播电台的法人资格，电视台、人

民广播电台台名只作为呼号、称谓对外保留，集团直接管理各频道、频率和中心，设频道、频率总监，设中心主任，负责各广电机构的宣传业务。

加快对市县广播电视资源的整合，发展数字电视，壮大产业基础，实现产业升级，完善产业格局。

③对经营单位实行基于投资关系的分级管理。集团通过投资关系、由投资公司对经营性国有资产进行管理。集团为事业法人，投资公司为企业法人，投资公司对外独立享有民事权利，独立承担民事责任，集团以资本和业务为纽带对投资公司进行监管，享有出资人权利。

投资公司实行董事会领导下的总经理负责制，健全党委领导与法人治理结构相结合的领导体制，集团法人代表兼任投资公司法人代表。投资公司再以资本为纽带对其投资组建的下属公司进行监管。各下属公司按现代企业制度的要求，建立权责分明、管理科学、激励与约束相结合的内部管理机制。

④实行人事、财务、资源三集中管理。集团按干部管理权限，实行人事集中管理、分级负责体制。对广电机构，财务实行统一管理、分级核算的预算制管理；对下属独立企事业法人单位，采取财务人员委派制，执行实行财务监管。集团对资源实行统一开发、统一配置。

⑤实行广播电视、新闻媒体资源的统一规划和管理。集团对所属广播电视机构和报刊、网站的宣传业务实行统一领导、统一规划、统一部署。在充分调研的基础上，合理规划各类广电新闻媒体、频道的定位，避免内部竞争，着力打造频道与节目的行业竞争力。

⑥实行技术、设备资源的统一管理。技术、设备资源，由集团进行集中管理。大型设备的购进、播出信号覆盖的质量监控与改进、技术标准的更新、推进数字化与网络化建设、高新技术的运用等，由集团统一组织，统一规划与实施。

⑦实行经营业务的分级、分类管理。集团对公益性事业与经营性产业实行分开经营、分类管理。对广播电视机构和事业单位实行目标责任制，完善指标考核体系，严格指标考核。依据广播电视行业的特点，将节目质量与广告收益结合考核。

积极开发多种经营，在坚持和发展广电主业的同时，依托广电平台，积极推进跨媒体、跨行业、跨地区的产业化运作和投资、并购、联合等资本运作。

投资公司下属各公司，实行经营目标责任制，明确经营代表的责、权、利。在公司章程中，对公司税后的法定公积金和法定公益金及资产所有人的投资收益做出明确规定，建立和完善了企业国有资产评价体系和企业负责人考核办法。

下属事业单位的贷款、抵押、投资、融资、重大购置、大项目开发等重大事项，必须经集团研究决定。投资公司下属各公司的贷款、抵押、投资、融资、重大购置、兼并重组、大项目开发等重大事项，必须经投资公司研究决定。投资公司的重大举措，必须经董事会研究决定。

投资公司组建的各专业公司，在政策法规许可范围内，可拓展合作形式，拓宽融资渠道。可在投资公司控股的基础上，实行投资主体多元化，培育市场主体，条件成熟的可进行股份制改造并申请直接上市或间接上市。

9. X 广电集团组织改革效果

在省委宣传部的领导下，在省广播电影电视局的组织下，在全体广电职工的支持和配合下，本次组织改革取得了良好的效果。本次改革是该省广电行业改革动作最大的一次，是从体制上的根本转变，但也是进行得最顺利的一次。

总体来看，改革达到了预期的效果，合理划分了事业性单位和经营性单位的界限，采取了分类管理的模式。对于广电宣传机构，采取一级管理和统一规划，加强了管控力度，实现了资源的优化配置，避免了内部竞争，有利于更好地完成宣传任务。

对于经营性单位，采取以资产为纽带的现代企业管理模式，实现了分级管理、分类管理，有效地调动了经营性单位的积极性和参与市场竞争的灵活性。

对于过去集团存在的技术、资源等方面的管理不到位的情况，经由此次改革实现了统一规划、集中管理，较过去有了显著的改观。

虽然新体制的运行过程中也还有若干尚待优化、理顺的方面，但不可否认，二元组织管理模式的引入，对于 X 广电集团来说，是划时代的、成功的变革。

案例 2：某市生产安全监督局组织结构改革实践

1. 案例背景

某市安全生产监督管理局的组织结构，是典型的按照业务与管理职能划分的直线职能式架构，如图 3. 16 所示。

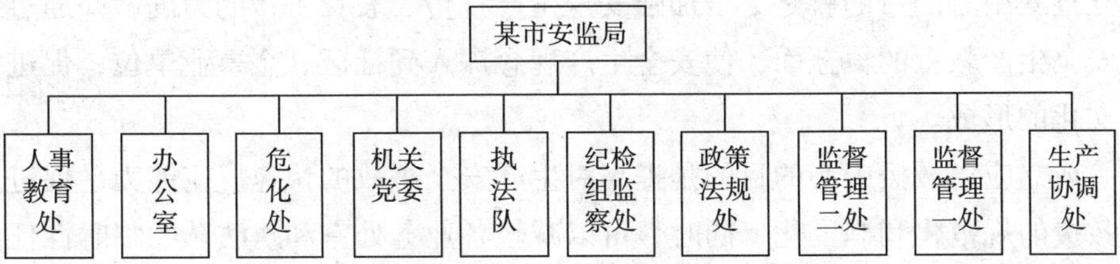

图 3. 16 某市安全生产监督管理局的组织结构图

组织优化之前，该局存在的管理问题包括：

①整个组织结构是条块结合的，在处、室、队之间缺乏有机结合，使得决策效率和工作受到影响。

②由于安全监督机构职能的特殊性，行业本身存在一定交叉，依据行业来划分的部门也必然存在职责交叉，有时会出现“一项任务分配下来，不知道该由谁落实”的情况。

③部门之间存在协调不畅的问题。因为协调配合不好，造成管理处室所起草的政策、文件脱离实际，不能很好地支持业务处室的工作开展，业务处室与管理处室之间不能形成合力，最终影响到局整体工作效率的提高。

④执法队与各业务处室的职责权限存在冲突。除了执法队之外，各业务处室的执法权仍然保留，这就形成了业务处室与执法队共同执法的局面，在工作过程中常常出现业务处室与执法队意见不一致、不协调的现象。

⑤局内各处室之间的信息沟通不畅，缺乏经常性的沟通机制，沟通频率低，形成一些“信息孤岛”。导致沟通不畅的原因，除了主观原因之外，各处室不在一处办公、空间距离较远，局成立时间不长、人员来源复杂、文化的融合尚未完成，这些都给处室之间的沟通带来了一定的障碍。

2. 解决方案

在对安监局存在的问题进行认真剖析后，在原有的组织架构的基础上，开展了以下方面的优化工作。

①明确划分三类处室，即业务处室、管理处室、行政处室。业务处室负责执法监督，管理处室负责政策研究、法规拟订、业务组织与协调，行政处室负责综合与宏观管理。

②业务处室方面，增设宣教中心、应急救援中心，形成全链条执法服务。成立宣教中心的目的就是为了加强安全生产宣传、教育工作的力度，并通过扩大安全生产教育的覆盖面，使安全生产理念深入到社区、企事业单位，促进安全文化的形成。

成立应急救援中心的目的是提高对生产安全事故的快速反应能力，促进应急救援的规范化和制度化，同时，可以减轻各业务处室和执法队的临时性任务量，避免事故处理范围不明、职责不清的问题。

两中心成立之后，整个业务处室的布局由过去的条形（行业）分割，转变成为贯通“安全教育（宣教中心）—监督管理（一二处、危化处）—执法—应急救援”的全链条执法服务。

③管理处室方面，增设研究室，调整生产协调处的职责，行政处室取消执法权。增设研究室有三个目的，一是为局领导和各处室发挥好参谋作用；二是统一完成各类文字资料的写作和整理，减轻各处室的文字压力；最为重要的一点是定期开展对本市生产安全情况的调研工作，为制订各类政策、法规提供依据。

政策法规处在本次组织调整之后，优化了政策制订的流程，在流程中增加了充分征求执法单位意见的程序。

生产协调处的职能，在本次组织优化中有所加强，负责以周、月工作调度会的方式，统一协调各业务处室的工作。

④组织优化后，行政处室包括机关党委、人事教育处、纪检监察处、办公室四个处室，主要承担行政、党政管理职能。优化后的组织结构，如图 3.17 所示。

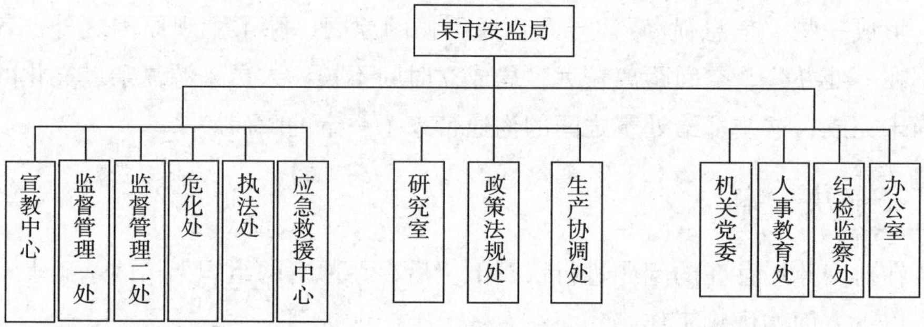

图 3.17　某市安全生产监督管理局优化后的组织结构图

3. 改革效果

本次组织优化实施之后，该局的工作效率有了明显的改观，首先，各类处室的职责、权限更为明确，业务处室聚焦专业领域，专业性大大提高；管理处室在政策制订、业务协调方面的定位更加明确，对于业务处室在政策支持、综合协调方面的作用发挥更为显著，全局的执法工作质量和效果有了显著的提升。

第四章
事业单位岗位管理改革技术与实战

第一节　岗位管理概述

一、岗位管理的定义

岗位，又称职位，是在特定的组织中，在特定的时期内承担一定任务、具有一定责任与权限的任职者在组织中的对应位置，是组织的基本单元。岗位具有以下特征。

第一，岗位以事为中心设计，“以岗定人”而非“因人设岗”。

第二，岗位数量受限，不能无限设立，要尽可能简化和标准化。

第三，岗位要由合适的人去承担，才能实现岗位的功能。

岗位管理，一般有广义和狭义两种理解。广义的岗位管理，是以岗位为核心的一整套人事管理过程，包括岗位设置、岗位聘用、岗位考核、岗位工资、岗位奖惩、岗位培训、岗位退出等一系列管理环节。狭义的岗位管理，是对岗位本身的管理，包括岗位设置、岗位定编、工作分析、职位说明书、岗位评价等。

如无特别说明，本书中关于岗位管理的论述都是指后者。

二、岗位管理的特点

岗位管理具有开放性和动态性两大特征。

所谓开放性，是指岗位的职责边界、任职要求等，都是根据战略和业务的需要而设计的，是面向所有符合条件的任职人而开放的，从理论上讲，只要符合岗位要求，任何人都可以任职，人员可以在不同类别的岗位和不同等级的岗位之间流动。

所谓动态性，是指在岗位管理模式下，岗位上的人员始终处于一种动态调整状况，例如，通过考核、竞聘等方式，合格人员可以保留或晋升岗位，而不合格、不适合人员则有可能下聘或调整岗位，相对于高稳定性的岗位来说，人员始终处于动态条件。

三、岗位管理的目的与意义

岗位管理的目的在于：按需设岗、优化配置、精简机构、提升效能。

按需设岗，因事设职：从适应组织发展战略需要出发，参照同业先进标准，总结以往设岗经验，科学分析单位性质、规模、工作量和管理幅度，合理确定管理职数、岗位，明确岗位职责，做到有事、有岗、有责。

合理优化，精简效能：以工作效率为前提，保证每个岗位满负荷工作，发挥岗位的最佳效能。能以少量岗位满足工作需要者，不多设岗位，不交叉设岗和重复设岗。根据实际工作需要进行岗位的优化调整，达到岗位职责明确，各岗位协调、规范、有序，能够发挥最佳效益。

动态管理，优化配置：立足于现有人力资源，实行岗位动态管理，优化人力资源配置。建立品德、知识、能力、业绩等评价要素体系，制定不同层级、不同岗位的考核标准，完善和落实岗位考核制度，实行“能者上、庸者下”的激励机制。

同时，作为人力资源管理的基础性工作，岗位管理对业务流程管理、招聘管理、人才储备、员工关系管理等都具有重要的意义，具体列举如下。

对于业务流程管理，岗位管理使得岗位间的组织关系和业务关联更明确，有利于强化业务链条，保证流程各节点上的工作有相应的职位承担。在梳理岗位、明确职责的过程中，能不断发现问题，改善业务流程中的不合理点，规范岗位的增减，避免管理中的随意性，从而避免在此过程中造成的职责重叠和疏漏，有利于各项工作按照流程展开。

对于招聘管理，由于实行了规范的岗位管理，对于招聘人员而言，能够清晰了解所招聘岗位需要承担的职责和任职条件，准确发布招聘信息，有利于吸引合适的候选人，预筛选不胜任人员；对于单位而言，能够更直观、有效地筛选出合格的候选人；对于求职者而言，能够较明确地了解应征岗位的主要职责范围和资格要求。

对于人才储备管理，岗位体系的建立，有利于各单位、各部门根据岗位的任职资格条件对现有人员进行盘点，制定人员培训与补充计划；各单位可根据岗位的任职资格要求有计划地在单位或部门内部培养后备人才。

对于员工关系管理，由于员工明确了解本部门、本岗位的职责，有利于理解团队的整体运作规则，明确自身工作的意义，有利于认知自身与岗位要求的差距，明确学习与成长的方向，进一步强化职业发展目标。

四、岗位管理的基本原则

在进行岗位管理时，要遵循科学、合理、协调、高效的方针，同时，要考虑以下五个方面的原则。

第一，因事设岗原则。岗位设置要与本组织的目标、职能、任务挂钩，在多业务的公司，岗位设置要向与主业直接相关的岗位倾斜，即所谓因事设岗、无事不设岗。

第二，分类设岗原则。在事业单位中，一般划分为管理、专业技术、工勤三类岗位，这三类岗位在功能、性质、任务、人员上岗要求等方面是有较大区别的，因此，在设岗时应将他们分别对待，实行分类设岗。

第三，编制约束原则。在现有管理体制下，事业单位一般应在上级编制部门核定的人员编制之内招聘、使用人员，不得超编。

第四，总额受限原则。事业单位编制内岗位所需经费都是由财政预算拨款，尤其是全额拨款和差额拨款的事业单位。因此，在进行岗位管理时，要充分考虑经费对人员数量的限制。

第五，稳定发展原则。一般情况下，岗位设置要相对稳定，但组织又是处在不断发展的过程之中。因此，要根据业务发展及时进行岗位增加、减少、合并等动态操作，以满足业务需要，同时，可实现对于人力资源的充分利用。

五、岗位管理的具体工作内容

本书中岗位管理的具体工作内容包括岗位设置、岗位定编、工作分析、岗位说明书编写、岗位价值评估，等等。

①岗位设置是在对组织功能进行分解的基础上定位和设计岗位的过程，具体包括岗位的增加、合并、撤销、调整，等等。

②定编管理是采取一定的程序和方法，合理确定每一岗位工作量及所需人员数量的过程。

③工作分析是采用规范的方法，对岗位性质、任务目标、岗位职责、工作条件、工作环境以及任职资格进行系统分析和研究，并制订岗位规范、职位说明书等管理文件的过程。

④岗位说明书是工作分析的重要成果之一，是对岗位工作内容、任职者所需具备的知识、经验、技能等的系统、规范的描述，是招聘、考核、薪酬管理、培训等人力资源工作的依据。

⑤岗位价值评估是指采用科学的评估工具、依据岗位职责及岗位说明书对各岗位的相对价值作出评定的过程。

第二节　事业单位岗位管理现状

一、事业单位岗位管理现状

岗位管理是事业单位人事制度改革的重要组成部分，实行岗位管理是实现我国事业单位基本用人制度改革的主要途径。岗位管理工作的开展情况，直接关系到事业单位改革的成败，关系到干部职工队伍的稳定，关系到人员整体素质及工作效率的提高。

客观地讲，当前许多事业单位的人力资源管理还局限于计划经济时代的人事管理阶段，人事部门只是支持和服务部门，只能进行岗位职责的微调和优化，多数还不具备基于组织战略的需要进行组织分析、岗位设计、编制确定的权限和能力。

从单位的组织运行习惯来看，因人设岗的情况、编制不适应业务发展的情况、人员不适应岗位要求的情况都非常普遍。在很多事业单位，很多关键岗位上的老职工，知识结构老化，已经不能满足业务工作的需要，但为了保障老职工的利益，单位要专门为此设置一个岗位、保留一个编制，而为了工作的需要，又不得不从社会上采取聘用、劳务外包等方式获取优质的劳动力资源。

总体来看，事业单位往往不具备针对岗位管理的政策制订与修改权限，不能从战略的高度看待岗位管理的意义，缺乏长远的岗位管理规划，从而难以为职工提供优质的岗位管理服务，这在很大程度上制约了事业单位的发展和人员素质的提高。

二、事业单位岗位类型

为了顺利推进和完善事业单位的岗位管理工作，国家人力资源和社会保障部以及各地方人事厅先后出台了各种岗位设置管理办法及实施意见。其中，人事部（现人力资源和社会保障部）在《事业单位岗位设置管理试行办法》（国人部发〔2006〕70号文）中，将事业单位的岗位分为管理岗位、专业技术岗位、工勤技能岗位三种类别，其中：

管理岗位，是指担负领导职责或管理任务的工作岗位，管理岗位的设置，要适应增强单位运转效能、提高工作效率、提升管理水平的需要。

专业技术岗位，是指从事专业技术工作、具有相应专业技术水平和能力要求的工作岗位。专业技术岗位的设置，要符合专业技术工作的规律和特点，适应发展社会公益事业与提高专业水平的需要。

工勤技能岗位，是指承担技能操作和维护、后勤保障、服务等职责的工作岗位。工勤技能岗位的设置，要适应提高操作维护技能、提升服务水平的要求，要满足单位业务工作的实际需要。

以上三类岗位是事业单位的常设岗位，根据事业发展和工作需要，经批准，事业单位还可设置特设岗位，用于聘用急需的高层次人才。

三、事业单位岗位管理的问题和弊端

事业单位实施岗位管理是一项重要的制度变革与创新，既要推行由身份管理向岗位管理、由固定用人向合同用人制度的转换，又要妥善解决好岗位管理制度和现行人事政策的衔接，切实保证事业单位现有人员的切身利益。当前，事业单位在岗位管理方面存在着如下问题和难点。

1. 管理岗位和专业技术岗位“双肩挑”的问题

国家针对事业单位的岗位管理，提出了明确的分类指导意见，对于规范事业单位的岗位设置起到了很好的作用，但在实际操作中还存在大量的“双肩挑”现象，干扰了岗位管理政策的落实，引发了新的不公平。所谓“双肩挑”，最普遍的现象是管理岗位的人员兼任专业技术岗位。以教育系统为例，在高等教育和科研单位，很多专家、学者都在单位的管理部门担任领导角色，身兼双重身份，使得对其工作的评价难以客观、公正，甚至导致了因为管理职位的影响而带来的学术腐败等问题。

2. 编制管理的滞后性与岗位结构的不合理性

在岗位设置与人员编制的问题上，有些单位因业务规模快速发展导致用工需求增加，而编制短期内难以改变，导致单位实际用工数、岗位数远超出原编制数。在岗位结构方面，不同事业单位内设机构差异较大，部分单位内设机构为处级或副处级，无科级、副科级机构设置，导致上述单位不担任领导职务的管理人员，其职位只能对应在科员、办事员的岗位上，缺乏晋升通道和发展空间，影响了职工的工作积极性。

3. 主体岗位与主要职能不匹配

根据国家、省、市的政策规定，事业单位的主题岗位应与其所承担的主要职能相一致，其中，以专业技术提供服务的事业单位，应保证专业技术岗位占主体，一般不低于单位岗位总量的70%。但实际情况是，有的单位按其所承担的主要职能应认定为以专业技术提供社会服务为主，单位中具有高级专业技术职务的人员也比较集中，但由于这些单位内设机构过多，致使领导职数与内设机构领导职数所确定的管理岗位数量已经超过50%，有的甚至达到60%，导致专业技术岗位已不占单位主体。

4. 党群工作岗位管理中存在模糊地带

这里着重指那些规模较小、编制较少的单位，由主管部门任命了专职党委（总支、支部）书记、纪检书记、团委书记以及工会主席、妇委会主任等职务，并按照机构规格兑现了相应的工资待遇，而上述职务、岗位大都未经审核，也没有明确的文件依据，由此造成了岗位设置、人员聘用等方面的模糊地带。

5. 人岗不对应、人员梯次不合理以及岗位设置不合理

在日常管理与岗位设置问题上，人岗不对应、人员梯次不合格以及岗位设置缺少灵活性等现象不在少数。部分事业单位存在着人员跨专业技术系列任职的问题，如，教师调入非教学、科研事业单位后，没有及时转评相应专业技术职务，仍按照教师职务聘任并享受相关待遇。

再比如，某些事业单位因业务发展招聘了大量同类人员，人员梯次结构不合理，影响到一批人员的职业发展。如，某市中级人民法院审判保障中心同时录用了40名速录人员，这批同期、同龄的人员，在未来的职业发展中必然面临“千军万马挤独木桥”的问题。

6. 市属事业单位，岗位设置情况复杂

部分市级及以下事业单位，由于隶属关系不清晰，导致定编定员、人员聘任及进出、社会保险、人事争议仲裁、体制体系确认等工作模糊、混乱。比如，有的省属院校的人员编制省、市两级均未核定，但其人员进出均需市编办核准方可办理养老保险。有的民办教学机构实行企业化管理，而部分人员却按《民办教育促进条例》参加了事业单位养老保险，对单位的岗位规范管理造成了较大的冲击和负面影响。

事业单位岗位管理中存在的问题，其本质在于管理的规范化。相对于公务员管理而言，事业单位管理在过去很长一段时期里，无论从制度建设、组织建

设还是法律、法规的贯彻、落实，都呈现出明显的滞后趋势，已经开始成为社会事业深入发展和社会协调进步的阻碍性因素。

第三节 事业单位岗位管理改革技术与方法

岗位管理是人力资源管理的基础，事业单位的岗位管理与企业单位相比，并不存在本质上的差异，它们强调的都是对岗位职责、权利、责任的明确规定，以及责、权、利的统一，这是岗位管理的本质，从规范岗位管理、提高岗位管理对人力资源工作的支持作用上讲，两者具有共通性。同时，我们也应当看到，事业单位的岗位管理与企业单位又有一定的区别，不能完全照搬企业的管理模式。

本节所述的岗位管理改革，其着眼点在于规范岗位管理、提升管理效能。具体来说，主要从如何优化岗位设置、如何科学确定岗位编制、如何开展工作分析及撰写《岗位说明书》、如何开展岗位价值评估以及如何建立职位序列通道与任职资格标准入手，以期为事业单位的岗位管理工作提供帮助。

一、事业单位的岗位设计

岗位是联系组织与人力资源管理的纽带，科学的岗位设计能够保证业务运转顺畅、高效，人力资源管理中的专业术语“定岗定编”，其中的“定岗”就是指岗位设计。此处所说的“岗位设计”，是指在国家政策的指导下，各事业单位根据各自业务性质的不同，在部门分工明确、职责划分清晰的前提下设计部门内部岗位、规范岗位名称、界定职责分工、明确任职标准的过程。

根据《事业单位岗位设置管理试行办法》及《实施意见》，事业单位的岗位可分为管理类、专业技术类、工勤技能类三类，在岗位设计的过程中，需要充分考虑这一要求。

岗位设计的方法很多，归结起来主要有三种类型，即基于任务的岗位设计、基于能力的岗位设计和基于团队的岗位设计。

基于任务的岗位设计，即将明确的任务目标按照工作流程的特点层层分解，并将工作任务落实到每个岗位。这种方法的优点在于保证重要的工作职责都有相应的岗位承担，同时，岗位工作目标和职责简单明了、易于操作，到岗者经过简单培训即可开始工作，也便于管理者实施监督，在一定时期内会有很高的效率。基于任务的岗位设计模式，岗位管理主要是采用等级多而细的职等结构，职工只要在本岗位上做到一定的年限而不出大的错误，就能被提级加薪。但这种岗位设计方法的缺点是只考虑任务的要求而往往忽视在岗者个人的能力特点，更适合于操作型、体力型劳动岗位，相应的薪酬模式也多采用传统的窄带薪酬，不利于在岗人员主动寻求工作能力提升。

基于能力的岗位设计，首先也是将明确的工作目标按照流程特点层层分解到岗位，但区别在于在这种方法之下，岗位的任务是复合型的，职责也比较宽泛，相应地，对在岗人员工作能力的要求也要更为全面，更适合于以脑力劳动、专业技术劳动为主的岗位。这种设计的好处在于：岗位工作目标和职责边界相对弹性，员工不会拘泥于某个岗位设定的职责范围，有利于发挥个人的特长。随着IT、专业服务等以脑力劳动为主的第三产业的兴起，这种模式的岗位设置方式正在得到越来越多的应用。基于能力的岗位设计，能够提升岗位从业人员的能力，减少员工工作的枯燥感，同时，由于职工个人的表现难以像基于任务的岗位设计那样简单、明了，这种形式也会赋予直接管理者更大的责任，由直接管理者对下属进行决断、监督和评估。当然，这种模式的缺点也非常明显，一方面，由于岗位职责复杂，需要的技能较多，人员的招聘难度相对较大；另一方面，由于工作评判标准的不明确，导致管理的相对难度加大。

基于团队的岗位设计，是近年来出现的一种岗位设计模式，是更加市场化、客户化的设计形式，它以为客户提供总体附加值（总体解决方案）为中心，把组织内部的相关岗位组合起来、形成团队、开展工作，它的最大特点是能够迅速响应客户、满足客户需求。同时，又能克服组织内部各部门、各岗位自我封闭、各自为政的毛病。对在岗者来说，在一个由各种技能、各个层次的人员组合起来的团队中工作，不仅可以利用集体的力量完成任务，而且可以从中学到新的知识，也能保持良好的精神状态。显然，这是一种比较理想的岗位设计形式，但是，这种方式对组织内部的管理、协调能力要求较高，如果团队氛围较差，就难以起到1+1>2的效果。目前这种模式的应用还不普及，更多的是在“项目型”的公司中应用，团队的成员往往也不是固定的，而是根据客户的要求进行组合。

岗位不是孤立存在的，在现实中受到各种因素的影响，包括组织战略、组织架构、业务流程，等等，这就决定了岗位设计的方法也是多种多样，其中，以下四种方法最为普遍和常用。

1. 组织分析法

这是一种广泛使用的岗位设计方法，从整个组织的远景和使命出发，设计一个基本的组织模型，然后，根据具体的业务需要，将流程每个节点的工作分解到部门，再将部门的职责分解、落实到岗位，由此完成岗位设计。例如，对于人力资源部的组织分析，首先明确人力资源部应当具备的组织发展、招聘、绩效考核、薪酬管理、培训管理、职工关系管理等方面的职能，再根据工作量，分别划分到招聘管理、绩效考核、薪酬管理、员工发展等具体岗位。

组织分析法的优点：是一种广泛使用的岗位设计方法，这种方法能够深入了解组织全貌，解决组织的许多细节问题，因此，多用于对组织所有岗位进行整体设计及优化的情况。

组织分析法的缺点：适用于一个具有明确目标并有长远战略以支撑目标实现的组织。其中，组织分析的过程相对复杂，需要人力、物力等方面的大力支持。

2. 关键使命法

这是一种简单、经济的岗位设计方法，即选取对业务发展至关重要或者问题突出的岗位进行设计，确保用最经济的方式、在较短的时间内提升管理效能。这种方法的使用范围较小，一般用于时间和预算受限，对整个组织的岗位设计及优化不可行的时候。

关键使命法的优点：方法灵活，注意力集中于关键岗位或问题严重的岗位，可用较少的投资获得较高的回报；注意力集中于关键业务领域，可以确保得到业务利益；适用于不同类型的组织。

关键使命法的缺点：不是一种系统的方法，可能对岗位与岗位之间的衔接处理相对较差；可能因为把整个组织的业务分成“关键”与“非关键”而造成组织内部的摩擦；需要更为丰富的专业经验和高度敏锐的问题把握能力。

3. 流程优化法

组织与流程一直是相辅相成的两个命题，通常情况下，任何一方变化，另一方也会随之改变。在组织进行流程再造等变革之后，也要对组织结构进行调整，由于组织结构决定着岗位的设置，岗位也要随之改变。

流程优化法的优点：可以根据流程的变化对岗位进行调整，可以固化流程，使得岗位的作业标准和程序与流程保持一致，保证流程运转顺畅。

流程优化法的缺点：单纯基于流程优化的结果对岗位进行调整，没有充分考虑公司的战略及基本运营职能对于岗位设计的要求，可能会出现岗位设计的遗漏或偏差。

4. 标杆对照法

所谓标杆对照法，即参考本行业典型组织的岗位设置情况对本单位的岗位进行重新设计的方法。从组织的工作实际出发，显然不能照搬标杆的管理模式，但毫无疑问，本领域中领先者的组织结构与岗位设计方案，往往是重要的设计参考。

标杆对照法的优点：根据已有的成功实践，简单易行，成本低，能够快速完成岗位设计，可以减少犯错的机会。

标杆对照法的缺点：如果使用不恰当，很容易形成照搬照抄，脱离实际。同时，该法还需要对标杆组织的发展历史、组织战略、业务特点、管理特点等方面都有全面的了解，如果是竞争性行业，可能存在信息不全面或不真实的可能性，从而影响到设计的准确性。

二、事业单位的定编管理

广义的编制是指各种机构的设置及其人员数量定额、结构和职务配置，狭义的编制即人员编制，是指为完成组织的功能，经过被授权的机关或部门批准的机关或单位内部人员的定额、结构比例及职位（岗位）分配。本书中的定编，是指采取一定的程序和科学的方法，对各类岗位进行人员数量配备的过程。

岗位上应该配置多少人员，一直是人力资源管理的重心。通过恰当的人员配置，一方面，可以高质量地完成组织赋予的任务，另一方面，又不会造成人力成本的浪费。

如何实现科学定编、有效配置人员？这方面的方法很多，常用的方法包括劳动效率定编法、工作日志法、业务数据分析法、行业比例法、预算控制法、业务流程法、德尔菲法，等等。

1. 劳动效率定编法

劳动效率定编法是指根据生产任务和职工的劳动效率以及出勤等因素来计算岗位人数的一种定编方法，也是最常用的定编方法之一。劳动效率定编法，其核心就是根据工作量和劳动定额来计算职工数量，因此，凡是工作任务明确、具体且重复进行的岗位，尤其是工作量很好界定的岗位，都适合于这种方法，劳动效率定编法的基本公式为：

定编人数 = 计划期工作任务总量/（职工劳动定额 × 出勤率）

劳动定额的基本形式包括产量定额和时间定额两种。

以时间定额为例，某局的客户服务中心，根据语音系统提供的数据，每天接入的电话量是 15000 笔，实际记录下来的语音通话数和没有记录的语音通话数的比例是 1:0.2，平均每笔工作时间约为 2.5 分钟，假设该局要求客服中心职工的劳动效率为至少 90%，则该客服中心实际需要的人数为：

定编人数 = 15000 × （1 + 0.2） × 2.5/（60 × 90% × 8） = 104（人）

2. 工作日志法

对于工作量不容易界定的工作，可以采用工作日志法核定岗位工时。所谓“工作日志法”，是指按时间顺序详细记录任职者在一段时间内的工作内容与工作过程，经过归纳、分析，全面了解岗位工作内容与工作量的一种方法。

采用工作日志法定编，研究人员或管理人员需要对岗位上的人员进行实地观察、记录，填写《工作日志》，根据工作日志可以计算每个岗位的有效工作时间，从而确定岗位编制。一般的标准是，每天的岗位工作时间在 13.6 个小时以上者，建议岗位再增加 1 位专职人员；当岗位有效工作时间在 9.7 ~ 13.6 小时的时候，建议 1 人专职，另一人兼职；当岗位有效工作时间在 5.6 ~ 9.6 小时时，建议该岗位定编 1 人；当岗位的有效工作时间小于 5.6 小时，建议该岗位由其他人员兼职。

工作日志法相对来讲比较科学，通过对任职人员实际工作情况研究，了解岗位的真实工作量，有利于定编工作的准确性，但是，工作日志法至少要收集4周以上的工作信息，需要投入大量的时间填写、分析日志，因此，需要耗费大量的人力和物力，在时间、资源有限的条件下，这种方法就难以开展。

表4.1　　某局综合管理部主任的《工作日志》

序号	工作活动内容	活动时间	时间消耗（分钟）	活动地点	性质
1	每周工作例会，汇报采购部上一周的工作和本周的工作计划	9：00～10：00	60	会议室	常规
2	安排郝某就合同付款的手续进行登记并前往财务进行支付	10：00～10：03	3	办公室	常规
3	就两份合同进行合同评审，并请示罗总	10：03～10：15	12	办公室	常规
4	编制2012年度所任职的采购部副经理岗位的工作标准	10：15～17：50		办公室	临时
5	根据项目联系单，协同工程部邢某、赵某、李某，参加厂家现场实验	10：45～11：40	55	办公室	临时
6	同王姐与项目物资部薛某座谈，讨论关于15船和16船的相关情况	11：00～12：00	60	办公室	临时
7	电话请示罗总5份银行支付申请，并安排郝某找张总签字，付款	12：00～12：20	20	办公室	常规
8	与康某就工人赴外事宜的聊天	12：20～12：40	20	办公室	临时
9	安排熊某对工程设计部的邢某、高某、王某装SAP客户端软件	13：00～14：30	90	办公室	临时
10	安排汤某整理物资，准备8号赴外所需物资	14：30～16：00	90	办公室	常规
11	处理前线就玻璃纤维布质量有问题的报告，并讨论解决办法	16：00～17：30	90	办公室	常规
12	签署关于刘某采购物资的内部议标文件3份	17：30～17：35	5	办公室	常规
13	整理2月6日的合同评审以及未经过请示的合同和银行付款台账，整理跟踪物资采购台账	17：35～17：50	15	办公室	常规

3. 业务数据分析法

业务数据分析法是根据销售收入、利润、市场占有率、人力成本等历史数据和业务目标，确定组织在未来一定时期内的人员数量的一种定编方法。这种方法需要至少 3 年以上的历史数据，同时，需要组织的业务目标相对清晰，因此，主要适用于成熟度较高的组织。

本方法与劳动效率定编法的关系是：劳动效率定编法主要用来测算现有人员编制是否合理，而业务数据分析法则是用来预测企业未来的人员编制。采用该方法确定组织未来编制的时候，对于业务方面人员的预测较为准确，但由于组织架构处于不断的变化之中，由此而带来岗位的变化，因此，本方法对职能人员编制数的预测作用较为有限。

4. 行业比例法

行业比例法是以行业内各岗位人员数量比例为基准，参照本单位职工总数或某一类人员总数，来确定其他类别人员数量的一种定编方法，该方法比较适合辅助和支持性岗位的定员。例如，服务行业，人力资源管理类人员与业务人员的比例一般为 1∶100，某单位业务人员的数量为 1500 人，则可以估计，其人力资源管理人员的数量在 15 人左右为宜。采用该方法定编时，需要进行行业调研，搜集外部行业数据，在这方面具有一定的难度。

5. 预算控制法

预算控制法是西方企业常采用的定编方法，它通过人工成本预算控制在岗人数，而不是对某一部门的某一岗位的具体人数作硬性规定。部门负责人对本部门的业务目标和人工成本预算负责，在获得批准的预算范围内，可自行决定各岗位的具体人数。预算控制法是授权的一种体现，如使用得当，将是一种控制人力成本的良好方法。

6. 业务流程分析法

业务流程分析法，是根据业务流程对于岗位以及工作量的要求进行定编的一种方法，例如，在某医院，按照医务工作流程的要求，同一科室的 3 名医生，由 1 名导诊护士协助组织和安排病人，以维护良好的诊疗秩序，如此，就需要根据医生的数量配备足量的导诊人员。

7. 德尔菲法

德尔菲法又称专家法，是采用背对背的方式，征询专家小组成员意见的方法。在定岗定编工作中，经常通过访谈机构负责人、主管领导、岗位上级、岗位联系密切人员等，以获得所在岗位的工作量信息，此种方法通常作为辅助方法，与其他方法结合使用。

表 4.2　某事业单位岗位及编制表

序号	机构名称	编制形式及数量	编制岗位名称	岗位编制数
1	农业综合服务站	事业编制：9 名	站长	1 人
2			副站长	2 人
3			农机服务	4 人
4			农经统计服务	1 人
5			畜牧兽医服务	1 人
6	林业站	事业编制：4 名	站长	1 人
7			林业技术员	2 人
8			林业保护员	1 人
9	水利水土保持站	事业编制：3 名	站长	1 人
10			水利管理员	1 人
11			水利宣传员	1 人
12	计划生育服务所	事业编制：3 名	所长	1 人
13			科普宣传员	1 人
14			药具管理员	1 人
15	文化广播电视站	事业编制：3 名	站长	1 人
16			文化管理员	1 人
17			电视转播员	1 人
18	社会事务服务中心	事业编制：3 名	主任	1 人
19			调解员	1 人
20			信息员	1 人
21	煤管所	事业编制：1 名	所长	1 人

由于组织的情况千差万别，很难有一个所谓“绝对正确、完全适用和一成不变”的定编方法。在各种方法中，按照劳动效率定编的方法最常用。在实际工作中，往往是各种办法结合使用，最终形成组织的编制人数。如在为某单位定编时，安全生产部的定编采用劳动效率定编法，质量管理部采用了业务流程分析法，而财务部、行政部、人力资源部等采用了行业比例法，供销部采用了业务数据分析法，定编的结果由各种方法综合得来。

三、事业单位的工作分析

工作分析，是针对组织内某一特定职位的工作内容加以分析，从而清晰界定该职位的固有性质和工作职责，明确任职者在履职时应当具备的知识、技能、经验等方面的要求的活动。工作分析的目的在于系统、全面地确认工作整体，从而为管理活动提供各种工作信息。

工作分析的过程，就是收集、整理、分析、综合一项工作所包含的各种信息，并最终形成一套有关于该工作的标识性资料的过程，不仅需要分析岗位的工作职责，还要分析胜任该岗位所需要的知识、经验、技能等，目前通用的工作分析方法包括访谈法、问卷法、观察法等。

1. 访谈法

访谈法，是指采用事先设定的《工作分析访谈提纲》对岗位的任职人员、直接主管、横向接触人员进行访谈，对该岗位的工作内容、任职条件、工作关系、工作环境等信息进行采集、记录和分析的过程。

访谈法的优点包括：第一，通过访谈，能够收集到大量的有关于岗位的第一手信息；第二，在访谈中，访谈者能够与受访人互动，为受访人正确地回答问题提供指引；第三，访谈者可以根据实际需要，对访谈计划进行调整和修正；第四，方式亲切，能够拉近访谈者与受访人的关系，访谈者可以根据受访人的神态、表情等，收集到更为真实的信息。

访谈法的缺点包括：第一，对访谈人要求较高，一方面，要对受访者的工作有所了解；另一方面，需要较强的沟通与表达能力；第二，访谈耗费大量的时间，可能影响到受访者的日常工作；第三，由于访谈的目的非常明显，可能会诱发有利于受访者的不真实表述，即自我服务行为。

表 4.3　　工作分析访谈提纲

序号	内容
1	请简要介绍你来单位后的主要工作经历。（访谈导入）
2	你所在部门（所管辖的部门）的主要工作任务和职责是什么？
3	你所在岗位（部门）的主要职责有哪些？如果满分 100 分，你认为应该如何给这些职责分配权重？为什么？
4	你通常接受哪些方面（部门或机构）的指令？通过何种方式下达？
5	与部门内部及外部的工作关系及业务联系有哪些？
6	本部门（岗位）存在的价值是什么？工作成果或贡献体现在哪些方面？
7	本部门（岗位）的考核指标应该是哪些？考核数据从哪里得来？
8	要胜任该岗位，该岗位的人员应该具备哪些条件？
9	本岗与单位内部哪些岗位的工作职责类似，岗位上的人员可以互换，而不影响？

2. 问卷法

问卷法，是指采用专门的《工作分析问卷》来获取工作相关信息的一种调查方法，根据问卷的结构化程度不同，可分为结构化问卷、非结构化问卷和半结构化问卷三种。

问卷法的优点包括：第一，能够从众多任职人处同时、迅速获取信息，节省时间、人力和成本；第二，职工填写工作信息的时间较为宽裕，不会影响工作；第三，适用于在短时间内对大量人员进行调查的情形；第四，结构化问卷所得到的结果，可由计算机进行处理。

问卷法的缺点包括：第一，问卷的设计需要较高的专业性，需要花费时间、人力和物力；第二，由于是单向沟通方式，问卷中的问题可能未必能被任职人全部理解；第三，由于填写者的不认真填写，可能会影响到调查的质量。

表 4.4　　示例：工作分析调查问卷（部分）

一、基本信息

姓　名		所属部门	
职务名称		直接上级职位	
职位代码		直接上级姓名	

续表

二、工作目标

主要目标	其他目标

三、工作职责：职责是公司对任职者工作的基本要求，请尽量明确列出本职位的职责，并根据您自己的认识对其重要程度加以排序，并标明在各项职责上所耗费时间的百分比

工作职责	占年度工作时间的百分比（%，约数）	发生频次（年、季、月，每日发生为日常）
1. 主要工作任务（即任务中较为重要的职责）		
2. 日常工作任务（即工作中都需从事的工作）		
3. 临时工作任务（即领导交办的或组织大型活动时所涉及的工作）		

四、任职资格：指任职者履行该职位的职责所应具备的最低资格条件，注意：这是针对该职位的需求，而不是您自己的情况，请在对应处画“√”或按要求填写有关内容

1. 该职位应具备	专业		学历	
2. 该职位应具备	年以上　　（方面）工作经验			

3. 您认为一位没有相关工作经验的大专学历人员，需要多长时间的培训可以胜任本职位工作？

□不需要培训　　□不需要培训　　□3 个月以内　　□半年以内
□1 年以上　　□2 年以上　　□不能确定

五、岗位关键业绩指标

1. 对于您目前所承担的岗位职责，公司是从哪些指标项开展考核的？考核的基准（指标值）是多少？

考核角度	对应的考核基准

续表

2. 您认为公司应该考核哪些指标项，基准是什么？	
考核角度	对应的考核基准

任职人签名：________________　　日期：________________
监督者/管理者签名：____________　　日期：________________

3. 观察法

观察法，又分为参与式观察法和非参与式观察法两大类，所谓参与式观察法，观察者会假定自身是被观察人群中的一员，并履行作为该群体成员应履行的职责，从被观察人的角度，对相关工作信息进行梳理。而在非参与式观察法中，观察者不参与被观察群体的活动，而是仅仅作为中立者对被观察人进行观察、分析和总结。观察后，一般以《工作日志》的方式进行记录。

观察法的优点包括：第一，能够全面、整体地收集工作信息；第二，通过现场互动，观察者能够加深对非显性的工作影响因素的理解，并对被观察者的态度、价值观等进行评鉴；第三，作为中立的“局外人”，观察者能够提供相对客观的工作信息，这些信息能够弥补被观察者工作报告的不足。

观察法的缺点包括：第一，对观察者的专业水平要求较高；第二，需要相对较长的观察时间，以取得稳定、准确的观察结果；第三，由于观察者的存在，可能会影响到被观察者的行为。

表 4.5　　工作分析观察提纲（部分）

被访者姓名		工作岗位	
工作部门		观察者姓名	
观察时间段		日期	
观察内容			
1. 开始工作时间：			
2. 上午工作时间：			
3. 上午完成工作量：			
4. 下午工作时间：			
5. 下午完成工作量：			

四、事业单位《岗位说明书》编写

《岗位说明书》，也称工作说明书、职位说明书，是对工作的性质、任务、责任、环境、处理方法以及任职资格要求所作的书面记录，一般来说，《岗位说明书》主要包括工作描述和任职要求两个部分。

工作描述，又称职务描述，是对岗位工作性质、工作职责、工作任务与工作环境等所作的规范性描述，用来说明任职者应该做什么、如何做以及在什么条件下做。

任职要求，指胜任该职务的人员在教育水平、专业技能、工作经验等方面应该具备的资格和条件。

《岗位说明书》的编写，应遵循以下三条原则。

①对应性原则：不同单位、不同部门对每个岗位的职责及任职条件的要求是有差异的，《岗位说明书》既要体现明确的岗位要求，又要体现单位、处室内每个岗位的分工，以及不同岗位之间的协调、衔接。

②客观性原则：《岗位说明书》要以“事”为中心，客观、真实地反映岗位职责和任职条件，而非主观臆造，或者比照某一任职人的简单描摹。

③规范性原则：岗位职责和任职条件的文字表述，要力求规范、精炼、准确，要按照重要程度进行排序，要根据单位的相关要求，使用统一的格式。

具体来说，针对岗位说明书的不同内容，其编写要点及要求如下。

1. 基本资料部分

包括职位编码、职位名称、所在部门、职位定员、下属人数、直接上级、直接下级、职位分析日期等。

要点释义及要求：

①职位编码：参照公司编制的职位编码表。

②职位名称：按“职能领域＋职务等级”的模式进行规范表述。

③所在部门：以公司正式发文为准。

④职位定员：公司对于该职位的定员规定与设计。

⑤下属人数：所管理的下属人员数量。

⑥直接上级：直接下级，均填写直接的上下级的职位名称。

⑦职位分析日期：进行职位分析和职责内容修订的时间。

2. 职位目标描述

言简意赅地描述本职位的工作依据、工作内容，以及工作目的。比如："主管院长的领导下，通过全院护理工作计划制定与实施、护理质量管理、护理人员培训与考核、规章制度管理等活动，实现医院护理工作运营与发展目标。"

3. 职责与工作任务描述

职责描述是对关键成果领域的精炼化表述，具有五方面特征。

①行为导向：工作职责的重点是行为，要明确职责完成的关键步骤，让员工知道该如何做，是流程的简化版。

②完备性：它表达了该职位所要取得的所有关键成果。

③稳定性：工作职责仅仅包含该职位的稳定性的工作内容，而不包含上级临时授予的、动态性的工作内容。

④独立性：每一项工作职责都直接指向一个唯一的工作成果，不允许职责与职责之间的交叉与重叠。

⑤系统性：同一职位的若干项工作职责之间必然存在着某种逻辑关系，而非任务的简单拼凑与组合。

工作任务描述是对职责的细化，按照一定的逻辑关系，描述完成职责所需进行的工作任务。

工作时间百分比：该职责所覆盖的工作量占工作全部工作量的时间百分比。

4. 工作权限

工作权限指本职位为完成关键职责所必须拥有的各种权利。工作权限主要分为业务权限、人事权限和财务权限三大类。

要点释义及要求：

①业务权限：因横向与相关部门/职位的业务关系而具有的权利，比如审

阅权、审核权、审批权等。

②人事权限：对下级人员管理方面的权利，如人事调配、薪酬定级、人员考核与评价等。

③财务权限：额度内的资金支配权，对相应物质调配权。

填写时权限的具体表述应包含“权限的内容”和“权限的范围”两个方面，即什么范围内或对什么对象的某种权限，例如：“对下属的考核评价权。”

5. 工作协调关系描述

工作协调关系描述包含内部协调职位、外部协调部门两个方面的关系。

要点释义及要求：

①内部协调关系：因履行关键职责需要与公司内部各职位发生业务工作协作关系的需要（每条职责从流程上下游环节考虑）。

②外部协调关系：因履行关键职责需要与公司外部有关单位、部门产生业务工作协调关系的需要，包括供应商、客户、上级单位、关系单位、政府机关等。

填写时注意明确相关部门的名称，如果联系对象经常变化、不稳定，也可以写“客户”、“供应商”等带有群体色彩的名称。

6. 任职要求

任职要求是指该职位对任职者提出的最低准入条件。包括教育水平、所学专业、经验、知识、能力、从业资格要求等几部分内容。

要点释义及要求：

①教育水平：任职者从事该职位要求的学历，学历包括大专、本科、研究生等。

②所学专业：任职者从事该职位要求的专业，专业包括会计、人力资源管理、医学管理及计算机科学等。

③培训经历：任职者所接受过的培训内容，比如项目管理培训，财务管理培训，人力资源管理培训，护理培训等。

④工作经验：任职者所具备的工作经历以及经验，包括经验的长度和经验的类型。经验的长度：多长时间（几年）；经验的类型：本专业领域，本企业领域，本行业领域。

⑤知识：任职者应具备的知识技能及掌握程度。知识技能类型包括学科知识、专业知识技能、行业知识等。掌握程度：了解，知道但不能灵活运用；熟悉，在了解的程度上能进行应用；掌握，能根据熟悉的原理和实践应用，制定方针政策。

填写时注意将知识领域和掌握程度两个要素全部体现出来，如果不作要求，填写“无”。例如：“精通医疗管理知识。”填写注意将长度和范围两个要素全部体现出来，如果不作要求，填写“无”。例如：“五年临床医学专业工作经验。”

⑥能力：指任职者所应具备的能力条件以及程度。比如沟通能力，规划能力，领导能力，语言能力等。掌握的程度：优秀、良好、基础等。

填写时注意从能力构成和能力具备的程度两个方面进行体现。

⑦从业资格要求，指任职者所应具备的执业资格，没有执业资格难以上岗，比如司机需要有驾驶资格，会计须有会计从业资格，护士须有护理资格等。

7. 工作特点

工作特点包含使用工具、工作时间特征和工作环境等体现工作物理属性的三个方面。

要点释义及要求：

①使用工具：工作使用的专业工具、软件等，如CAD、CATIA、SAP软件等。

填写时优先填写本职位使用而其他职位不一定使用的特殊使用工具，包括硬软件。

②工作时间特征：该工作体现在时间方面的特征，从“出差”和“加班”两方面进行描述。

填写时遵循“程度词+出差”+“程度词+加班”的模式。程度词有“偶尔”、“经常”。偶尔：每周加班时间≤5小时，每月出差时间≤3天；经常：每周加班时间>5小时；每月出差时间>3天。填写时注意将两个要素全部体现出来，例如：“偶尔出差，经常加班。”

③工作环境：该工作是否具有危险性（受伤危险）和对身体的损害性（职业病）。

两个要素按照级别分为很小风险、一定风险、很大风险和很小影响、一定影响、很大影响各三个层次，具体的描述要详细写出。填写时注意将两个要素全部体现出来，例如："很小风险，一定影响。"

8. 版本信息

包括编制者、审核人、批准人、审批日期和版本号等内容。

填写要求：

①编制者：填写编制人的姓名。

②审核人：填写本职位直接上级的姓名，体系项目组人员，核心组人员姓名。

③批准人：填写本职位所属部门的现任部门负责人的姓名。

④审批日期：填写说明书通过最终批准的日期，示例："20XX 年 X 月 X 日"。

⑤版本号，填写 2012 - V1.0，具体版本号调整以人力资源中心发布信息为准。

表 4.6　　示例：护理部主任岗位说明书

<table>
<tr><td colspan="4">一、基本资料</td></tr>
<tr><td>岗位名称</td><td>护理部主任</td><td>岗位编号</td><td></td></tr>
<tr><td>所在部门</td><td>护理部</td><td>岗位定员</td><td>1</td></tr>
<tr><td>直接上级</td><td>主管院领导</td><td>所辖人数（数量）</td><td>3</td></tr>
<tr><td>直接下级</td><td>干事、临床质控、病案质控</td><td>岗位分析日期</td><td>2004 年 12 月</td></tr>
<tr><td colspan="4">二、岗位目标</td></tr>
<tr><td colspan="4">在主管院长的领导下，通过全院护理工作计划制定与实施、护理质量管理、护理人员培训与考核、规章制度管理等活动，实现医院护理工作运营与发展目标</td></tr>
<tr><td colspan="4">三、职责与工作任务描述</td></tr>
</table>

<table>
<tr><td rowspan="9">职责一</td><td colspan="2">职责表述：组织制订护理部的发展规划、年度工作计划和工作总结</td><td>工作时间百分比：10%</td></tr>
<tr><td rowspan="8">工作任务</td><td colspan="2">负责组织收集制订护理部发展规划所需的资料和数据</td></tr>
<tr><td colspan="2">根据医院发展战略，制订护理部发展规划</td></tr>
<tr><td colspan="2">参与医院年度工作计划的制订</td></tr>
<tr><td colspan="2">根据医院年度工作计划，制订本科室年度工作计划</td></tr>
<tr><td colspan="2">对年度计划进行分解，制订季度、月度工作计划</td></tr>
<tr><td colspan="2">组织落实月度工作计划，并监督执行</td></tr>
<tr><td colspan="2">根据计划的实际执行情况和外部环境的变化，当计划需要改变时，按计划管理的相关制度和流程进行申报，得到允许后，进行相应的计划的调整，并在计划主管部门进行备案</td></tr>
<tr><td colspan="2">负责月度、年度工作总结及工作分析的编写，并上报</td></tr>
</table>

续表

<table>
<tr><td rowspan="4">职责二</td><td colspan="2">职责表述：负责护理部相关制度的制订和完善</td><td>工作时间百分比：5%</td></tr>
<tr><td rowspan="3">工作任务</td><td colspan="2">组织制订护理部内部及与工作相关的各项规章制度和各项工作执行流程</td></tr>
<tr><td colspan="2">负责各项规章制度的监督执行</td></tr>
<tr><td colspan="2">负责护理部内部及与工作相关的各项规章制度的修订、完善工作</td></tr>
<tr><td rowspan="4">职责三</td><td colspan="2">职责表述：组织制定护理工作制度、传染病护理常规、护理质控标准</td><td>工作时间百分比：10%</td></tr>
<tr><td rowspan="3">工作任务</td><td colspan="2">组织制定各项护理规章制度、传染病护理常规及护理工作流程</td></tr>
<tr><td colspan="2">组织建立护理质量控制体系，制定护理质控标准</td></tr>
<tr><td colspan="2">及时进行总结，对各项规章制度进行不断修订和完善</td></tr>
<tr><td rowspan="6">职责四</td><td colspan="2">职责表述：组织开展护理部的日常工作</td><td>工作时间百分比：25%</td></tr>
<tr><td rowspan="5">工作任务</td><td colspan="2">组织实施护理质量控制，对质量控制人员提出工作要求，不定期进行环节检查和月度检查</td></tr>
<tr><td colspan="2">组织进行病房巡视，查看重点病人和病区整体情况，掌握护理人员和病人两个方面的护理工作动态信息</td></tr>
<tr><td colspan="2">处理发生的护理纠纷、差错等事件</td></tr>
<tr><td colspan="2">负责全院护理人员的分配、调度工作</td></tr>
<tr><td colspan="2">组织定期召开护士长会，及时沟通信息</td></tr>
<tr><td rowspan="6">职责五</td><td colspan="2">职责表述：组织护理的科研、教学工作</td><td>工作时间百分比：15%</td></tr>
<tr><td rowspan="5">工作任务</td><td colspan="2">组织护理业务建设，与医疗方面同步学习、推广新技术</td></tr>
<tr><td colspan="2">组织制定年度护理科研计划，并组织实施及检查实施情况</td></tr>
<tr><td colspan="2">组织制定全院护理人员业务学习计划，督促、检查实施情况</td></tr>
<tr><td colspan="2">组织制定实习护士岗前、实习期一年、转正护士五年的培训、培养计划及进修护士培训计划，并组织实施及检查实施情况</td></tr>
<tr><td colspan="2">组织护理人员总结工作经验，撰写相关论文</td></tr>
<tr><td rowspan="5">职责六</td><td colspan="2">职责表述：组织护理人员培训工作</td><td>工作时间百分比：15%</td></tr>
<tr><td rowspan="4">工作任务</td><td colspan="2">制定传染病护理人员工作理念，进行护理人员服务意识培训</td></tr>
<tr><td colspan="2">加强护士长队伍建设，培养护士长管理能力，组织进行相应培训</td></tr>
<tr><td colspan="2">组织开展护理人员专业技术操作培训</td></tr>
<tr><td colspan="2">建立护理人员的业务学习管理制度，并督促实施</td></tr>
<tr><td rowspan="5">职责七</td><td colspan="2">职责表述：负责内部管理工作</td><td>工作时间百分比：10%</td></tr>
<tr><td rowspan="4">工作任务</td><td colspan="2">指导下属制订阶段性工作计划，监督执行，对其日常工作给予指导</td></tr>
<tr><td colspan="2">负责部门内人员选拔、调配、工作安排、业务培训</td></tr>
<tr><td colspan="2">负责直接下属的考核、奖惩及绩效奖金的分配</td></tr>
<tr><td colspan="2">负责部门内经费预算制订和使用，各类财务开支审批</td></tr>
</table>

续表

职责八	职责表述：负责协调本科与其他科室、单位的工作及信息沟通	工作时间百分比：5%
职责九	职责表述：完成上级交办的其他工作	工作时间百分比：5%

四、工作权限

领导权	领导护理部的工作
制定权	护理规章制度的制定权
监控权	护理质控体系的监控权
调配权	护理人员的调配权
考核权	对直接下属工作的指导、监督及考核权
裁决权	对所属下级工作争议的裁决权
审批权	部门预算范围内财务开支的审批权
检查权	护理部有关规章制度落实情况和工作计划执行情况的检查权
建议权	下属岗位调整，奖惩的建议权
监督权	对护理部各项职能履行情况的监督权
审查权	对本部门各类上报材料、报表的内容审查权

五、工作协作关系

内部协调关系	医院内部有密切的协调关系的部门及岗位： 医务科、人事科、感染消毒科、物价办公室、院办公室、保卫科、医保办、科研教学办公室、计算机室、临床科室、医技科室、采购中心、后勤科室等
外部协调关系	有经常性协调关系的外部单位及部门： 中华护理学会，北京护理学会，市卫生局医政处，东城区卫生局医政科、科教科，部分医院护理部

六、任职资格

教育水平	大学本科及以上学历
专业	护理等相关专业
培训经历	护理相关新技术、新方法培训，护理管理知识培训，人力资源管理知识培训等
经验	15 年以上临床护理工作经验，5 年以上护理管理工作经验
知识	精通护理知识，熟悉护理管理知识，具备计算机等办公设备的应用知识，了解护理的专业外语知识

续表

能力	较强的领导能力、良好的人际沟通能力、很强的计划制定和执行能力、熟练使用各种办公软件和网络应用能力、一定的外语阅读和交流能力
从业资格要求	主管护师及以上职称
七、工作特征	
使用工具/设备	计算机、一般办公设备（电话、打印机、传真机、网络设备）、文件柜等
工作环境	办公室
工作时间特征	正常工作时间、偶尔加班、偶尔出差
八、版本信息：	
编制者：张三　　审核人：李四 批准人：王五　　审批日期：2014. x. x 版本号：2014 - V1. 0	

五、事业单位的岗位价值评估

1. 岗位评价与岗位价值

说到岗位评价，首先要对岗位价值的定义进行说明。所谓岗位价值，是指一个组织中不同岗位之间的价值对比与价值差异。我们不能否认，由于组织中各个岗位的工作性质不同，必然导致岗位相对价值的不同，这种不同事实上已经从行政级别、工资等级等方面有所体现。

需要特别说明的是，岗位价值衡量的是组织所有岗位之间的相对价值，而不是某一个岗位的绝对价值，脱离了组织这个特定的环境，岗位价值也就没有了任何意义。

岗位评价又称岗位评估、职位评估、职位评价、岗位价值评估等，是根据预先设计的评估模型，对不同岗位的主要因素逐一进行测定、评估，由此得到岗位相对价值的一种方法。通过岗位评价，组织的所有岗位之间有了对比的基础；按照评价结果，可以对岗位划分出不同的等级。

由于组织的发展目标、组织结构、岗位设置等都具有一定的稳定性，因此，岗位评价结果也存在相对的稳定性。随着组织战略的转变，流程发生变化，导致组织结构、岗位设置、岗位工作内容发生变化，岗位价值也必然会随之发生变化。当然，如果组织只是小范围的调整而增减个别岗位，则可以参照以前的岗位评价结果确定新岗位的价值，而不需要重新进行评估。

岗位评价的方法很多，从大的方法分类上说，包括排列法、分类法、因素比较法等多类评价方法，目前在实际工作中使用较多的是因素比较法，全球比较知名的岗位评价方法，以及很多企事业单位自主开发的评价方法，绝大多数都属于因素比较法。

2. 岗位评价的方法

（1）排列法

排列法是在不对工作内容进行分解的情况下，由评定人员凭着自己的经验和判断，将各工作岗位的相对价值按高低次序进行排列，从而确定某个工作岗位与其他工作岗位价值高低的一种方法。

（2）分类法

分类法又称归级法，是对排列法的改进，是在工作分析的基础上制定一套职位级别标准，然后将职位与标准进行比较，将它们归到各个级别中去。

（3）配对比较法

配对比较法也称相互比较法，就是将所有要进行评价的岗位列在一起，两两配对比较，其价值较高者可得分，最后将各岗位所得分数相加，分数最高即等级最高，按分数高低将岗位进行排列，即可划定岗位等级。通过计算平均序数，便可得出岗位相对价值的次序。

（4）因素比较法

因素比较法也称因素计点法，就是选取若干关键性的薪酬因素，并对每个因素的不同水平进行界定，同时给各个水平赋予一定的分值，这个分值也称作“点数”，然后按照这些关键的薪酬因素对岗位进行评价，得到每个岗位的总点数，以此决定岗位的薪酬水平。

目前，在国内外常用的岗位评价方法绝大多数属于因素计点法，如海氏（hays）咨询的三要素法，美世（Mercer）咨询的四因素法，以及28因素法。

①海氏岗位评估法。海氏（hays）咨询的三要素法，是美国工资设计专家Hay在1951年开发出来的，实质上是一种评分法，认为所有职位所包含的付

酬因素可以抽象为三种具有普遍适用性的因素，即智能水平、解决问题的能力和风险责任。他设计了三套评价量表，最后将所得分值加以综合，算出各个工作职位的相对价值。该评估法认为，一个岗位之所以能够存在的理由是必须承担一定的责任，即该岗位的产出。产出是通过投入担任该岗位的人员的知识和技能获得的，进一步，具备一定“知能”的员工通过解决岗位中所面临的问题来实现产出的。即员工投入“知能”通过“解决问题”这一生产过程，获得最终的产出。该体系的逻辑关系是：投入—过程—产出，即投入知能解决问题，完成应负的责任。

②美世国际职位评估法（IPE）。美世咨询 4 因素法是通过“因素提取”并给予评分的职位价值测量工具。这套职位评估系统共有 4 个因素，10 个纬度，104 个级别，总分 1225 分。评估结果可以分为 48 个级别。其中 4 个因素是指影响（Impact）、沟通（Communication）、创新（Innovation）和知识（Knowledge）。美世国际职位评估法是通过岗位评价来完成的，岗位评价是一项系统工程，从这个评价系统来看，由评级指标、评价标准、评价技术方法和数据处理等若干个系统构成。这些子系统相互联系、相互衔接、相互制约，从而构成具有特定功能的有机整体。IPE 是目前市场上最简洁、适用的评估工具，它不但可以比较全球不同行业不同规模的企业，还适用于大型集团企业中各个分子公司的职位比较。

③28 因素岗位评价法。28 因素法是一种要素计点法，因评价因素总计为 28 个而得名（在实际操作中，可根据情况增减）。该方法首先是选定岗位的主要影响因素，并对每一因素赋予一定分值，按预先规定的衡量标准，对现有岗位的各个因素逐一评比、估价，求得分值，经过对岗位评价专家组各自打分值的计算统计，最后得到各岗位的总分值。

3. 28 因素法岗位评价因素

28 因素法岗位评价的因素包括四大类：岗位责任因素、知识技能因素、岗位性质因素和工作环境因素。这是基于以下假设：一个岗位所承担的责任和风险越大，对企业整体目标的贡献和影响就越大，被评价的等级应该越高，所得到的岗位薪酬也应该越多；从事一个岗位工作所需要的知识和技能越高、越深，被评价的等级就应该越高，所得到的岗位薪酬也应该越多；一个岗位的工作难度越大，复杂程度越高，工作压力和紧张程度就越高，需要任职者付出的努力亦越多，被评价的等级应该越高，所得到的岗位薪酬也应该越多；一个岗位的工作环境越恶劣，被评价的等级应该越高，所得到的岗位薪酬也应该越多。一般情况下，以上四项因素总分值设定为1000分。

28项因素及其定义如下。

(1) 岗位责任因素（9个）

岗位责任因素评价是指对岗位承担的责任、工作的重要性进行综合评估，具体包括以下几个方面因素。

①风险控制的责任：在不确定的条件下，为保证经营、生产及其他工作顺利进行，并维护公司合法权益所担负的责任，该责任的大小以失败后损失影响的大小作为判断标准。

②对公司资产或资金的责任：该岗位的工作对公司资金及资产的责任，通常是该岗位管辖范围内的资金及资产。工作的疏忽或不执行将会导致资金的损失和资产的破坏。

③决策的层次：在正常的工作中需要参与决策，其责任的大小根据所参与决策的层次高低作为判断基准。

④指导监督责任：在正常权力范围内所拥有的正式领导管理职责。其责任的大小根据公司领导管理人员的层次进行判断。

⑤内部协调责任：在正常工作中，与内部单位协调共同开展业务活动所需要承担的责任。其协调责任的大小以协调结果对公司的影响程度作为判断基准。

⑥外部协调的责任：在正常工作中需要对外维持密切工作关系所负有的责任，其责任大小以联系的频率和重要性对公司形象的影响程度作为判断标准。

⑦工作结果的责任：对工作结果承担责任的范围。以工作结果对公司影响的大小作为判断责任大小的基准。

⑧组织人事的责任：在正常工作中，对人员的选拔、任用、考核、工作分配、激励等具有法定的权力。

⑨法律上的责任：在正常工作中需要拟定和签署具有法律效力的合同，并对合同的结果负有相应的责任。其责任的大小视签约、拟定合同的重要性及后果的严重性作为判断基准。

（2）知识技能因素（9个）

知识技能因素评价是指对岗位任职者必须具备的技能进行综合评估，具体包括以下几个方面因素。

①最低学历要求：顺利履行工作职责所要求的最低学历要求，其判断基准按同等学力判断。

②知识多样性：在顺利履行工作职责时，学历学科知识之外需要使用多种学科、专业领域的知识。判断基准在于广博不在精深。

③胜任工作时间：达到最低资格条件的毕业学生需多长时间才能基本胜任本职工作。

④语言文字应用能力：工作所要求实际运用语言文字知识的能力。

⑤专业技术知识技能：为顺利履行工作职责应具备的专业技术知识和技能要求的程度。

⑥工作复杂性：在工作中履行职责的复杂程度。其判断基准根据所需的判断、分析、计划等水平而定。

⑦工作灵活性：工作需要处理正常程序化之外事情的灵活性。判断基准取决于工作职责要求。

⑧沟通能力：工作所需要与人沟通、交流的能力。

⑨综合能力：为顺利履行工作职责具备的多种知识素质、经验和能力的总体要求。

（3）岗位性质因素（6个）

岗位性质因素评价是指对岗位工作性质进行综合评估，具体包括以下几个方面因素。

①工作压力：工作本身给任职人员带来的压力。

②工作强度：在工作时所需脑力、体力劳动的强度。

③创新与开拓：顺利进行工作所必需的创新与开拓的精神和能力的要求。

④工作紧张程度：工作的节奏、时限、工作量、注意力转移程度和工作所需对细节的重视所引起的工作紧迫感。

⑤工作均衡性：工作每天忙闲不均的程度。

⑥工作地点稳定性：工作时是否经常变换工作地点，主要根据出差的频繁程度进行判断。

（4）工作环境因素（4个）

工作环境因素评价是指对岗位工作环境对任职者造成的影响进行综合评估，具体包括以下几个方面因素。

①工作时间特征：工作要求的特定起止时间。

②环境舒适性：工作时环境对任职者身体、心理健康影响的程度。

③职业病：正常工作所必然造成的身体疾病。

④危险性：工作本身可能对任职者身体所造成的伤害。

4. 各项因素的等级设定与得分

在28因素法中，以上因素会划分成不同的等级，需对每个等级进行赋分。以“内部协调责任”为例：

等1：不需要与其他部门员工进行工作协调，偶尔与本部门的一般员工协调。(0分)

等2：仅与本部门员工进行工作协调，偶尔与其他部门进行一些个人协调，协调不力对公司很少有影响。(7分)

等3：与本部门和其他部门员工有密切的工作联系，协调不力对公司有较小影响。(15分)

等4：几乎与公司所有一般员工有密切工作联系，或与部分部门负责人有工作协调的必要。协调不力对公司有较大的影响。(22分)

等5：与各部门的负责人有密切的工作联系，在工作中需要保持随时联系和沟通，协调不力对公司有重大影响。(30分)

第四节 案例与实战

案例1：L研究所职能机关岗位评价

1. 背景介绍

L研究所建立于1970年，占地31万平方米。主要从事飞行器设计和航空航天多学科综合性研究，是我国现代化战斗机型号的设计、研究基地。

L研究所学科、专业齐全，设计手段先进，重点技术突出，设有总体、气动、结构、强度、振动、飞行控制、航空电子、液压、燃油、环控、救生、电气、仪表、材料、可靠性研究、信息处理等80余种专业，覆盖飞机设计全过程。在先进气动布局、飞机隐身、仿真等现代航空高技术和“863计划”的某些领域内，其研究水平处于国内领先地位，有的达到国际领先水平。

在部门设置方面，L研究所的部门设置健全，组织结构见图4.1。

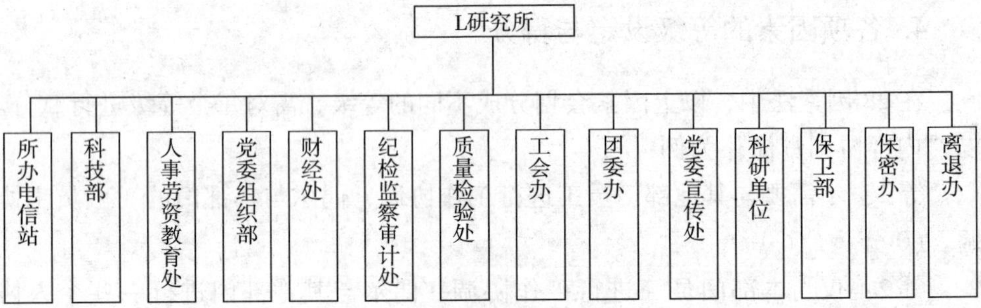

图4.1　L研究所组织结构图

2. 存在问题

尽管人力资源管理的重要性已经为研究所上下所共知，但是事实上L所还未真正从传统的人事管理转变到现代意义上的人力资源管理，其核心表现如下。

(1) 人力资源管理基础薄弱

人力资源管理部门的大部分精力仍陷于繁琐的事务之中，管理职能没有很好发挥，难以调动职工的积极性、主动性和创造性。多数人力资源管理人员没有接受过专业的培训，不具备履行人力资源管理职能所需要的知识与技能，在人力资源管理上，没有彻底摆脱传统体制下的工作思路和工作方法，对人力资源规划的重要性认识不足，对未来的人力需求不能做到心中有数，人才储备贫乏。

(2) 实行等级管理而非岗位管理

职位、部门不分主次，实行同级同酬，职位承担责任的大小和风险均没有体现出来。

作为人力资源管理工作的基础，工作分析不完善，无完备的《岗位说明书》和工作规范，造成工作职责不清、沟通渠道不明、工作重叠以及人员评价无依据等现象。

（3）工资制度落后，起不到应有的激励作用

当前的工资体系，仍然实行传统的薪酬制度，按照行政序列、职务级别、职称系列等确定薪酬待遇。这样的结果是：相同的待遇导致了事实上的分配不公，职工的薪酬满意度不高，自然影响工作积极性，也抑制了管理人员的创新能力和学习能力的发挥。

同时，多年没有进行岗位评价，工资等级体系严重老化，很多新增岗位无法准确地套入系统，不得不实行谈判制，一事一议。最终的结果是，尽管工资总额在行业及当地属中等偏上，但是职工普遍认为有内部不公平感和自我不公平感。

（4）缺乏科学的绩效评估及考核手段

由于缺乏系统的岗位标准，也就无法制订和实施规范化、定量化的考核体系。考核方面，主要沿用传统的考评方式，以职工自评、民主评议为主，这种考核缺乏针对性和公平性，容易流于形式，考核结果也未能与薪酬、晋升等结合，起不到良好的激励作用。

3. 变革的必要性与目标

L研究所的科研实力目前已经处于国内顶尖水平，而管理水平却与其他机构相去甚远，之所以没有大的进步，主要原因就是所职能机关的管理还停留在传统的模式，过于粗放，无法充分发挥统筹人力资源、领导研究工作等方面的作用。

要解决这一问题，从根本上说，就是要变传统的等级管理模式为现代组织的岗位管理模式，通过明确部门职责，开展工作分析，明确不同岗位的工作内容、工作标准、任职要求。在此基础上，开展岗位评价，以此确定薪酬级别和职位待遇，使得岗位之间具有可比性，让职工相信每个岗位的价值都反映了其对研究所的贡献。

其中，对于岗位评价，L研究所提出了较高的要求，他们希望通过岗位评

价，从量化的角度分析、确认各岗位在L研究所机关战略实现中的地位和相对贡献，以确保分配的内部公平，同时，希望科学的岗位评价能为研究所的内部分配拉开档次，强化激励作用。最后，通过评价结果所形成的系统的薪酬体系，能够强化所机关对全所薪酬总额的宏观调控职能。

4. 组织优化、岗位设计与工作分析

(1) 组织结构调整

为了适应外部环境的变化和L研究所战略的需要，通过充分研究，L所决定调整、优化其机关职能部门设置与职责分工。

具体调整如图4.2。

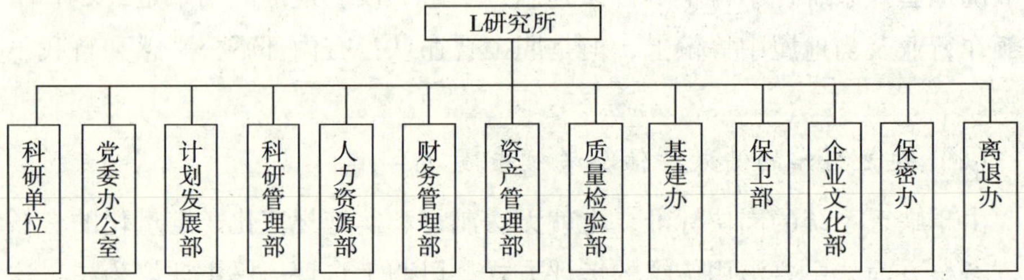

图4.2 L研究所组织结构图（调整后）

①所（党）办电信站划入能源管理公司，智力引进、三产经营和统战工作划出，设外事办。

②新设计划发展部，负责全所发展战略规划，原科技部部分职能划入。

③新设科研管理部，承担原科技部部分职能，设项目办公室、科技办公室。

④新设人力资源部，承担原人事劳资教育处和党委组织部职能，所办智力引进职能划入，设培训中心。

⑤新设财务审计部，承担原财经处职能和原纪检监察审计处审计职能，原财经处固定资产管理职能划出，设审计室。

⑥新设资产管理部，承担原财经处固定资产管理，基建办物资采购、院区建设规划，承担所办三产经营管理及综合协调职能，承担民品经营管理及综合协调职能，设物资办。

⑦新设质量检验部，承担质量检验处与能源管理公司技安管理职能。

⑧新设党群工作部，承担原纪检监察审计处纪检监察职能，承担工会办、团委办职能，承担所办统战工作，设纪检监察室、工会办、团委办。

⑨新设企业文化部，承担原党委宣传处职能。

（2）岗位序列划分与岗位设置

根据《事业单位岗位设置管理试行办法》中的规定，将L研究所职能机关的岗位分为管理类、专业技术类、工勤类三种。

在岗位设置方面，采用了组织分析法，根据各部门职责，采用行业标杆法，将部门职责分解到岗位，最终形成了180个岗位，岗位分类及岗位设置情况如表4.7。

表4.7　L研究所职能机关岗位分类及岗位设置

序号	岗位序列	岗位名称
1	管理类	科研管理部部长
2		人力资源部部长
3		计划发展部部长
4		所（党）办主任
5		财务审计部部长
6		资产管理部部长、资产管理部副部长
7		质量检验部部长
8		党群工作部部长/工会办主任
9		保卫保密部部长、保卫保密部副部长
10		团委书记
11		离退休办主任
12		飞机项目办副主任
13		科研综合预研办主任
14		经济管理办主任
15		驻京办主任
16		……

续表

序号	岗位序列	岗位名称
17	专业技术类	战略规划主管
18		科研综合计划主管
19		经营综合计划主管
20		绩效考核主管
21		科研体系质量主管
22		检验主管
23		公共关系主管
24		计划部综合统计主管
25		基建经费主管
26		培训主管
27		院区建设规划员
28		产权主管
29		机要主管
30		纪检监察员
31		工会福利干事
32		内务管理干事
33		工会财务干事
34		财务档案管理
35		离退办文体活动管理员
36		……
37	工勤类	摄影师
38		机加检验工
39		所党办行政助理
40		基建办秘书
41		采购员
42		基建档案管理员
43		接待室管理员
44		收发员
45		保卫消防值班员
46		保安
47		门卫
48		食堂管理员
49		……

（3）工作分析与《岗位说明书》编制

工作分析是人力资源管理最基础的工作，也是岗位评价的前提。L研究所针对职能机关各岗位的任职人员发放了《工作分析调查问卷》，对各岗位的工作内容、工作职责、工作环境，工作应具备的知识、能力、专业、学历、经验等进行了分析和研究。

通过工作分析，在对岗位有了更为清晰的了解的基础上，组织编制了相对规范的《岗位说明书》，以下以人力资源部部长的《岗位说明书》为例。

表4.8　　L研究所职能机关岗位说明书

一、基本信息			
岗位名称	人力资源部部长	岗位编号	HR-07-01
所在部门	人力资源部	岗位定员	1人
直接上级	主管副所长	直接下级	人力资源部副部长
所辖人数	25	岗位类别	管理序列
二、岗位目标			
组织领导全所人力资源管理与开发工作，建立人力资源管理体系，通过开展招聘、培训、绩效管理、薪酬管理、职工关系等活动，为所科研经营目标的实现和发展提供人力资源支持和保障			
三、岗位职责			
职责一	全面负责人力资源部的管理工作，协调部门内外的业务关系；制定本部门工作计划，指导并监督本部门工作计划完成情况		
职责二	制定人力资源战略，组织制定人力资源规划并监督实施；组织制定所人力资源政策，人力资源管理制度及关键管理流程；规划实施人力资源信息化管理		
职责三	组织制定所组织结构变革方案，组织制定并完善各部门职责，建立岗位管理体系，制定岗位设置方案，并实施岗位管理		
职责四	组织制定年度人力资源需求调查，制定部门预算，组织实施招聘与配置等		
职责五	组织制定绩效考核管理办法并监督实施，建立绩效考核体系；组织全所技能鉴定等工作		
职责六	组织制定全所薪酬和社保政策、制度和体系，进行人力总成本控制，组织实施薪酬和社保管理及劳动统计分析，离退休费管理		

续表

职责七	组织制定全所人力资源开发规划及计划，并组织实施，建立培训体系；组织制定职工职业生涯规划；组织对所硕士点、博士点和博士后工作站的管理
职责八	组织实施人力资源日常管理，如劳纪假别、档案政审、人员流动、退休退养、行政奖惩、岗位涉密、因私出境、丧葬抚恤等
职责九	所人力资源管理团队建设，指导下属工作，实施职工培训，不断提高本所职工的业务水平
职责十	负责领导交办的其他工作

四、工作权限

权限一	对本部门职工任免、晋升、降职、解聘的建议权
权限二	对部门各项费用预算、支出、报销的审批权
权限三	对职责范围内相关工作的知情权
权限四	对全所人力资源管理建议权、审核权；对违纪职工处理和处分的建议权
权限五	本部门对内、对外提交的结果性文件的审核权

五、工作关系

所内部关联单位	全所内部各部门、部门内部各岗位
所外部关联单位	集团人力资源部、兄弟单位对口部门、政府相关部门等

六、任职资格

教育水平	研究生及以上学历	性别	不限
专业要求	航空、管理相关专业	政治面貌	党员
工作经验	8 年以上人力资源管理经验，3 年以上同岗位工作经验		
培训要求	人事劳动政策和法规、所相关规章制度		
需要的知识与能力	精通国家和本地人事劳动政策法规，熟悉全所科研生产、专业设置、经营和管理情况，了解专业发展和学术动态，公道正派，具有较强组织领导、决策、计划、指导、协调沟通、执行能力		

七、工作环境

工作地点	独立办公室	工作时间特征	正常工作时间，经常出差和加班

八、修订记录

修订时间	修订内容	修订者	审核（部门领导）	审定（人力资源部）	审批（主管所领导）

备注：

5. 岗位评价的组织与结果分析

(1) 岗位评价的组织

①成立岗位评价工作委员会。岗位评价工作委员会是岗位评价工作的领导机构，负责岗位评价方法和工具的确认，以及对岗位评价最后结果的确认。因此，岗位评价委员会领导均由所领导担任，人力资源部部长负责岗位评价的牵头和组织，岗位评价的具体工作由人力资源部的岗位管理专员负责制定方案并具体跟踪实施。

②成立岗位评价专家组。岗位评价专家组是具体进行岗位评价的“评委”，专家组成员由所领导和各部门负责人组成，同时选取了20%对所内各岗位相对较为熟悉的普通职工加入专家组。成立专家组的主要目的是：减少岗位评估的人为误差，使岗位评估的结果更加准确并能为职工所认可。

③岗位评价方法和工具的选取。岗位评价的方法有排列法、分类法、配对比较法、要素计点法。一般在选取岗位评价的时候均采用要素计点法，因此在对L所职能机关进行岗位评价时也采用了要素计点法，要素计点法最关键的环节是评价要素的选取。

所谓评价要素，是指在不同的职位中都包含的、一些对其有价值的特征，这些因素对组织战略目标的实现和组织的持续发展具有重要影响。在实际操作中，最为常见的岗位评价要素包括承担责任、所需技能、努力程度、工作条件等，每个因素下面都有其相关子因素。

④专家组培训与岗位预评价。岗位评价培训是岗位评价的关键步骤，通过培训，尽可能使参与岗位评估的人员对岗位评估的知识和方法有进一步的了解，有助于减少分歧，减少分析误差。

岗位预评价的作用是让评分人员熟悉岗位评分流程、增强对各个因素的理解、增加对岗位职责的理解和认识。预评估的岗位应选择组织内的高、中、低三类岗位，以验证岗位评估体系的科学性。L所岗位预评估所选择的标准岗位是：科研管理部部长、科研管理部行政助理、党群工作部部长、工会综合干事、离退休办主任、机加检验员。

根据岗位预评价的结果，科研管理部部长得分1100分，科研管理部行政助理得分305分，党群工作部部长得分805分，工会综合干事得分240分，离退休办主任得分470分，机加检验员得分200分，基本符合大家的预期。

⑤正式岗位评价与结果分析。岗位评价专家组成员在预评估的基础上，参考提供的《岗位说明书》，对各个岗位进行逐一打分，分数统计人员同时对数据进行录入和汇总，计算出每个岗位的平均分。

岗位评价的结果，反映了组织内部不同岗位的相对价值大小，根据岗位评价结果，对L所职能机关的岗位进行了等级划分，结果如表4.9到表4.12。

表4.9　L研究所职能机关岗位等级划分

岗位等级	分值区间	管理序列	专业技术序列	工勤序列
1	1120~1200	M1		
2	1040~1120	M2		
3	950~1040	M3	P1	
4	850~950	M4	P2	
5	730~850	M5	P3	
6	660~730	M6	P4	
7	580~660	M7	P5	
8	480~580	M8	P6	
9	400~480	M9	P7	
10	340~400		P8	
11	280~340		P9	A1
12	210~280		P10	A2
13	150~210		P11	A3
14	100~150			A4
15	0~100			A5

表4.10　管理序列岗位等级划分

岗位等级	分值区间	岗位名称
M1	1120~1200	所长、副所长（科研）
M2	1040~1120	副所长（人力）、副所长（财务）、科研管理部部长……
M3	950~1040	人力资源部部长、计划发展部部长……
M4	850~950	所（党）办主任、财务审计部部长……

续表

岗位等级	分值区间	岗位名称
M5	730~850	资产管理部部长、质量检验部部长、党群工作部部长……
M6	660~730	资产管理副部长、企业文化副部长……
M7	580~660	保卫保密部副部长、团委书记、离退休办主任……
M8	480~580	团委副书记……
M9	400~480	离退休办副主任……

表 4.11　专业序列岗位等级划分

岗位等级	分值区间	岗位名称
P1	950~1040	A 飞机项目办主任、科研综合预研办主任……
P2	850~950	A 飞机项目办副主任、B 飞机项目办主任……
P3	730~850	B 飞机项目办副主任、C 飞机项目办主任……
P4	660~730	C 飞机项目办副主任……
P5	580~660	经济管理办主任、战略规划主管、科研综合计划主管……
P6	480~580	经营综合计划主管、绩效考核主管……
P7	400~480	公关关系主管、驻京办主任、培训主管……
P8	340~400	检验主管、计划部综合统计主管、科研管理行政助理……
P9	280~340	区建设规划员、保卫干事、机要主管、纪检监察员……
P10	210~280	工会综合干事、内务管理干事、工会财务干事……
P11	150~210	档案管理员、离退休办文体活动管理员……

表 4.12　工勤系列岗位等级划分

岗位等级	分值区间	岗位名称
A1	280~340	摄影师……
A2	210~280	所党办行政助理、基建办行政助理……
A3	150~210	采购事务管理员、基建档案资料保管员、会议室管理员……
A4	100~150	接待室管理员、收发员、保卫消防值班员……
A5	0~100	门卫、保安……

6. 岗位管理体系导入效果评价

本次岗位管理体系的梳理，以及岗位评价的实施，对 L 研究所职能机关的薪酬与绩效考核体系的优化，起到了基础的、关键的指导作用。

（1）对薪酬体系设计的指导

通过本次岗位评价，L研究所职能机关建立起了以岗位为基础的薪酬体系。根据岗位评价的结果，管理序列分为9个等级，专业序列分为11个等级，工勤序列分为5个等级。岗位的每个等级对应薪酬的等级，由此，管理序列分为9个薪级，专业序列分为11个薪级，工勤序列分为5个薪级，每个薪级划分为11个薪档。

根据岗位评价结果，岗位价值高的岗位薪酬较高，岗位价值较低的岗位薪酬低，改变了“大锅饭”的局面，一方面使薪酬的发放有了依据，另一方面也提高了薪酬的使用效率。

（2）对绩效考核的引导作用

根据岗位评价建立的以岗定薪的薪酬体系，将绩效考核的结果与薪酬的发放相挂钩，当职工绩效考核结果为卓越时，下一年度的薪酬上浮一个薪档；当职工连续两年的绩效考核结果为优秀及以上时，下一年度的薪酬额外上浮一个薪档；反之，当职工的绩效考核结果为不合格时，下一年度的薪酬下调一个薪档。

综合来看，L研究所的岗位与薪酬管理改革工作，总的来说结果比较理想，所领导和职工的认可度都比较高。最终形成的岗位评价结果，符合研究所的实际情况；所建立的岗位等级结构，真实地反映了各岗位在整个职能机关中的价值地位，彻底消除了L所之前一直存在的部门职责、岗位职责不清，岗位价值地位不清、没有区分的现象；并在此基础上初步实现了“以岗定薪，岗变薪变”，充分调动了机关职能部门职工的积极性。

案例2：X省食品药品监督系统岗位管理体系优化

1. 药监系统现状

X省食品药品监督系统（以下简称药监系统）实行省以下垂直管理，系统内共有单位96个，以下从人员分布、人员结构、职能划分、管理现状等几个方面对药监系统的现状做一描述。

（1）人员分布

X 省药监系统包含了省属、市属和县属三级单位，属于事业单位，其中，省属事业单位共有 5 个，从经费来源看，其中 3 个为全额拨款事业单位，2 个为自收自支事业单位；市属事业单位 10 个，县属事业单位 81 个，全部为全额拨款事业单位。各单位的基本情况及人员数量如表 4.13 所示。

表 4.13　　X 省药监系统各单位的基本情况及人员数量

级别	单位数		编制人数	实有人数
	全额拨款	自收自支		
省级	3	2	185	181
市级	10	0	337	363
县级	81	0	488	641
合计	94	2	1010	1185

（2）人员结构

分类管理是人力资源管理的基本要求，药监系统的工作人员被划分为管理人员、专业技术人员和工勤人员三类，各类人员所占比例如下：管理人员 30 人，占全部事业人员的 2.5%；专业技术人员 953 人，占全部事业人员的 80%；工勤技能人员 202 人，占全部事业人员的 17.5%。

专业技术人员中，具有初级职称的有 493 人，中级职称的有 347 人，高级职称的有 113 人。

（3）职能划分

X 省药监系统内现有的事业单位，按照职能可以划分为两类。

①监督管理类单位：以行业管理为主，承担部分行政职能，如各县级药品稽查队。

②技术类单位：承担技术支持和行业规范指导职能，以专业技术人员为主体，如各级药品检验所。

（4）管理现状

系统实行省级以下垂直管理，根据各事业单位法律地位的不同，对其管理的方式也有差别。省、市两级事业单位具有法人资格，日常人事管理由本单位组织，本级的食品药品监督管理局为行业主管部门，对药监系统内事业单位的管理体现在以下方面。

①单位的领导干部由本级行业主管部门任命。

②单位新进人员的招录工作由行业主管部门组织实施。

③单位中层领导岗位的任命需要在行业主管部门备案。

④单位工作人员的工资发放需要行业主管部门的审批。

⑤单位领导干部的业绩考核由行业主管部门组织实施。

2. 药监系统岗位清理及规范化管理活动的执行

首先，由行业主管部门制定本系统的《岗位设置与管理实施细则》，各单位在《实施细则》规定的框架内制定岗位设置方案。在核准的岗位总量、结构比例和最高等级限额的要求之内，编制《岗位说明书》、开展竞聘上岗、聘任等一系列工作。

历时半年，X 省药监系统的岗位清理与规范化管理工作全部完成，并通过主管部门的审批，主要结果如下：96 个事业单位中，除省属信息培训中心外，全部确认为以专业技术人员为主体，管理岗位和工勤技能岗位为辅。全系统共设岗 1252 个，其中管理岗位 89 个，专业技术岗位 1048 个，工勤技能岗位 115 个。省、市、县三级药监机构各类岗位的分布情况见表 4. 14 到表 4. 16。

表 4. 14　　省属单位岗位设置表

<table>
<tr><td rowspan="4">编制数</td><td rowspan="4">实有人数</td><td colspan="7">设岗情况</td></tr>
<tr><td rowspan="3">管理岗位</td><td colspan="4">专业技术岗位</td><td rowspan="3">工勤岗位</td><td rowspan="3">合计</td></tr>
<tr><td>正高级</td><td>副高级</td><td>中级</td><td>初级</td></tr>
<tr><td>14</td><td>35</td><td>61</td><td>40</td></tr>
<tr><td>185</td><td>181</td><td>28</td><td colspan="4">150</td><td>8</td><td>186</td></tr>
</table>

表 4. 15　　市属单位岗位设置表

项目＼地区	XY	BJ	WN	TC	YA	YL	HZ	AK	SL	YL	合计
编制人数	42	40	38	20	36	36	38	36	36	15	337
现有人员	74	31	35	17	38	52	37	36	32	11	363

续表

项目 \ 地区			XY	BJ	WN	TC	YA	YL	HZ	AK	SL	YL	合计
设岗情况	管理岗位		3	3	3	2	3	3	4	3	3	3	30
	专业技术岗位	正高岗位	2	1	1	1	1	2	1	1	1	0	11
		副高岗位	10	6	6	2	6	7	5	5	5	2	54
		中级岗位	25	14	13	6	13	17	12	12	12	4	128
		初级岗位	26	14	14	8	13	18	12	12	13	5	135
		合计	63	35	34	17	33	44	30	30	31	11	328
	工勤岗位		8	2	1	1	2	5	4	3	2	1	29
	合计		74	40	38	20	38	52	38	36	36	15	387

表 4.16　　县属单位岗位设置表

项目 \ 地区			XY	BJ	WN	TC	YA	YL	HZ	AK	SL	合计
编制人数			72	67	61	16	63	60	61	54	34	488
现有人员			114	53	113	15	82	133	65	31	35	641
设岗情况	管理岗位		3	0	2	1	1	22	2	0	0	31
	专业技术岗位	副高岗位	15	8	15	1	9	14	8	8	4	82
		中级岗位	35	20	37	4	21	32	20	18	10	197
		初级岗位	50	29	54	8	32	46	30	26	16	291
		合计	100	57	106	13	62	92	58	52	30	570
	工勤岗位		11	10	5	2	19	19	5	2	5	78
	合计		114	67	113	16	82	133	65	64	35	679

注：县级药监机构不设正高级专业技术岗位。

3. 岗位管理实施效果评价

历时半年，X 省药监系统的岗位清理与规范化管理工作全部完成，通过此次岗位管理的规范化设计和推行，药监系统在以下方面取得了较大的收益。

（1）促进全体职工的观念转变

事业单位的管理，长期存在政事不分的情况，对事业单位的人员管理，也一直沿用党政机关的管理模式，这种状况使得事业单位职工对本身定位不准，“铁饭碗”思想根深蒂固。通过本次岗位改革，明确了事业单位区别于公务员的人事管理制度，将聘用制确立为单位的基本用人制度，明确人员能进能出、能上能下，淡化了身份观，强化了岗位观，从观念上打破了“铁饭碗”的错误认识。

（2）引入竞争机制，增强单位活力

本次的岗位清理和规范，虽然没有完全打破资历晋升的格局，但在一定程度上改变了资历作为事实上的唯一晋升标准的现状，能力、业绩成为重要的参考指标，调动了年轻人的积极性。同时，打开了人员晋升和上岗的通道，全体职工都可以通过竞争上岗竞聘专业技术岗位，甚至部分管理岗位，从制度上引入了竞争机制，实现了个人职业发展的更多可能性。

此次改革，也为之后的绩效工资改革等配套人事制度改革奠定了坚实的基础。

案例3：某省职工医院护理岗位管理制度

为了进一步加强护理队伍建设，促进护理队伍的稳定与健康发展，完善护理人员调配制度，充分调动护理人员积极性，根据《护士条例》、《中国护理事业发展规划纲要（2011－2015年）》、《医院感染管理办法》、《重症医学科建设与管理指南（试行）》、《医院手术部（室）管理规范》（卫医政发〔2009〕90号）、《消毒供应中心管理规范》（卫通〔2009〕10号）、《关于实施医院护士岗位管理的指导意见》（卫医政发〔2012〕30号）以及卫生厅优质护理服务相关文件要求，结合院护理工作实际，探索实施护士岗位管理，制定护理人员岗位管理制度。

1. 护理岗位体系构成

①按照科学管理、按需设岗、保障患者安全和临床护理质量的原则合理设置护理岗位，明确岗位职责和任职条件，建立岗位责任制度，提高管理效率。

②医院护理岗位设置分为护理管理岗位、临床护理岗位和其他护理岗位。护理管理岗位是从事医院护理管理工作的岗位；临床护理岗位是护士为患者提

供直接护理服务的岗位；其他护理岗位是护士为患者提供非直接护理服务的岗位。护理管理岗位和临床护理岗位的护士应当占全院护士总数的95%以上。

③根据岗位职责，结合工作性质、工作任务、责任轻重和技术难度等要素，明确岗位所需护士的任职条件。护士的经验能力、技术水平、学历、专业技术职称应当与岗位的任职条件相匹配，实现护士从身份管理向岗位管理的转变。

2. 护理岗位设置要求

①一般临床科室、门诊、医疗辅助科室等护理岗位的设置：以初级职称为主，原则上不设中、高级职称岗位。

②ICU、CCU、急诊科护理岗位的设置：属于任务重、劳动强度大、职业风险大、技术含量高的岗位配置，争取达到此类岗位配置的中级职称数不低于指标总数的75%，高级职称数不低于指标总数的60%。

③临床科室护士岗位设置：临床护士岗位分为高级责任护士、初级责任护士、辅助责任护士三级，每月分别按照各层级的考核量表进行考核管理使用。

④特殊护理单元的护士岗位设置：

手术室护理单元：分手术室质控护士、倒班护士、辅助护士三层级，每月分别按照各层级的考核量表进行考核管理使用。

门诊部护理单元：分门诊各诊室护士、门诊导诊护士、门诊输液大厅护士三类，每月分别按照相应的考核量表进行考核管理使用。

消毒供应中心护理单元：分消毒供应质控护士、消毒供应普通护士两个层级，每月分别按照相应的考核量表进行考核管理使用。

急诊护理单元：分急诊质控护士、急诊倒班护士、急诊辅助护士三个层级，每月分别按照相应的考核量表进行考核管理使用。

3. 各科室护理人员定岗定编计划

按照护理岗位的职责要求合理配置护士，不同岗位的护士数量和能力素质应当满足工作需要，特别是临床护理岗位要结合岗位的工作量、技术难度、专业要求和工作风险等，合理配置、动态调整，以保障护理质量和患者安全。

表 4.17　　各科室岗位设置及人员编制表

部门	岗位名称	编制数量	要求
护理部	护理部主任	设正主任1名	具备副主任护师以上职称
	主任助理	2名	大专以上学历主管护师以上职称
	质控干事	1名	大专以上学历主管护师以上职称
	教育干事 教学护士 行政干事	根据医院业务情况逐步设立	大专以上学历主管护师以上职称
大科	科护士长	3个护理单元以上设科护士长1名	大专以上学历，主管护师以上职称
病区护理单元	护士长	5人以上的护理单元可设护士长1名，15人以上可设2名	大专学历，护师以上职称
	临床责任护士	实际开放床位数与护士数比为1∶0.4	取得护士执业注册
	病区专科护士	全院共享	
重症监护病室（ICU）	护士长	1人	
	专科护士	临床床位数与护士数比为1∶3	必须经专业培训
母婴同室	临床护士	临床床位数与护士数比为1∶0.6	取得护士执业注册
新生儿监护室	专科护士	临床床位数与护士数比为1∶3	取得护士执业注册，经过专业培训
产房	助产护士	临床床位数与护士数比为1∶2	取得护士执业注册，经过专业培训
门诊部	导诊护士	根据门诊量以及硬件配置情况设定，暂定3人	
	换药室护士 治疗室护士 注射室护士 输液大厅护士 门诊手术室护士 门诊口腔科护士	根据门诊量以及硬件配置情况设定	取得护士执业注册，经过专业培训
入院处置室	入院处置护士	2人	

续表

部门	岗位名称	编制数量	要求
急诊科	预检分诊护士	2人	取得护士执业注册，具备急诊专业知识
	观察室护士	观察室与护士之比为1∶1	取得护士执业注册
	抢救室护士	抢救室与护士之比为1∶5	抢救室护士有两年以上急诊工作经历
手术室	手术护士	手术间与护士之比为1∶3	取得省级手术专科上岗证
	麻醉恢复室护士	麻醉恢复室床位与护士之比为1∶1	
内窥镜室	内窥镜室护士	根据工作量，人力资源情况由护理部核定配置数量，暂定2人	取得护士执业注册，具备内镜专业知识
高压氧科	高压氧护士	2人	
体检中心	体检护士	根据体检量设定	
预防保健科	预防保健护士	1人	取得护士执业注册，取得相应专科上岗证
医学影像科	影像护士	1人	
营养科	营养科护士	1人	取得营养师证
静脉配置中心	静脉配置中心护士	2人	
消毒供应中心	消毒供应护士	床位数与护士数比为100∶3	取得消毒供应专科上岗证
社区医疗	社区护士	2人	按照卫生行政部门制定的社区标准的要求配置与培训
感染管理科	感染管理护士	1人	

4. 配套绩效考核制度

①建立并实施护士定期考核制度：以岗位职责为基础，以日常工作和表现为重点，包括护士的工作业绩考核、职业道德评定和业务水平测试。考核结果与护士的收入分配、奖励、评先评优、职称评聘和职务晋升挂钩。

②工作业绩考核：主要包括护士完成岗位工作的质量、数量、技术水平以及患者满意度等情况；职业道德评定主要包括护士尊重关心爱护患者，保护患

者隐私，注重沟通，体现人文关怀，维护患者权益等情况。护理管理岗位考核还应当包括掌握相关政策理论、管理能力、德才兼备等情况；业务水平测试主要包括护士规范执业，正确执行临床护理实践指南和护理技术规范，为患者提供整体护理服务和解决实际问题的能力。

③实行岗位绩效工资制度：护士的个人收入与绩效考核结果挂钩，以护理服务质量、数量、技术风险和患者满意度为主要依据，注重临床表现和工作业绩，并向工作量大、技术难度高的临床护理岗位倾斜，形成有激励、有约束的内部竞争机制，体现同工同酬、多劳多得、优绩优酬。

④完善护士专业技术资格评价标准：更加注重对护士的工作业绩、技术能力、医德医风、群众满意度等项目的评价。

5. 配套培训制度

①建立并完善护士培训制度。根据本医院护士的实际业务水平、岗位工作需要以及职业生涯发展愿望，制定、实施本医院护士的在职培训计划，以加强护士的继续教育，注重新知识、新技术的培训和应用。

②加强新护士培训。实行岗前培训和岗位规范化培训制度。岗前培训应当包括相关法律法规、医院规章制度、护理质量、安全管理、服务理念、医德医风以及医患沟通等内容；岗位规范化培训应当包括岗位职责与素质要求、诊疗护理规范和标准、责任制整体护理的要求及临床护理技术操作等，以临床科室带教培训为主，在医院内科、外科等大科系进行轮转培训，提高护士为患者提供整体护理服务的意识和能力。

③加强专科护士培训。根据临床专科护理发展和专科护理岗位的需要，按照卫生部和省级卫生行政部门要求，开展对护士的专科护理培训。重点加强重症监护、急诊急救、手术室、消毒供应、母婴保健及预防接种、血液净化、肿瘤等专业领域的骨干护士培养，提高专业技术水平。

④加强护理人员培训。从事护理管理岗位的人员，应当按照规定要求参加管理岗位培训，包括现代管理理论在护理工作中的应用、护士人力资源管理、人员绩效考核、护理质量控制与持续改进、护理业务技术管理等，提高护理管理者的理论水平、业务能力和管理素质。

6. 关键岗位《岗位说明书》

表 4.18　　病区护理单元护士长岗位说明书

一、基本资料

岗位名称	护士长	岗位编号	
所在部门	病区护理单元	岗位编制数	2 人
直接上级	护理部主任	所辖人数（数量）	10 人
直接下级	临床责任护士、病区专科护士		

二、岗位职责

1	在护理部主任领导和科主任的业务指导下，根据护理部对全院护理工作质量标准工作计划，结合本室情况制订本室护理计划并组织实施
2	组织并督促科室人员完成本科室职责范围内的各项工作目标、指标和任务，确保医院政令的正确及时传达与执行，确保本科室各项工作的有序开展和有效管理
3	贯彻落实病区护士长岗位责任制和工作标准，建立起病房护士长良好的工作网络
4	负责检查考核本室的护理工作，参加并指导危重、手术及抢救病人的护理督促护理人员，严格执行各项规章制度和技术操作规程，及时发现防范护理隐患严防差错事故
5	随同科主任查房以便了解护理工作中存在的问题，加强医护联系，参加科内会诊及大手术或新开展的手术前疑难病例、死亡病例的讨论
6	组织领导本室开展整体护理，根据本室实际情况对本室护理人员进行思想素质教育，教育护理人员加强责任心，树立以病人为中心的服务理念，使本室护士做到仪表整洁大方、不戴首饰、讲话和气耐心、服务周到
7	负责管理好病房包括护理人员的合理分工，病房环境的整洁、安静、安全，病人和陪客、探视人员的组织管理，各类仪器、设备、药品的管理
8	组织本室护理查房和护理会诊，积极开展新技术、新业务及护理科研工作
9	与相关行政部门一起参与本科室职工的面试工作，包括新职工的招聘和老职工的续聘
10	协助制定本科室奖金分配方案，核算奖金分配中的工作量指标并上报
11	组织领导本室护理人员的业务学习及技术训练，能随时为护师提供各方面的知识并能作指导、教育工作评估每一位护理人员的工作水平，并参加护理继续教育，保证护理人员的业务水平达到护理质量标准
12	负责本科室护理人员的绩效考核工作，提出升、调、奖、惩意见
13	在医院科研规划的指导下，制定本科室科研计划，组织全科人员学习，负责组织学习和运用国内外先进的护理经验开展新技术、新护理方法的科学研究工作，并根据本科室的具体情况提出新的战略或对策，及时总结经验

续表

14	对科室进行的大活动及会议及时与科护士长联系，对科室要做的大变动应向领导寻求帮助
15	定期组织护理人员会议讨论有关工作、程序、制度的更改，并及时通知科室的所有工作人员
16	负责处理发生的护理纠纷、投诉、差错等事件，并针对发生的问题进行深入分析提出解决办法或改进建议
17	负责组织本室护理经费预算并监控预算的具体执行情况。监督病房物资使用情况及时与中心供应室联系
18	安排病房的排班工作，对每一位护理人员在排班上的要求有明确的答复。作为夜值班护士长，必要时适当调配人员以保证各科有足够的护理人员做好各种护理
19	参与科研教学工作，制定本科室护理人员的进修生、实习生的培训计划
20	按规定及要求参加公司及医院组织的各类有关会议、活动，实施各类相涉于本科室工作的会议决议，承办医院各类会议授权或要求承办的事务
21	负责协调本室与其他科室、行政主管单位的工作及信息沟通
22	完成院领导指派的各项临时性工作任务

三、工作权限

领导权	对本科护理工作的领导权
考核权	对直接下属工作的指导、监督及考核权
裁决权	对直接下级工作争议的裁决权
审批权	对预算范围内财务开支的审批权
检查权	本科护理工作的有关规章制度落实情况和工作计划执行情况的检查权
建议权	对下属岗位调整、奖惩有建议权
监督权	对本科护理工作的各项职能履行情况有监督权

四、工作关系

内部协调关系	与医院内各科室有密切的关系
外部协调关系	与其他医院相关科室有经常性协调关系

五、任职资格

教育水平	大学专科及以上学历
专业	护理管理及其他相关专业
培训经历	护理新技术、新方法的培训，护理管理知识培训，医学医药基本知识培训，专业外语知识培训，管理技巧培训等
工作经验	取得副主任护师资格满 3 年或主管护师资格满 9 年

续表

所需知识	精通护理知识，掌握护理管理知识，了解医学药学的基本知识，熟悉计算机等办公设备的应用知识，熟悉相关专业的外语知识
能力	较强的领导能力，很强的计划制定和执行能力，良好的人际沟通和协调能力，熟练掌握各种护理操作技能，熟练掌握各种疾病的抢救，具有良好的专业外语阅读和交流应用能力，强力的服务意识和责任感
从业资格要求	护士资格证书、护士执业证书
六、工作特征	
使用工具/设备	计算机、医疗器械、一般办公设备（电话、移动电话、打印机、传真等）
工作环境	办公室、病房
工作时间特征	正常工作时间
备注	

表 4.19　　病区护理单元病区专科护士岗位说明书

一、基本资料			
岗位名称	病区专科护士	岗位编号	
所在部门	病区护理单元	岗位编制数	25 人
直接上级	护士长	所辖人数（数量）	0 人
直接下级	无		

二、岗位职责

1	在上级护师的指导下进行工作，学习了解护理各项制度，严格按护理标准工作，并按有关条文规定进行护理操作，做好基础护理及其他临床护理工作
2	根据病人的生理、心理、社会、文化因素，提出护理诊断和护理计划
3	严格遵守各项规章制度和技术操作规程，做好“三查七对一注意”，正确执行医嘱，准确及时地完成各项护理工作，严格执行查对及交接班制度，危重、抢救、手术等病例做到床旁交班，防止差错、事故的发生
4	向病人和家属解释操作过程，协助医生进行各种操作
5	熟悉本科各种护理知识及医生各种治疗操作，预计病人或医生的需要，提供适当的病人护理
6	负责病人的卫生处理，对生活不能自理的病人，要给予生活护理
7	积极参加本科护理人员的业务学习工作
8	协助护师定时巡视病房，密切观察病情变化，认真做好危重病人的抢救工作，发现异常及时报告

续表

9	对护理柜药品要定期查对、填补、保证临床使用、毒麻药、贵重药品每班清点及交接
10	定期宣传卫生知识和住院规则，经常征求病人意见，改进护理工作，在出院前做好卫生保健宣传工作
11	按规定参加公司及医院组织的各类有关会议、活动，实施各类相涉于本科室工作的会议决议，承办医院各类会议授权或要求承办的事务
12	完成院领导指派的各项临时性工作任务

三、工作权限

建议权	本科护理工作改进和优化的建议权

四、工作关系

内部协调关系	与医院内各科室有密切的关系
外部协调关系	与其他医院相关科室有经常性协调关系

五、任职资格

教育水平	中专及以上学历
专业	护理管理及其他相关专业
培训经历	护理新技术、新方法的培训，医学医药基本知识培训，专业外语知识培训
工作经验	半年以上同岗位工作经验
所需知识	熟悉各种疾病的护理知识，熟悉外语知识，了解医学药学的基本知识
能力	较强的计划制定和执行能力，良好的人际沟通和协调能力，熟悉各种护理操作技能，熟悉各种疾病的抢救，强烈的服务意识和责任感
从业资格要求	

六、工作特征

使用工具/设备	计算机、医疗器械、一般办公设备（电话、移动电话、打印机、传真等）
工作环境	办公室、病房
工作时间特征	正常工作时间，偶尔加班
备注	

第五章

事业单位绩效管理改革技术与实战

2009 年，国务院明确提出，自 2010 年 1 月 1 日起，事业单位要逐步推进、实施绩效工资。一石激起千层浪，千万事业单位职工对绩效工资的关注度空前高涨。

毫无疑问，绩效工资是一个与绩效管理密切相连的概念，要了解绩效工资的计算和执行，首先必须了解什么是绩效管理。

第一节　绩效管理概述

一、绩效管理的定义

所谓绩效，是指职工按照职责的要求所完成的工作成果，以及在取得成果的过程中的行为表现。关于绩效这一概念，一直有“结果说”和“行为说”两种不同的理论方向。

Bernadin 等（1984）认为：绩效是结果，是“在特定时间范围内、特定工作职能或活动上产生的结果记录”。

Murphy（1990）认为：绩效是行为，是“一套与组织或组织单位的目标相互关联的行为”。

Brumbrach 则给予了绩效两方面的定义，他认为：“绩效包括行为和结果两个方面，行为由从事工作的人表现出来，将工作任务付诸实施。行为不仅仅是结果的工具，行为本身也是结果。”

Spangenberg 提出"三层次绩效论"，他认为，绩效分为三个层次，即组织绩效、团队绩效和员工个人绩效。对组织而言，绩效就是任务在数量、质量及效率等方面的完成情况；对员工而言，绩效是考核者对自己工作状况的评价。

Borman 和 Motowidlo 等（1997）提出了包含任务绩效和关联绩效两个维度的"个人工作绩效模型"，如图 5.1 所示。

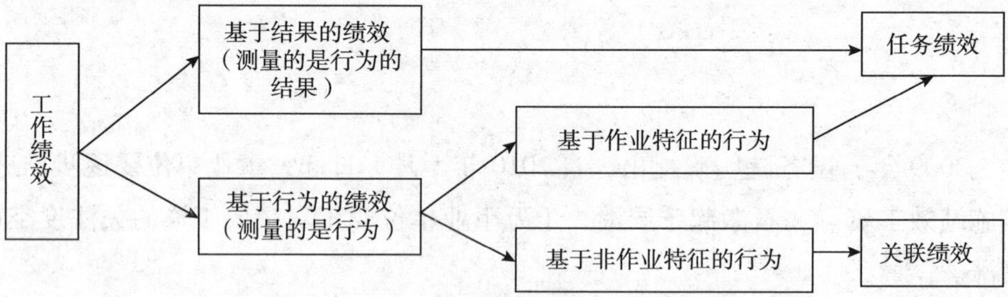

图 5.1 Borman 和 Motowidlo 的个人工作绩效模型

所谓绩效管理，是指管理者与职工在确定目标、实现目标上达成共识的过程，是增强职工目标达成能力、促成优异绩效的管理过程。绩效管理的目的在于提高职工的业绩实现能力，改进与提高组织绩效水平。

通常来说，绩效管理包括绩效计划、绩效辅导、绩效评价、绩效反馈、绩效应用等多个环节，是一个循环往复的系统过程。

二、绩效管理的原则

1. 目标清晰原则

实行绩效管理的目的，是为了让职工实现组织的目标和要求，因此，绩效目标一定要清晰。要什么，就考核职工什么，考核的标准一定要尽可能量化、客观，很多时候考核不能到位，原因就在于考核标准太模糊，目标要求不量化。同时，绩效考核的推行，要求必须让员工充分理解目标，才能在目标的牵引下提升和实现绩效。

2. 公平原则

公平是确立和推行绩效管理的前提。在绩效管理的过程中，各级领导和人事部门应排除一切干扰，本着实事求是的精神，客观、全面、真实地考察和评价职工，要摒弃个人的好恶恩怨，防止用感情和偏见代替政策。绩效管理的标准、程序和考评责任都应当有明确的规定，并应当对全体职工公开，在过程中严格遵守，这样才能使职工对绩效管理产生信任感，理解、接受绩效考核的结果。

3. 公开原则

绩效结果应对本人公开，这是保证绩效民主的重要手段。这样做，一方面可以使被考评者了解自己的优点和缺点，从而使绩效成绩好的人再接再厉，继续保持先进，也可以使成绩不好的人心悦诚服，奋起上进。另一方面，也有助于防止绩效管理过程中可能出现的偏见以及各种误差，以确保绩效管理客观性和准确性。

4. 客观原则

绩效管理应当根据规定的考核标准，针对客观资料进行评价，尽量避免渗入主动性的感情色彩，也就是说要首先做到“用数据和事实说话”。绩效管理一定要建立在客观事实基础上，要切实做到将评估者的绩效与既定标准进行比较，而不是在人与人之间简单比较。

为此，对绩效管理双方进行充分的训练，使其尽量排除主观因素并能够对绩效标准有统一的理解，也非常重要。

5. 结合奖惩原则

绩效考核的结果不仅要与精神激励相联系，还必须通过工资、奖金等方式同物质利益相联系，这样才能达到鼓励先进、鞭策后进的目的。其中，绩效工资就是与绩效考核结果挂钩的最直接的物质激励方式。

当前事业单位基本上实行的是档案工资，职工的工资水平都是由人事部门按照每个人的学历、工龄、职级、职务、职称等条件事先确定好的，然后由财政部门按月以工资册的形式发放给职工个人。在实行一年一度的年终考评时，程序无非只有三个：一是个人从德、能、勤、绩几个方面作自我总结，填写固定的年终考评表；二是进行民主测评，测评指标分优秀、合格、称职、不称职等几个级别，职工之间相互划票；三是单位给每位职工做出评价，这种评价往往是千篇一律，对其缺点的评价也往往是一句话带过。即使是这种考评方式，其结果在很多单位也没有与职工的工资挂钩。

实行绩效工资后，绩效考核的结果将与职工绩效工资部分的多少直接挂钩，也会与工资的晋升等级挂钩，从而体现出绩效与收入的直接关联关系。

三、绩效管理的常见模式

我国企事业单位常用的绩效管理模式，可以总结为以下几种典型类型。

1.“德能勤绩”式

“德能勤绩”的考核方式具有非常悠久的历史，曾一度被国有企业和事业单位作为年终考评的标准方法而普遍采用，目前，仍有部分组织在沿用这种方法。“德能勤绩”式的绩效管理，主要以简单的综合性感官评价为主，主要是对“德、能、勤”的评价，相对而言，对于“绩”的评价与考核相对比较少。大多数情况下，考核指标的核心要素并不齐备，没有评价标准，更谈不上设定目标。

对于管理水平较低、绩效管理经验较少的组织，“德能勤绩”式管理执行简单，对加强基础管理水平，增强职工责任意识，督促职工完成岗位工作，有积极的促进作用。但“德能勤绩”式管理相对简单、粗放，没有提出明确的业绩要求，对于业绩的判定也缺乏明确的标准，对组织和个人绩效的提升作用有限。

2.“检查评比”式

国内目前绩效管理实践中“检查评比”式还是比较常见，采用这种绩效管理模式的组织，通常情况下基础管理水平相对较高，领导对绩效管理工作比较重视，绩效管理方面也进行了初步的探索，积累了一些经验和教训，并希望通过优化绩效管理的方法令其发挥更好的作用。

“检查评比”式绩效管理的典型操作模式是，以分管部门为考核主体，按照职责及工作流程详细列出工作要求及标准，由分管部门代表组成考核小组，深入到基层单位，以定期检查或不定期抽查的方式，对比基层单位的完成情况，进行打分，作为考核结果。此种考核模式下，往往考核项目众多，单项指标所占权重很小，评价标准多为扣分项，除非个别定量指标外，绝大多数考核的得分来自于抽查、检查。因此，这种绩效管理方式，从某种程度上看，颇有检查评比的味道。

相对于“德能勤绩”方式，“检查评比”式绩效管理已经有很大的进步，已经把绩效管理的重点聚焦到了“绩”上，但仍然存在一些问题，如：绩效管理的导向与激励作用发挥不充分，考核结果好的，不一定就是对组织贡献最大的；考核项目众多，缺乏重点，不能突出绩效导向，职工会感到没有方向感；为了应付考核与检查，可能存在基层部门弄虚作假的现象，所表现出的有可能不是实际的工作水平，等等。

3. “共同参与”式

在绩效管理实践中，“共同参与”式绩效管理在国有企业和事业单位比较常见，这些组织的显著特征是不强调个人英雄主义，往往从稳定的角度看问题，不愿冒太大风险。

“共同参与”式绩效管理有三个显著的特征：一是绩效考核指标比较宽泛，定量、硬性指标相对较少，这就给考核者留出了很大的操作余地；二是崇尚360度考核，上级、下级、平级和自我都要进行评价；三是考核结果与薪酬的联系不紧密，绩效管理工作不会遭遇抵制。

“共同参与”式绩效管理对提高工作质量、培养团队精神是有积极作用的，可以维系组织稳定的协作关系，约束个人的不良行为，督促个人完成任务，支持团队整体目标的达成，在以绩效提升为主要目标、以团队协作为主要特征的组织中是适用的。但这种绩效管理也有其适用范围，如果使用不当，也会带来负面效果，主要表现在以下几个方面。

第一，大部分考核指标不需要数据信息，考核者根据自己的印象就能打分，考核随意性较大，“人情分”情况突出，容易出现“有意识的误差”和“无意识的误差”。

第二，在自我评价占有一定权重的情况下，由人的本性决定，在涉及个人利益的情况下，个人对自己的评价不可能公正、客观，吃亏的往往是“老实人”。

第三，这种评价一般与薪酬联系不太紧密，薪酬的激励作用有限。

第四，表面和谐的氛围，有可能是对创新能力的扼杀，这对创新要求高的组织是非常致命的。可能导致的结果是，最有思想、潜力的职工要么被迫离开组织，要么被组织同化，丧失创造力。

4. “自我管理”式

“自我管理”式是卓越组织推崇的管理方式，这种管理理念的基础是对人性的假设坚持“Y”理论：认为职工视工作如休息、娱乐一般自然；如果职工对某些工作做出承诺，他们一定会进行自我指导和自我控制以完成任务；一般而言，每个人不仅能够承担责任，而且会主动寻求承担责任；绝大多数人都具备做出正确决策的能力，而不仅仅是管理者。

“自我管理”式的显著特征是：通过制定激励性的目标，让职工自己为目标的达成负责；上级赋予下属足够的权利，一般很少干预下属的工作；很少进行过程控制考核，大都注重最终结果；崇尚“能者多劳”的思想，充分重视对人的激励作用，绩效考核结果除了与薪酬挂钩外，还决定着职工的岗位升降。

“自我管理”式绩效管理，激励效应较强，能充分调动人的主动性和积极性，能激发有关人员尽最大努力去完成目标，对提升组织绩效有益，但这种模式也有其适用条件，如果适用条件不具备，也会产生严重的不良后果，影响到个人目标和组织目标的实现。

第一，由于“自我管理”推崇的是“Y”理论人性假设，在中国社会目前的发展水平下，如果缺乏有效的监督和检查，期望职工通过自我管理来实现个人目标有时是不现实的，对于自制能力差的员工，如果不实行严格管理，其个人目标将很难达成。

第二，“自我管理”式绩效管理缺乏过程控制环节，对目标达成情况不能及时监控，不能及时发现隐患和危险，等出现问题时可能已经太迟，已经没有挽回余地，可能会给组织带来较大的损失。

第三，由于缺乏过程管理，绩效辅导环节薄弱，上级领导往往不能及时对被考核者进行绩效辅导，也不能及时给予下属资源上的支持，可能影响绩效目标的实现。

第四，被考核小集体的目标与组织目标往往并不一致，考核方式决定了被考核者通常“小集体意识”严重，不能站在组织全局看问题，不能保证组织目标的实现。

四、绩效管理体系的设计

1. 绩效管理体系成功实施的前提条件

（1）高层领导亲自参与

绩效管理是涉及组织方方面面的系统工程：既涉及组织的战略管理，又涉及组织的日常运营；既关系到业务发展，又关系到人力资源开发；既涉及资源配置，又涉及生产、营销。组织的高层人员，特别是事实上的“一把手”必须亲自参与，才有可能把组织的战略目标逐级分解下去，同时，将绩效管理的理念和方法渗透到组织的各个角落，推动直线经理和职工参与到绩效管理中来，所以，绩效管理首先是一项“一把手”工程。

（2）准确界定责任主体

很多组织的人力资源管理部门“勇敢”地承担起绩效管理的责任，他们确定绩效考评的内容，设计并发放绩效考评表格，进行统计汇总，绞尽脑汁地让薪酬与绩效考评的结果更好地挂钩。但是他们往往是辛勤无比却收效不佳，甚至招致很多抱怨，通常的抱怨包括：设计的表格不能满足业务部门的需要，考评的内容不能刺激职工业绩提升且增加了主管的工作量。出现这种抱怨的真正原因在于：人力资源部门不是绩效管理的主体，他们对业务的理解远远不如直线经理，他们对职工工作行为和结果的了解也远远不如直线经理，要他们承担考评的责任是不现实的。

（3）具备明确的战略目标

绩效管理是一种组织执行力体系，是贯彻组织战略目标的重要管理手段，绩效管理体系一定是围绕着绩效目标来运行的。然而，经常有一些组织推行绩效管理时就事论事，仅对基本职责进行考核，不能形成组织合力，可能的结果是：大家的绩效结果都很好，但是却看不到组织的进步和发展。因此，一个组织能够成功地进行绩效管理，前提之一是要有明确的、可落地执行的战略目标。

(4) 责权利对等的组织体系

绩效管理体系的有效运行，前提是要有责任、权利、利益对等的组织体系，对于每一个职位上的职工，组织体系都能通过《岗位说明书》界定其工作职责，明确其工作范围、可采取措施的权力、对自己采取措施所应承担的责任和享有的利益。责权利不对等、职责不清晰，绩效管理体系就无法有效、深入地推进。

(5) 具有较高的信息透明度

绩效管理能否真正发挥组织运营作用，能否真正发挥决策支持作用，或绩效管理本身能否在组织中长久地生存下去，有赖于组织的信息透明度。建立信息透明度，包括两个方面：一是可以获得真实的信息，二是信息内容格式化、标准化。

建立信息透明度的方式主要包括：建立财务一体化管理体系、规范的报表系统，以及依据信息化手段，建立 ERP 系统，实现管理信息的实时获取。建立信息透明度的根本措施，在于建立诚信的组织文化，必要时，要对违背诚信原则的行为给予严厉的惩罚，以保证信息的真实性。

2. 影响绩效管理体系设计的因素

作为绩效管理体系的推进部门，可以为全体职工设计同一种绩效体系，给他们发放同一本操作手册、同一份绩效考评表，但是，毫无疑问，不同的组织甚至不同层级的职工在同一张表格中应当填写的是不同的内容，甚至有必要采用不同的绩效管理方法。

绩效管理体系的设计，简单而言就是要回答：谁来考核（绩效管理主体），通过什么样的方式考核（绩效管理方法），在什么时间考核（绩效评价周期），对谁考核（被评价主体），对什么内容考核（绩效指标及目标），用什么标准考核（绩效评价的尺度）六个基本问题。

绩效管理体系的设计并不是一劳永逸的，它受到很多因素的影响。随着相关因素的变化，需要进行持续的调整和优化。影响绩效管理体系设计的因素主要包括：组织利益相关者的利益诉求及其优先顺序、组织生命周期及其战略选择、行业与技术特点、所在管理层级、组织控制模式等。

（1）组织利益相关者的利益诉求及其优先顺序

绩效管理的第一个重要的问题是要注意：绩效管理体系的运行，是否满足了不同利益群体的需要。

组织总是存在于具体的环境中，被很多利益相关体所包围，这些利益相关群体通常包括股东、管理层、职工、客户、债权人、供应商、社区、政府等，某种程度上，组织自身也是一个利益相关者。

一个良好的绩效管理体系的设计，一定要考虑到执行之后对于所有利益相关者的影响，要能够满足或部分满足主要利益相关者的诉求。例如，对于某一单位领导层的考核，其核心是要满足上级主管部门对该单位的管理要求，同时，也要考虑到这些领导干部的实际接受程度，还要考虑到这种考核的运行，对于单位职工、对于社会公众的影响。

（2）组织生命周期及其战略选择

绩效管理是服务于组织战略推进的，绩效目标源自于战略，体现战略，绩效目标是组织自上而下的指挥棒，而不是各做各的，或者是自下而上——这样往往不能体现组织的战略诉求。

组织的战略目标与组织的生命周期有关，组织在不同的生命周期阶段会制定不同的战略目标，不同的战略取向，最终影响到绩效管理体系的设计，如图5.2所示。

（3）行业与技术特点

选择绩效管理的方法时，要充分考虑行业以及技术的特点，根据行业和技术特点来确定具体的绩效管理内容和方法。

对于那些对人的技能、操守要求较高、职工的主观努力对绩效影响较大的行业，多采用“结果+技能/行为表现”的方式，比如软件工程师、研发人员、顾问服务人员。对于那些偏操作性的行业，则主要采用结果导向的考核方式进行绩效管理。

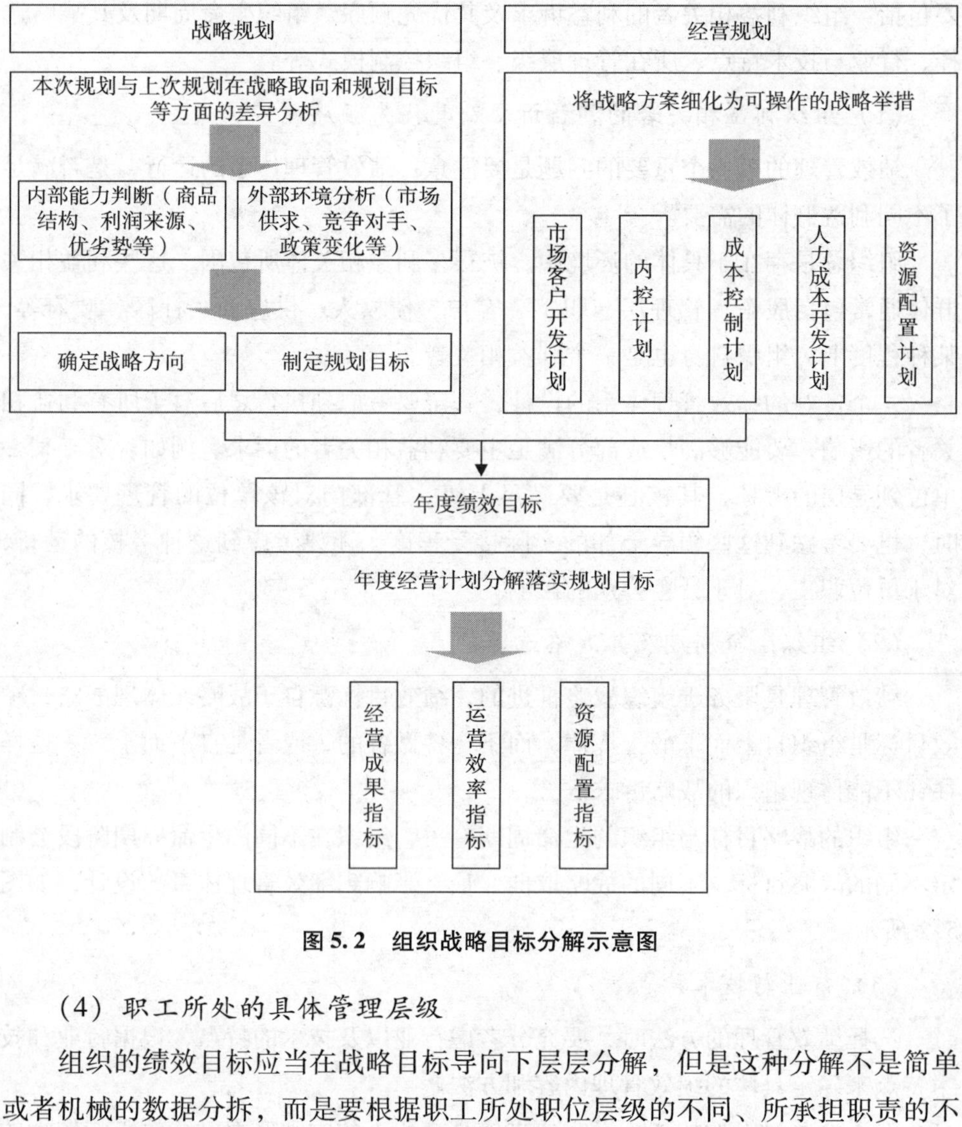

图 5.2　组织战略目标分解示意图

（4）职工所处的具体管理层级

组织的绩效目标应当在战略目标导向下层层分解，但是这种分解不是简单或者机械的数据分拆，而是要根据职工所处职位层级的不同、所承担职责的不同，确定不同的绩效管理重点。

对于领导人员，通常侧重这个组织的财务产出或其他重要产出。高层除了对业务目标负有责任外，对组织的其他方面，如人力资源方面、运营质量方面、客户服务方面，同样负有主要责任，所以高层采用 BSC 方法的较多。对于管理模式比较成熟而稳定的组织，也有采用 EVA 方法，上述方法就是针对结果性指标的战略性考核，因为对于这一层级的人员来说，其他具体目标已经在日常管理中得到了贯彻。

对于中层干部，通常侧重工作举措、产品结果，对于中层而言，他们做了什么和实现了什么同样重要。此外，作为独立部门的负责人，除承担本部门的管理职责之外，对于本部门的成本控制、客户满意度、职工满意度等同样负有责任并发生实质影响，因此，中层干部较多采用目标管理、平衡计分卡方法。

对于基层职工，一般是执行人员，通常需要关注的是他们的工作过程/表现，因为结果往往不是他一个人所能控制的，因此，基层职工的考核一般以行为、技能等作为主要内容，360 度考评在这个层面应用比较多。

3. 绩效管理的开展流程

绩效管理一般包括绩效计划、绩效辅导、绩效评估、绩效反馈面谈、绩效结果应用五个方面，这五个方面是一个完整的绩效管理循环。

（1）绩效计划

绩效计划是绩效管理的起点，也是绩效管理的关键。绩效管理主要是对绩效计划的管理和对被考评者的管理，失去了绩效计划，也就失去了重要的管理对象，就不能成为真正意义上的绩效管理。

制定绩效计划的主要依据是组织的战略目标和岗位职责。在绩效计划阶段，考评者和被考评者之间要在绩效期望的问题上达成共识，在共识的基础上使全体职工都明白自己的努力目标，并要求职工对自己的目标做出承诺。

（2）绩效辅导

在考评者和被考评者就绩效目标达成一致意见后，即进入绩效实施辅导阶段。考评者对被考评者的工作进行监督和指导，对发现的问题及时予以解决，并对绩效计划进行必要的调整。在这个绩效实施期间，考评者都需要不断地对被考评者进行指导和反馈，进行持续的绩效沟通。在此期间，考评者和被考评者都要收集绩效信息，作为日后绩效考核的依据。

（3）绩效评估

在绩效管理周期结束后，按照绩效计划中事先确定的考核标准及工作目标，考察被考核者实际完成绩效的情况，为此，必须制定完善的考核方案，包括考核内容、考核方法、考核程序、考核主体、考核结果应用等。绩效评估的依据，是在绩效实施与管理过程中所收集到的能够说明职工绩效表现的数据和事实。

（4）绩效反馈面谈

绩效考核结束后，考评人员与被考评人员就绩效考核的结果进行面对面的交谈，以确认考核结果，并探讨绩效改进事宜。这是一个非常重要但又容易被忽视的环节。在绩效反馈面谈阶段，需要作以下沟通：了解职工的工作状况和期望，让职工认识到自己需要改进的方面，制定绩效改进计划，同时，职工也可以将自己在工作中遇到的问题和困难请求主管的指导，达到提升绩效的目的。

（5）绩效结果应用

绩效考核的结果，可以应用于职工的绩效工资、奖金发放以及晋升、培训、职业发展等多个环节。例如，对于出现重大决策失误、管理责任事故、重大经济损失、重大违纪和法律纠纷损失事件，给组织造成重大不良影响的，对绩效工资实施降级，同时，依据国家法律法规和有关规定进行处理。

五、绩效管理的目的和意义

总体上说，绩效管理的根本目的是为了组织和职工的共同进步，是为了组织绩效和员工绩效的共同提高，是为了改善职工的组织行为，充分发挥职工的潜能和积极性，更好实现组织目标。

具体来说，绩效管理的意义体现在以下五个方面。

1. 通过绩效管理，确保组织目标的实现

绩效管理是连接职工个体行为和组织目标的最直接的桥梁。通过绩效管理考核个人指标的完成与否，能够将个体的行为导向客户，从而建立起个体行为与组织目标之间的联系。

2. 通过绩效管理，改善组织运营效率

通过绩效管理，可以发现组织运营中的问题，了解战略实施过程中的难点，并通过制订修正策略、跟踪行动计划和绩效结果，解决运营问题，提升组

织效率，从而确保战略目标的实现。

3. 通过绩效管理，提升员工素质，帮助员工进行职业规划

通过绩效管理，建立持续的绩效档案，可以掌握职工的长期绩效表现，从而有针对性地开发培训计划，提高职工的职业技能，并且作为职工职业发展过程中选拔、轮岗、晋升的参考依据。当然，在绩效管理中，一定要保证对职工绩效过程的跟踪，而不仅仅关注结果，只有全面了解职工绩效过程的具体表现，才能准确评估职工的职业发展趋势。

4. 通过绩效管理，建立和形成绩效导向的组织氛围

通过绩效管理，有利于建立结果导向、持续改进的组织氛围，绩效管理的关键在于持续改进，包括对于绩效管理体系的持续改进。一个绩效管理体系的真正成功，需要在实施过程中不断改进；需要进行培养的，还包括全体职工的绩效意识、绩效管理技术和能力，及其整个组织的绩效文化与绩效氛围。

5. 通过绩效管理，实现多方“共赢”

绩效管理必须建立在“共赢”的基础之上，也就是说，由组织与职工各取所需，共同赢得这场“游戏”——组织要赢得管理与效益，职工则赢得自我的认识、改进与个人发展。

第二节　事业单位绩效管理现状

一、事业单位绩效管理现状

由于长期受计划经济的影响，我国事业单位过去一直强调对社会经济生活的管制职能，这在一定程度上导致了事业单位的权力集中、机构臃肿、效率低下、人浮于事。改革开放以来，事业单位虽然已经沿着市场化的方向加大了改革力度，但还存在很多深层次的问题。在进一步深化改革的过程中，必须对事

业单位的投入产出、行为效率、社会效益、经济效果等进行评价，以确定问题所在，并接受人民群众的监督，这也是民主政治的基本要求。

同时，随着事业单位分类改革的全面推进，事业单位的职能正在经历着重大的调整，在逐步剥离行政职能、部分业务转向企业化经营之后，事业单位将逐步转向以可衡量的公共服务为核心，这就必然要求对于事业单位的服务输出要进行数量化、标准化的业绩衡量，由此可见，事业单位推行和开展绩效管理是改革的大势所趋，是改革的民心所向。

现代事业单位管理的核心问题是绩效问题。要改进绩效，就必须首先了解目前的绩效水平，如果不能测定绩效，就谈不到改善。

绩效评估对于提高事业单位绩效的意义，首先体现在计划管理功能，科学的目标制定有助于提高事业单位的绩效，绩效评估中的绩效指标设计及分解，有助于单位目标的落实。更为重要的是，某一阶段的绩效评估结果有助于确定下一阶段的指标，并以此合理配置资源。在行政工作从计划进入实施阶段之后，绩效评估还可以为工作监督提供信息支持。此外，在缺乏关于绩效效果的客观数据的前提下，资源配置的决策大都是根据政治上的考虑做出，当领导人在决定预算时，往往不清楚应当把财政资金准确地投向何处，以及能取得何种效果，以至于出现盲目花钱，但又不知道花的钱换来了的什么情况；当削减预算时，又不知道削减的是“肌肉”还是“脂肪”。绩效评估是辨别投资是成功还是失败的手段，它可以帮助我们识别投资行为的执行效果，可以有效避免资源的浪费。总之，事业单位的绩效评估，有助于在组织内部形成浓厚的绩效意识，从而把提高绩效的努力贯穿于管理活动的每一个环节。

事业单位的绩效评估，还是事业单位向公众展示工作效果的机会，以及赢得公众对事业单位支持的机会，同时，也有利于推动公众参与事业单位的监督。事业单位向公众提供的公共服务具有垄断性，公众无法选择，而绩效评估实际上是一种信息收集和反馈活动，其特点是评估过程的透明和信息的公开，它可以对事业单位在各方面的表现进行全面、科学的描述并公布于众，有助于公众了解、监督和参与事业单位的工作，这也是事业单位由“暗箱操作”到“阳光行政”的重要途径。同时，事业单位的绩效评估并不只是展示成功，也暴露事业单位工作中的不足，但这并不损害事业单位的信誉。相反，向公众公开所面临的困难和问题并展示其为解决问题所做的努力，反而有利于克服公众对事业单位的偏见，建立和巩固对事业单位的信任。

二、事业单位绩效管理的问题与弊端

如何对单位的职工进行考核，是事业单位领导者们面临的一个重要的管理问题。长期以来，事业单位主要采用的是德、能、勤、绩四个方面的综合考评，根据考评结果，给予员工优秀、称职、合格、不称职四个考核等级，这种以“德、能、勤、绩”为核心的绩效管理机制在很长一段时间内维持了公共部门的人事绩效管理，而这一体系所存在的问题与弊端也非常明显。

1. 对考核定位的模糊与偏差

考核的定位，是考核的核心问题。定位问题，其实质就是通过考核要解决什么问题，考核工作的管理目标是什么。对考核定位的模糊主要表现在考核缺乏明确的目标，仅仅是为了考核而进行考核，这样做的结果必然导致考核流于形式，考核耗费了大量的时间和人力、物力，而考核结果不能充分利用。考核定位的偏差还体现在片面看待考核的管理目标，对考核目的的定位过于狭窄，如某事业单位考核的目的主要是为了作为年底奖金分配的依据。

考核的首要目的是对管理过程的控制，其核心的管理目标是通过考核了解和掌握组织及职工的绩效状况，并通过结果反馈实现绩效提升和管理改善。其次，考核的结果可以用于确定职工的提升、奖惩和各种利益的分配。很多事业单位简单地将考核定位于确定利益分配的工具，这确实会对职工带来一定的激励，但势必导致考核在职工心目中的形象扭曲，从而产生心理上的压力。因此，必须将考核作为完整的绩效管理中的一个环节来看待，才能给予考核以正确的定位。

2. 绩效指标的确定缺乏科学依据

一般来说，职工的绩效中可评价的指标一部分应该与其工作产出直接相关，也就是直接对其工作结果的评价，国外有的管理学家将这部分绩效称为“任务绩效”；另一部分绩效指标是对工作结果造成影响的因素，但并不是以结果的形式表现出来的，一般为工作过程中的一些表现，通常称为“周边绩效”，对任务绩效的评价通常采用质量、数量、时效、成本、他人反应等指标来进行，而对周边绩效的评价通常采用行为性的描述来进行。这样就使得绩效管理的指标形成一套体系，同时也具有较强的可操作性。

但是在事业单位的绩效指标设计中常犯的错误是：在任务绩效方面，仅仅用经营指标去衡量，过于单一，很多指标没有包括进去，因为对很多工作来说，不是仅仅只关注经营的指标就可以的；而在周边绩效中所采用的评价指标很多为评价性描述，而不是行为性描述，评价时多依赖评价者的主观感觉。

3. 考核周期的设置不尽合理

所谓的考核周期，是指多长时间进行一次考核，多数事业单位都是一年进行一次考核，这与考核的目的有关。如果考核的目的主要是为了分奖金，那么就会使得考核的周期与奖金分配的周期保持一致。

事实上，从考核的绩效指标来看，不同的绩效指标需要不同的考核周期。对于任务性指标，可能需要较短的考核周期，这样做的好处是：一方面，在较短的时间内，考核者对被考核者在他的工作产出方面有较清晰的记录和印象；另一方面，对工作的产出及时进行评价和反馈，有利于及时改进工作，避免将问题一直积累到年底来处理。对于周边绩效指标，则适合于在相对较长的时期内进行考核（如半年或一年），因为这些有关于人的表现的指标具有相对稳定性，需要较长的时间才能得出结论，但应在平时进行一些简单的行为记录，作为考核时的依据。

4. 考核关系尚未理顺

要想使考核有效进行，必须确定好由谁来实施考核，也就是确定好考核者与被考核者的关系。事业单位通常采用的方式是由考核小组来实施考核，这种方式有利于保证考核的客观、公正，但是也有一些不利的方面。通常来说，获得不同绩效指标的信息，需要从不同的主体处获得，应该让对某个绩效指标最有发言权的主体对该指标进行评价，考核关系与管理关系保持一致才更为有效，因为管理者对被管理者的绩效最有发言权。而考核小组可能在某种程度上并不能直接获得某些绩效指标，仅通过考核小组进行考核是片面的。当然，管理者也不可能得到被管理者的全部绩效指标，还需要从与被管理者有关的其他方面获得信息。

5. 绩效管理与其他工作环节衔接不好

要想做好绩效考核，必须做好考核期开始时的工作目标和绩效指标确认工作，以及考核后期的结果反馈工作，将绩效考核放到完整的绩效管理过程中去。但对于许多事业单位来说，并没有将考核放到绩效管理的体系中去考虑，而是孤立地看待考核，不重视考核前期和后期的相关工作，这就必然导致考核工作缺乏基础，结果出来之后也缺乏应用和落地生根，直接影响到绩效管理的效果。

6. 缺乏对绩效管理技术的必要培训

在事业单位的考核工作中，对职工特别是对具体参与绩效考评的管理人员，往往缺乏必要的绩效管理知识、技能的培训与辅导。绩效管理的执行效果如何，不仅取决于评价系统本身的科学性与可靠性，很大程度上还取决于评价者的能力，评价者的任何主观失误，或对评价指标和标准的认识误差，都会在一定程度上影响评价的准确性，进而影响绩效管理工作的有效性。

7. 考核结果反馈不当，与奖惩联系不紧密

当前，事业单位的绩效考评结束之后，很少向考核对象反馈意见，即使有反馈也多是下达通知，谈不上对等沟通。被考核者在绩效过程中的问题，很少能够得到别人的指导；考核中反映的问题，也不能充分、有效地反馈到被考核人，考核的作用大大失效。另外，在很多事业单位，考核结果与奖惩挂钩不紧密，奖惩缺乏依据，也会导致考核流于形式。

第三节　事业单位绩效管理改革技术与方法

常用的绩效管理方法包括目标管理法、关键业绩指标法、平衡计分卡法、经济附加值法，等等，鉴于事业单位的特点及应用需要，以下重点阐述目标管理法、关键业绩指标法和平衡计分卡法。

一、目标管理法（MBO）

所谓目标管理，是指根据组织的使命确定一定时期内的组织目标，并通过组织中上下级的互动与协商确定各自的责任与分解目标，并将上述目标作为经营、评估和奖励的依据。

目标管理法，是以目标管理为核心的绩效管理方法，是一种将绩效管理与目标管理融为一体的绩效管理方式。

在目标管理的计划、执行、检查和反馈的过程中，通过对支持单位目标的关键性指标的选择，进行绩效管理的计划、辅导、考评和激励，从而将考核过程与管理过程统一，在对关键环节实施管理和控制的基础上，利用绩效管理机制调动职工的积极性和创造力，激发组织活力，提升组织绩效，从而促进组织目标的实现。目标管理法考核模式包括五个阶段。

1. 目标设定阶段

（1）制定单位总目标

一般在上一年末，单位召开发展战略规划会议，制定单位年度发展规划，确定单位下一年度的经营目标和计划体系。

（2）制定部门目标

单位总目标确定之后，各部门根据总目标制定本部门的工作目标，同时由单位组织召开专门会议（或采取其他方式），通过上下级的协商、沟通，将目标体系分解到部门，制定部门目标。

（3）制定个人目标

部门目标确定后，由部门主管根据部门的岗位设置以及内部分工，将部门目标分解到相关岗位的职工，形成职工的目标体系。

如此建立起来的目标体系，作为绩效考核的基础，这个阶段，同时也是绩效管理体系的绩效计划阶段。

2. 目标执行阶段

在这个阶段，需要采用监督、协调、指导、激励等方式。不仅单位的专门机构或人员要经常到各部门询问、了解目标完成情况，还需要各部门主管经常过问职工工作目标进展的情况；不仅需要非正式的沟通、激励、指导，也需要通过会议制度、奖惩制度等正式沟通方式，以确保目标的实现。

如果发现目标完成不力或有偏离，要对情况进行分析，及时采取纠偏措施。

3. 目标评估阶段

目标成果的评估，一定要有相应的评估标准，以及相关的评估程序和方法。

根据目标完成的情况，对照评估标准，通过相应的评估程序和方法，就可以评估目标的实现程度，且目标的评估相对可靠、可信。从与绩效管理体系对应的角度看，这个阶段相当于绩效管理的考核阶段。

4. 面谈与反馈阶段

这个阶段包括对评估结果的反馈与改进建议的制订。一方面，必须要将目标评估的结果反馈给执行部门和人员，让他们了解工作目标的完成情况，做到心中有数。同时，还要检讨目标管理中存在的不足，特别是对未达成的目标，要分析原因，提出改进措施并跟进落实。

5. 结果应用阶段

目标考核的结果必须加以应用，与职工薪资、职业发展、末位淘汰等挂钩，以促进目标考核结果与职工的切身利益相结合，从而发挥激励作用。

以下附上某医院临床主任医师的《月度工作计划表》、《工作目标考核表》，作为目标管理法所用工具的参考。

表 5.1　　临床主任医师月度工作计划表

填写人：张山	职务：临床主任医师	填写时间：2012 年 5 月 25 日
所属月度：2012 年 6 月	计划时间：2012 年 6 月 1 日至 2012 年 6 月 30 日	
工作目标		
1	月度查房次数不少于 5 次	
2	无危重病人处理不当	
3	当期出院病人诊断符合率在 98% 以上	

续表

4	无重大医疗事故
5	处方合格率达到99%
6	在核心期刊上至少发表1篇论文

表5.2　　　　临床主任医师工作目标考核表

姓名：张山		职务：临床主任医师		考核周期：2012年6月			
考核指标	目标值	考核标准	完成值	权重	得分	数据来源	备注
查房次数	5次	1. 月度查房次数不少于5次，得10分； 2. 月度查房次数少于5次，高于3次者，得5分； 3. 月度查房次数低于3次者，得0分		10%			
危重病人处理不当次数	0次	1. 危重病人处理不当次数为0次，得10分； 2. 危重病人处理不当次数高于0次，得0分		10%			
出入院诊断符合率	98%	1. 入院诊断与出院诊断符合率在98%以上者，得30分； 2. 入院诊断与出院诊断率高于95%，低于98%者，得15分； 3. 入院诊断与出院诊断符合率低于95%者，得0分		30%			
重大医疗事故发生率	0	1. 医疗事故发生率为0，得10分； 2. 发生1起医疗事故，该考核周期内绩效得分为0分		10%			
处方合格率	99%	1. 处方合格率达到99%以上，得30分； 2. 处方合格率高于95%，低于99%，得15分； 3. 处方合格率低于95%，得0分		30%			
科研工作	发表论文1篇以上	1. 在核心及以上期刊发表论文1篇以上者，得10分； 2. 考核期内未发表论文者，得0分		10%			

二、关键业绩指标法（KPI）

关键业绩指标考核法，也称 KPI 考核法，是在对单位战略目标进行分解的基础上，提取最能体现单位经营指标和职工业绩表现的关键性的量化指标并进行考核的方法。

所谓 KPI，是衡量单位战略执行效果的关键指标，其目的是建立一种考核与目标机制，将战略目标转化为经营活动目标或内部流程目标，以保证战略在单位的生产经营中得到贯彻和落实，从而不断增强单位的竞争能力，最终支持战略的实现。

KPI 建立与管理所依据的基本原理是“二八法则”，即用 20% 的关键业绩指标（KPI）管理好 80% 的工作、人员与价值创造活动。

1. KPI 指标的特征

概括而言，KPI 指标具有以下六个方面的特征。

（1）重要性

对于一个单位、一个部门、一个职工，要关注的事情、要做的工作很多，不可能统统列为考核内容加以考核。所以，作为 KPI 指标，它主要关注两个重点：一是关注那些非常重要的工作，将之列入考核；二是关注关键经营活动及其结果，将之列入考核，而非所有操作过程。如对于一个研发经理，有时需要外出参加学术交流会议，这就不能列为考核内容，因为既与工作无直接关系，也不是他的重要工作。

（2）常规性

这是 KPI 指标的一个重要特征。对于职工而言，KPI 指标所要考核的工作项目或行为是经常发生的，具有相对稳定的频率和周期，每个月或每个季度都会周期性地发生。如对销售人员，销售是每天、每月、每季度都在做的事情，所以其结果——销售额或销售量完成情况就必然是 KPI 指标。对于一个绩效经理，每月收集数据、跟进考核结果就是常规性工作，可以列为 KPI 指标，而制定绩效管理制度则不是常规性工作，可以作为关键任务来考核，但是不作为 KPI 指标。

（3）关联性

凡是KPI指标，都是与单位的发展、部门的职能和工作计划、职工的岗位职责直接或间接相关联。否则，就不能作为KPI指标。比如，人力资源部的职责和销售没有太大关系，采用“销售计划完成率”来考核人力资源部就不合适。

在指标的关联性上，有一种情况比较特殊且容易搞混淆。比如，许多单位将“利润”指标作为财务部门的KPI，这种做法有待商榷，因为利润不是由财务部门创造的，虽然财务部门可以通过预算控制、成本控制等管理手段来影响利润，但影响程度非常有限，亦即与此KPI的关联性很小。即使财务部门参与了投资决策，在该项投资中起主要作用，也应用“投资回报率”指标来进行考核，而不是“利润”。

（4）可测量性

KPI指标都是具体的、可测量的，或可行为化的，否则就不能成为KPI指标。也就是说，那些含糊不清、不可测量，或者标准不能被精确描述的指标，都不是KPI指标。

（5）时间性

KPI指标都有时间限制，都必须在规定期限内完成。这表现在两个方面：一是在正式考核体系中，对部门、职工个人都有固定的考核周期；二是对某些工作，都需要在一定时间段内完成，或截至某一个时间点前完成。

（6）可达成性

所有的KPI指标都应该具有一定的挑战性，太容易达成也就没有关注和考核的必要了；但是，如果难度太大，则很容易使职工受到挫折，甚至破罐子破摔。

2. KPI指标的来源

不管采取何种工具和方法，提取KPI均应从以下几个方面加以考虑。

（1）单位各部门及相关责任单位

对于单位各部门及相关责任单位，它的KPI主要来源于：①单位战略目标的分解；②单位当期工作目标的分解；③部门当期工作任务和计划；④单位上个考核期内的工作完成情况与改善计划。

（2）职工个人

对于职工个人而言，KPI 指标主要来源于：①职工的《岗位说明书》；②单位、部门战略目标分解；③单位、部门当期工作目标分解；④职工当期工作任务和计划；⑤职工上个考核周期工作完成情况和改善计划。

3. KPI 指标的提取与指标体系的建立

KPI 指标体系的建立，就是将总体 KPI 指标按照组织结构和业务流程在纵向、横向上分解到各层次、各部门、各岗位，采用层层分解、互为支持的方法，依次确定各部门、各岗位的 KPI，并用定量或定性的方式描述下来。

其中，“鱼骨图分析法”是最为常用的 KPI 指标提取方法。以下以“成为全球领先的自动化研究机构”为目标的某研究机构为例，采用鱼骨图法进行战略目标分解，并最终分解到岗位 KPI。

（1）分解单位战略目标，建立组织级 KPI 体系

在单位战略目标清晰的前提下，寻找支撑单位成功的关键要素，确立组织级 KPI 维度。一般来说，组织级 KPI 的确立，主要包括以下三个关键环节。

①领导团队确定单位的总体发展目标，如在本案例中，该设计院的目标是“成为全球领先的自动化研究机构”。

②由单位（中）高层团队，通过研讨，将战略目标分解为关键支持子目标。

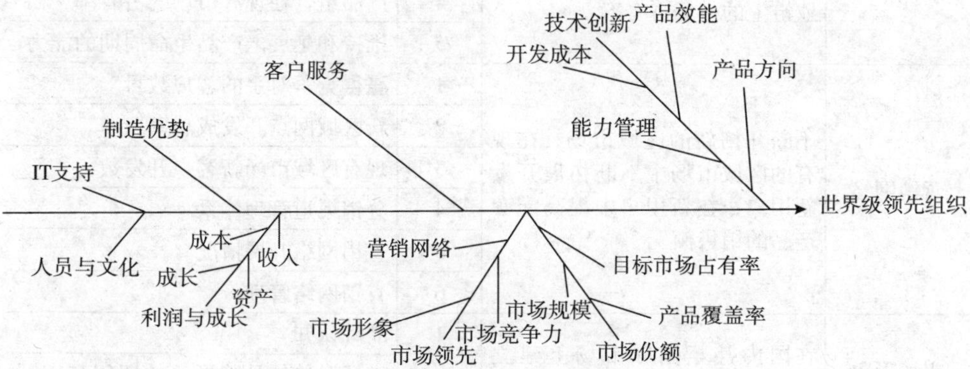

图 5.3　某科研机构战略目标鱼骨图分析

③根据本单位的业务流程，在部门与关键支持子目标之间建立联系。

表 5.3　　某科研机构组织级 KPI 体系

序号	单位级 KPI	单位级 KPI 的分解
1	人与文化	人员、工作氛围、文化
2	技术创新	产品多样性、市场响应速度、研究开发的有效性
3	制造优秀	供应商管理、物料管理、质量改善
4	顾客服务	服务质量、培训顾客、主要项目管理
5	市场领先	市场份额、营销网络、市场形象、市场竞争力
6	利润与增长	资产管理、收入管理、成本管理

（2）建立部门级 KPI 体系

根据组织级 KPI 体系，经由高层和中层（部门级干部）集体研究，可以将关键支持子体系进行分解，确定相关的要素目标，明确绩效驱动因素（技术、组织、人），从而分解出部门级的 KPI 体系以及评价指标。

如，根据组织级 KPI“市场领先战略”，可以分解为市场份额、营销网络、市场形象三个关键支持子体系，以及 13 项主要测量指标，经过梳理和整合，就形成了市场部的七个 KPI 考核指标，如表 5.4、表 5.5 所示。

表 5.4　　部门级 KPI 体系：市场领先

要　素	目　标	序号	主要测量指标
市场份额	在现有细分市场份额绝对领先的情况下，拓展产业链上其他关联产品，提升单位在整个产业链上的市场占有率	1	市场与产品份额的增长速度
		2	新产品的市场占有率
		3	产品组合在新市场的占有率
		4	产品组合在现有市场的占有率
		5	维持和延展老产品生命周期的能力
营销网络	不断开拓新的区域市场，在现有的区域市场中不断拓展开发新用户，在新用户中提高配套产品的销售额	1	赢得竞争对手的客户数目
		2	新区域网点开发成功率
		3	现有区域市场新客户开发数
		4	分销渠道管理体系
		5	直销网络开展情况
		6	直销网络管理
市场形象	在国内甚至国际市场上建立“让客户放心”的市场形象	1	品牌认知
		2	市场对单位品牌形象的期望与实际感受到的品牌形象之间的差异程度

表 5.5 市场部 KPI 体系

KPI	考核目的
市场营销策略的有效性	品牌定位，策划不同产品、不同客户群的市场销售策略
市场信息的及时性、准确性	区域市场、客户、新产品、竞争对手、经销网络分析
新产品开发	新产品的立项、开发进度、投产进度、销售收入
渠道管理	考察单位销售渠道的管理和控制能力
目标市场的认可度	考察客户对单位的认知度
营销费用控制	反映单位对营销费用的投入规模
营销费用占销售收入比例	反映单位对营销费用的投入比重

（3）建立岗位 KPI 体系

在部门 KPI 确定之后，部门主管即可根据部门各岗位的工作职责，将 KPI 分解到各个岗位。一般来说，各岗位的 KPI 有两种来源：一是部门 KPI 分解而来的 KPI 指标，二是根据《岗位说明书》中所确定的岗位职责而提炼的指标，有的学者称为 CPI（关键职能指标）。

三、平衡计分卡（BSC）

1. 什么是平衡计分卡

平衡计分卡方法，是由哈佛大学教授卡普兰（Robert Kaplan）与诺朗顿研究院（Nolan Norton Institute）的执行长诺顿（David Norton）于 20 世纪 90 年代提出的一种超越传统的财务量度的绩效评价模式。经过 20 多年的发展，平衡计分卡已经发展成为企业、政府及非营利性组织的战略管理工具，在组织的战略规划与执行管理方面发挥着重要的作用。

平衡计分卡是一种战略性人力资源管理思想和指导方法，平衡计分卡的倡导者认为，在制定单位发展战略目标时，不能只考虑财务指标，而应该考虑支撑财务指标实现的其他方面，包括客户、业务流程、学习与成长等，由此，基于平衡计分卡的考核体系也应从财务、客户、内部流程、学习和创新四个维度进行构建。

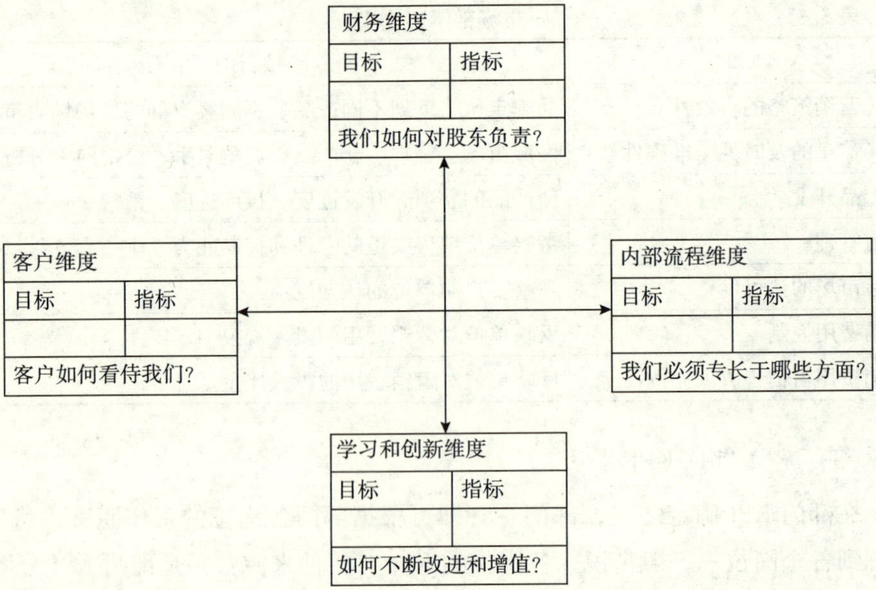

图 5.4　平衡计分卡示意图

（1）财务维度

财务维度重点解决的问题是：组织的财务运营表现如何？

平衡计分卡财务维度的绩效指标，衡量组织战略的最终实施和执行情况，看其是否正在为最终经营结果的改善作出贡献。常见的指标包括销售收入、毛利、净利润、资产负债率、流动比率、速动比率、应收账款周转率、存货周转率、投资收益率，等等。尽管组织的战略有所不同，但无论从长期或短期来看，组织的最终目标还是要实现财务结果，因此，对于财务指标的衡量，也是平衡计分卡的重点考核方向。

（2）客户维度

客户维度重点解决的问题是：我们如何获得客户，客户如何看待我们？

客户是组织的收入来源，只有追求客户的数量、质量以及客户的满意度，才能为组织创造利润，实现财务方面的目标。如何为客户提供产品和服务，从而满足客户需求，提高单位竞争力，已经成为组织持续发展的关键。平衡计分卡客户维度的绩效指标，重点衡量客户的满意度、新获取客户数、老客户忠诚度、客户结构，等等。

（3）内部流程维度

内部流程维度重点解决的问题是：我们如何通过运营流程的优化，建立专长和核心优势？

平衡计分卡的内部流程维度，衡量的是对客户满意、实现财务目标影响最大的那些内部流程，这一考核体系要求要把革新的过程引入到内部运营中来，要有能力创造全新的产品和服务，以满足现有和未来的目标客户。内部流程维度，从组织是否建立和拥有合适的组织、流程、管理机制等方面入手，基于突出优势和弥补不足的角度制定考核指标。

（4）学习和创新维度

学习和创新维度重点解决的问题是：我们能够在未来持续维持优势吗？

平衡计分卡认为，组织的学习和成长有三个主要来源：人才、系统和创新。组织要有效整合人才、系统和创新的力量，才能实现突破性绩效。其中，职工素质的提高、内部管理信息化、企业文化、创新体系的建设，都与组织的长远发展息息相关。

2. 建立平衡计分卡的步骤

平衡计分卡体系的建立，包括图（战略地图）、卡（平衡计分卡）、表（战略绩效考核表）三个内容，以下以一个简单的案例示意。

①建立单位的远景与战略。单位的远景与战略要清晰、明了，并对每一个部门均具有意义，使每一部门均可采用可衡量的业绩指标去支撑组织的远景与战略，如表5.6所示。

②成立平衡计分卡小组或委员会，通过多次的研讨会和活动，理解、诠释组织的远景和战略地图，并从财务、客户、内部运营、学习和成长等维度分解指标体系，支撑组织战略目标的实现。以“股东满意的投资回报”为例，平衡计分卡的建立如表5.7所示。

③将平衡计分卡转化为具体的、可衡量的绩效考核指标，形成针对不同部门、不同人员的战略绩效考核表。

表 5.6　　　　组织战略地图举例

使命	科技报效国家，产业服务社会
价值观	诚信、创新、高效、服务
愿景	成为中国一流的，多产业、产融结合发展的大型企业集团

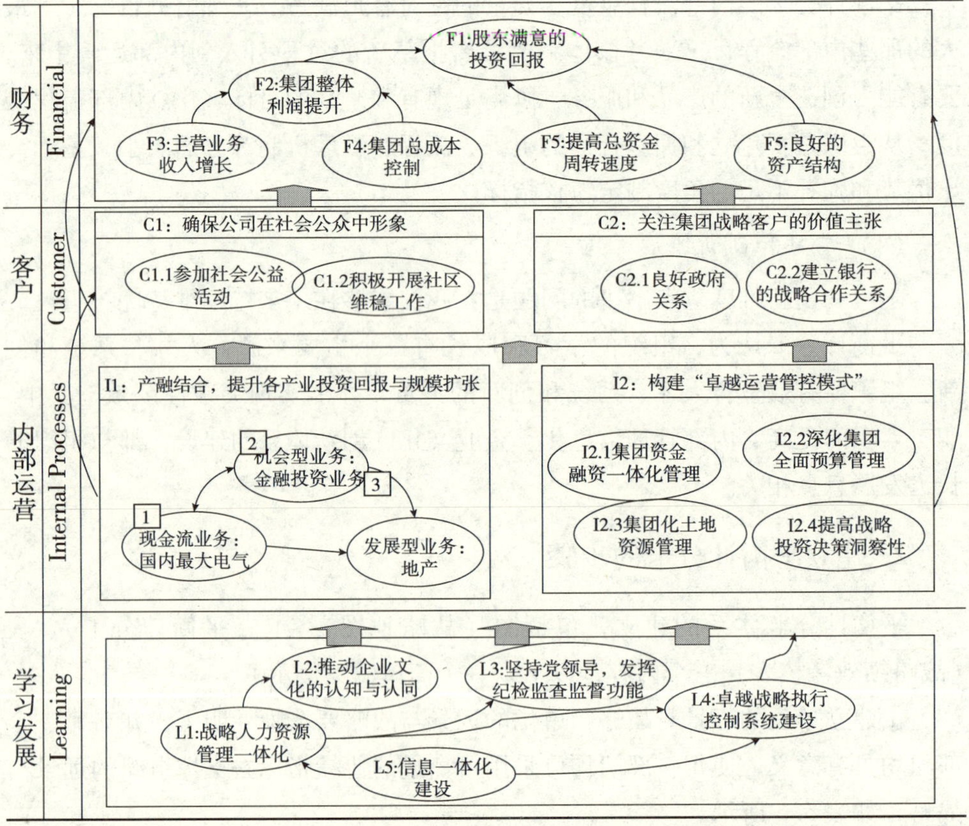

④确定每年、每季度、每月的战略绩效指标的衡量目标值，并与本单位的计划和预算实现有效衔接，注意各类指标间的因果联系、驱动关系与关联关系。

⑤修订组织的激励制度，将每年的报酬奖励与平衡计分卡考核结果挂钩。

⑥加强战略绩效沟通。利用不同的沟通渠道，如定期或不定期的刊物、信件、公告栏、标语、会议等，让各级干部、职工了解单位的远景、战略目标与业绩衡量指标。积极听取职工意见，不断修正平衡计分卡指标，实现组织的持续的绩效改进。

表 5.7　　　　　　　　　　**组织平衡计分卡举例**

<table>
<tr><th rowspan="2">维度</th><th rowspan="2">战略目标与主题</th><th rowspan="2">核心衡量指标</th><th colspan="3">目标值</th><th rowspan="2">战略行动计划表</th></tr>
<tr><th>Year1</th><th>Year2</th><th>Year3</th></tr>
<tr><td rowspan="6">财务维度</td><td>F1 股东满意的投资回报</td><td>净资产收益率</td><td></td><td></td><td></td><td></td></tr>
<tr><td>F2 集团整体利润提升</td><td>税前利润</td><td></td><td></td><td></td><td></td></tr>
<tr><td>F3 主营业务收入增长</td><td>销售收入</td><td></td><td></td><td></td><td></td></tr>
<tr><td>F4 集团总成本控制</td><td>成本费用总额</td><td></td><td></td><td></td><td></td></tr>
<tr><td>F5 加速流动资金周转</td><td>流动资金周转天数</td><td></td><td></td><td></td><td></td></tr>
<tr><td>F5 良好的资产结构</td><td>资产负责率</td><td></td><td></td><td></td><td></td></tr>
<tr><td rowspan="5">客户维度</td><td rowspan="2">C1 提升公司在社会公众中的品牌形象</td><td>不发生严重社会影响维稳事件</td><td></td><td></td><td></td><td></td></tr>
<tr><td>不发生重大药品安全事件</td><td></td><td></td><td></td><td></td></tr>
<tr><td>C2 确保战略供方的合作满意</td><td>战略供方合作满意度</td><td></td><td></td><td></td><td></td></tr>
<tr><td>C2.1 确保渠道与分销能力保障</td><td>分销网点建设计划评价得分</td><td></td><td></td><td></td><td>分销网点建设计划</td></tr>
<tr><td>C2.2 提供政府与药品数据支持</td><td>战略供应方满意度</td><td></td><td></td><td></td><td>战略客情联谊计划</td></tr>
<tr><td rowspan="5">内部管理维度</td><td>I1：一体化业务组合</td><td></td><td></td><td></td><td></td><td></td></tr>
<tr><td>I1.1 实施“分销一体化”：形成全国渠道规模化优势</td><td>分销一体化运营得分</td><td></td><td></td><td></td><td>分销一体化运营计划</td></tr>
<tr><td>I1.2“零售一体化”：整合、收购并复制“差异化高起点”赢利模式</td><td>零售一体化运营得分</td><td></td><td></td><td></td><td>零售一体化运营计划</td></tr>
<tr><td>I1.3“物流一体化”：确立分司医药物流品牌和地位</td><td>物流一体化运营得分</td><td></td><td></td><td></td><td>物流一体化运营计划</td></tr>
<tr><td>I1.4“工业一体化”：并购、合资药品工业生产资源，通过自主品牌提高赢利水平</td><td>工业一体化运营得分</td><td></td><td></td><td></td><td>工业一体化运营计划</td></tr>
</table>

表 5.8　　战略绩效考核表示例

<table>
<tr><td colspan="10">绩效合同（Balanced Scorecard）</td></tr>
<tr><td colspan="2">编号</td><td colspan="8"></td></tr>
<tr><td colspan="3">受约人信息</td><td colspan="7">发约人信息</td></tr>
<tr><td colspan="2">姓名</td><td>张 XX</td><td colspan="3">姓名</td><td colspan="4">李 XX</td></tr>
<tr><td colspan="2">编号</td><td>SH－001</td><td colspan="3">编号</td><td colspan="4">SH－D－001</td></tr>
<tr><td colspan="2">单位（部门）</td><td>总经办</td><td colspan="3">单位（部门）</td><td colspan="4">董事会</td></tr>
<tr><td colspan="2">岗位（职业）</td><td>总经理</td><td colspan="3">岗位（职业）</td><td colspan="4">董事长</td></tr>
<tr><td colspan="2">有效期</td><td colspan="8">2014 年 1 月 1 日至 2014 年 12 月 31 日</td></tr>
<tr><td rowspan="2">维度</td><td rowspan="2">战备目标与主题</td><td rowspan="2">核心衡量指标</td><td colspan="3">目标设定</td><td rowspan="2">权重</td><td rowspan="2">实际值</td><td rowspan="2">加权得分</td><td rowspan="2">备注</td></tr>
<tr><td>淘汰值</td><td>目标值</td><td>挑战值</td></tr>
<tr><td rowspan="4">财务维度</td><td>F1 股东满意投资回报</td><td>净资产收益率</td><td></td><td></td><td></td><td>10%</td><td></td><td></td><td></td></tr>
<tr><td>F2 获取更多利润</td><td>税前利润</td><td></td><td></td><td></td><td>10%</td><td></td><td></td><td></td></tr>
<tr><td>F3 销售收入增长</td><td>销售收入</td><td></td><td></td><td></td><td>10%</td><td></td><td></td><td></td></tr>
<tr><td>F5 加速流动资金周转</td><td>流动资金周转天数</td><td></td><td></td><td></td><td>10%</td><td></td><td></td><td></td></tr>
</table>

第四节　案例与实战

案例 1：M 大学成人教育学院绩效考核体系设计

1. 背景介绍

M 大学是一所以工科为主，工学、经济学、管理学、文学、农学、理学等多学科相结合的省属普通本科院校，现有在校本科生 14000 人，本科专业及方向 41 个。学校拥有教职工 2000 余人。

该校的成人教育学院成立于 2000 年，拥有教职工 26 人，成人高等学历教育有专升本、高升本和高起专等类型，电大学历教育有普通专科、开放专科等类型。学院办学形式灵活，有全日制、函授、夜大等，非学历教育方面，主要包括专业证书、岗位培训、各类考证和各级培训等。

当前，成教学院设院长1人，负责全面工作，3位副院长，1人负责管理教务科、教研室，1人负责管理招生办、培训中心，1人负责管理办公室。

①教务科负责函授、业务和脱产等成人高等学历教育的教务、学籍管理工作。

②培训中心负责各类短期培训和教材管理工作。

③招生办主要负责招生和学生管理工作。

④办公室负责行政工作和资料印刷、复印工作。

⑤教研室组织传达学习和贯彻中央、省、部有关部门、学校、院有关文件和精神，落实教学任务，组织并实施课程建设工作。

整个学院的组织架构，如图5.5所示。

当前，成教学院具有专科学历的管理人员6人，具有本科学历的管理人员9人，具有高中学历的管理人员3人。从管理人员的学历上看，人员的总体文化素质不高。

学院实行的是半独立核算的财务管理模式。每年需要向学院上缴300万元的收入，同时负责承担成教学院全体职工的工资、津贴、奖金及各种福利开支。

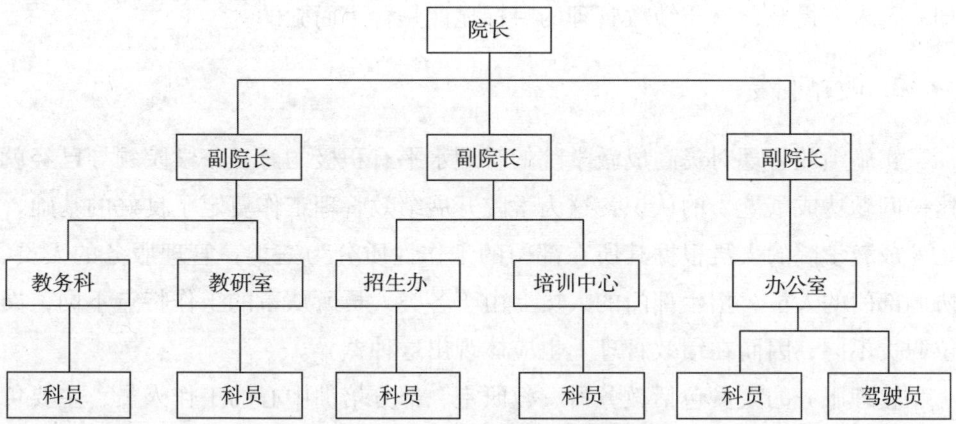

图5.5 M大学成人教育学院组织结构图

2. 当前成教学院存在的问题

成教学院一直延续着事业单位旧的人事管理模式，没有日常的绩效考核。每年年终，进行一次性集体述职，然后发放测评表格，由大家对每位职工进行评估，分为优秀、良好、合格、不合格四个等次，对于考核结果优秀的职工，发放500元经济奖励。

总体来看，绩效考核并没有起到对过往工作进行总结、审查的作用，人员晋升也不以绩效考核结果为准，考核基本流于形式。

具体来看，绩效考核执行方面的问题包括以下几个方面。

①重身份轻业绩。成教学院虽然自收自支，但在体制上与其他学院的绩效管理没有差异。人员的晋升更多的是依靠论资排辈，与绩效考核相关度不大。

②人情思想严重。考核人员都不愿意得罪人，不忍心或者不敢对被评价的人打较低的分数，导致大家的考核结果都比较好，难以进行有效的区分。

③暗箱操作。晋升不以绩效考核为准，而是以谁跟领导关系密切为准。

④绩效沟通方式简单。绩效考核在职工心中的印象是负面的，都不愿意自己的工作被别人评价，因此，在绩效沟通时，沟通双方心理压力都很大，都不愿意就真正的问题进行深入的沟通，对被考核人做得较差的方面，没有进行探讨，也没有制定改进方案，因此，虽然一年一年都在进行绩效考核，但是绩效却一直未能提升，这与绩效管理的目标显然是背道而驰的。

3. 改革目标

实施绩效管理对提高成教学院的管理水平有积极的意义，学院领导已经就这一问题达成了统一的认识，这为学院开展绩效管理工作奠定了良好的基础。

成教学院的人员根据其所在部门的工作性质分为三类：管理服务的人员、协调部门的人员、招生部门的人员。由于各类人员所从事的工作特点不同，岗位职责不同，因而在绩效管理上也应体现出这种差异。

管理服务的人员包括教务科、教研室、部分培训中心的工作人员，主要负责教学计划管理、教材建设、教学质量监控等工作。

协调部门的管理人员包括办公室工作人员。主要负责学院的行政事务管理、人财物的合理配置、学生管理与第二课堂开展。对管理人员的自身素质和综合协调能力要求比较高。

招生管理人员包括招生办及部分培训中心工作人员。前者负责学院的成人学历教育招生工作的计划、宣传和组织，在校学生学籍管理和毕业证书管理；后者负责学院的非学历培训工作、工程硕士的计划、宣传、招生与教学管理。招生部门是保障学院整体工作正常运转的支撑部门，对这些部门管理人员的考核应侧重于财务数据和创新能力。

从人员层级上来划分，成教学院的管理人员分为高层干部、中层干部和一般管理人员。高层干部包括院长和副院长，对他们主要是从管理规范和经济效益两方面进行考核。但是由于高层干部属于“校聘岗”，他们的“德、能、勤”由上级人事部门负责考核，因此本案例中对高层干部的绩效考核仅限于经济效益。

中层干部主要是各科室的管理人员，对这些人员的考核主要从业绩、能力、态度几个方面考核。

一般管理人员是最基层的科员，主要要求这类人员有吃苦耐劳、敬业奉献的精神，具有高效的办事能力、机敏的反应能力和动手能力，具有相应的科学文化知识。

4. 学院层面 BSC 指标体系构建

在学院层面，采用基于平衡计分卡的考核体系。

(1) 财务类指标

为了达到较好的收益，学院选取了两种方式：增加收入，在保证教育质量的前提下降低培训成本。通过战略研讨，学院确定的战略远景是：高效率、高质量地为社会生源提供前所未有的知识价值，力争成为本地区最好的成人高等教育培训机构。

收入增长战略，要求学院把培训项目推广到学历教育之外的其他领域，例如，提供出国留学与旅游业务的咨询，针对市场热点需求提供韩语、日语培训与考证咨询服务，为本地区和外地单位定向培养有一定理论水平的操作工人，开办成人高考补习班等。

在降低培训成本方面，成教学院的目标是把培养一名合格毕业生的平均成本费用降至行业内的最低水平。

通过对财务战略的进一步演绎，在考核指标方面，提炼了一系列财务方面的指标，包括学历教育培训收益、非学历教育培训收益、教育经费支出、人均科研经费，等等。

(2) 客户类指标

任何商业战略的核心诉求都是客户价值主张，因为客户才是赖以生存的基石。对于成教学院而言，客户价值主张确定了学校将如何在吸引、保留目标生源和深化与学员关系方面与竞争对手区别开来。

成教学院的客户价值主张是：结合本院的师资和科研特点，设置符合人力资源市场所需要的专业，保质、保量、按时完成与地方单位、部门签订的培训服务、科研课题，并在物价部门许可的范围内定价，通过一定的方式，进行客户分类，为不同的客户群体提供不同的服务，对于价格不敏感的客户，提供附加服务，如条件优越的学习生活设施，小班式的培训项目，等等。

在客户层面的考核指标包括目标生源群体的市场份额，往届学员满意度，在校生满意度，等等。

(3) 内部流程指标

从组织结构上看，成教学院是典型的职能式组织结构，职能式组织结构最大的缺点是各部门之间缺乏沟通。沟通不畅这种情况在成教学院也非常严重，比如教务人员对招生办、教研室的工作情况不了解，自然不能够为其工作提供协助。为了提升整个学院教职职工的工作效率，在流程改进方面，需要固化招生流程，以促进各部门通力配合，提升学院收入；需要建立教学设计、教学管理流程，对教学计划、教学组织、新专业申报、教材管理等流程进行全面优化，同时，通过优化流程，在提升学员满意度的前提下降低教学成本。

在内部流程层面的考核指标包括师资建设、学科建设、招生计划完成率、毕业生就业率、科研成果、科研基地数量、学院荣誉，等等。

(4) 学习与成长指标

教职工的素质和服务质量与学员满意度有着直接的联系，只有教职工能力的不断提高，才能不断改善内部流程，提升学员满意度。无论从学院的现实经营角度还是从长远发展角度，都应重视教职工的学习与素质提升。不断提高教学教务、招生就业、后勤服务各环节职工的业务水平与技能，提倡每个环节的卓越运营，加强宣传教育，在职工中培养积极向上的学员文化和整体观、大局观，同时，通过推进目标管理与平衡计分卡相结合的考核方法，促使教职工个人工作目标与学员整体目标保持一致。

在学习与成长层面的考核指标包括教师培训计划完成率、教师满意度、核心教师流失率、教学人才引进到位率、学院文化建设，等等。

5. 各层级考核体系设计及运行

从基于平衡计分卡的整体战略出发，学院针对不同层级人员，建立不同的考核关系与考核体系。

①高层干部：这类人员属于校聘岗和系聘岗，直接由院人事处考核，在人事处考核的基础上，与学院平衡计分卡考核的成绩相乘，得到本人的考核成绩。

②中层干部：以平衡计分卡方法为主，占 70%，兼顾“德、能、勤”方面的传统考核指标。

③一般管理人员：平衡计分卡方法与从传统的“德、能、勤、绩”法各占 50% 权重。

以教研室主任为例，其 BSC 考核指标体系，如表 5.9 所示。

表 5.9 教研室主任考核指标体系

BSC 维度	考核内容	评分要点	评分标准	权重
客户层面	教学质量	1. 学生毕业率达____%以上，学位获得率达到____%以上 2. 考研录取率达____%以上 3. 毕业生一次就业率达____%以上	1. 完全做到得____分 2. 基本做到得____分 3. 很少做到得____分	20%
	学员满意度	1. 达到____%以上	1. 完全做到得____分 2. 基本做到得____分 3. 很少做到得____分	10%
运营层面	专业建设	1. 学校专业数量达____个以上 2. 通过评估新专业数量不少于____个 3. 学校特色专业数量不少于____个	1. 完全做到得____分 2. 基本做到得____分 3. 很少做到得____分	10%

续表

运营层面	课程建设	1. 精品课程数量达____门以上 2. 双语教学课程数量不少于____门	与目标值差____门，扣____分；扣完为止	10%
	实验室建设	1. 省级以上重点实验室不少于____个 2. 仪器设备原值不少于____万元	1. 完全实现，得____分 2. 未完全实现，得____分	5%
	教学管理制度	教学管理体系完善，制度健全	每出现1项教学工作无制度可依，扣____分；扣完为止	5%
学习与成长层面	职工队伍建设	1. 学科带头人占教师的____% 2. 正高级及以上职称的教师占教师总人数的____%	1. 完全做到得____分 2. 基本做到得____分 3. 很少做到得____分	10%
德能勤综合考评	群众360度考评			30%

对于德能勤综合考评，本体系采取360度考评方式，其中，由于直接主管对下属职工的工作最为了解，因此直接主管的评分占60%；由于同事之间接触较长，为了更好地促成工作配合，同事评分占30%，为了提升职工对考核的参与度，设计了10%的自我评分权重。

表5.10　　德能勤考核中不同主体评分权重分配表

考核主体	权重
直接领导	60%
同事评分	30%
自我评分	10%

本考核结果除了用于薪资之外，还将应用于人员的评聘：考核结果90分以上者，可以低职高聘；考核结果为80～90分者，实行平聘；低于80分者，则低聘；60分以下者进行缓聘。高聘人员可按照原职务系列进一档确定工资，职务上原则不高聘；低聘人员则按其原职务系列退一档确定工资，且职务上要降级聘用。

6. 实施效果

实施本考核体系之后，成教学院的管理面貌发生了较为突出的变化，经过了两年的调整恶化发展，成教学院的教职工队伍的素质有了很大的改观，在学历教育和非学历教育方面都取得了较大的进步，成为 M 大学教育改革中最突出的亮点。

案例 2：N 医院绩效管理改革

1. 背景介绍

N 医院成立于 1990 年，是以治疗心肺血管疾病为重点的大型综合性三甲医院。医院占地面积 5 万平方米，医疗用房 9 万平方米。现有职工近 1000 人，其中高级专业技术人员 100 余人。临床、医技科室 15 个，床位 500 余张。具有现代化设施的心肺血管外科大楼，具有百万级净化层流手术室 20 间，术后监护病床 30 张，新建门诊综合楼 2. 8 万平方米，可为患者提供良好的医疗服务。其中，心脏外科、心脏内科、血管科、胸外科、呼吸内科是医院的重点特色科室。

N 医院的组织结构如图 5. 6 所示。

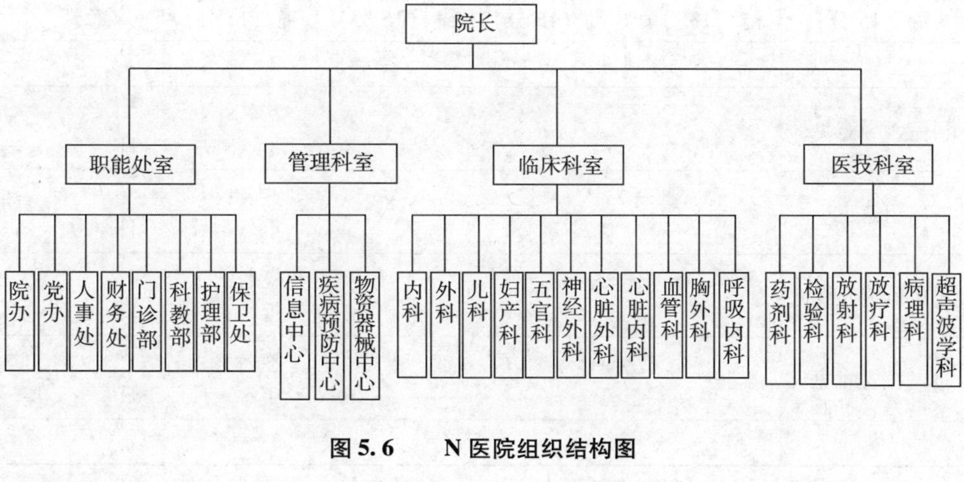

图 5. 6　N 医院组织结构图

2. 当前绩效管理中存在的问题

与现代化的硬件条件和专业水平相比，N 医院的绩效管理手段相当落后，仍在沿用与传统事业单位类似的年度考核制度，医院不论什么专业、什么层次的人员，都使用统一的考核标准，所考核的德、能、勤、绩等内容也很笼统，如科室主任负责整个科室的管理工作，职工只要按时上下班，不出现差错事故，两者都是“合格”。因为缺乏科学的评价指标，只能是凭主观印象打分，职工的工作量无法充分体现，对待资格老的职工和新毕业的学生，宽严尺度明显不一，考核流于形式，评价结果难以反映不同岗位人员的业绩贡献。因此，考核结果与职工的实际收入也很难挂钩，多数人员的绩效评价对个人的薪资、奖金、职称评定、评先树优、提拔晋升等并没有影响。

表 5.11　　N 医院（2012 年）年度绩效考核表

<table>
<tr><td>姓名</td><td colspan="2"></td><td>性别</td><td></td><td>出生年月</td><td></td></tr>
<tr><td>科室</td><td colspan="3"></td><td>行政职务</td><td colspan="2"></td></tr>
<tr><td>专业技术资格
及取得的时间</td><td colspan="3"></td><td>专业技术职务
及聘任时间</td><td colspan="2"></td></tr>
<tr><td colspan="7">个人工作思想总结</td></tr>
<tr><td colspan="7"></td></tr>
<tr><td colspan="7">考核赋分情况</td></tr>
<tr><td>德（15 分）</td><td>能（15 分）</td><td>勤（15 分）</td><td>绩（15 分）</td><td>廉（15 分）</td><td colspan="2">总计</td></tr>
<tr><td></td><td></td><td></td><td></td><td></td><td colspan="2"></td></tr>
<tr><td>科室领导意见</td><td colspan="6">签名：
年　　月　　日</td></tr>
<tr><td>考核组意见</td><td colspan="6">签名：
年　　月　　日</td></tr>
<tr><td>单位负责人意见</td><td colspan="6">签名：
年　　月　　日</td></tr>
<tr><td>被考核人意见</td><td colspan="6">签名：
年　　月　　日</td></tr>
<tr><td>备注</td><td colspan="6"></td></tr>
</table>

表 5.12　　N 医院（2012 年）年度绩效考核评分标准

考核要素	满分	评分标准 A. 好	B. 一般	C. 一般偏下	D. 差
德	15	13 ~ 15 分：正确贯彻执行党和国家的路线、方针和政策，模范遵守国家法律和医院规章制度，职业道德高尚，团结协作好	10 ~ 12 分：认真贯彻执行党和国家的路线、方针和政策，遵守国家法律、医院规章制度和职业道德，团结协作较好	7 ~ 9 分：贯彻执行党和国家的路线、方针和政策，遵守国家法律、医院规章制度，基本没有违反职业道德的行为，尚能团结协作	0 ~ 6 分：政治素质较低，有违纪及违反职业道德的行为，团队协作能力较差
能	15	13 ~ 15 分：精通本职业务，完全胜任本职工作，有丰富的工作经验，创新能力强，是业务骨干	10 ~ 12 分：熟悉本职业务，胜任本职工作，有较丰富的工作经验，有一定的创新能力	7 ~ 9 分：基本掌握本职业务，尚能胜任本职工作，工作经验较少，创新能力较差	0 ~ 6 分：不熟悉本职业务，缺乏工作经验，因循守旧，难以胜任本职工作
勤	15	13 ~ 15 分：有强烈的事业心和责任感，工作积极主动。任劳任怨，勤奋敬业，模范遵守劳动纪律	10 ~ 12 分：有事业心和责任感。工作较积极主动，安心本职工作，遵守劳动纪律	7 ~ 9 分：有一定的事业心和责任感，工作主动性稍差些。基本没有违反劳动纪律的现象	0 ~ 6 分：事业心差，工作马虎，敷衍应付，主动性差，有违反劳动纪律的现象
绩	40	33 ~ 40 分：认真履行岗位职责，工作数量饱和，质量高，条理性好，效率高，超额、圆满完成工作任务，成绩突出，贡献较大	25 ~ 32 分：能履行岗位职责，工作数量相当于平均水平，质量符合要求，有条理，工作效率较高，完成工作任务	17 ~ 24 分：尚能履行岗位职责，工作数量稍低于平均水平，质量基本符合要求，条理性稍差，工作效率不高，基本完成工作任务	0 ~16 分：不能履行岗位职责，工作数量少，质量差，缺乏条理性，效率低，经常完不成工作任务
廉	15	13 ~ 15 分：作风正派，清正廉洁，不利用职权谋私、无收受病人钱物、吃请等行为	10 ~ 12 分：作风较正派，不利用职权谋私，无收受病人钱物、吃请等行为	7 ~ 9 分：基本上无以职权谋私；收受病人钱物、吃请等行为	0 ~ 6 分：对自己要求不严格，有利用职权谋私、收受病人钱物、吃请等行为
说明	优秀人数按照上级规定比例，根据考核分数，按级别分别确定；65 分以上（含 65 分）为合格；65 分以下 60 分以上（含 60 分）为基本合格；60 分以下为不合格，对基本合格人员给予 3 ~6 个月的告诫期，告诫期满有明显改进的定为合格，仍表现不好的则定为不合格				

3. 绩效考核指标体系设计

制定合理的绩效考核指标，是绩效管理变革成功的关键，本次N医院的绩效指标优化设计，主要从医院战略目标、各岗位《岗位说明书》两个方面提取。

①源于医院战略或者部门目标。医院战略目标是各部门、科室努力的方向，因此，建立服务于战略的绩效考核指标体系，是战略目标实现的重要保障。医院通过审视自身的战略目标，可以制定出本年度的具体的发展计划和业务工作重点，形成医院级的关键绩效指标；然后再将上述指标分解成为科室级关键绩效指标。科室负责人再围绕本科室的业务重点，并根据下属职务应负责的工作，将科室目标层层分解到具体责任人。

②源于本工作岗位的《岗位说明书》。《岗位说明书》是设计个人绩效指标的基础，个人绩效指标来源于《岗位说明书》，任何绩效指标最终都要落脚在《岗位说明书》上，并帮助管理人员重新定位该职工的岗位工作。

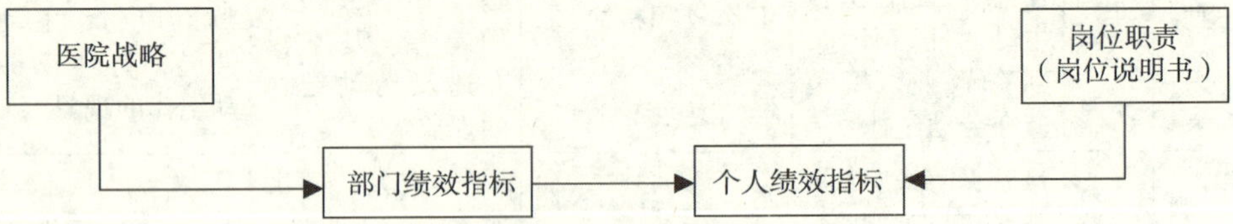

图5.7 绩效指标来源示意图

N医院的发展战略是：以建设综合型医院为基本定位，加强学术学科建设和经营管理水平，努力拓展神经外科、心外科两大市场。

根据医院的整体战略，采用“鱼骨图”分析法，对战略指标进行分解。根据医院级KPI，采用层层分解、互为支持的方法，可逐步将KPI分解到各科室，再由科室分解到各岗位，从而确定各科室、各岗位的初步业绩指标，这样就能保证医院内各科室职工的行为始终受整体目标的牵引，避免“战略稀释”。

根据KPI指标及岗位职责，可形成各岗位的绩效考核指标。由于岗位众多，选取该医院院长的考核指标表作为范例。

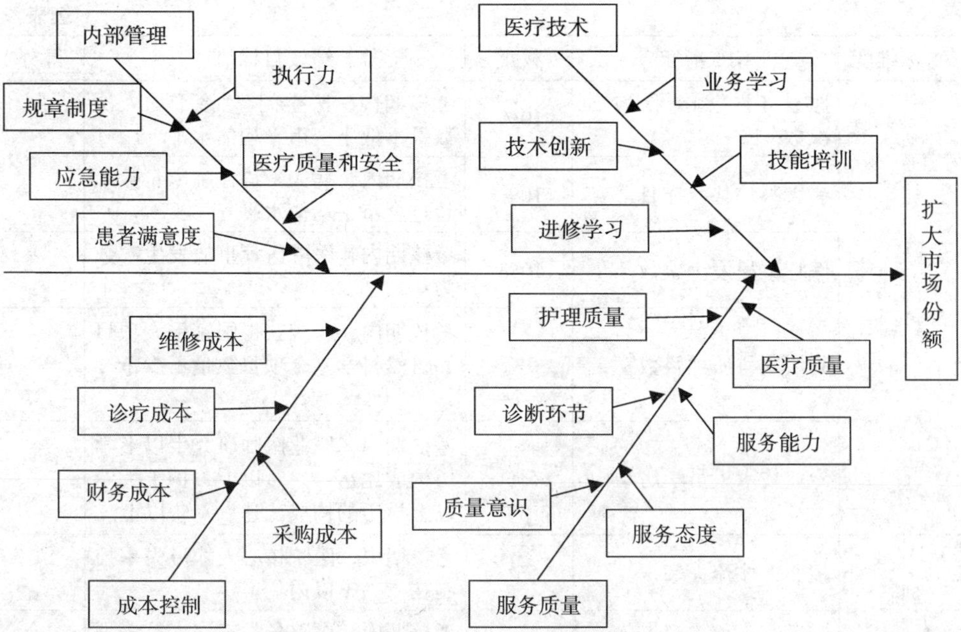

图 5.8　N 医院战略目标“鱼骨图”分解

表 5.13　N 医院院长 2012 年度考核指标

指标维度	KPI 指标	权重	绩效目标值	得分
财务类	医院业务收入增长额	10%	考核期内，医院业务收入增长数额不低于____万元	
	资产负债率	10%	考核期内，医院资产负债率控制在____%以内	
	管理费用占比	5%	考核期内，医院管理费用占总费用的比例控制在____%以内	
顾客类	病人满意度评分	10%	考核期内，病人对医院满意度评分的算术平均数不低于____分	
	门/急诊次均费用	10%	考核期内，医院门/急诊次均费用不超过全市次均值	
	药占比	5%	考核期内，医院药占比控制在全市均值水平以下	

续表

指标维度	KPI 指标	权重	绩效目标值	得分
内部管理类	医生门/急诊平均人次数	10%	考核期内，医生门/急诊平均人次数量不低于全市平均值水平	
	病人平均住院床日	10%	考核期内，病人平均住院床日数不超过全市平均值水平	
	医疗事故发生次数	10%	考核期内，医院医疗事故发生次数为0	
	高层次科研项目数	5%	考核期内，医院获得国家重大项目和自然科学基金项目数量不少于____个	
	专业技术人员学历结构	5%	考核期内，职业医师研究生以上学历构成比达____%以上，护士大专以上学历的构成比达____%以上	
创新发展类	核心人才流失率	5%	考核期内，医院核心人才流失率控制在____%以内	
	培训计划完成率	5%	考核期内，医院各类工作人员培训计划完成率不低于____%	
考核得分合计				

4. 绩效管理机制设计

（1）绩效计划

计划类型：N医院的绩效考核采取年度和季度考核的形式，因此，绩效计划也分为年度计划和季度计划。

年度计划：每年年末，各科室根据医院的战略目标，分解、制定本科室下年度的工作计划及工作目标，报上级批准后执行；科室职工根据科室已确认的下年度工作计划及工作目标，制定本人下年度工作计划与工作目标，报上级批准后执行。

季度计划：每季度末，各科室根据上级批准的本科室年度绩效目标，分解制定本科室下季度工作目标，报上级批准后执行；各科室职工根据上级确定的的季度工作计划、季度工作目标及科室的年度工作计划、年度工作目标，制定本人下季度工作计划及工作目标，报上级批准后执行。

（2）绩效辅导

直接上级观察和记录下属在计划执行过程中的重要业绩表现（长处与不足），就绩效问题与下属保持持续的沟通，并定期与下属一起就计划执行情况进行正式回顾，帮助下属分析、解决计划执行中已经存在或潜在的问题。

对重要绩效问题的观察与指导，形成书面的《观察/指导工作记录》，以便作为季度考核依据，记录内容包含重点指导事项、指导意见与建议、资源支持承诺和职工反馈等。

（3）绩效考核与沟通

绩效考核采取述职的形式，通过述职通报考核期内工作目标完成情况、分享经验和知识，进行绩效的持续改进。

《述职报告》基本内容为：对上季度（或年度）的工作计划进行总结、主要业绩行为分析（成功事项分析、提炼经验）、主要问题分析（失败事例分析）、面临的挑战与机会（SWOT 分析、竞争对手分析、市场状况）、绩效改进要点与措施、能力提升要点及方法、要求得到的支持与帮助、目标调整及新目标的确定。

在职工进行述职的同时，各指标的相关人员根据数据对职工进行评价，最终形成每个职工考核期内的绩效考核得分。

职工的绩效得分汇总后，直接领导在述职会后的恰当时间内就职工的绩效完成情况、绩效评价得分进行沟通，双方面谈结束后，得出最终双方认可的绩效考核得分。在绩效面谈阶段，将该阶段未完成的绩效目标纳入下一个考核周期。

（4）绩效结果的应用

根据绩效考核结果，对于绩效考核优异的人员，在下年度上调工资等级，对于考核不合格的人员，下年度下调工资等级；对于连续多次考核结果均为不合格者，予以待岗处理或辞退。

5. 实施效果

实施绩效管理体系优化之后，N 医院的全体干部、职工都建立了与自己的岗位工作相适应的绩效指标体系，且指标体系层层支撑、有效分解了医院的战略和年度、季度目标；同时，绩效管理流程的运行更加规范，对于推进 N 医院体管理水平的提升有巨大的影响。

案例3：某市森林动物园绩效考核体系构建

1. 案例背景及问题分析

某市森林动物园是市旅游园林局下属的自收自支的事业单位，经过多年的发展，动物园在人力资源管理方面已经形成了相对规范的体系，但在绩效考核方面，一直是动物园的难题，问题包括以下几个方面。

(1) 考核缺乏系统性

动物园目前的绩效管理方式中，部门绩效只包含绩效计划和绩效考核，缺少对绩效实施过程管理和绩效结果的反馈。职工绩效管理只包括绩效考核，缺少绩效计划的制定、绩效实施的管理和绩效结果的反馈。同时，缺乏统一的绩效管理思想，没有形成一套正式的绩效管理制度，也没有建立起真正意义上的绩效管理体系。

(2) 考核指标针对性不强

考核指标是绩效考核的基础，目前动物园对部分部门考核的指标设计繁多，如园林管理部门，考核中共有3个一级指标，25个二级指标，按各项指标权重总和为100分计算，每项指标的权重仅为4%，指标过多过细，模糊了工作重点。

对职工考核的指标设计空泛，没有根据动物园的战略规划、工作流程、行业特性、发展阶段、组织特性、职工特性等进行分析，导致考核指标流于形式，不具有针对性。

(3) 考核结果沟通不充分

考核前，主管人员未与职工沟通，共同确认工作目标和应达到的绩效标准，职工不知道哪些方面需要做好、做到什么程度。考核结束之后，主管人员未与职工进行绩效面谈和反馈，共同制定工作改进的方案，以至于考核之后职工虽然被扣了分，但并不知道自己做对了还是做错了，在哪里做错了，应当如何改进。

（4）考核结果应用不甚合理

绩效管理作为人力资源管理体系中的关键环节，绝不仅仅是奖金分配的手段，还应作为职工职务升降、岗位调动、教育培训等多方面的参考依据。绩效结果应用于奖金分配仅仅是绩效管理的一个方面，并不是全部，当前，动物园的绩效考核结果仅作为奖金分配的手段，而没有得到全面的应用。

2. 解决思路及方案

为全面提升动物园的绩效管理水平，领导班子决定从基础抓起，从工作分析入手，通过七个步骤工作的系统开展，使得绩效管理工作得以扎实推进，全面提升。

（1）工作分析

首先，针对动物园的全部岗位开展工作分析，从 6W1H（即做什么（what）、为什么（why）、用谁（who）、何时（when）、在哪（where）、为谁（for who）及如何做（how））入手，收集岗位工作信息，对收集到的信息进行统计、归类、分析、研究，获得有效的岗位分析结果，并据此完成全部岗位《岗位说明书》的优化和完善。

（2）选择绩效考核的主体

结合动物园原有的考核体系，明确三个层级的考核主体，即考核委员会、考核小组、考核者和被考核者。其中，考核委员会负责整体考核方案的设计，以及处理有关于考核的投诉。考核小组负责对部门负责人进行考核，考核人负责对直接下属进行考核。对于考核结果的不满，可以隔级申诉。

（3）确定绩效考核周期

考核周期长短一般根据单位的特点、评价对象以及评价目的来确定。根据绩效考核周期的设计原则，在动物园原有考核周期的基础上，确定考核周期为：部门考核周期为半年度、年度，中层管理者考核周期为季度、半年度，职工考核周期为月度。

（4）设计考核指标

考核指标设计时主要有 6 个步骤：明确对象、岗位分析、指标体系设计、指标初步提炼、指标筛选确定、指标调整。根据第一阶段工作分析所形成的

《岗位说明书》，针对岗位工作职责，对岗位考核指标进行初步提炼。指标初步提取后，与相关部门或岗位职工进行访谈沟通，筛选、确定指标。

(5) 细化考核标准

为了对绩效考核指标有一个客观的评价标准，需要对指标的得分标准进行定义，明确各个指标的赋分标准、等级划分和标准描述。

对于“工作任务完成情况”类的指标，可根据考核标准判断工作任务完成情况进行得分；对于职责、管理绩效中没有具体数据可衡量、属于定性类的指标，考核标准划分为五个等级，按照工作的具体实施情况进行定性描述，赋以不同分值；对于态度类指标，主要通过日常表现，采用关键事件法进行评分。

通过细化考核标准，确保向考核者、考核对象提供明确的工作绩效目标，建立客观、明确的管理标准，改变传统考核定性成分过大，评价模糊，易受主观因素影响的问题。

(6) 确定指标权重

在考核主体、考核周期、考核指标都确立的基础上，遵循系统化、民主化与集中化相结合的原则，由考核人首先提出权重设置的参考意见，然后与职工进行充分的交流，双方协商确定权重标准。

(7) 绩效考核制度的建立

通过优化《绩效考核管理制度》，规范动物园的绩效考核工作。绩效管理是一系列操作方法和规范化的集合，是一套完整的管理工具和手段，是一个动态的控制系统，只有通过一系列的规定的活动，才能发现和解决影响绩效的问题，建立高绩效标准，不断提高组织的绩效水平。

3. 实施效果

本次绩效体系优化工作，首先运用工作分析原理对职工的工作进行了系统的了解和描述，为绩效考核指标的设计奠定了坚实的基础，使得各岗位的考核方案更具有针对性。同时，对于绩效考核体系的流程和标准进行了规范，明确了绩效计划、绩效实施、绩效考核、绩效反馈的闭环操作系统。员工普遍反映，改革后的绩效考核方案，能够准确地评估他们的工作和成绩，也有助于工作能力的提升，能够达到客观、公平、公正的目的，具有较好的激励作用。

第六章 事业单位薪酬管理改革技术与实战

第一节　薪酬管理概述

一、薪酬管理的定义

从本质上说，薪酬是职工因向其所在单位提供劳动或劳务而获得的各种形式的酬劳，体现的是一种公平的交易或交换关系，既是职工向雇主或组织让渡其劳动或劳务使用权后获得的报酬，也是雇主或组织为获取职工的劳动或劳务而付出的回报或报酬，体现的是劳动力的价格水平，表现的是雇佣者与被雇佣者的平等交换关系：一方面，雇佣者向被雇佣者支付货币、实物、工作环境和其他服务；另一方面，被雇佣者向雇佣者提供劳动时间、脑力、体力劳动，创造价值。对于薪酬的概念，存在三个层次的理解：狭义的薪酬，一般的薪酬，广义的或者说全面的薪酬。

1. 对于薪酬的狭义理解

从狭义上理解，薪酬是指组织对职工所做贡献（包括职工的态度、时间、学识、技能、行为和业绩等）而付出的回报，包括直接薪酬（含基本工资、加班及假日津贴、绩效奖金、利润分享、股票期权等）和间接薪酬与福利（含保健计划、非工作时间薪酬、服务津贴及额外津贴等）。

2. 对于薪酬的一般理解

薪酬是职工外在回报的综合表现，不仅包括各项货币性和实物性回报，还包括外在的非财务性回报，如宿舍、偏爱的办公室装潢、宽裕的午餐时间、免费工作餐、特定的停车位、喜欢的工作，等等。这部分回报仍然是基于职工对组织所做出的贡献，对职工是有激励效果的，满足的是职工的第四层次，即他人对自己认可的需要，如名誉、地位、尊严，等等。

3. 对于薪酬的广义理解

薪酬是组织给予职工的内在和外在回报的总和，其中，内在回报是指职工心理上感受到的回报，主要体现为社会、心理方面的回报，包括参与决策的权利、较大的工作自主权、较大的责任、较有兴趣的工作、个人成长机会、工作的多元化，等等。由此可以看出，内在回报主要是与工作本身相关的，是对职工个人成长的激励，主要满足的是职工自我实现的需要，有利于发挥职工潜能，实现自我价值。内部回报看不见，也摸不着，不是简单的物质付出，但对于组织来说，如果运用得当，会对职工产生较大的激励作用。然而，在管理实践中，内部回报方式经常会被管理者所忽视。管理者应当认识到内部回报的重要性并合理利用。

尽管内在回报和外在回报有所区别，但两者是紧密相关的。一般来说，提供外在回报的同时也向被雇佣者提供了内在回报。例如，职工薪水增加了，这不仅仅是货币收入的增加，同时也意味着组织对职工工作的肯定与鼓励，从而使职工在内心产生成就感，促进其个人成长。

所谓薪酬管理，是指组织根据成员所提供的服务来决定他们应得的报酬金额、报酬结构和报酬形式的过程。在这个过程中，组织必须对薪酬水平、薪酬体系、薪酬结构、薪酬形式等做出决策，同时，作为一种持续的过程，组织要不断地优化薪酬计划、拟定薪酬预算、就薪酬问题与成员进行沟通、对薪酬系统本身的有效性做出评价，并在此基础上不断予以完善。

二、对于薪酬管理水平的评价标准

薪酬管理作为一项系统性工作，对其水平的评价，体现在以下五个方面。

1. 薪酬水平是否具有竞争力

任何一个组织的人工成本都不可能一味地提高，具有竞争力不意味着绝对最高，而是合理条件下的相对较高。过高的人工成本会挤占组织的利润空间，从而对组织的竞争力造成影响；而过低的人工成本，则会引起员工的流失以及招聘的困难。因此，薪酬水平的确定必须以市场为依据，首先看劳动力市场的供需情况，其次看竞争对手的薪酬策略，第三要结合公司的效益水平与支付能力，综合以上因素，确定薪酬的市场水平。

2. 薪酬体系是否以岗位价值为基础

在岗位分工合理、权责明确的前提下，岗位的相对价值应该作为付薪的基本依据。这种薪酬设计的理念，一方面体现在相同行政级别的岗位其薪酬水平可能不同，例如，同为部门经理，可能生产经营部经理的岗位薪酬要比行政后勤部经理高很多；另一方面体现在薪酬等级的差距上，岗位价值越高，承担的责任与任职要求呈现指数增长，因此，薪等级距也不是等幅结构，而是指数曲线型，在较低的级别区域内，岗位之间的薪酬差距是平缓的，差别不大，进入高级岗位区域后，则呈加速上升趋势，差距逐渐拉大，这种设计，表明了组织对于高级人才的贡献与能力的肯定。

3. 薪酬体系是否考虑个人绩效的影响

过去的事业单位薪资体系下，职工在单位的时间越长，工龄越长，薪酬也会相应增长和提升，关于绩效的完成情况，并不要求纳入薪酬体系进行考虑，这就导致事业单位在薪酬分配方面的“大锅饭”现象，干与不干一样，干多干少一样。科学的薪酬体系，应当以职工的绩效完成情况作为薪酬发放的依据，根据职工的绩效赋薪，使职工的物质利益和自我价值在薪酬中得到体现，从而激发职工的创新精神与工作动力。

4. 薪酬体系的设计过程，是否有职工的深度参与

对于事业单位来说，薪酬的决策方式与决策结果同等重要，因此，在薪酬决策和薪酬方案的设计过程中，应把职工视为管理的主体，充分听取和采纳职工的意见和建议，提高薪酬体系设计的透明度。职工参与薪酬管理，不仅是薪酬管理程序的改变，更重要的是体现了民主管理的要求，不仅有助于集思广益，提高决策的正确性，更重要的是使职工了解薪酬方案的设计依据、过程及

其合理性，从而以积极、理解的态度去接受和响应。

5. 薪酬体系的构成是否体现立体化、多元化的指导思想

薪酬体系的立体化、多元化体现在以下方面：其一，工资、奖金等传统的劳动性收入与红利、股份、期权等资本性收入并存，体现人力资本价值与劳动要素剩余索取权的有机结合。其二，现金收益、非现金物质收益与职工心理满意度、个人发展机会等精神收益并存，实现了物质激励和精神激励的统一。多元化的薪酬构成不仅能够满足职工的各种需求，更有助于调动职工的积极性，使企业获得更为多样的激励，尤其是股期权等新型激励形式，使薪酬制度逐步具有激励长期化的特征。

三、薪酬管理的原则

综合来看，组织的薪酬管理应当满足以下九大原则。

1. 战略性原则

组织设计薪酬时必须从战略的角度出发，制定的薪酬政策和制度必须体现组织发展的要求，合理的薪酬制度有利于驱动和鞭策那些有利于组织发展战略的因素的成长和提高。因此，组织设计薪酬时，必须从战略的角度分析哪些因素最为重要，并通过一定的价值标准，给予这些因素必要的权重。例如，有些组织在其薪酬文件中提出，为吸纳对企业发展起举足轻重作用的人才，特设薪酬水平无上限的“薪酬特区”；有些企业明确将“新产品开发”定位为对企业发展举足轻重的战略部门，并为这些部门的核心职工制订了相对较高甚至是超乎寻常的薪酬。

2. 经济性原则

经济性原则强调组织设计薪酬时必须充分考虑组织自身的发展特点和支付能力，它包括两个方面的含义：短期来看，组织的销售收入扣除各项非人工（人力资源）费用和成本后，要能够支付得起组织所有职工的薪酬；从长期来看，组织在支付所有职工的薪酬及补偿所用非人工费用和成本后，要有盈余，

如此，才能支撑组织追加和扩大投资，实现可持续发展。

3. 协调平衡原则

现代人力资源管理必须解决组织的三大基本矛盾，即人力资源管理与组织发展之间的矛盾，组织发展与职工发展之间的矛盾，以及职工创造与价值回报之间的矛盾。组织在设计薪酬时必须要很好地协调、平衡以上矛盾，要使职工的发展与组织的发展充分协调，保持职工创造与职工待遇（价值创造与价值分配）之间的有机平衡。

4. 内部公平原则

内部公平原则包含横向和纵向两个方面：一是横向公平，即组织所有职工之间的薪酬标准、尺度应该是一致的；二是纵向公平，即组织设计薪酬时必须考虑历史的延续性，职工的工作投入产出比与过去应保持一致，并应有所增加。

5. 外部竞争力原则

外部竞争力原则前文已经提到，它强调组织在设计薪酬时必须考虑与同业劳动力市场薪酬水平的比较，以及与竞争对手薪酬水平的比较，以保证组织的薪酬水平在市场上具有一定的竞争力，能吸引和留住组织发展所需的关键性人才。

6. 激励性原则

激励性原则，强调薪酬设计应以增强激励性为导向，通过动态工资和奖金等激励性工资单元的设计，激发职工的工作积极性。同时，应设计和开放不同的薪酬通道，使不同岗位的职工拥有同等的晋级机会。

7. 合法性原则

薪酬及福利体系的设计和执行，必须符合国家的相关政策、法律和法规，如有关最低工资标准、社会保险等方面的相关规定，是企业在薪酬体系设计中必须考虑的。

8. 人性化原则

在薪酬体系整体规范、统一的前提下，应考虑奖金、非货币奖励、福利等元素的人性化设计，充分考虑职工的多元化需要，尽量避免一刀切，尽量体现“以人为本”的特点。

9. 动态性原则

组织的整体薪酬结构及薪酬水平，要根据宏观经济因素、组织效益、薪资市场行情等多方面的因素，适时进行调整，以动态地适应组织发展的需要。

四、薪酬体系设计的核心内容

薪酬管理作为人力资源管理的核心工作内容，对其他工作起到重要的牵引作用，运用得当，事半功倍，运用不当，将引发众多的问题，因此，在进行薪酬体系设计时，必须要严谨细致，具体来看，薪酬体系设计的核心内容包括四个方面，即薪酬定位、薪酬模式、赋薪要素、薪酬结构。

1. 薪酬定位

薪酬定位是指在薪酬设计过程中确定组织的薪酬水平在劳动力市场中的相对位置的决策过程，它直接决定了薪酬水平在劳动力市场上的竞争力的强弱。薪酬定位是薪酬设计的关键，是确定薪酬政策线、等级标准和等级范围的基础，是薪酬外部竞争性的直接体现。目前组织内较为流行的薪酬定位有四种：一是市场领先型定位，二是市场跟随型定位，三是市场滞后型定位，四是混合型定位。其中，市场领先型是指组织的薪酬水平高于市场平均水平，市场追随型是指与市场平均水平基本相当，市场滞后型是指低于市场平均水平。在这三种基本形式之上，有些组织对不同的群体采取不同定位，由此形成了混合型薪酬定位。

不同的薪酬定位，对组织战略的实现、组织竞争力的提升、组织人力资源管理水平的提高会产生不同的影响。比如，采取市场领先型定位的组织，其薪酬水平在市场上具有较强的吸引力，这样必然会吸引许多非常优秀的人才，在这种情况下，就要求组织在进行招聘的时候具有很强的甄选能力。因为能力强的候选人一般都有较好的职业背景，都有在既定文化下形成的行为习惯和思维定势，如果甄选手段不完善，甄选能力不强，将那些价值观、行为方式、思维方式与组织文化相去甚远的人才招聘进来的可能性就会很大，而这样的人必然会对组织人力资源管理系统的稳定性、连续性和一致性带来冲击，造成危害，尤其是那些就任高层职位的人才。

因此，在进行薪酬定位的时候，需要考虑每种定位对现有人力资源管理能力和水平，尤其是对甄选能力、对不同文化背景人才的同化能力、对人事危机的处理能力等方面所提出的要求。同样，不同的薪酬定位，对组织竞争力、组织战略实现的影响，也都需要慎重考虑。

2. 薪酬模式

薪酬模式是关于职工薪酬要项及其组合的设计，它为管理者实施薪酬管理活动提供了可供参照的范例或框架。近几年来，由于经营环境的变化以及组织成熟度的提高，组织的薪酬模式也在不断地进行探索，目前主要采用的有以下四种模式，即基于岗位的薪酬模式、基于绩效的薪酬模式、基于能力的薪酬模式、基于市场的薪酬模式。

（1）基于岗位的薪酬模式

此种薪酬模式，主要依据岗位在组织内的相对价值为职工付酬，岗位的相对价值高，任职人的工资也越高，反之亦然，通俗地讲就是在什么岗拿什么钱。事业单位和政府组织大多实施这种薪酬模式。

基于岗位的薪酬模式的优点在于：以岗定薪，岗变薪变，结构简单，适用广泛。其不足之处在于：一是对岗位划分提出了比较严格的要求，在岗位划分基础上的岗位评价也应该比较准确，否则岗位等级的确定就会失去科学的依据；二是岗位工资刚性较强，灵活性不够，同一职位人员在经验、能力、素质等方面的差异，不能够在薪酬体系的设计中充分体现出来，未免有失公允。

（2）基于绩效的薪酬模式

此种薪酬模式，其基本特征是将职工的薪酬收入与个人业绩挂钩，主要依据职工的特定绩效目标和绩效表现为职工付酬，而且绩效薪酬数额随特定的绩效目标完成状况而浮动。

基于绩效的薪酬模式的优点包括：付酬导向很直接，职工会围绕着绩效目标开展工作，为实现目标竭尽所能；有利于薪酬向业绩优秀者倾斜，提高组织效率和节省成本；有利于突出绩效导向的企业文化，促进员工自觉提升能力和工作输入标准。

其不足之处在于：由于影响绩效的因素很多，导致在使用过程中存在许多操作性困难。首先，绩效薪酬的使用会影响“暂时性”绩效不佳的职工的情绪，甚至会将其淘汰，而这种淘汰会引发组织管理成本的上扬；其次，绩效薪酬的效果受外界诸多因素制约，有时很难说明究竟是员工没有努力还是外部环境造成的影响；第三，绩效薪酬的评判标准必须得到劳资双方的共同认可；第四，职工对绩效薪酬具体方案的满意度不尽一致，绩效评价难免会存在部分主观因素，评价工具也未必完全科学精准。

(3) 基于能力的薪酬模式

此种薪酬模式，主要依据职工所具备的知识、经验、能力和素质等因素确定其报酬。职工个人的能力素质分为知识、技能、价值观、工作动力等多个方面，在能力薪酬中起决定作用的，主要是职工掌握某种技能的熟练程度，以及所掌握与工作相关知识的深度和广度。在这种薪酬模式下，岗位的概念往往不再重要，它更适用于那些从事工作内容基本相同，但由于技术能力和知识水平的差异却会带来工作成果的很大不同的职工群体，如专业技术人员、研发人员、高级技术工人，等等。

基于能力的薪酬模式的优点在于：使掌握更多技能的职工有更高的报酬和收入，可减少骨干职工的流动性，促使职工自发提高能力与岗位适应性，同时，更加注重职工的潜力，即创造更好业绩的能力，而非业绩本身。

其不足之处在于：一是薪酬的设计要素难于选取，哪些能力应用于固定工资，哪些能力又与浮动工资有关？哪些能力应用于短期激励和考核，哪些能力与长期激励和考核有关？这些都需要充分论证与研究。二是需要科学、有效地对能力素质进行测评，加大了管理的难度。“素质冰山模型”理论认为：人的能力素质的很大部分是隐藏在冰山下，没有外显出来的，特别是职工的行为动机，很难进行测试。三是能力薪酬制度只适用于特定的人群，即能力特征比较明显且可以通过相应手段评价的职工群体，往往很难作为整合组织的唯一的薪酬模式。

(4) 基于市场的薪酬模式

此种薪酬模式，主要是指参照同等岗位的劳动力市场价格来确定薪酬待遇，该模式立足于人才市场的供需平衡关系，具有较强的竞争力和外部公平性。

基于市场的薪酬模式的优点包括：可以通过薪酬策略吸引和留住关键人才，可以通过调整那些替代性强的人员的薪酬水平，节省人工成本，参照市场定工资，比较容易让职工接受，有利于消化职工在内部薪酬比较中产生的不满。

其不足之处也很明显，一是市场导向的工资制度要求组织具有良好的发展能力和盈利水平，否则难以支持与市场接轨的工资水平；二是职工要了解市场薪酬水平，才能认同本组织工资体系，因此，这种模式对薪酬市场数据的客观性提出了很高的要求，同时，对职工的职业化素质也提出了要求；三是完全按市场付酬，组织内部薪酬差距会很大，有可能影响组织内部的公平感。

组织在进行薪酬模式设计时，往往很少采取单一的薪酬模式，而是多种模式的组合，从而使组织的分配机制更趋于公平、合理、经济，具有更好的竞争性和激励性，并能够兼顾组织近期、中长期的目标，最大限度地发挥薪酬对于组织战略的支持效应。

3. 赋薪要素

每个公司都有着不尽相同的内部特点及外部环境，因而，影响其赋薪的依据因素也各不相同，归纳起来主要有以下 8 个方面。

(1) 组织效益

组织效益的好坏决定了组织整体薪酬水平的高低，一般而言，组织效益越好，组织整体的薪酬水平应越高。

(2) 人才配置战略

人才配置战略决定了组织在同一劳动力市场中与竞争对手争夺人才的激烈程度；当劳动力供给一定时，薪酬水平高的组织更有可能吸引到潜在的聘用对象。

(3) 工作难度和强度

工作难度是与薪酬的高低成正比的，难度大，所耗费的资源多，风险大，薪酬也应相应提高；反之，难度低，所耗费的资源少，风险小，薪酬也应相应较低。

工作强度一般也是与薪酬的高低成正比的，工作强度越高，意味着工作量越大。但是工作强度的比较是相对于同类岗位而言，否则则缺乏意义，如一线工人的工作强度可能大于行政管理人员，但薪酬不一定比其高。

(4) 岗位重要性

不同的岗位所承担的责任不同，所付出的劳动量也不同。岗位责任越大（如总经理），则其薪酬应越高；岗位责任越小（如一般职员），则其薪酬应越低。

(5) 岗位风险

某些岗位的工作存在较大的职务风险（如审计纪检），则其与其他岗位相比，薪酬应相应较高，以鼓励职工愿意到上述岗位去工作，体现风险与收益对等的原则。

(6) 个人素质与能力

相同的工作岗位，职工的素质、能力不同，则完成工作的质量、效率也不同，因此，有时个人能力也会作为赋薪要素，对于新职工来说，素质及能力只有通过教育、工作经验来体现，而对于老职工来说，其工作成果的质量和效率更能反映其素质和能力。对于高素质、能力强者，应当给予更高的薪酬，对于素质相对低、能力相对差者，则应给予相对较低的薪酬。

(7) 职工历史贡献

职工的历史贡献越多（如在单位的工作时间越长），往往也意味着为组织创造的效益和贡献越多，从体现尊重历史的角度，历史贡献往往也会纳入薪酬要素考虑。

(8) 工作环境

舒适、良好的工作环境能令职工身心愉悦，而艰苦的工作环境（如野外、井下等）则会让职工付出更多健康和心理上的损失，因此，需要给予额外的补偿，相应的薪酬水平就应该高一些。

4. 薪酬结构

薪酬结构是指在同一组织中，不同岗位之间薪酬内容、薪酬比例、薪酬水平的排列组合，它反映了组织对不同岗位和能力的重要性及其价值的看法。薪酬结构既包括薪酬的组成部分（一般称为科目），也包括固定部分（如基本工资）和浮动部分（如奖金、绩效工资等）的比例关系（一般称为固浮比），还包括各岗位之间薪酬水平的比例关系（一般称为级距）。

薪酬结构本身实际上是在薪酬的外部竞争性与内部一致性之间平衡的结果，因此，在薪酬结构设计时，通常采用渐进调整的方式进行，建立薪酬结构的过程，大致可分为以下六个步骤。

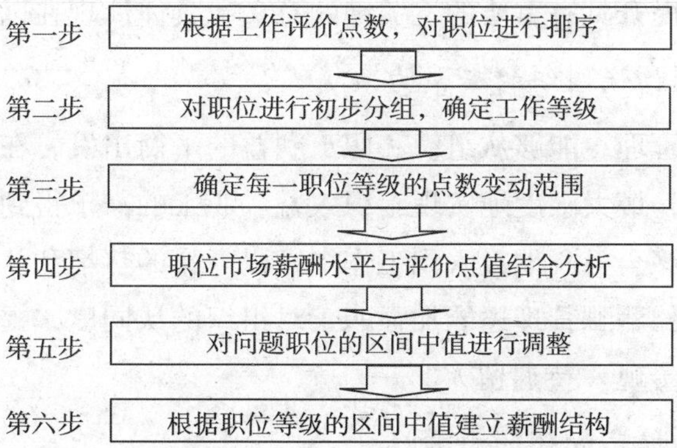

图 6.1　建立薪酬结构的过程

同时，在设计薪酬结构时，有两个方面的因素需要特别注意。

首先，薪酬结构不能一刀切，不同性质的岗位薪酬结构要有所区别。例如，对计件工资的岗位和提成工资的岗位，一般采取低固定、高浮动的薪酬结构，因为这些岗位的工作成果通常可用量化的业绩体现出来，采用高浮动的薪酬模式，与该岗位业绩直接挂钩，有利于激发职工的工作热情；对于行政事务型岗位，一般采取高固定、低浮动的薪酬结构，因为事务性的工作考核客观程度不高，高固定的薪酬结构有利于增强职工的稳定性与归属感。

其次，薪酬结构还跟组织的发展阶段及倡导的文化有关。组织在创业初期，往往鼓励拼搏进取的精神，希望通过薪酬将压力传递到职工层面，采取低固定、高浮动的薪酬结构更加适用；当进入成长期后，组织将格外关注管理能力、外部资源获取能力等各种能力的提升，这时，要适当提升能力强的职工或关键岗位的固定薪酬，以留住关键人才，预防人才流失；当组织进入成熟期后，运营模式相对稳定，需要用高固定、低浮动的薪酬结构留住组织的核心人才，肯定其工作业绩，增强其归宿感，为组织的持续发展提供人才支撑。

五、薪酬管理的意义与目标

1. 薪酬管理的意义

薪酬管理是人力资源管理活动中最为重要的组成部分，科学的薪酬管理对于组织竞争力的提升具有重要的、关键的意义，具体体现在以下几个方面。

(1) 有利于加强组织的凝聚力

有效的薪酬管理，能够从组织和职工利益的平衡出发，在保障组织成员基本需求的前提下，最大限度地实现组织效益。职工的需求得到满足，基本生活得到保障，就能够全身心地投入到工作中，以高昂的热情和认真的态度开展工作。同时，有效的薪酬管理还能加强职工对组织的认同度，提高其对组织的归属感和荣誉感，实现“待遇留人”。

(2) 有利于提高管理的科学性

在人力资源管理中，薪酬管理具有关键性的作用，而合理的薪酬体系是建立在系统、规范的人力资源管理体系的基础上的，反映的是组织的人才管理宗旨和整体管理特征。科学的薪酬管理基于组织内部的合理的管理秩序，在满足职工的基本需求的前提下，促进组织资源的合理分配，充分发挥人才的最大效用，是科学的人力资源管理体系的重要组成部分。

(3) 有利于提高职工的劳动效率

薪酬被视为激励劳动效率的主要杠杆，不仅可以通过工资、奖金、福利等物质报酬从外部激励劳动者，而且可以运用岗位的多样性、工作的挑战性、工作成就、得到认可、承担责任、学习新技巧、事业发展机会等精神报酬从内部激励职工，从而使薪酬管理成为劳动者的激励过程。劳动者在这种薪酬管理体系下，通过个人努力，不仅可以提高薪酬水平，而且可以提高个人在组织中的地位、声誉和价值。

（4）有利于提高组织的赢利能力

薪酬对于劳动者来说是报酬，对于组织来讲也意味着成本，虽然现代人力资源管理模式下，不能简单地以成本来看待薪酬，但保持先进的劳动生产率，有效控制人工成本，发挥既定薪酬的最大作用，往往也是各个组织的内部管理目标和关键指标，在这样的背景下，薪酬管理体系的建立和有效运行，对于提高组织利润、增强组织赢利能力，其作用无疑是直接的。

（5）有利于建立具有核心竞争力的组织形象

薪酬管理直接关系到组织成员的基本利益，科学的薪酬管理是组织内部管理的重要内容，在一定程度上也体现着管理者的管理风格和组织的运行理念，是反映组织文化的重要实践活动。一个具有竞争力的组织，在人力资源管理方面，必然要充分发挥资源配置功能，建立科学、合理的薪酬管理体制，提高组织成员的配合度，提高组织效率，因此，组织的薪酬管理在一定程度上也代表着组织的整体形象。

现代薪酬管理，主要通过物质机制、精神机制和团队机制“三大机制”来提高职工的劳动效率。一是物质机制，通过按劳付酬来刺激劳动者具备更多、更精的劳动技巧，提高劳动效率，获得更多的劳动报酬和更好的工作岗位。二是精神机制，通过个人贡献奖励来肯定劳动者的自我实现，从而体现人本主义观念，使劳动者明了，只有好的敬业精神，才能实现个人的价值。三是团队机制，通过劳动者个人业绩与组织目标的关系，鼓励劳动者参与组织的利润分享，并从组织受益的角度酬劳劳动者的努力，使劳动者增强团队意识和合作精神。

综上所述，现代薪酬管理，从某种意义上是一种“动力管理”，它直接决定着劳动者的劳动效率。实践证明，成功的薪酬管理往往能极大地调动劳动者的积极性、创造性。

2. 薪酬管理的目标

薪酬要发挥应有的作用，应致力于达到效率、公平、合法三个目标。效率和公平目标促进薪酬管理的激励作用的实现，而合法性目标是对于薪酬管理的基本要求。

（1）合法目标

合法目标是组织薪酬管理的最基本前提，它要求组织所制订、实施的薪酬制度符合国家、省区的法律、法规、政策、条例的要求，如不能违反最低工资制度、符合法定保险福利的缴纳要求、符合薪酬指导线的要求等。

（2）效率目标

效率目标包括两个角度。一是产出角度，薪酬应当能给组织带来效益和最大的价值，二是投入角度，组织要能够实现对于薪酬成本的有效控制。效率目标的本质是追求较好的投入产出比，即用适当的薪酬成本换取组织的最大价值。

（3）公平目标

公平目标包括三层涵义：分配公平、过程公平、机会公平。

所谓分配公平，是指组织在进行人事决策、决定各种奖励措施时，应符合公平的要求，以避免职工认为受到不公平对待，从而对组织产生不满。职工对于分配公平的认知，来自于其对于工作的投入与所得的主观比较，在这个过程中，还会与过去的工作经验、同事、同行、朋友等进行对比，因此，分配的公平体现为自我公平、内部公平、外部公平三个方面。自我公平，即职工获得的薪酬与其付出成正比；内部公平，即同一组织中，不同职务的职工获得的薪酬与其岗位、贡献成正比；外部公平，即站在同行业、同地区、同规模的不同组织中，本岗位的薪酬应与上述外部对标样本基本一致。

所谓过程公平，是指在决定薪酬体系的方案或实施任何奖惩决策时，组织所依据的决策标准、方法、程序符合公平原则，程序一致，标准明确，过程公开。

所谓机会公平，是指组织应给予所有职工同样的发展机会，包括在决策前与职工充分沟通，在决策中充分考虑职工的意见和立场，在决策后建立职工申诉机制，允许职工对决策结果提出质疑，等等。

第二节　事业单位薪酬管理现状

一、事业单位工资制度沿革

新中国成立以来，我国事业单位的工资制度先后经历了 1956 年、1985 年、1993 年、2006 年四次大的变革。

1956 年第一次工资改革，实行职务等级工资制度。行政管理人员的工资分为 30 个等级，330 个工资标准；工程技术人员的工资分为 18 个等级，198 个工资标准；工人分 10 个等级，110 个工资标准。随着时间的推移，职务等级工资制度逐步演变成了属人工资制度，出现了管理高度集中、职级不符、劳酬脱节、功能单一、机制僵化的弊端。导致机关效率低下，人才流失严重。

1985 年第二次工资改革，实行以职务工资为主要内容的结构工资制度。改革的主要内容是把标准工资加上副食补贴及行政费节支奖，按工资的不同职能分基础工资、职务工资、工龄津贴和奖励工资四个组成部分。基础工资按工作人员本人生活费确定，从领导干部到一般工作人员均执行相同的基础工资标准。每人按担任的实际职务及级别领取职务工资。工龄工资按工作年限每年以 0.5 元计算，最高限额为 20 元；奖励工资用以奖励有显著成绩的公务员，奖励工资没有拉开差距。以职务工资为主的结构工资制度较过去单一的等级工资制，突出了岗位因素，更好地反映了工资的多种功能，对于公务员的激励性更强，并且实现了与事业单位工资制度的分离，取得了较好的效果。

1993 年第三次工资制度改革，实行职级工资制度。1993 年工资制度改革动作比较大。改革的主要内容是实行职级工资制，按工资不同职能设职务工资、级别工资、基础工资和工龄工资四个部分。并决定建立正常的工资增长机制，增加工资的途径有三：一是定期考核晋升工资档次；二是随职务、级别晋升相应增加工资；三是根据物价波动指数和企业同类人员工资水平增长情况相应调整。这次改革，工资增长幅度较大，逐步理顺了一些工资关系，较好地调动了公务员的积极性。

2006年第四次工资改革，实行公务员职级工资制。2006年工资改革将基本工资构成中的基础工资和工龄工资简并，只保留职务工资、级别工资两项。一个职务对应一个职务工资标准。同时，公务员根据所任职务、德才表现、工作实绩和资历确定级别工资档次。增设了级别并调整了职务与级别之间的对应关系。将级别数由15个增加到27个，各职务对应的级别数量相应增加。同时，适当加大了不同职务对应级别的交叉幅度。这样，就给低职务公务员提供了充分的级别晋升空间。合理设计了工资标准。既保证低职务人员适当的工资标准，又适当加大不同职务、级别的工资差距，形成合理的工资关系。完善了正常增资办法。公务员晋升了职务，相应提高职务工资和级别工资，累计两年或五年年度考核合格，可以晋升一个级别工资档次或级别工资等级。按照公务员法规定，还将建立工资调查制度，定期进行公务员与企业相当人员工资水平的调查比较，作为适时调整公务员工资标准的重要参考依据。

2006年6月，人事部、财政部联合下发了《关于印发事业单位工作人员收入分配制度改革方案的通知》和《事业单位工作人员收入分配制度改革实施办法》两文件，其核心是：改革事业单位自1993年以来实行的职务等级工资制度，建立岗位绩效工资制度，适应事业单位聘用制改革和岗位管理的要求。

1. 岗位绩效工资的构成

本次执行的岗位绩效工资，包括岗位工资、薪级工资、绩效工资和津贴补贴四个部分（如表6.1所示），其中，岗位工资、薪级工资为基本工资，实行“一岗一薪、岗变薪变”，“一级一薪、定期升级”。

表6.1　事业单位岗位绩效工资的构成

<table>
<tr><th>构成</th><th colspan="2">赋薪依据</th></tr>
<tr><td>岗位工资</td><td colspan="2">主要体现工作人员所聘岗位的职责和要求</td></tr>
<tr><td>薪级工资</td><td colspan="2">主要体现工作人员的工作表现和资历</td></tr>
<tr><td>绩效工资</td><td colspan="2">主要体现工作人员的实绩和贡献</td></tr>
<tr><td rowspan="2">津贴补贴</td><td>艰苦边远地区津贴</td><td>主要是根据不同地区自然环境的差异、地域的气候、海拔高度及社会发展等因素对在艰苦边远地区工作的职工额外劳动消耗和特殊生活费支出的适当补偿</td></tr>
<tr><td>特殊岗位津贴补贴</td><td>主要是对在事业单位苦、脏、累、险及其他特殊岗位工作的职工的补偿</td></tr>
</table>

（1）岗位工资

岗位工资主要体现工作人员所聘岗位的职责和要求。事业单位岗位分为专业技术岗位、管理岗位和工勤技能岗位，其中，专业技术岗位设置 13 个等级，管理岗位设置 10 个等级，工勤技能岗位分为技术工岗位和普通工岗位，技术工岗位设置 5 个等级，普通工岗位不分等级。不同等级的岗位对应不同的工资标准，工作人员按所聘岗位执行相应的岗位工资标准。

（2）薪级工资

薪级工资主要体现工作人员的工作表现和资历。薪级工资标准由相应的“薪级”确定，对专业技术人员和管理人员设置 65 个薪级，对工人设置 40 个薪级，每个薪级对应一个工资标准。对不同的岗位规定不同的“起点薪级”，而薪级的确定需要依据不同级别岗位上的具体任职年限和套改年限两个信息。

（3）绩效工资

绩效工资主要体现工作人员的实绩和贡献。国家对事业单位绩效工资分配实行总量调控和政策指导，事业单位在核定的绩效工资总量内按照规范的程序和要求自主分配。绩效工资是事业单位收入分配中机动的部分，占事业单位职工工资的比重较大，分为基础性绩效和奖励性绩效工资两个部分。基础性绩效主要体现地区经济发展、物价水平、单位类别、岗位职责和经费来源等因素，一般按月发放，奖励性绩效工资主要体现工作量和实际贡献等因素，根据考核结果发放。

我国事业单位实施绩效工资分三步展开。第一步自 2009 年 1 月 1 日起先在义务教育学校实施；第二步配合医药卫生体制改革，特别是实行基本药物制度，自 2009 年 10 月 1 日起在疾病预防控制、健康教育、妇幼保健、精神卫生、应急救治、采供血、卫生监督等专业公共卫生机构和乡镇卫生院、城市社区卫生服务机构等基层医疗卫生单位实施；第三步自 2010 年 1 月 1 日起，在其他事业单位实施。在事业单位形成合理的绩效工资机制，对于调动人员积极性、促进社会事业发展、提高公益服务水平，具有重要的现实意义。

（4）津贴补贴

事业单位津贴补贴分为艰苦边远地区津贴和特殊岗位津贴补贴两类。

艰苦边远地区津贴主要是根据不同地区自然环境的差异、地域的气候、海拔高度及社会发展等因素，对在艰苦、边远地区工作的职工的额外劳动消耗和特殊生活费支出所给予的适当补偿。对艰苦、边远地区的事业单位工作人员，执行国家规定的艰苦边远地区津贴制度，所需经费属财政支付，由中央财政统一负担。

特殊岗位津贴补贴主要是对在事业单位苦、脏、累、险及其他特殊岗位工作的职工的补偿。国家统一制定特殊岗位津贴补贴的项目、标准和实施范围，明确调整和新建特殊岗位津贴补贴的条件，建立动态的管理机制。

2. 增资制度

我国事业单位实行定期增资制度。凡在年度考核中被确定为优秀、称职的，可以按照规定晋升工资和发给奖金，事业单位人员的增资，应通过以下五种途径。

（1）正常升级

全额拨款和差额拨款的单位，在严格考核的基础上，实行基于年度考核的升级，考核结果为合格及以上的人员，每年增加一级薪级工资，从第二年的1月起执行。自收自支单位，参照企业的办法，在国家政策规定的范围内，根据其经济效益增长情况自主安排升级。

（2）晋升职务、技术等级增加工资

专业技术人员和管理人员晋升职务时，按晋升的职务相应增加工资。工人晋升技术等级或技术职务时，按晋升的技术等级或技术职务相应增加工资。

（3）岗位变动

岗位变动时，岗位工资按新聘岗位确定，薪级工资按以下办法确定：由较低等级的岗位聘用到较高等级的岗位，原薪级工资低于新聘岗位起点薪级工资的，执行新聘岗位起点薪级工资，第二年不再正常增加薪级工资；原薪级工资达到新聘岗位起点薪级工资的，薪级工资不变。由较高等级的岗位调整到较低等级的岗位，薪级工资不变。在专业技术岗位、管理岗位、技术工岗位和普通工岗位之间变动的，薪级工资按新聘岗位比照同等条件人员重新确定。

（4）定期调整工资标准

为保证事业单位工作人员的实际工资水平不下降并逐步增长，根据经济发展情况、职工工资水平状况和物价指数变动情况，定期调整事业单位工作人员的工资标准。

（5）高津贴水平

随着工资标准的调整，根据经济发展和财力增长及调控地区工资收入差距的需要，相应提高津贴水平；根据财政状况和对特殊岗位的倾斜政策，适时调整特殊岗位津贴补贴标准，使工资构成保持合理的关系。

二、事业单位薪酬管理现状

由于事业单位的行业特点、历史沿革、管理属性、外部环境不同，其当前的薪酬管理状况也有很大的差异，以下以医院、学校、科研院所、文化事业单位四类代表性组织为例，具体介绍其薪酬管理现状。

1. 医院

长期以来，传统的薪酬设计理念在医院的薪酬管理中仍然占有主导地位，其多数实行等级工资制，薪酬分配具有强烈的平均主义色彩，这样的制度设计忽略了职工之间工作的重要性和贡献的大小，忽视了专业技能的差异，影响到职工的积极性，也难以适应与民营、外资医疗机构的激烈竞争，尤其是人才方面的竞争。鉴于此，自改革开放以来，医院尤其是公立医院对薪酬分配制度的改革与探索一直未停止过，到目前为止，我国医院的薪酬类型主要有以下三种模式。

（1）工资＋奖金型

工资＋奖金型是为了改善在长期计划经济体制下医院管理出现的忽视经济效益、浪费资源的现象而提出的，这种分配方式简单、方便、实用。它将职工的薪酬分为工资和奖金两部分，其中的工资部分，根据国家1985年、1993年改革的方案形成，主要是单位的工资、津贴和补贴，这部分不与经济效益挂钩；而奖金则是由医院自身筹集的、与医院的经济效益挂钩的分配部分。对于很多医院来说，奖金已经超过工资，已经成为职工收入的主要来源以及一种有效的激励手段。这也是医院第一次将职工的个人收入和医院的经济效益联系在一起，是我国医院收入分配改革的开始。

(2) 目标责任型

综合目标管理责任制是一种更为科学的管理模式，在20世纪90年代中期，我国的大量医疗单位引入和实行了这种管理模式，其特点为：目标与责任明确，效益与效率挂钩。这种薪酬分配方式，主要以经济指标为责任目标，虽然也采用了其他考核指标，使工作人员重新审视长期效益与短期效率的关系，但总的来说，在实际分配中仍然是以经济指标考核为主要导向。

(3) 要素分配型

近几年来，部分管理基础较好的公立医院率先采用了新的薪酬分配方式：岗位薪酬型。这种制度实行要素分配，易岗易薪，重视个人技术、管理、责任、风险的差异在整体目标实现中的作用，而不单纯依靠国家的职称评定系统界定各类人员的技能，在一定程度上摒弃了传统薪酬中的部分重要因素（如工龄)，而采用“多要素评估法”确定岗位及人员的分配系数。

在三种分配类型中，前两种仍是目前我国大多数医院采用的形式，只有小部分医院在尝试和采用第三种形式。总体来看，我国医院的薪酬类型还比较简单，既无法体现出按价值分配的原则，也不能很好地调动职工的积极性，落后于现代人力资源管理思想，因而，医院的薪酬改革势在必行。

2. 学校

学校作为实施科教兴国战略的重要阵地，在我国国民经济和社会发展中具有重要的地位和作用。随着经济和政治体制改革的不断深入，作为中国事业单位的重要组成部分，学校各项改革取得了突破性的进展，其薪酬制度也随着国家的事业单位工资改革而不断发展。经过几次的改革，学校尤其是高校在国家统一工资制度的基础上，分配自主权不断扩大，已经真正拥有了薪酬的决策权。作为学校的主要职工群体，教师的薪酬模式主要有以下三种。

(1) 课时结构工资型

课时结构工资制就是除了公共财政支付的基本工资、地方补贴外，增加课时津贴。其中，基本工资（档案工资）是由国家发放的工资及各种补贴，由财政统一发放；地方补贴是按照各地的经济发展水平、财政收入、物价水平，由当地政府制定标准并由地方财政统一发放。

由于之前的薪酬方式没有课时补贴，在调动教师授课积极性方面缺乏激励，教师在授完自己承担的课时后不愿再投入精力承担额外的课时，不仅造成教师收入偏低，还造成学校师资力量紧张。为调动教师的授课积极性，承担更多的课时任务，学校均在薪酬分配方面采取了增加课时津贴的方式。课时补贴又分为两种，一种是超额补贴，即学校规定每位教师在教学周期内必须承担的课时，超出部分每课时补助一定的金额；另外一种是全额补贴，即学校不给教师下达每个教学周期内必须完成的课时，而是教师每上一节课，学校即给教师一个课时的补贴。在实际运用中，第一种课时补贴方式更为多见。

（2）岗位工资型

岗位工资制，包括基本工资和岗位津贴。岗位工资是根据教师工作量及职工岗位职责折算成的工资，比如，某学校教师依据所在岗位的任务职责、劳动量、自身的技术职务，德、能、勤、绩综合考核等多种因素，一年一次确定教师岗位等级，全体教师参与评价，其中，一级教师占20%、二级教师占30%、三级教师占30%、四级教师占20%，每个级别对应相应的工资，岗位津贴根据岗位或兼职工作量及责任大小发放，比如，对担任班主任的教师每月给予一定数额的班主任津贴。

（3）岗位绩效工资型

岗位绩效工资制是以教师被聘上岗的工作岗位为主，根据岗位技术含量、责任大小、劳动强度和环境优劣确定岗级，以教师的劳动成果为依据支付劳动报酬的一种分配方式。

岗位绩效工资主要由岗位工资、年功工资、绩效工资和津贴四个部分构成，其中，岗位工资体现岗位责任、岗位技能、岗位强度、岗位环境等劳动差别，是岗位绩效工资制的主体。年功工资依据教师工作年限来核定，不随岗位变化，用以调整新老教师的分配水平，保护老教师的利益，鼓励教师长期稳定地为学校工作。绩效工资是根据教师的业绩而确定的工资单元。津贴是国家规定的政府性津贴，以及对于特殊作业环境、劳动条件、劳动强度的工资性补偿。岗位绩效工资减少了平均分配的项目，简化了工资单元，优化了工资结构，从制度上发挥了工资的“按劳分配、多劳多得”的职能。

我国学校目前的收入分配机制仍然存在着很多问题，在很大程度上阻碍了学校的改革与发展，也降低了学校对于人才的吸引力。目前，除部分高校采用岗位绩效工资制外，其他学校（如小学、中学）主要采用前两种形式，主要原因在于：学校作为当地政府主管的事业单位，其收入分配体系要纳入整个行政事业单位的收入分配管理体系之下，而行政事业单位往往还是采取岗位工资制，因此，这些学校一时还难以摆脱岗位工资制的“束缚”。

随着事业单位收入分配制度的进一步改革，这种局面正在发生改变。因此，需要总结和分析存在的问题，有针对性地进行改革，使得学校的分配制度改革朝着健康的方向发展，为学校集聚人才提供强有力的保障。

3. 科研院所

目前，我国有60%受过高等教育的人员在事业单位工作，有70%以上的科研人员集中在国家创办的科研单位工作，可见，科研院所是我国人才的集中地，是实施人才强国战略的重要基地，建立一个有利于吸引人才、稳定人才、用活人才的收入分配机制，无论对于科研院所自身的发展，还是社会的发展和进步，都具有十分重要的意义。

然而，科研院所与众多的事业单位一样，在长期的发展过程中，由于种种原因，在收入分配过程中存在着论资排辈、平均主义等诸多弊病。可喜的是，近年来，部分科研院所在深化收入分配制度改革方面取得了一些成效，对增强分配公平感、调动职工积极性起到了非常重要的作用。目前，我国科研院所的薪酬模式主要有以下两种。

（1）基本工资 + 绩效工资 + 津补贴型

21世纪初，为调动科研院所及其工作人员的积极性，不断增强企业在技术创新中的主体地位，国家对科研院所进行了大规模的体制改革，主要是推动应用开发类科研机构转制为企业，推进技术市场建设和科技创新。

改革前，科研院所属于全额拨款的国有事业单位，在工资管理上实行总额控制，分配方面没有自主权，完全按照国家、省市、上级主管企业的工资政策执行。2000年改制后，科研院所大都进行了配套的薪酬制度改革，大多数单位都形成“基本工资 + 绩效工资 + 津补贴”的薪酬模式。其中：

基本工资，根据2006年7月事业单位工资改革的标准执行，分岗位工资、薪级工资两部分，按专业技术岗位设置后科研人员受聘的专业技术岗位发放。

绩效工资，根据科研岗位级别建立不同的等级范围，每个等级又划分为不同档次，针对每档核定相应的绩效标准，根据科研人员在考核周期内的考核结果，确定绩效工资的发放数额。

津补贴，按照国家统一制定的特殊岗位津补贴管理办法执行，对苦、脏、累、险等特殊岗位上的职工给予一定的经济补偿。

这种薪酬模式的政策性强、连续性强，与职工的学历、工龄、技能、职称、职务等要素都能够联系在一起，有利于稳定过渡。

(2) 基本工资+项目奖金型

基本工资+项目奖金型，主要是针对有科研项目的人员所采取的收入分配方式，其中，基本工资依据原有薪资结构支付，项目奖金根据单位所接项目的大小、开发周期、难易程度、经济效益等确定项目奖励金额，例如，半年期的项目为8万到10万，项目研发成功后一次性发放或者分期发放。项目研发失败，一般对项目负责人进行处罚，如扣项目负责人月工资的10%，其他成员则无项目奖金。但因技术水平达不到、研发方向错误或其他不可预知的客观因素导致的研发失败，为保证研发人员的工作积极性，可按照月工资的一定比例，申请项目补助。

4. 文化事业单位

文化事业单位，是指在文化领域从事研究创作、精神产品生产和公共文化服务的组织，主要包括广播电视、报纸杂志、演出、艺术创作和图书出版等类型的事业单位。在国家大力倡导繁荣文化事业和发展文化产业的形势下，文化事业单位迎来了前所未有的发展机遇，薪酬作为一种激励手段，在提升文化事业发展质量和调动文化事业单位职工的积极性方面具有重要的作用。当前我国文化事业单位的薪酬类型主要有以下两种。

(1) 职务等级工资型

目前，文化事业单位行政管理人员和专业技术人员的工资制度主要是长期以来一直实行的“职务等级工资型”，即职工的工资与本人的行政职务或专业技术职务挂钩，工资一般由基础工资、职务工资、工龄津贴和奖励工资四部分构成。基础工资、工龄津贴、奖励工资，按照国家统一规定的标准执行，职务（技术等级、等级）工资为工资中固定的部分，主要反映工作岗位所需的能力、责任、贡献、劳动的繁重复杂程度；津贴主要体现人员的岗位工作特点、实际工作的数量、质量差别。在各单位的工资构成中，根据单位类型（如全额财政拨款、部分财政拨款等）不同，各部分所占的比例也有所不同。

（2）档案工资+绩效奖金型

随着事业单位收入分配改革的进一步深化，部分文化事业单位在进行薪酬体制改革方面也开展了多方面的尝试，但由于工资的刚性以及要保证社会稳定的要求决定了在对职工的收入分配体系进行改革的过程中，必须要考虑对职工实际收入的影响，大部分职工会比较改革前后的收入增减，少涨或者不涨还可以接受，降低则非常难以被接受，一旦发现收入比原来降低，往往会到本单位领导或政府门前理论，造成改革工作难以有效顺利推进。因此，有些事业单位在进行收入分配改革时采取封存档案工资并以此作为职工的基本工资，另外再根据单位的效益和职工的工作绩效，额外增加绩效奖金，一般的做法是从单位的当期经济利润中提取一定比例的金额，作为全体职工的绩效奖金总额，然后再根据每个部门或职工绩效考核的结果进行发放，既简单又可行，不仅保持了改革的稳定性，也充分调动了职工的积极性。

三、事业单位薪酬管理的问题及弊端

我国事业单位现行的薪酬管理体制是随着社会主义经济制度的确立而建立起来的。事业单位的薪酬类型，从职务等级工资制、结构工资制到针对工作性质和特点的分类工资制，再到岗位绩效工资型，在不同的历史时期发挥过不同程度的积极作用。随着我国经济和社会的发展，事业单位的定位、服务内容和服务标准正在发生着巨大的变化，同时，当前执行的各种薪酬制度，由于体制、机制的限制，以及缺乏配套的执行细则和标准，导致各事业单位的理解不尽相同，在具体的执行过程中也存在一定的不足和缺陷。

1. 单位缺乏分配自主权

大部分事业单位的工资增长与调整机制，由国家或当地政府根据社会发展情况、财政状况统一确定，由政府人事部门核准，这种高度集中统一的工资分配模式，使事业单位的工资水平、工资总量与职工技能和经营业绩表现相对脱节，缺乏激励效果，缺乏利益动力，容易造成“单位躺在国家怀抱吃财政大锅饭、职工躺在单位怀抱端公司铁饭碗”的局面，干好干坏、干多干少、干与不干的差别不大，难以调动单位和职工双方面的积极性。作为独立的法人机构，事业单位应当在利益分配上享有较大的自主权，而现实情况则相反，政府用心良苦，全面干预事业单位的经营管理与分配，结果是单位和职工的积极性双双下降，更加难以适应市场化的竞争环境。

2. 绩效考核流于形式

事业单位的薪酬结构中，基本工资、津贴补助项目执行的是国家、地方的统一标准，而奖金项目则与职工的绩效表现挂钩，具有一定的灵活性，应当按照绩效考核结果计发。但在实际操作中，大多数事业单位都没有完整的考核制度，虽然也进行了不同程度的考核，包括月度考核、季度考核和年度考核，但并没有起到奖勤罚懒的作用，考核的内容没有量化，问题体现在以下四个方面：第一，考核内容基本上由“德、能、勤、绩、廉”涵盖，非常笼统，缺乏具体的考核要素，不能准确反映人员的实际绩效；第二，人员的考核标准没有和单位目标、使命结合，缺乏制定绩效标准的工作分析和工作说明书，指标没有得到职工认同；第三，没有建立全面绩效管理系统，常见的做法是，每到考核期末，人力资源部门发放考核表格，但由于日常缺乏绩效管理环节，没有科学的评估体系，考核人只能根据个人的主观印象对被考核部门和被考核人打分，为了不得罪人，打分基本雷同，没有体现考核的严肃性；第四，目前事业单位的人员绩效考核一般分为四个等级，即“优秀”、“称职”、“基本称职”、“不称职”。多年的考核结果表明，能评为优秀的人员凤毛麟角，大家都集中在称职上和基本称职上，基本没有人被评为不称职，这种简单的“四分法”也不能有效地体现人员的绩效差别。以上问题导致考核工作流于形式，本来是与绩效挂钩的奖金，现在成了每月必发的工资，失去了激励的意义，形成了新一轮的平均主义。

3. 薪酬与市场水平脱节

价格脱节，难以形成人才流动的“洼地”。与企业相比，事业单位由于其本身职能特点，尚处于一个相对封闭的环境，长期沿用国家统一的工资标准，工资水平的确立也脱离了市场水平，这就导致核心职位、关键职位上的优秀人才的薪酬水平可能远远低于市场价位，现行的工资标准已经不能体现人才的市场价格。如，以能力相同的人员进行比较，进入事业单位从事研究工作与进入外企从事研发工作的薪酬收入之比有时相差十几倍，甚至更多。

而在同一单位中，由于过去传统的平均主义的设计思想，岗位薪酬差异偏小，导致从事简单劳动岗位的人员，其工资水平又没有低下来，而是远远高于市场水平。如此，必然导致单位想淘汰的人淘汰不出去，想留的人才又留不住，想从外部引进高级人才则更加困难，严重影响到事业单位的业务发展。

4. 分配模式单一，激励缺乏针对性

随着知识经济时代的到来，对于市场化的企业组织来说，薪酬已经不是单一的工资，也不是纯粹的经济报酬，而我国事业单位的薪酬体系则过于单一，对职工的长效激励不足，资本要素、劳动力要素、技术要素极少参与分配，没有利益共享机制，往往难以达到职工的期望值，导致关键人才、骨干人才的流失。

此外，事业单位的加薪模式通常为每两年自然晋升一级工资或调整工资标准，形式过于单调，各类人员的增资档次没有拉开，以资历定薪酬的传统思维模式无法根除，职工想加薪只有两种途径，一种是职务提升，另一种是取得高一级专业技术职称，这就使得事业单位职工过于热衷于职务、职称的晋升，而不利于职工实际工作业绩与能力的提高，不利于打造复合型人才。

第三节　事业单位薪酬管理改革技术与方法

事业单位的薪酬体系设计是一个庞大的工程，不是靠文字堆砌的方案就能完成的，而是要全员参与，是与其他管理体系紧密衔接的过程。薪酬设计必须遵照科学的原则、按照科学的步骤细致入微地展开，如此，才能使得方案切合实际，具有广泛的接受度以及良好的可实施性。

事业单位的薪酬管理改革，一个重要的、基本的内容即改革的准备与发动，在此基础上，才能依次展开薪酬调查、薪酬策略设计、薪酬结构设计、套

级套档方案设计、方案的实施、修正与调整等各阶段的工作。在体系的设计过程中，应紧密结合组织的战略和文化，全面、科学地考虑各项因素，遵循按劳分配、效率优先、兼顾公平、可持续发展的原则，充分发挥薪酬的激励与引导作用，为组织的发展建立良好的制度保障。

一、事业单位薪酬改革的准备与发动

从原来的平均主义，走向现在的绩效主义，事业单位在收入分配方面丢弃“大锅饭”的过程，本质上是一个变革的过程，也不会完全一帆风顺。因此，在变革的开始，要做好以下几个方面的充分的准备工作。

1. 加大对改革目的、政策和人力资源管理相关知识的宣传

在改革之初，应通过单位内部的刊物、网络、媒体等，让职工了解薪酬改革的一般性程序和知识，为改革的顺利实施打造群众基础。同时，也应该组织职工学习国家和地方出台的、有关于事业单位收入分配改革的相关政策、法规，使职工了解薪酬改革的目的、意义、步骤和方法，从而对薪酬改革形成正确的认识和理解。此外，要尽可能让更多的职工参与进来，争取职工的支持，听取他们的意见和建议，以确保改革能够顺利开展下去。

2. 认真做好前期的基础准备工作

在薪酬改革之前，要对本单位未来的发展目标进行梳理，优化组织结构，规范岗位设置，开展工作分析，对岗位的工作职责和内容要有科学的认定，对任职资格应该有明确的要求，在此基础上，要对全部岗位开展岗位价值评估，根据岗位工作性质划分岗位序列，上述工作的有序、扎实开展，是后续薪酬改革工作能够得到员工认可的关键。

3. 注重内外公平，扎实稳步推进

公平是一种心理感受，职工只有在认为工资分配改革是公平的前提下，才会积极参与到改革中来，薪酬的激励作用也才能得以发挥。

事业单位属于非营利性组织，这就决定了其薪酬水平原则上不应高于社会

的平均工资，因此，不可能完全靠高薪方式吸引人才，而应在保持与社会平均工资水平相当的基础上，重点在内部公平上下功夫，要尽可能在人才取向、职位晋升、岗位价值评估、绩效考核等方面让员工感受到公平、合理，才有可能发挥好薪酬体系在吸引人才、留住人才、用好人才方面的重要作用。

二、薪酬调查

薪酬调查就是通过一系列标准、规范、专业的方法，对劳动力市场的各种职位的薪酬数据进行搜集、分类、汇总、统计和分析，从而形成能够客观反映市场薪酬水平的调查报告，为薪酬设计提供决策依据及参考。薪酬调查是薪酬设计的基础，它解决的是薪酬的对外竞争力问题，只有实事求是地开展薪酬调查，才能使得薪酬设计有的放矢，做到个性化和有针对性。

薪酬调查的主要内容包括：

①内部薪酬现状调查。通过数据分析和问卷设计，从薪酬的三个公平（内部公平、外部公平、自我公平）的角度出发，了解现有薪酬体系中的问题及造成问题的原因。

②外部薪酬水平调查。主要收集与研究对象相关或相似行业、地区的竞争性组织的薪资增长状况、薪酬结构、不同职位、级别的薪酬数据、奖金和福利状况、长期激励措施，以及未来的薪酬动态与发展趋势。

③薪酬影响因素调查。综合考虑薪酬的外部影响因素，如国家的宏观经济走势、行业发展趋势、竞争格局、劳动力市场供求状况等，深入调查组织的内部影响因素，如盈利能力、支付能力、人员素质要求、组织发展阶段、人才稀缺度、招聘难度等。

④综合以上因素，形成全面、系统的《薪酬调查报告》，从内部分析、外部对比、影响因素等多个维度，分析当前本单位的薪酬水平状况，为后续的薪酬设计提供依据。

三、薪酬原则与策略设计

薪酬原则和策略的设计是薪酬后续设计环节的前提，在充分了解目前薪酬现状的基础上，应首先确定薪酬分配的依据和原则，以此为基础确定组织的分配政策与策略。

薪酬策略的设计，包括四个方面的内容，一是薪酬水平策略，即相对于同行业在外部竞争力方面是领先型、跟随型还是滞后型；二是薪酬导向策略，即薪酬重点激励哪些人群，采用什么样的激励方式；三是薪酬结构策略，即薪酬体系由哪些部分构成，各占多大比例，分多少层级，层级之间的关系如何；四是薪酬组合策略，即向职工支付的总薪酬有哪些薪酬形式，这些形式之间是以怎样的形态组合。

1. 薪酬水平策略

所谓薪酬水平策略，主要是确定组织相对于当地市场薪酬行情和竞争对手薪酬水平的薪酬绝对值定位，组织的薪酬水平策略通常有四种类型。

①市场领先策略：采用这种薪酬策略的组织，薪酬水平在同行业和竞争对手中处于领先地位。

②市场跟随策略：采用这种策略的组织，一般都建立或找准了自己的标杆，组织的经营与管理模式都向自己的标杆看齐，薪酬水平也跟随标杆组织。

③滞后策略：也称成本导向策略，即组织在制定薪酬水平策略时不考虑市场和竞争对手的薪酬水平，只考虑本组织的生产、经营和管理成本，这种组织的薪酬水平一般比较低。

④混合策略：顾名思义，就是在组织中针对不同的部门、不同的岗位、不同的人才，采用不同的薪酬策略。

2. 薪酬导向策略

薪酬导向策略需要回答两个问题。

第一，哪些是企业需要重点激励的对象。一般来说，组织会把市场的稀缺人才以及在组织中价值贡献最大的群体作为薪酬激励的重点对象。

第二，哪些是要重点激励的内容。薪酬激励具有导向性作用，激励的内容可以引导职工朝着预定的目标发展，因此，赋薪要素要向重点关注的方向倾斜。比如，在一家研究院，赋薪要素有知识、技能、职称、所承担的责任等因素，如果该院对职工的职称非常重视，则可以在薪酬体系设计中对“职称”这一条件赋予更大的权重。

3. 薪酬结构策略

薪酬结构策略是指薪酬由哪些部分构成，各自占有多大的比例，可以选择的策略有：

①高弹性模式：这是一种激励性很强的薪酬模型，绩效薪酬是薪酬结构的主要组成部分，基本薪酬等处于非常次要的地位，所占的比例非常低（甚至为零）。

②高稳定模式：这是一种稳定性很强的薪酬模型，基本薪酬是薪酬结构的主要组成部分，绩效薪酬等处于非常次要的地位，所占的比例非常低（甚至为零）。

③调和模式：在实际应用中，一般都是绩效薪酬和基本薪酬各占一定的比例，当两者比例不断调和变化时，这种薪酬模型可以演变为以激励为主的模型，也可以演变为以稳定为主的薪酬模型。

同时，伴随着企业发展阶段的不同，对于员工的期望也有所不同，薪酬结构策略也相应地有所不同，如图 6.2 所示。

	创立	高增长	成熟期	平衡期	衰退期	复活期
工资	低	有竞争力	有竞争力	高	高	有竞争性
奖金	高	高	有竞争力	低	无	高
福利	低	低	有竞争力	高	高	低

图 6.2　不同企业发展阶段的薪酬结构策略

表 6.2　　不同企业发展阶段的薪酬结构策略

发展阶段	特征	薪酬结构策略
发展初期	完全倚重于个人的能力开展业务，希望快速扩大规模	低保障高激励
成长期	逐渐产生品牌拉力，此时不仅看市场规模，同时注重基础工作的质量，以保障持续稳定的发展	保障与激励并重
成熟期	品牌拉力大，专业化分工更细，更强调团队内的协作	高保障低激励

4. 薪酬组合策略

薪酬组合策略是指组织的总薪酬包含哪些类别，哪些科目，这些薪酬科目之间以怎样的形态组合，薪酬组合策略包括分类策略、组合类型策略和组合比例策略。

①分类策略，指组织根据业务开展的实际情况和未来的发展需要，对不同类型的人员采取不同的薪酬类别，例如，高层管理者可以采用与年度经营业绩相关的年薪制，管理序列人员和技术序列人员可以采用岗位技能工资制，生产操作人员可以采取计件工资制，营销序列人员可以采用提成工资制，组织急需的人员可以采用特聘工资制，等等。

②组合类型策略，指组织针对不同职工所采用的策略，包括：简单型策略——对部分职工薪酬只采用单一的薪酬形式，而没有其他薪酬形式；复合型策略——对于中高层职工采用多元化的薪酬形式，等等。

③组合比例策略，指组织针对不同类型的职工，在薪酬类型的占比方面有哪些侧重，如，销售人员的薪酬体系中，基本薪酬与提成工资各自占多大的比例，技术人员的薪酬体系中，岗位工资和技能工资各占多大的比例，等等。

四、薪酬结构设计

薪酬结构是指同一组织中不同职位之间薪酬水平的比例关系，包括不同层次、职位之间报酬差异的相对比值，以及报酬差异的绝对水平。薪酬结构主要反映职位之间基本薪酬的对比关系，它强调的是组织内部职位薪酬等级的数量、不同职位等级之间的薪酬差距，以及确定这种差距的标准。一般而言，薪酬等级结构的构成要素包括薪酬等级、薪酬等级区间和相邻薪酬等级的级差。

此外，也要对薪酬的整体构成进行设计，明确各组成部分在薪酬总体中的结构与比例。一般来说，薪酬构成包括基本薪酬、奖金、津贴、补贴等四部分。基本薪酬是职工收入的主要部分，也是计算其他薪酬性收入的基础。它较全面地实现薪酬的各项职能，通常根据职工所在岗位的劳动质量以及本人的劳动能力与贡献计付。奖金是对职工做出优异的劳动贡献而给予的效率薪酬，它是为了奖励和刺激职工努力提高劳动效率、增加效益。津贴是对职工在特殊劳动环境下工作所给予的附加薪酬，是为了补偿在恶劣环境下工作的职工的健康和精神损失，也是为了吸引和稳定这部分职工安心工作。补贴是为了保证职工实际薪酬和生活水平不下降或鼓励职工长期在本单位工作而设置的，如物价补贴、工龄补贴、教龄补贴等。

构成薪酬的各个成分均有其自身特点、形式和作用，有相对独立性，只有将它们有机地组合起来，并赋予恰当的比例关系，才能取得最佳的激励效果。

以上方面的设计工作是薪酬体系设计中最为关键的部分，需要深厚的技术能力，需要对相同领域组织的薪酬结构等信息有充分的了解，同时，还需要对企业的文化与战略有深入的理解，能够将以上三个方面的信息科学、合理、有机地组合起来，形成符合组织特点的薪酬结构方案。

五、套级套档方案设计

薪酬体系之前的设计内容，都是围绕着结构开展的，换句话说，都是围绕着“组织如何构建薪酬体系”的主题开展的，而薪酬设计完成后，毕竟是要将每一个活生生的个体纳入进来的，他们对于薪酬体系的感受如何，直接关系着体系设计的成败。如何将人员按照一定的规则代入新的薪酬系统，这种规则的设计就是套级套档方案的设计。

套级套档方案设计的意义包括：建立科学、合理的套入机制，给予员工客观、公平、公正的回报标准；检验薪酬体系的可操作性与合理性，对薪酬体系的设计方案进行修正和完善；通过方案的套入，建立未来针对全体职工的入级、升级标准与规则，实现未来薪酬调节和增长机制的有序运行。

套级套档方案，根据薪酬方案的结构与组织的实际情况进行设计，一般情况下，可能包括职工工龄、企业年限、技术职称、获得学历等多个因素，有时也会把历年的业绩考核结果纳入考虑，甚至组织一次专门的考评。需要特别说明的是，套级套档方案关系到每一个员工的实际薪酬的变化，在这方面，务必要落实公开、公平、公正的原则。

六、方案的实施、修正与调整

薪酬方案出台以后，关键在于落实，在落实过程中需要不断修正方案的偏差，使之更加合理和完善。此外，还要建立动态的薪酬管理机制，要根据组织经营环境的变化和战略的调整对薪酬方案进行优化，以更好地发挥薪酬管理的功能。

伴随着方案的实施，新的方案要与组织逐渐"磨合"，在这个过程中，方案需要不断地修正与调整，使得薪酬体系在运行的过程中形成闭环，在控制成本的同时，能更为有效地激励职工，进而提升组织的效率与管理水平。

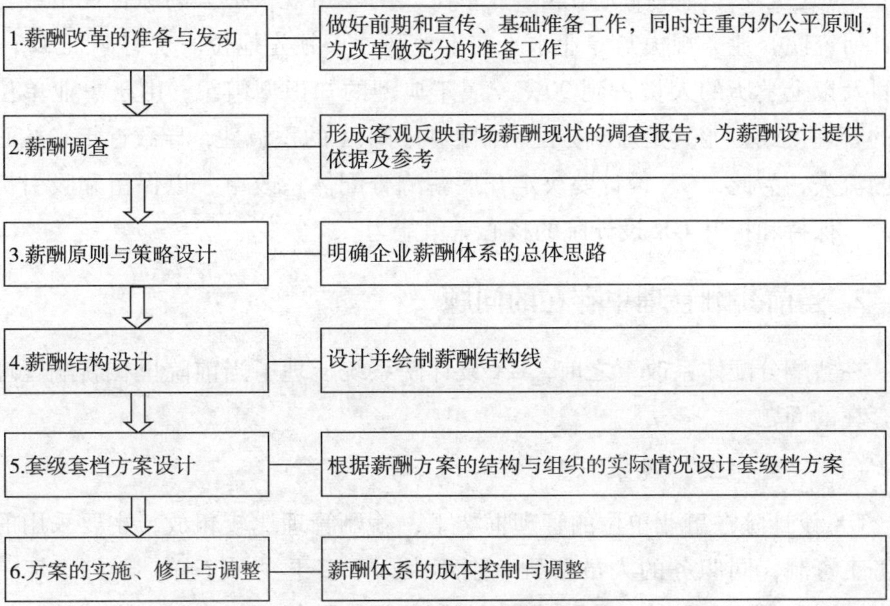

图 6.3　薪酬方案的实施步骤

通过以上六个步骤的工作，一个组织的薪酬体系就设计完成了。需要说明的是，一个好的薪酬体系，不是靠人事部门闭门造车就能完成的，而是要充分调动组织内部各方面的资源：要与领导充分沟通，争取他们的指导和支持；要与中层充分沟通，取得他们的配合和建议；要与职工充分沟通，获得他们的认同与参与。如此，才有可能拿出既具有科学性，符合企业实际，能够支持企业战略，又能够为员工所认同的薪酬体系。

第四节 案例与实战

案例1：GX建筑设计研究院薪酬管理改革

1. 背景介绍

GX建筑设计研究院为市属事业单位，是A市规模最大的综合性甲级建筑设计研究院，业务规模与专业水平在本地区处于领先地位。现有职工425人，本科及以上学历的人员占到90%，属于典型的知识型组织，由于事业单位原有的管理模式，尤其是薪酬分配机制影响到职工的积极性，导致近年来核心人才的流失，为此，GX设计院决定开展薪酬分配体系改革，以保留和吸引优秀人才，保持和提升GX设计院的核心竞争能力。

2. 当前薪酬管理中存在的问题

在薪酬分配体系改革之前，GX设计院系统梳理了当前院里在薪酬管理方面存在的问题。

（1）“大锅饭”现象严重

GX设计院在事业单位的管理框架下，薪酬管理比较粗放，主要采用的是职务工资制，同职务的人员薪酬差别不大，干多干少一个样，干好干坏一个样，“大锅饭”现象比较严重，致使业务部门与职能部门之间、高绩效与低绩效职工之间的矛盾越来越突出。

（2）激励效果不佳

在原有的薪酬管理体制下，职工无论素质能力和绩效水平差异多大，他们之间的薪酬也很难拉开差距，没有差距就没有激励，能力素质高的职工的积极性就无法得到发挥，要么索性不再积极努力，要么向外寻求发展空间，而且这种状况有越演越烈的趋势。

（3）奖金分配不透明

在当前的薪酬模式下，对于GX院来说，项目奖金就成为打破传统分配方式“大锅饭”的唯一手段，而令人遗憾的是，当前项目奖金的分配也缺乏明确的标准，奖金分配的人为因素较大，为了减少矛盾，管理者一般不采取透明的奖金分配模式，因而，分配方案经常受到职工的质疑，无论分得多的职工，还是分得少的职工，真是满意的不多，领导也成了众矢之的，有苦难言。

（4）薪酬与职工能力绩效脱节

事业单位管理体制下的GX院，其薪酬分配的主要依据是职工的学历、资历和职称等硬性因素，与所在岗位、本身素质能力、绩效成绩关联不大，分配趋向于平均，导致职工内部相互之间认可度低，年轻的骨干职工的薪酬不能体现其价值，甚至出现新进职工的“倒挂”现象，薪酬内部满意度低。同时，薪酬制度与市场不匹配，市场竞争力下降，如，院新招的、具有两年设计经验的技术人员，月薪是5000元，而市场水平一般是8000~10000元，而该院工作20年的基层后勤服务人员的月薪可以达到6600元，而同类人员的平均市场水平为2000元，在传统的薪酬模式下，这些问题都无法得到解决。

3. 薪酬体系改革方案设计

GX设计院的薪酬体系改革方案从岗位梳理入手，在理清岗位设置、开展岗位价值评估的基础上，开展系统的方案设计工作。

（1）岗位梳理及评价方案

新的薪酬方案是基于岗位实施的，因此，对岗位的重新梳理和评价是实施薪酬管理的基础。

根据GX院的战略规划，改革小组对院当前的组织结构提出了优化建设，将组织结构分为：职能管理、专业设计所、项目部、二级单位四块。其中，在专业设计所和项目组之间实行矩阵式管理，增强组织的扁平化程度和快速响应能力。

根据组织结构的优化方案，重新定位了部门职能，更新了《部门职责》，根据部门职责合理设置岗位及编制，组织开展了工作分析，编制了全部岗位的《岗位说明书》。

（2）岗位价值评估

GX院的岗位评价采用“七要素评价法”，从职责规模、职责方位、工作复杂度三个维度，对组织的影响、监督管理、责任范围、沟通技巧、任职资格、解决问题难度、环境条件七个方面的要素进行评价，评价结果如表6.3所示。

表6.3　GX建筑设计研究院岗位评价结果（示意）

排序	职位	分值
1	院长	875
2	标准副院长	832
3	设计副院长	818
4	发行副院长	815
5	总工程师	783
6	副总工程师	726
7	结构设计室主任	645
8	建筑设计师主任	637
9	信息网络部主任	621
10	财务部主任	600
11	计划经营部主任	589
12	人力资源部主任	580
……	……	
40	结构设计管理	408
41	建筑设计管理	404
42	水电设计管理	394
43	会计	350
44	文秘	341
……	……	
119	司机	128
120	保安	122

（3）薪酬改革方案设计

GX院的薪酬改革方案，分为专业技术人员改革方案与职能人员改革方案两个部分。

①专业技术人员薪酬改革方案。专业技术人员作为GX院的核心资源，是实现院战略目标、保持市场竞争力的中坚力量，对上述人员的激励对于设计院的持续发展有着重要的影响。以往，GX院专业技术人员的晋升通道只有行政职务，这就造成了“千军万马挤独木桥”的局面，为此，本次薪酬改革中通过打造多种职业通道，解决了专业技术人员职业发展的瓶颈，同时，在纵向通道上划分了较多的层级，有利于专业技术人员的持续、快速晋升，大大提高专业人员的工作动力。

表6.4　GX建筑设计研究院专业技术人员等级划分表（示意）

层级	行政管理等级	专业技术等级
高层	总工程师	首席技术专家
中层	所长	
	项目经理	资深设计师
	二级单位负责人	高级设计师
基层	高级项目管理员	中级设计师
	中级项目管理员	设计师
	项目管理专员	技术员

专业技术人员的薪酬拟采用绩效工资模式，其薪酬结构为：

总收入 = 基本工资 + 项目奖金 + 年终效益奖 + 福利

其中，根据管理层级高低与承担责任的大小，收入中的固定部分（基本工资）和浮动工资（项目奖金、年终效益奖）的比例有所不同，如表6.5所示。

表6.5　GX建筑设计研究院专业技术人员薪酬模式设计（示意）

层级	薪酬模式	固定:浮动	适应岗位
高层	年薪制：月基薪 + 年终风险收入	月基薪年总额:年终风险收入 = 3:7	总工程师、首席技术专家

续表

层级	薪酬模式	固定:浮动	适应岗位
中层	绩效工资制：基本工资+项目奖金+年终效益奖	基本工资:(项目奖金+年终效益奖)=4:6	资深设计师、高级设计师、项目经理、资深项目管理员等
基层	绩效工资制：基本工资+项目奖金+年终效益奖+福利	(基本工资+福利):(项目奖金+年终效益奖)=5:5	中级设计师、设计师、技术员等

其中，基本工资由职工的专业技术等级确定，项目奖金由项目利润、职工的工作权重、工作成果质量共同决定，年终效益奖由职工的年度绩效考核结果和设计院的年度经济效益共同决定。

②职能管理人员薪酬改革方案。根据其工作性质，职能管理人员采用岗位工资制，其薪酬结构为：

总收入=基本工资+绩效工资+年终效益奖+福利

根据职能人员的管理层级不同，薪酬收入中的固定部分（基本工资）和浮动工资（绩效工资、年终效益奖）的分配比例有所不同，如表6.6所示。

表6.6 GX建筑设计研究院职能管理类薪酬模式（示意）

层级	薪酬模式	固定:浮动	适应岗位
高层	年薪制：月基薪+年终风险收入	月基薪年总额:年终风险收入=4:6	所长、职能系统分副院长
中层	岗位工资制：基本工资+绩效工资+年终效益奖	基本工资:(绩效工资+年终效益奖)=6:4	部门经理
基层	岗位工资制：基本工资+绩效工资+年终效益奖+福利	(基本工资+福利):(项目奖金+年终效益奖)=7:3	职能管理人员

4. 配套改革措施

薪酬体系的改革，必然涉及新旧体系的衔接，以及与之相关的人力资源管理其他模块的基础工作。因此，在制定薪酬改革方案的同时，GX院也同步完成了相关管理体系的规范和优化工作，形成的成果包括《薪酬改革实施方案》、《任职资格管理方案》、《晋职晋升方案》等，配套调整的制度包括《职工奖惩制度》、《职工培训制度》等，不再一一赘述。

在薪酬改革的过程中，局部模拟、定点突破的方式往往有利于减少变革的风险。根据该院的实际，本次薪酬改革实施的突破点选在第一设计所，经过三个月的模拟运行（期间不与实际薪酬挂钩），理顺了薪酬管理相关的主要程序，解决了实施中遇到的问题，在模拟运行结束后，根据运行的情况对整体方案进行了局部的调整和优化，在此基础上，方案面向全院推广。

5. 实施效果

薪酬改革实施一年后，GX 院全体职工对于薪酬的满意度明显提高，核心人才的离职率明显降低。同时，由于本次薪酬体系的设计倾向了专业技术人才，其薪酬标准均已达到甚至高于市场水平，对于特殊人才，还设计了更为灵活的“薪酬特区”，增强了对同业优秀人才的吸引力度，仅一年时间，GX 院就成功引进了 6 名高级设计人才，使得院的专业水平有了很大的提升。

总体来看，本次薪酬改革达到了预期的目标，取得了较好的效果。

案例 2：X 市质监系统薪酬体系改革

1. 背景介绍

X 市质监系统是国家授权依法承担 X 地区质量、计量、特种设备监督检验和作业人员培训考核工作的法定检验检测机构。目前，系统内有事业单位 7 个，分别是：X 市产品质量监督检验所、X 市计量检验研究所、X 市特种设备监督检验所、X 市锅炉压力容器检验研究所、X 市建材产品检测中心、X 市标准化信息中心、X 市质量技术监督局稽查大队。除稽查大队按事业单位、公务员管理外，其余 6 个均为自收自支事业单位，财政管理方式为预算内管理。

2. 当前 X 局薪酬管理中存在的问题

（1）薪酬体系与发展定位不匹配

组织使命不同，价值定位不同，人力资源战略也会不同，当然薪酬策略也就要进行相应的调整，过去，X 局主要是履行行政管理职能，随着事业单位改革的深化，X 局也提出了“服务监督分离，拓展服务深度，强化执法能力”的十八字战略方针，在人力资源管理方面，系统也提出了“重实绩、重贡献、向优秀人才和关键岗位倾斜、形式多样、自主灵活”的配套的分配激励政策，倡导“效率优先、兼顾公平”，但在实际操作中，传统的薪酬模式并没有本质的改变。

(2) 组织结构板结，内部价值链运行不合理

长期的公务员管理模式，使得 X 局失去了构建内部价值链的意愿，平均主义、大锅饭的氛围弱化了内部价值体系的构建，从而影响到了职工的积极性和创造性，因此，X 局希望本次改革遵循动态价值分配的原则，根据职工的职能与实绩进行二次分配；制定动态激励计划，提升报酬水平的竞争力；开发多序列的报酬形式与组合方式，给予不同职能的部门、职工合适的报酬组合。

事业编制的管理模式，极大地限制了管理者的权限，人员出口难使得很多管理工作受限，缺乏合理的绩效导向，管理手段相对单一，影响了职工积极性。

(3) 人力资源管理基础匮乏

薪酬体系的有效运行，有赖于基础人力资源管理体系的系统化、规范化，而在这方面，X 局在人力资源管理体系的基础建设方面有较大的差距，突出体现在：几乎所有系统内事业单位都没有进行工作分析与岗位评估，致使薪酬管理、竞聘上岗、绩效管理、人才培训等方面的工作很难落到实处。只有让职工明白价值来源的途径、价值衡量的标准以及对应的薪酬，才能更好地激励职工，使薪酬管理落到实处。

(4) 绩效考核体系未能与薪酬有效对接

事业单位固有的特性使得绩效考核体系缺失，考核内容不全面，在考核项目设定及权重设置等方面关联性不强，具有很大的随意性。考核评价标准笼统、模糊，缺乏明确的量化规定，伸缩性大，实际操作性差。考核方式不够完善，一方面平时督查与年终考核结合不够，没有把监督工作与发挥部门职能作用有机结合起来；另一方面，考核主体单一，缺少多视角的评价，难以完整反映各方对被考核对象的评价。评价方法不科学，评价结果拉不开档次，甚至有拔高现象，特别是综合管理部门的考核，因为缺少量化的指标，考虑因素太

多，在具体评价时，难免有搞平衡的思想，个别考核有降低标准、迁就的倾向。考核结果运用不充分，影响到干部群众参与考核的积极性，导致考核走过场，薪酬中的绩效工资平均主义打破不了。

3. 改革思路

结合国家相关部委的要求，鉴于X局的事业单位特点，在构建单位薪酬体系的过程中，应遵循以下四个原则。

①统一性与差异性相结合原则。相同或相近的岗位之间一般要有共同的指标，使指标体系通用可比，同时，也要适度体现个性差异，鼓励从实际出发，发挥特长，增强针对性。

②相关性原则。一是要适应市场经济条件下质监系统的职能新定位，选取的指标要与公共服务、职能定位、科学发展、合理分配四方面职能作用发挥有直接联系，同时，还要考虑各种因素的相关性，使整个薪酬体系的各个指标形成一种内部制约关系。

③可操作性原则。体系设置及考核指标、标准的选取及确定既要符合评价要求，也要考虑现实条件，便于操作和实施。

④相对稳定原则。一是薪酬体系的联系性要具有可操作性和持续性，年度调整可以有侧重，但整体体系构成不应常常翻新。而薪酬体系构成要素一经确定，则不能随意变动，确需调整变更，要严格履行有关程序。

4. 薪酬改革方案及措施

（1）全面实行以岗定薪

按照本单位特点，在认真分析政策、合理规划事业、理清人员结构的前提下，合理划分各岗位所包含的岗级，确定各岗位高、中、低岗级的比例，建立层次岗位制度。

拟制《岗位说明书》，明确岗位职责与人员任职条件，使工作人员按条件应聘，有利于人员队伍的优化，也有利于打破传统的、论资排辈的循环用人制度，有利于收入与其岗位职责、工作表现和业绩紧密联系，便于岗位绩效工资有序展开。

建立人员“出入口”制度，严把“进口关”，放开“出口关”，人员的引进要与事业发展相适应，对于不符合本单位岗位要求的人员，采取有序退出的方式。同时，在人员编制的管理方面，要引入企业化的思想，打破事业单位“人员终身制”的痼疾。

（2）引入考核激励机制

事业的发展需要人才的保障，而激励机制的建立对于人才队伍的建设与管理至关重要。在这方面，一是要完善单位主要领导的分配激励机制，调动高层次人才和主要领导的积极性；二是实行岗位绩效工资制，岗位绩效工资包括岗位工资、薪级工资、绩效工资和津贴补贴四部分，其中，岗位工资、薪级工资为基本工资，实行“一岗一薪、岗变薪变”，“一级一薪、定期升级”，与国家宏观政策相统一。绩效工资为浮动部分，与职工的业务表现挂钩，通过健全绩效考核机制，有计划、有针对性地制定激励计划，把个人发展与事业的发展联系起来，让双方的“愿景”产生共鸣。

（3）规范津贴补贴管理

X局因其行业的特殊性，在本次工资分配改革中，对于津贴补贴等待遇，应予以落实和加强。一是建立行业津贴，针对岗位的不同设置相应的补贴，便于行业的发展，有利于高层次人才的引进；二是增加行业补贴，质监系统现场检验的工作特点，加大了工作人员加班的概率，设备的安装地点、设备的情况、检验过程中的突发问题等，都可能导致工作时间的延长，合法合理地增加行业补贴，有利于调动一线工作人员的积极性；三是要加大行业保险，质监系统因其室外作业、试验作业的特质，决定了工作的危险性，加大行业保险力度，有利于保障从业人员的人身与财产安全。

（4）制定严格的工资分配制度

严格执行工资、财务等方面的规定，以改革工资制度为主线，通过改革和严格执行工资分配制度，促进严肃纪律、规范秩序；同时，加强考核监督，使得领导和相关部门各负其责、各司其职，职工按章办事，杜绝人情化、人为化问题，全面改善X局的社会形象，促进“服务监督分离，拓展服务深度，强化执法能力”目标的实现。

5. 实施效果

本方案在对X市质监系统薪酬体系存在的问题进行了深入分析的基础上，

提出了“分类管理、以岗定薪、引入考核激励机制、加强津贴补贴管理、争取政策支持和严格分配制度”的改革思路，薪酬改革配套绩效考核机制同步实施。

通过方案的实施，解决了 X 市质监系统多年来存在的薪酬结构不合理，缺乏激励机制，津补贴等保障机制不健全的问题，提高了广大职工的积极性，单位的精神面貌在改革之后有了很大的改观。

案例 3：B 大学全面薪酬体系建立与改革

1. 背景介绍

B 大学是一所在改革开放中崛起的、新兴的地方综合性大学，1996 年由三所高校合并而成，其中，工程力学、通信与信息系统、水产养殖等三个专业被列为博士学位授予学科。至 2011 年 12 月 31 日止，校本部教职工总数 2000 余人（其中教学、科研人员 1200 多人，教辅人员 250 多人，党群行政人员 400 多人，后勤、附属单位及其他人员 200 多人）。教职工的专业技术职务结构为：正高级占 15%，副高级占 26%，中级占 30%，初级占 18%，其他占 11%。在教师中，有 3 名两院院士，有 15 人获得国务院特殊津贴，有 3 人获得国家杰出青年科学基金，有 5 人入选国家人事部“百千万人才工程”。这些优秀的人才是 B 大学的学科带头人，代表着 B 大学的发展方向。但是，由于人力资源管理工作尤其是薪酬激励机制的不完善，造成了上述人才多次向学校表达不满，有的甚至提出了离职申请，对现有的教职工队伍带来了一定的冲击，影响到学校的发展。

正是基于以上背景，B 大学决定启动薪酬体系改革工作。

2. 当前薪酬管理中存在的问题

借助于访谈、制度研究、数据分析和薪酬满意度调查，对 B 大学薪酬体系存在的问题有了比较深入的把握，主要问题在以下四个方面。

①薪酬水平缺乏市场内竞争力，人员流失严重。薪酬水平除了要考虑相对于历史的增长之外，还要考虑在同地区、同类高校之间的平衡。经调查，B 大

学的核心教学、科研岗位的优秀人才的薪酬水平，目前远低于市场水平，这是造成优秀教师流失的重要原因。

②薪酬未与实际业绩与贡献相结合。B 校长期实行身份管理制，聘任制、竞岗制流于形式，职称、职务成为“终身制”，工资分配主要与身份挂钩，职务相同，工资、津贴即相同，薪酬分配不考虑贡献大小、业绩高低；在岗位津贴分配上，也采用以职务、职称为依据的分配模式。整体来看，分配制度陷入平均主义、大锅饭的模式，教师将大部分精力都放在了职务、职称的获取上，工作方面的积极性不高。

③忽视了内在薪酬的激励作用。非经济性报酬也称内在薪酬，包括工作兴趣、环境、挑战性、人际关系等非货币形式的报酬，B 校在这方面开展的工作较少，忽视了内在薪酬的激励作用，教师的积极性受到挫伤，普遍感觉个人价值没有得到学校的重视与认可。

④绩效考核体系不完善。当前实行的绩效考核体系，将科研、论文、课时等都做了量化，且作为主要考核指标，而对于教职工个人的工作态度、历史贡献、长期发展等方面的因素，考虑得较少。

3. 全面薪酬改革思路

在深入剖析该高校薪酬制度存在的问题之后，运用现代薪酬管理理论，针对实际情况，提出以下改革方针与原则。

①公平性原则。要依据教师劳动价值支付薪酬，让多数教师能产生“公平感”，而公平性主要体现在新的薪酬方案能够客观反映教师的个人价值、岗位工作价值、工作绩效三个方面的内容。

②竞争性原则。薪酬要有竞争力，要建立保证吸引优秀人才的最恰当的薪酬水平。在本次薪酬设计中，在 B 大学内部，提高了对于学校发展与学科建设有关键影响的岗位的薪酬；在外部，参考了其他高校的薪酬结构和薪酬水平，并结合该校的特点进行了优化和调整。

③经济性原则。提高组织的薪酬水平，固然可以提高薪酬的竞争性与激励性，但也不可避免地导致人力成本的上升。因此，薪酬水平的调整要考虑经济性的制约，要考虑单位的实际承受能力，在总成本一定的情况下，尽可能发挥薪酬的经济价值和激励作用。

④民主性原则。基于共同设计、深度参与的原则，让职工参与到薪酬改革的过程中来，开通良好的薪酬信息沟通渠道，让职工充分发表自己的意见，共同建立一个适合本校特点的薪酬系统。

4. 全面薪酬体系改革方案

完全地提高薪酬的绝对水平，对于B大学来说难度较大，因此，本次薪酬改革除了外部市场的对标之外，还特别注重对于非物质激励、福利等方面的设计，致力于建立和运行良好的全面薪酬激励体系。

(1) 基本薪金设计

新的工资结构由岗位工资、薪级工资、绩效工资、特殊岗位津贴补贴、福利组成，遵循“按劳取酬、优劳优酬、效率优先、兼顾公平”的原则。

岗位工资和薪级工资为基本工资。岗位工资按照所聘用的岗位确定，实行一岗一薪，岗变薪变；薪级工资按照所聘岗位、套改年限、任职年限等因素进行套改。

绩效工资的分配以工作人员的实绩和贡献为依据，按照既定的绩效考核方案进行分配，加强对教师绩效工资的核发，设立“绩效考核奖”、“特殊贡献奖”、“全勤奖”。

特殊岗位津贴补贴，向教师系列倾斜，体现对特殊岗位教师的重视，按照国家政策管理。承认优秀、高层次人才的特殊贡献。

(2) 福利体系设计

作为基本薪金的补充项目，福利是吸引优秀人才、维持教师队伍稳定的重要手段。根据学校实际，在控制学校总支出增加的前提下，为该校设计了全方位、高弹性的自助式福利计划，主要内容包括：

①住房性福利：以成本价向教师销售住房、房租补贴，为特聘教师配给全免住房。

②交通性福利：为教师提供免费班车，报销职工差旅费，为职工代购公交月票等。

③饮食性福利：提供工作餐，专设教职工伙食窗口，为职工发放工作餐补助。

④医疗保健性福利：免费为职工进行年度身体健康检查，打预防针，实行

公费医疗制度，发放医疗药品补贴。

⑤有薪假期：保证教师双休日的正常休息，给职工一定的事假、探亲假，为业绩表现良好的职工提供出外旅游考察机会。

⑥文化福利：为教师提供娱乐设施和体育锻炼设施，举办教职工联谊会，为退休教师设立摄影小组、书法协会等。

⑦其他保险福利：为教师设立汽车保险、个人财产保险等。

教师可根据自身需要选择接受“自助式福利”的形式。比如，教师可以选择放弃住房福利，争取更多的退休保障，再比如，如果夫妻双方均为该校教师，可以选择放弃一方的医疗保险而争取一份汽车保险，等等。

(3) 内在激励体系的设计

直接的经济性报酬，能在中短期内激励职工并调动职工的积极性。而内在激励体系，则会让教师感受到自己的价值，看到自己的发展前途，激发其努力工作的意志。

为此，B 大学在本次薪酬体系建设中，明确提出了内在激励的方向和措施，包括：

①提供适合其能力、有兴趣、有挑战性的工作。

②改善教师的工作环境与设施。

③关心教师的生活质量，给予有弹性的工作时间。

④增加评优评先、表彰鼓励的活动与机制。

⑤为职工提供培训、晋升、提升个人品牌的机会。

5. 薪酬变革的实施

本次薪酬变革开始之前，B 大学就组成了专门的领导小组，对变革的工作进行了系统的部署和认真的准备。

(1) 新制度的推广宣传

通过培训和宣传，使得大学自上而下对新的薪酬制度有了正确、清晰的认识，降低了推行的阻力。首先由校领导向各院系的领导班子解释新制度的主要内容、制定的过程和它的科学性、实用性。然后，由各院系负责人向院系职工进行宣讲和说明。

（2）做好应急预案与沟通机制

新制度以"岗位工资 + 薪级工资"为基础，改变了过去单纯以职务划分薪等级的模式，可能会导致某些职工基本薪金水平的降低，从而引起这部分职工的不满。对此，B 大学人事部进行了专题准备，以应对新制度推行所造成的职工反馈高峰，以便及时做好职工的沟通工作，避免和化解矛盾的发生。

（3）根据反馈修正方案，健全制度

在方案的宣贯过程中，人事部门及时收集职工的意见和建议，及时对制度中的不合理内容进行修正。同时，跟踪新制度的运行情况，建立、健全相关的配套制度和措施，如对与薪酬制度紧密关联的绩效考核制度，进行相应的调整。

6. 实施效果

实施全面薪酬改革之后，B 大学教师队伍的稳定性大大提高，教师的积极性、自主性、奉献精神有了很大的改观，投身于科研课题探索和研究的热情大大提高，全校各方面工作都有明显的起色。

同时，由于本次导入了全面薪酬体系，在总成本增加不大的前提下，使得教师的薪酬体系向系统性、公平性、多层次、重绩效、重感受的方向发展，增强了教师对 B 大学的认同感和整体满意度，收到了良好的综合效应。

第七章
事业单位基础人事管理改革技术与实战

第一节　基础人事管理概述

一、基础人事管理的定义

人事管理的概念有广义、狭义之分。广义的人事管理是人力资源管理的代称，是有关人事方面的计划、组织、指挥、协调、信息和控制等一系列管理工作的总称；狭义的人事管理则是指人力资源工作中的人事用工、劳动关系、人事档案管理等方面的工作。

此章节的“基础人事管理”，是指人事管理的基础性、支撑性工作，包括劳动关系管理、人事信息管理两方面的内容。其中，劳动关系管理包含招聘用工、员工上岗、离岗面谈及手续办理、员工申诉处理、人事纠纷及劳动争议处理等内容；人事信息管理具体指人事档案收集、人事信息系统健全、职工在离职证明文件管理等内容。本章节重点对用工、招聘、入职、考勤、离职、档案管理等基础管理环节进行阐述。

二、基础人事管理的特点

基础人事管理是随着人事管理在不同历史时期的发展而发展的，通过对传统人事管理工作与现代人力资源管理工作的对比分析，可以帮助我们理解基础人事管理的特点。

1. 管理内容

传统的人事管理以事为中心，主要工作是管理档案、人员调配、职务职称变动、工资调整等具体的事务性工作。而现代人力资源管理则以人为中心，将人作为一种重要资源加以开发、利用和管理，重点是开发人的潜能、激发人的活力，使职工创造性地开展工作。

2. 管理形式

传统的人事管理属于静态管理，也就是说，当一名职工进入一个单位，经过人事部门必要的培训后，安排到一个岗位，完全由职工被动地工作，自然地发展。而现代人力资源管理属于动态管理，强调整体开发。也就是说，对职工不仅安排工作，还要根据组织目标和个人状况，为其做好职业生涯设计，不断培训，不断进行横向及纵向的岗位或职位调整，以充分挖掘和发挥个人才能，量才使用，人尽其才。

3. 管理方式

传统的人事管理主要采取制度控制和物质刺激的手段，现代人力资源管理更趋向于人性化管理，考虑职工的情感、自尊与价值，以人为本，多激励、少处罚，多表扬、少批评，多授权、少命令，以充分发挥每个人的特长，体现每个人的价值。

4. 管理策略

传统的人事管理侧重于近期或当前的人事工作，就事论事，属于战术性管理；现代人力资源管理不仅注重近期或当前问题的解决，更注重人力资源的整体开发、预测与规划，根据组织的长远目标制定人力资源的开发措施，属于战术与战略相结合的管理。

5. 管理技术

传统的人事管理照章办事，而现代人力资源管理追求科学性和艺术性，不断采用新的技术和方法，完善考核系统、测评系统等科学手段。

6. 管理体制

传统的人事管理多为被动反应型，按部就班，强调按组织意图办事；现代人力资源管理多为主动开发型，根据组织的现状、未来，有计划有目标地开展工作。

7. 管理手段

传统的人事管理手段单一，以人工为主，日常的信息检索、报表制作、统计分析多为人工进行，很难保证及时、准确，浪费人力、物力和财力；现代人力资源管理多采用软件系统、信息检索、报表制作、核算、测评、招聘等均由计算机自动生成结果，可及时、准确地为决策提供依据。

8. 管理层次

传统的人事管理部门往往只是上级的执行部门，很少参与决策；现代人力资源管理部门则处于决策层，直接参与计划与决策，是单位的最高决策部门之一。

由以上比较可以看出，传统的人事管理工作往往是基础工作占据大量的时间和精力，而现代人力资源管理中，由于信息化等先进管理手段的采用，基础人事管理所占用的时间比例正在逐步缩小。但不可否认的是，随着社会的改革，用工形式的多样化、多元化，基础人事管理的重要性非但没有改变，对其专业性的要求反而有所加强。上述体系能够依法合规、严谨高效地运行，直接关系到组织的经营管理效率、成本和风险。

因此，有必要对事业单位的基础人事管理工作进行一个系统的分析和研究。

三、基础人事管理的内容

1. 用工管理

用工管理的内容包括：采用何种用工组合，以体现合法、高效的原则，在外部用工方面，通过何种有效的法律手段，在组织内外建立“防火墙”，防范劳动用工的法律风险，等等。

2. 招聘管理

招聘管理的内容包括：招聘信息发布，简历筛选，面试笔试，录用通知，校园招聘，异地招聘，委托招聘，现场招聘，等等。

3. 入职管理

入职管理的内容包括：录用前准备，入职手续办理，入职培训，人员档案建立，等等。

4. 考勤管理

考勤管理的内容包括：考勤管理，加班核实与审批，病、事、婚、丧、年假管理，女工“三期”管理，出差管理，等等。

5. 离职手续

离职管理的内容包括：离职申请审核，工作交接，工资核算，离职手续办理，特殊离职情况处理，等等。

6. 人事档案管理

人事档案管理的内容包括：职工花名册制作，职工社保及公积金缴纳档案管理，职工工伤及商业保险缴纳档案管理，在职职工招聘、培训、绩效考核、薪酬发放、档案管理，离职职工档案管理，劳动合同档案管理，等等。

四、基础人事管理的目的与意义

基础人事管理的规范化、现代化对于事业单位的管理改革与可持续发展，意义重大。

①基础人事管理是事业单位管理水平提高的必须。基础人事管理工作的水平是事业单位管理水平的重要表现。人事管理无小事，基础人事管理涉及员工

从入职到离职的全过程，能否全面、规范管理，关系到单位的稳定，也关系到每一个职工的切身利益。因此，在改革的过程中，在逐步引入人力资源管理的新思想、新技术、新方法的同时，事业单位在传统的人事管理方面的职能不但不能弱化，反而要更为加强，要适应新形势的需要，通过信息技术、测评技术等新方法的应用，提高基础人事管理工作的效率和效果。

②基础人事管理是实现事业单位人才队伍动态管理的必须。基础人事管理中很重要的一个部分就是劳动用工管理，这其中包含着采用何种用工形式组合以体现效率最优的问题，包含着如何开展各方面招聘工作确保单位发展所需人才到位的问题，也包含着如何科学进行人员分流实现岗位优化配置的问题，这些问题都是事业单位人事制度改革的核心问题，不解决人员的入口问题、动态管理（退出机制）问题、效率优化问题，就无法激活组织，也无法满足事业单位改革的需要。

③基础人事管理是确保事业单位改革依法、稳步推进的必须。事业单位改革是一次涉及全体事业从业人员的制度设计上的革命，其中涉及的若干问题，如人员使用的合法合规性问题，劳动合同的缔结与解除问题，劳动过程中的报酬计算与管理问题，人员福利与待遇问题，以及改革过程中的人员分流、岗位异动等问题，都可能会涉及劳动人事法律与法规。在这样的背景下，主动掌握事业单位人事改革的相关政策，熟悉劳动人事法律法规，熟练运用政策、法规开展人事工作，是确保事业单位改革依法、稳步推进的关键。

第二节　事业单位基础人事管理现状

一、事业单位人事管理现状及改革进程

新中国成立以来，我国事业单位从中央到地方已扩展到110多万家，在编从业人员达3153万人，其中67%以上是各类专业技术人员，我国的科学、教育、文化、卫生、体育、新闻等公益事业的优秀人才，绝大部分集中在这里。70%以上的科研人员、95%以上的教师和医生都集中在事业单位。事业单位的

从业人员中，教育、卫生、科技服务人员三项相加占总人数的3/4，其中，教育系统的人员即达到一半左右。

事业单位因其公益性的组织属性而显示出与政府、企业不同的鲜明特点。近年来，在党中央、国务院的重视和领导下，人力资源和社会保障部在总结事业单位人事制度改革试点经验的基础上，不断加快政策研究，加强对不同行业推行改革的分类指导，事业单位的人事制度改革已经开始取得突破，改革正在稳步推进，不断深化。

第一，聘用制已全面推行。自2002年起，事业单位的聘用制开始试行，推行面不断扩大。据统计，全国实行聘用制的单位占事业单位总数的比例从2004年的36%、2005年的44%，逐步增加到2006年的51%，2008年的74%，2009年的80%，截至2013年底达到了90%以上。签订聘用合同的人员占事业单位工作人员总量的比例从2004年的45%、2005年的51%，逐步增加到2006年的59%，截至2013年底超过90%，同时全国事业单位聘用制度推行率达到95%。

第二，公开招聘已经成为人员进入的重要方式。从2006年1月1日起，按照《事业单位公开招聘人员暂行规定》，事业单位新进人员，除政策性安置和涉密岗位的人员外，都要面向社会实行公开招聘，做到信息公开、过程公开、结果公开。截至2006年9月底，全国有28个省（区、市）开展了公开招聘，其中15个省公开招聘范围超过50%，聘用了约33万多人。据不完全统计，2008年1~6月，全国参加事业单位公开招聘的人员共计419万人，实际聘用50.8万人，新进人员中有84%是通过公开招聘方式进入事业单位的。北京、山东、重庆、江西等11个省市，以及科技部、卫生部、审计署等22个部门的公开招聘比例已达到100%。通过实施公开招聘，事业单位进人环节正逐步得到规范。2013年事业单位新进人员公开招聘工作已经在全国范围内基本实现全覆盖，初步建立了民主、公开、竞争、择优选拔新进人员的制度框架。

第三，岗位管理正在逐步展开。2006~2007年，《事业单位岗位设置管理试行办法》及其实施意见以及11个分行业的指导意见下发，首次对事业单位的岗位设置进行了规范，明确事业单位岗位分为管理岗位、专业技术岗位、工勤技能岗位三种类别，其中管理岗位分10个等级，专业技术岗位分13个等级，工勤技能岗位中技术工岗位分5个等级，普通工岗位不分等级。以上岗位设置办法与指导意见，为事业单位人事管理的规范化奠定了坚实的基础。

第四，未聘人员得到妥善安置。在目前我国社会保障制度尚不健全的情况下，改革过程中如何确保稳定，成为政府及事业单位关注的重点。在推行聘用制过程中，在对未聘人员安置方面，各单位已经积累了一定的经验，以“内部消化为主、多种渠道安置、不简单推向社会”为原则，在解决养老、失业等社会保障问题的基础上，逐步探索扩大社会接纳的渠道和办法。根据未聘人员的实际情况，有关部门与事业单位分别采取了转岗培训、自谋职业、托管、内部待聘等方式给予妥善安置，积极为未聘人员提供上岗机会，确保其基本生活得到保障。

第五，事业单位绩效工资制度正在逐步推开。按照国务院的部署，事业单位实施绩效工资分三步展开：第一步在义务教育学校实施，第二步在公共卫生与基层医疗卫生事业单位实施，第三步在其他事业单位实施。目前，义务教育学校的绩效工资改革已基本到位，公共卫生与基层医疗卫生单位的绩效工资改革正在组织实施，下一步将按照“分类指导、分步实施、因地制宜、稳慎推进”的原则，积极推进包括非义务教育学校在内的其他事业单位的绩效工资制度。

第六，事业单位分类改革正在部分省市试点。2008 年 11 月份，由中央编办印发并内部传达的《关于事业单位分类试点的意见》为事业单位分类改革提供了原则。上海、重庆、浙江、广东、山西 5 省市于 2009 年率先在全国进入分类改革试点，试点于 2009 年 1 月起实施，省直事业单位改革于 2009 年底完成，市、县、乡镇事业单位改革于 2010 年底完成，试点省市的改革为全国事业单位改革探索了方法和道路，积累了经验。

第七，事业单位养老保险改革已在部分省市试点。2008 年初，国务院原则通过《事业单位工作人员养老保险制度改革试点方案》，确定在山西、上海、浙江、广东和重庆 5 省市先期开展试点工作，试点的主要内容包括：养老保险费用由单位和个人共同负担，退休待遇与缴费相联系，基金逐步实行省级统筹，建立和企业年金一致的职业年金制度，实现改革前后待遇水平上的平稳衔接，由于养老保险改革涉及面较广，历史问题较多，目前各省市尚无实质性举措。

第八，《事业单位人事管理条例》2014 版已经颁布，作为事业单位人事管理总章程性质的行政法规，条例立足于确定基本制度、规范基本环节、解决基本问题，为建立系统性的事业单位人事管理制度奠定坚实基础。同时，按照岗位管理的要求，将逐步制定和完善贯穿于人员“进、管、出”各个环节的管理制度，如岗位设置、人员聘用、考核、培训、奖惩、工资福利、退休、人事争议等，系统化的制度建设正在使我国事业单位人事管理走向法制化、科学化和规范化。

二、事业单位人事管理的基本原则

从事业单位组织人事改革的目标出发，基础人事管理应当贯彻以下四项原则。

1. 公开平等原则

事业单位人事管理的公开，是指公开人事管理的法律、法规和政策（按规定需要保密的除外）公开人事管理的录用、考核、升降、奖惩、报酬等方面的制度、标准、程序、结果等，将人事管理自觉地置于广泛的社会监督之下。

事业单位人事管理的平等，是指在法律上确认每个职工都具有平等竞争的权利和机会，不因家庭出身、民族、宗教信仰等因素的不同而受到歧视或享有特权。

公开平等原则是人事管理的基本原则，它贯穿于人事管理的各个环节，其根本目的就在于促进优秀人才脱颖而出，做到人尽其才、事得其人，最大限度地调动人员的积极性和创造性。

2. 竞争择优原则

所谓竞争择优，就是通过公开、平等的竞争考试，把德才兼备的高素质的人才选拔出来，使其参与到事业单位的工作中来，优化事业单位的人员结构，更好地为经济和社会发展服务。

事业单位人事管理的竞争择优，是以公开、平等为前提的，要改变过去封闭的人才选拔方式，将竞争的目标、资格条件、原则、程序、结果等向全社会公布，让所有符合条件的人员在规则面前平等地参与竞争。

3. 尊重知识与人才原则

事业单位人才荟萃，尊重知识，尊重人才的方针必须首先在这里得到贯彻和落实，通过改革，应建立起尊重知识和人才的管理体制及运行机制，强调人才管理以工作实绩为价值导向，强调以客观标准来衡量职工的工作才能，并以此作为职工录用、升降、奖惩等人事活动的依据，作为激励人员勤奋、创造性工作的手段。

事业单位以尊重知识和人才作为人事管理的基本原则和标准，有利于对人员进行客观的、合理的评价，有利于整合事业单位的人力资源，充分发挥人才优势，提升事业单位的组织效能。

4. 依法管理和精简原则

依法管理是人事管理中的一个重要原则，也是人事管理制度化、规范化的标志，它要将人事管理的目的、要求、内容、步骤和方法等通过立法程序规范起来，通过法律手段确保管理的有效实施。

事业单位改革的根本要求，就是在政事分开的指导原则下，在“脱钩、分类、放权、搞活”上下功夫，彻底改变过去由于政事不分、单位办社会等造成的机构臃肿、人浮于事的局面，优化结构、强化专业、合理分流、精简高效，从而有效增强事业单位的产出效率。

三、事业单位人事用工方式的改变

实行分类管理后，为达到管理高效化的目的，事业单位在人事用工方面开始逐渐打破单一的聘用合同制，引入派遣制、公司制等多种用工方式。多元化用工模式的引入，对于激活事业单位用工制度、降低人工成本、规避用人风险、提高人力资源管理效率等都发挥了积极的作用，其突出体现在以下四个方面。

1. 激活用工机制

由于历史原因，“能进不能出”、“铁饭碗”的传统观念在许多事业单位仍然存在，职工竞争意识、敬业精神不强。采取多元化用工制度之后，按照业务发展，在已有聘用制职工（所谓单位的正式工）的基础上，将一部分非核心业务外包给专业劳务公司，或在一些可替代性、临时性、辅助性岗位上安排人才服务机构的派遣制员工，既为业务的发展提供了必要的人力保障，又避免了与制度的正面冲突，通过迂回的办法激活了用工机制，使得单位的人员安排能够根据用工效果进行调整。

2. 节约人力成本

采用多种用工形式的动因在于摆脱多年沉淀、固化的工资体系的束缚，改革不合理的收入分配制度，节省人工成本。部分事业单位多年来一直实行级别工资制、年功工资制，工资逐年平均上涨，这就使得一些基础性、操作性岗位的工资明显高于社会同类人员的工资水平，采用多元化用工，可以促进基础性、操作性岗位职工的收入以市场劳动力价格为基准，降低单位的综合人力成本。

3. 分散经营风险

部分事业单位使用派遣制职工或劳务外包，是为了在业务方向不确定的条件下解决临时性的用工突增问题，在人力资源投资和不稳定、不确定的业务量之间取得最佳的平衡，从而避免背上沉重的用人包袱，保持单位用工的高度灵活性，以有效应对市场变化。

4. 解脱编制束缚

由于业务的快速发展，部分事业单位的编制数目已经远远不能满足业务的需要，限制了组织的发展，为了解决这一问题，单位不得不采用自办公司用工、派遣制等多种用工方式，解决超编的用工需要，为业务发展提供充足的人员。

四、事业单位基础人事管理存在的问题和弊端

当前，事业单位基础人事管理存在的问题和弊端应当包括以下四个方面。

1. 聘用制改革未能全面、彻底执行到位

近几年来，事业单位聘用制改革的力度越来越大，但在推进过程中也遇到了一系列问题，影响到了事业单位改革的质量与进程。首先，单位聘用制改革多数是“先入轨，后完善”，往往政策设计是好的，但执行起来达不到预期目标，各项配套措施也不完善。其次，多数单位虽然聘用双方签订了聘约，但只是流于形式，人员能进难出，聘用合同对聘用双方没有任何制约作用。再次，聘用制改革过程中的不公平问题突出，尽管有关部门出台了大量文件来确保事业单位聘用制改革过程中的公平、公正、公开，但依然难以避免一些单位的暗箱操作，在实际招聘过程中，决定权往往掌握在领导和人事部门手中，导致各种人际关系盛行，结果往往是聘用制搞得轰轰烈烈，实际人员早已内定。

2. 岗位设置、聘用缺乏科学性

当前不少事业单位为了“保持稳定”，绝大多数岗位的“任职条件”都是为了安置现有人员而“量身定做”，所谓“科学合理的岗位设置”往往成了一句空话。事业单位的人员编制是财政部门对事业单位核定经费的依据，而事业单位的人员编制又是由人事部门来核定，这造成人事改革、财政资金供给改革与事业单位改革相互交叉、相互影响，定编定岗事关人事、财政、单位、职工三家四方，一旦在编制核定上动真格的，就会遇到很大的阻力。

3. 激励机制不健全

目前我国事业单位特别是全额拨款事业单位的工资等级还是国家统一规定，聘用合同中对于薪酬的约定只能是在本单位自筹经费的小范围内实行，对年薪、业绩激励等无法触及。由于工资制度改革不到位，主要是论资排辈，与级别挂钩，而与实绩无关，这样的工资制度不可能起到奖勤罚懒、奖优罚劣的效果，也很难实现工资的激励作用。此外，事业单位缺乏针对不同职务层级的分类考核制度，考核效果不佳，仅靠职务晋升难以调动中基层人员的积极性，工资福利制度的激励功能依然不明显。

4. 配套制度不完善

事业单位人事管理改革不是孤立的，而是一项系统工程，必须建立相应的配套制度。但是，目前事业单位人事管理的配套制度并不完善，与改革密切相关的改革成本、养老、医疗、失业保险等配套政策尚未出台，多数地方事业单位人事管理改革的工作还没有摆上重要的议事日程，单靠人事部门推动，改革的力度和速度可想而知。由于政策不到位，想改革的单位感到没有“尚方宝剑”，不想改革的部门却找到了“借口”和“理由”，这就决定了改革只能停留在小范围、窄领域、浅层次。

第三节　事业单位基础人事管理改革技术与方法

事业单位人事改革，必然伴随着基础人事管理技术与方法的优化、提升与完善，无论是聘用制、公开招聘制，还是薪酬、绩效管理体系的改革，都离不开基础人事工作的支撑，本节重点就基础人事管理中的招聘、入职、考勤、离职及档案管理等方面的要点进行介绍。

一、招聘与测评的组织

招聘管理的流程主要包括招聘计划、招募选拔、录用安排、评估总结四个环节，同时，也可以把招聘管理分为准备、实施及评估三个阶段。

1. 招聘准备阶段

招聘的准备工作，也就是招聘计划阶段，其主要任务是完成《招聘计划书》的制订，本阶段的主要任务包括：确定招聘员工数量、员工能力素质要求，分析目标群体来源、招聘渠道，等等。规范的《招聘计划书》为后续的招聘工作提供了方向，为招聘工作有步骤、有计划地开展奠定了基础。

2. 招聘实施阶段

在招聘准备阶段完成之后，就要有针对性、有目的性地开展招聘工作，因此，实施阶段是招聘管理的最重要的环节，这一阶段的工作包括以下几个方面。

（1）招聘渠道的选择

招聘渠道是为补充空缺岗位员工而采用的招聘途径。一般来说，招聘渠道有内部招聘渠道与外部招聘渠道两种。组织在出现职位空缺时，会优先考虑内部符合要求的员工，这就是企业的内部招聘渠道，这种渠道主要包括内部提升、职务调动、岗位轮换、内部人员返岗，等等。

当企业单纯依靠内部招聘无法满足人员需求时，就需要借助外部渠道获取所需人才。外部招聘渠道主要有推荐、发布广告、校园招聘、中介机构、猎头公司、网络招聘等，组织应根据自身能力与需求选择合适的渠道。

（2）招聘信息的发布

招聘信息的发布，是指组织在内部或向社会发布招聘岗位的相关信息，以促进符合条件的人员竞聘该岗位。招聘信息的发布，首先要求其合法性，特别注意不应出现歧视性用语。其次，组织所发布的招聘信息，不仅仅是一个简单的人才需求，更代表了组织的承诺，是一个单位公众形象的间接展示。

（3）笔试和面试

人员选拔是招聘工作中的关键步骤，该项工作的完成效率将直接影响组织目标的实现，其重要性显而易见。人才选拔的方式多种多样，其中，笔试和面试是传统和最直接的招聘方法。笔试重点测试应聘人员在专业知识、行政综合能力、问题判断与解决能力方面的倾向，面试则是加深组织与应聘人之间相互了解的重要的、基本的过程。事业单位在招聘时，可以根据招聘岗位的不同选择笔试或面试，或者将两者结合，以不同的权重加权评分。

（4）人才素质评价

人员素质测评是指组织对拟选聘员工或在职员工进行的、与其工作有关的素质测量与评估。现代人员素质测评应是定性与定量相结合的测评，通过对素质测评结果的量化处理与分析，并结合所应聘岗位的特点，对竞聘者进行全面、公正、客观的素质评价，以此作为人员选聘的基础和依据之一。

（5）背景调查

由于近年来就业压力的增大，虚假的应聘信息也越来越多。从用人的安全起见，招聘单位应该设法验证应聘者的背景信息。通过背景调查，可以证实应聘者履历中的细节，核实应聘者有无过失或重大问题，同时，可以发现应聘者的更多信息，为预测其将来的绩效结果提供依据。

（6）入职录用

人员录用既是招聘实施阶段的结束，又是组织对内部人力资源进行系统、科学管理的开始。进入录用阶段之后，单位的主要工作包括：让候选人尽量多地了解组织信息，办理录用手续，实行新进员工的岗前培训、考核并记录，完成员工的转正与任用，建立员工档案，等等。

3. 招聘评估阶段

当前，很多单位不关心乃至忽视了对于招聘工作的阶段性评估，他们认为：人已经招到了，招聘工作已经完成了，评估可有可无。

按照科学的招聘管理体系来思考，评估是招聘工作中必不可少的环节。组织可以通过对录用员工的绩效、实际能力、工作潜力的评估来衡量招聘工作的质量，检验招聘方法的有效性，促进招聘方法的改进。同时，通过成本效益核算，能够迅速掌握招聘费用的支出情况，区分哪些是应支出项目，哪些是不应支出项目，这有利于降低今后的招聘成本，提高企业的招聘绩效。

招聘评估的关键指标包括：①准确性，即选用的招聘程序、测评工具、方法与内容是否符合空缺岗位的要求；②可靠性，即评价结果能否客观反映应聘者的实际能力和水平；③客观性，即招聘过程能否不受主观因素的影响，对应聘者进行客观评价；④全面性，即测评内容是否完整，能否全面反映招聘岗位所需的各项知识与能力要求；⑤适应性，合适的就是最好的，本指标重点评价所招聘录用人员是否与组织的需求匹配和一致。

二、入职准备与手续办理

入职手续办理的流程包括入职准备、报到、入职手续办理、入职培训、档案建立等。

1. 入职准备

首先，由人事部门向合格的竞聘者发送《录用通知书》，确认新员工报到日期，通知新员工报到注意事项，如需携带资料、证明文件，事先体检，等等。由人事管理人员准备好新员工办理入职手续所需的表单，依据《新员工入职通知单》内容落实各项准备工作，包括安排办公位，申领电脑、电话、办公设备及用品，开通邮箱、账号、员工卡，等等。

2. 入职报到及手续办理

员工入职报到，应填写《入职登记表》，并交验各种证件，包括照片、身份证件、学历、学位证书原件、资历或资格证件原件，与原单位解除或终止劳动合同的证明，体检合格证明，等等。单位对各类证件进行审验，并保存必要的复印件。

之后，单位按照规定的格式合同，与员工讨论及签订劳动合同、保密协议，建立员工档案，开通邮箱、账号、员工卡、考勤卡等。

3. 入职培训

根据单位的情况，需要组织新员工接受入职培训，一般来说，入职培训包括由人事部门组织的一般性培训，如公司介绍、组织结构及部门介绍、工作纪律介绍、办公设施介绍、周边生活环境介绍，等等。

为了使新人尽快熟悉工作，业务部门还将对新人开展业务类的专题培训。

三、考勤管理

考勤管理是单位对员工出勤情况进行考察和记录的一种管理制度，包括排班管理、请假管理（带薪年假管理）、加班（申请）管理、日出勤处理、月出勤汇总，等等。一般来说，单位均要求：

①员工必须认真执行考勤制度，迟到早退、擅离岗位、旷工均属违反考勤制度的行为。

②病事假、出差、公派培训等，需由员工提出申请，由部门领导批准，由考勤人员记录后方可休假或外出，病事假需有医院开具的证明。

③因工作需要于国家规定的节假日值班或加班的，经部门领导批准，由考勤人员做好加班记录，事后统一安排补休或发放加班费。

当前，很多单位都依据考勤管理制度装设了软硬件（如指纹考勤机，打卡机，人力资源管理软件等）进行考勤管理，考勤管理人员月底需向主管领导和财务人员提供员工的考勤数据，包括迟到、请假、加班、早退、旷工等，以备对员工开展绩效评估以及计算工资及奖金。原则上考勤制度应由单位领导直接监督，人事部门的考勤管理人员全面负责记录、实施。

四、离职手续

1. 离职管理流程

一般来说，较为规范的事业单位都规定了员工离职的程序，包括填写离职单、离职面谈、核准离职申请、业务交接、办公用品及公司财产移交、监督移交、人员退保、离职生效、资料存档、离职原因分析、员工离职后的管理，等等。

具体来说，在离职管理中必须讲求工作细节，讲求技巧，讲求文字与数据的记录，以下几点需要特别注意。

①每一个程序与环节都应有相应的表格，并有严格的文字记录，如操作规范，备用金、重要办公设备、公司资产、重要文件、技术资料等就可以避免流失。

②规范的操作员工离职，并在各环节留有记录，是规避相关人事纠纷和法律风险的基本要求。

③有效的离职面谈，有利于了解职工的离职原因，以改善和变革组织机能，指导现行的人力资源管理工作。

④按照国家规定、规范办理相关的离职流程，如到期离职的提前通知，及时给付补偿金等，都是有效规避人事法律风险的重要手段。

2. 加强员工离职的商业秘密管理

商业秘密和核心技术是组织的重要知识资产，有些甚至是国家的机密。因此，必须注意员工离职时的商业秘密管理与保护。

（1）在单位内部，要建立严格的信息控制制度

在单位内部，上级主管应定期检查下属的业务工作资料和电子档案，下属

应定期上报有关业务信息资料，相关资料应纳入管理并存档。应严格规定信息使用的级别，设置信息管理中心，由专职人员管理信息，条件允许的话，应在办公场所设置保密措施。

（2）对于掌握商业机密和核心技术的职工，要实行脱秘期和竞业禁止管理

对于申请离职的职工，首先是进入脱秘期，对其所掌握的技术资料、文件等进行清理和收缴，并停止其参与单位的重要技术研究、商务活动等，需要注意的是脱秘期的操作程序，不要过于生硬，要让离职职工可以接受。如需设立竞业禁止协议，则应对离职人员给予补偿。对于涉及国家机密的技术、数据、资料等，应与离职人员签署《离职保密协议》，并进行专门的提升与提醒，以确保其了解此问题的严重性。

3. 做好离职人员面谈

当职工确定要离开单位，除了标准化的离职作业程序外，离职面谈是相当重要的一环。一般来讲，离职面谈的参加人员应包含三方面的人员：职工本人、人事经理、员工的直接主管。

（1）离职面谈中应注意的事项

①面谈的目的是尽量得知员工离职的原因，然后针对这些原因进行改进，防止流失更多员工。因此，要让离职员工感受到真诚，提供有价值的回馈，不要让员工感觉你仅仅是要他编造一些关于公司的美好故事。

②面谈地点应具有隐私性，且谈话不会被打断，能够让离职员工无拘无束地谈论。

③安排足够时间，适时保持沉默，让员工畅所欲言。面谈时，不是按照事先列出的问题逐项发问，而是积极倾听，如有不清楚的地方要仔细询问。

④面谈以开放性问题为主，让员工能够依照个人的感觉回答，避免问太笼统或具引导性的问题。

（2）离职原因分析

面谈结束之后，应对记录进行整理，分析员工离职的原因，并提出改善建议，以防止类似事件的再度发生。

①根据单位的实际情况，做好基础数据的收集工作，如绩效管理、职位管理、部门职责、工作任务、职业发展渠道、薪酬管理等方面的现状信息。

②将离职原因及相关影响因素列出，形成“员工流失关键要素”。

③根据单位人力资源工作可改善的空间，结合其他管理工作的开展，提出“改善建议”。

需要特别说明的是，离职面谈的意义不仅仅在于查找问题原因，还在于与离职员工有效沟通，弥合双方的理念差异。员工离职会对组织造成很多影响，一旦离职的事实发生，双方都应以开阔的胸襟坦然面对，共同找出问题和症结。即使单位与员工双方无法再继续共事，也不应有伤害对方的情形发生。由于离职者的心态多半是对组织不满，一旦离开后可能会有诋毁组织的情形发生，因此，做好离职面谈，与离职员工平等、开放地交流，有利于消弭不满，重建理解，从而预防影响组织形象的事件发生。

五、人事档案管理

人事档案管理，是事业单位基础人事管理的重要工作。

1. 人事档案管理的职责与权限

事业单位的人事档案管理有明确的管理权限的规定，一般由人事部门依据规定管理，并配备专职或兼职档案管理人员。没有档案管理权限的事业单位，档案应由上级主管部门负责管理。档案管理人员及其直系亲属的档案原则上应由上一级档案管理人员（或分管领导）负责保管。

2. 人事档案的内容及整理

人事档案材料的内容包括：①履历材料；②自传材料；③鉴定、考核、考察材料（包括各种考核、考察、述职、鉴定材料）；④学历和评聘专业技术职务材料（包括学历、学位、学绩、培训结业成绩表和评聘专业技术职务、考绩、审批材料）、职业技能鉴定材料；⑤政治、历史情况的审查材料（包括甄别、复查材料和依据材料、党籍、参加工作时间等问题的审查材料）；⑥参加中国共产党、共青团、民主党派的材料；⑦奖励材料（包括授予各种荣誉称号、立功嘉奖、先进人物登记表及模范事迹材料，以及科技、业务工作等方面的奖励材料)；⑧处分材料（包括甄别、复查等材料，免于处分的处理意见、违法犯罪判决书等)；⑨工资、录用、任免（聘用)、转业、待遇、出国、退（离）休、退职材料及各种代表会代表登记表等材料；⑩其他可供参考的必要材料。

人事档案的整理必须做到：认真鉴别、分类准确、编排有序、目录详细、装订整齐、格式统一。对于每份材料，应根据所在单位的规定进行排序及编码，并编排目录，装订立卷。

3. 人事档案的保管

根据安全、保密、便于查找的原则，人事档案保管应设立专门的档案库房，配备档案柜，应备有防火、防盗、防光、防高温等安全防护措施并经常进行检查。

人事档案的保管应建立登记制度，并定期进行核对，发现问题及时解决。严禁任何个人私自保存和复制人事档案。查阅人事档案必须是工作需要，并按人事管理权限征得有关部门领导同意后方可查阅。

人事档案只限在档案库房查阅，一般不得借出。特殊情况需要借出，须按人事管理权限征得有关部门领导批准。查阅档案人员要爱护档案，切实维护档案的完整与安全。查阅档案人员要遵守有关保密工作规定，不得随意将档案内容向无关人员泄露。如违反规定造成不良影响，应承担相关责任。

4. 人事档案的转递

因工作调动、职务变化、退休等原因，需将人事档案转递给新的主管单位时，应办理档案移交手续，严格转递手续，以保证人事档案的绝对安全。

转出人事档案，要认真对其清理并整理，填写转递通知单，注明转出时间和原因，在名册上注销。转出的人事档案均应包装密封，贴好封条，并按管理权限加盖部门印章。转递人事档案，必须通过转递或由组织指定专人递送，不准本人自带。对转出的人事档案不得扣留或分批转出。

接收转入的档案，要核对是否本单位所属人员档案，要认真核对档案材料数量，确认无误后，将转入的档案详细登记，在转递通知单回执上盖章。

5. 人事档案的统计和销毁

人事档案要定期进行统计，确保所管理档案与所管人数相符。人员调动、离退休、死亡后，应及时进行分类保管，随时做好接收、转出变动情况的登记。

经鉴别属于重复或不应归档的材料，要进行清退或销毁。销毁材料要进行登记，并经分管领导批准签字后进行。销毁档案材料必须在指定的场所进行，要有两名正式党员负责监销。

第四节 案例与实战

案例 1：某医院合同制聘用职工的管理实践

近年来，随着医院人事制度改革的不断深化和事业单位全员聘任制的逐步推行，由合同制聘用的卫生专业技术人员（以下简称合同制聘用职工）来承担常规医疗、护理工作，已成为医院用工制度改革中的一项重要举措。在目前人员编制受限、合同制聘用职工人数越来越多的情况下，如何加强合同制聘用职工的管理，充分发挥其积极性，体现以人为本的管理理念，已成为医院人事管理的重要课题。

1. 背景介绍

随着医疗卫生事业的发展，某医院通过与其他医院联合办医、建立协作关系等形式，使业务量不断上升，床位数和在岗职工人数也不断增加。医院实际开放床位数达 1600 张，在岗职工 2635 人，然而，由于种种原因，医院的人员编制并未相应增加，实际核定床位仍为 980 张，审批核定的人员编制为 1395 人，已经远远不能满足临床工作的需要。同时，该院作为医疗、教学、科研并重的综合性三甲医院，急需增设科研人员编制和增加教学人员编制。在严重缺编的情况下，只有通过招聘合同制聘用职工，才能缓解人员紧缺问题，满足患者需要。

作为差额预算管理单位，医院虽有政府拨款，但其在医院收支中只占很小的比例，大部分支出经费仍需医院自行解决。随着在岗职工人数的不断增加，人员经费支出越来越多，在医院成本构成中的比例也逐年提高，如该院2004年在岗职工1839人，实际开放床位1045张，人员经费占医院总支出的24.36%；至2006年，在岗职工1963人，实际开放床位1457张，人员经费占医院总支出达29.57%。

表7.1　　某院2004～2006年职工及人员经费情况

年份	在岗职工（人）	实际开放床位（张）	人员经费占医院总支出（%）
2004年	1839	1045	24.36
2005年	1915	1085	28.42
2006年	1963	1457	29.57

然而在实际工作中，某些岗位并不一定非要正式在编职工来完成，通过以岗定薪的方式，完全可以由合同制聘用职工来代替。

基于以上两方面的考虑，该医院先后招聘了一定数量的合同制聘用职工，并发挥了较好的作用。

2. 合同制聘用职工的使用情况

近年来，该院根据学科发展要求和实际工作需要，先后招聘了一批合同制聘用职工。据统计，医院现有合同制聘用职工386人，占医院总人数的14.7%，分布在临床医疗、护理、医技等部门，这些合同制聘用职工在各自岗位上发挥了重要作用。

以下是该院合同制聘用职工的基本情况统计。

表7.2　　某院合同制聘用职工的基本情况统计

<table>
<tr><td colspan="2"></td><td>人数</td></tr>
<tr><td rowspan="3">岗位分布</td><td>临床</td><td>67</td></tr>
<tr><td>护理</td><td>131</td></tr>
<tr><td>医技</td><td>188</td></tr>
</table>

续表

		人数
学历分布	本科及以上	79
	大专	151
	中专	112
	中专以下	44
职称分布	高级	17
	中级	49
	初级	298
	其他	22
年龄分布	≤30 岁	244
	31～40 岁	87
	41～50 岁	36
	≥50 岁	19

此外，2002 年 9 月，该院与其他医院签约组建医院联合体，这种紧密型联合办医模式在省内尚属首例，是国有医院体制改革的经典范例。组建医联体并非兼并，在业务方面，合作医院只是作为该院的一个院区进行管理，值得说明的是，建立医联体的医院职工，全部以合同制聘用职工的方式使用。

3. 合同制聘用职工管理中存在的问题及解决方案

在合同制聘用职工的招募、使用和管理过程中，该院也遇到了很多的现实问题，并采取了大量有针对性的措施。

(1) 关心合同制聘用职工的工作和生活，消除其自卑心理

该院论资排辈的现象较为严重，受这种传统观念的影响，合同制聘用职工容易产生自卑心理，认为自己地位低，随时有被解聘的可能，不受尊重，没有归属感，缺乏职业安全感。因此，常常表现为思想不稳定、工作积极性不高。

为了真正树立以人为本的管理理念，该院通过多种途径关心合同制聘用职工的工作和生活，使他们尽快融入医院的大集体中来，如加强正面教育和沟通疏导，引导他们正确认识自我，帮助他们了解医院的规章制度和相关政策，鼓励他们积极参加医院组织的各类学习和培训活动，提升自己的专业能力，从而

调动他们的积极性，使他们愿为医院的发展而共同努力。

（2）提高合同制聘用职工的收入，稳定人员队伍

部分合同制聘用职工在院的工作年限已经很长，工作经验也很丰富，工作也很努力，甚至比正式（在编）职工还要优秀，但由于用工身份的差异，其收入比正式职工低很多，容易产生不公平的感觉。针对这种现象，医院按照同工同酬的指导思想制订了一系列的管理规定，根据合同制聘用职工的岗位性质、工作年限、服务态度、安全医疗、完成工作的数量和质量等指标来确定薪酬，逐渐缩小其与正式职工之间的收入差距。如对从事病区护理工作满 5 年、大专及以上学历（专业对口）、表现优秀、近 3 年考核成绩突出，并具有士级及以上职称的合同制聘用护理人员，经技术准入考核和聘任相应岗位后，其待遇参照在编同类人员标准发放。

2005 年，医院首次聘任 6 位合同制护士，其基本工资、奖金劳务费、高温费、过年过节福利待遇等，均参照正式职工（护士）的标准发放。同时，医院还为合同制聘用职工办理了养老、医疗、工伤、生育和失业等社会保险，极大地提高了合同制聘用职工的积极性，较好地稳定了聘用职工队伍。

（3）加强对合同制聘用职工的管理，确保医疗服务质量

合同制聘用职工与医院签订的是一定期限的聘用合同，相对来说流动较为频繁，客观上讲，容易产生得过且过的情绪，可能会影响到医疗服务的质量和医疗安全。

为了确保医院的医疗服务质量和医疗安全，该院对在岗的合同制聘用职工严格执行专业技术准入制度，做到依法执业。在合同制聘用职工的职称晋升、聘任方面，严格按照在编正式职工的职称晋升条件和聘任要求，实行统一标准、统一管理。一方面，鼓励合同制聘用职工参加职称晋升资格考试和职称晋升、评审、聘任申报；另一方面，对从外院取得职称和资格的合同制聘用职工，试用期满后，本人可提出与现有职称和资格等级一致的聘任申请，医院按照同级专业技术准入标准进行考核，经考核合格后方可聘任。

该院与合作医院联合办医期间，对其卫技人员采取了分期、分批的专业技术准入考核，通过准入考核严格把关，依法执业，较好地保证了合同制聘用职工的专业技术水平。

(4) 加强对合同制聘用职工的培训，提高其整体素质

受传统观念的影响，医院往往对合同制聘用职工不够重视，与正式职工区别对待，在学习、培养等方面给予的机会不多，这种做法不利于合同制聘用职工的成长和专业技术水平的提高。为此，该院严格按照三甲医院专业技术岗位的要求和聘任标准，定期或不定期地对合同制聘用职工进行培训和考核，提高他们的业务素质和专业技术水平。其中，临床医疗、医技岗位由医务部负责培训和考核，护理岗位由护理部负责培训和考核，共性项目如英语、“三基”知识考试、继续教育等，则由科教部负责。同时，医院为每位合同制聘用职工都建立了业务档案，将每次参加培训的记录和考试考核成绩都存档保管，作为续聘的依据之一。

4. 改革效果

在该院的合同制聘用职工管理过程中，贯彻了“统一标准、统一管理”的原则，在岗位要求、招聘条件、职称晋升、聘任、薪酬福利、评先选优等方面，努力做到一视同仁，这一做法得到了聘任制职工的认可。

近年来，该院的合同聘任制职工队伍正在不断壮大，其专业水平和素质也在不断提高，正在成为医院不可缺少的专业技术力量，对于该院的业务发展与对外拓展起到了有力的支撑作用。

案例 2：S 市事业单位推行聘用制改革的实践分析

1. 背景介绍

自事业单位改革的思路和原则明确之后，很多省、市、地区在事业单位改革方面都进行了大量有益的探索，归纳起来，全国事业单位改革的模式主要有三种类型：一是行业推进模式，即在改革的组织实施上采取从上到下、按行业推进的方式，如科研、教育、卫生、文化、体育等行业的改革；二是单项制度推进模式，即以用人制度为主，管理体制、用人制度、分配制度改革分别进行；三是综合配套改革模式，即用人制度、分配制度、管理体制与社会保障等相关制度的改革配套进行。

2005年，山东省确定了全省事业单位“统筹规划、整体设计、分类推进、配套进行”的综合配套改革模式，即改革管理体制，建立适应各类事业单位特点的运行机制；改革用人制度，建立充满生机和活力的用人制度；改革分配制度，建立自主灵活的分配激励机制；改革现有的社会保障制度、财政和国有资产管理等体制，推动事业单位改革的顺利进行。其中，用人制度改革，即在全省事业单位实行聘用制，通过推行全员聘用制，建立适合各类岗位特点的选人、用人机制。山东省S市所开展的事业单位综合配套改革中，以聘用制为核心的用人制度改革，是整个改革的难点与核心。

S市是共和国土地上最年轻的城市之一，1983年建市初期，没有事业机构。1984年，全市新设立事业单位69个。随着各项事业的发展，相关事业机构也相继成立，涉及经济、文化、体育、科教、卫生等各个领域。到2006年底，全市事业单位已达2085个，职工总数约4.7万人。该市事业单位按照经费类型划分，可分为财政拨款、财政补贴和经费自理三类，其中财政拨款类事业单位占77%，财政补贴类占7%，经费自理类占16%。按事业单位的功能，可分为监督管理类、社会公益类、中介服务类和生产经营类四类，其中社会公益类事业单位数量最多，占71%，其次是监督管理类事业单位占22%，生产经营类事业单位占5%，中介服务类事业单位仅占2%。

截至2006年底，全市事业单位职工总数47742人，其中，专业技术人员最多，达35316人，管理人员6290人，工勤人员6136人。可见，S市的事业单位人员中，多数从事的是专业技术工作，这与社会公益类事业单位高达71%有直接关系。

2. S市实行聘用制改革的有利条件

在推进事业单位全员聘用制的过程中，S市具有诸多有利条件。

(1) 组织管理条件

作为新兴城市，该市的事业单位具有以下特点。

①设立时间较晚，历史遗留问题少。该市事业单位的发展过程，正值党和国家工作重心转移到经济建设上来，因此，单位的设置基本适应经济和社会发展的需要，在单位和人员问题上历史遗留问题较少，除县区中小学因近2年没有重新核定编制和扩招等因素导致人员超编外，其他事业单位总体空编，人员

分流任务不重。

②事业单位的管理机构健全。该市在1997年将机构编制管理办公室分设为行政机构编制科和事业机构编制科，同年成立了事业单位登记管理办公室，事业单位管理的机构相对健全，为聘用制改革创造了条件。

③管理方式相对规范。1998年，该市在省内率先实行《机构编制管理证制度》，实现了管理方式上的创新，使事业单位机构编制更加科学、规范。建立了事业单位机构编制台账，在人员编制管理上，改变了传统的总量控制下达编制的做法，按照管理人员、专业技术人员和工勤人员分别核定编制数额，实行动态管理，根据单位的发展状况及时进行调整，为聘用制改革中的岗位设置、编制管理和人员聘用奠定了基础。

2. 社会经济条件

该市位于黄河三角洲地区，具有丰富的土地和矿产资源，石油、天然气资源居全省首位，资源的开发带动了该市的经济发展，经济的快速发展尤其是随着黄河三角洲开发战略的实施又带动了各项事业的向前推进。作为新兴城市，在快速发展时期人才的需求缺口较大，这种现状更容易使职工相信单位全员聘用的目标是激发人才活力，而非裁员。良好的社会经济条件为改革的进行提供了人力、物力和财力上的支持，为改革的平稳进行创造了条件。

3. 制度保障条件

制度保障方面，主要体现为以下几点。

①选人用人的考录制度为聘用制改革奠定了基础。为提高事业单位人员素质，S市在事业单位选人方式上进行了创新。一是领导职务全部实行竞争上岗，2001年机构改革中，该市制定了《竞争上岗暂行办法》和《竞争上岗实施细则》，在机关事业单位实行竞争上岗制度，对到上一级岗位任领导职务的人员全部通过竞争上岗的方式进行。二是事业单位选用毕业生全部采取考试方式。该市从1999年开始，打破了传统的毕业生分配模式，对事业单位选用毕业生全部采取公开考选的方式。因此，公开考选、择优录用的理念在S市事业单位职工头脑中已经初步确立起来，为全员聘用、竞聘上岗奠定了良好的基础。

②事业单位职工社会保险参保率较高。1986 年，S 市开始推行职工养老保险费用社会统筹。1992 年，在全省率先开展离退休费用的社会化发放工作。1986 年 10 月，该市失业保险工作起步，对企业化管理的事业单位职工实行失业保险制度，后逐渐扩大到事业单位的全体职工。1995 年初，S 市成为全省第一个实现市级职工生育保险社会统筹的地市。到 2004 年底，养老保险、失业保险、医疗保险等社会保险在全市事业单位全部推开，其中，机关事业单位养老保险参保率达到 100%。2007 年 1 月 1 日，S 市将事业单位工作人员纳入工伤保险统筹体系。良好的社会保障制度，为聘用制的推行创造了条件。

③人事争议仲裁制度初步建立。为配合事业单位聘用制改革的顺利开展，该市在 2001 年成立了市级人事争议仲裁机构，并配备了专职工作人员。至 2006 年，5 县区全部成立仲裁委员会和仲裁办事机构，聘请了 11 名兼职仲裁员，加强了仲裁队伍建设，为开展人事争议仲裁工作奠定了基础。

4. 前期改革取得的基本经验

进入 21 世纪以来，S 市先后组织了党政机关机构改革、事业单位清理整顿、油田中小学整建制移交、聘用制改革试点和人事制度改革试点等具有影响力的变革，都获得了圆满成功。以上试点工作的成功，为事业单位全员聘用制的顺利开展奠定了基础，主要表现在：

①历次改革的成功，增强了职工对于政府把握改革方向的信心。在历次改革中，政府在机构设置、人员安置上都制定了优惠政策，圆满完成了改革工作，没有造成一例上访事件，体现了政府“以人为本”的执政理念，增强了广大职工对政府执政能力的信心。因此，对由政府主导的事业单位聘用制改革也充满了信心。

②新进人员试行聘用制，对顺利推进事业单位聘用制改革具有积极的示范作用。在当前就业形势严峻、经济发展受诸多因素影响的情况下，新进人员试行聘用制，很好地营造了改革氛围，把改革的理念灌输给单位和个人，让聘用的观念深入人心，成为全员聘用制改革的先行官，减缓了改革可能引发的震荡。

③聘用制试点工作为改革提供了经验和有益的参考。聘用制作为一种新的用人制度，如何科学设置岗位，搞活内部分配，实现组织与个人的共同发展，

是摆在组织者面前的难题。新进人员试行聘用制和分配制度改革的试点，为改革积累了经验，探出了路子，成为全员聘用制改革的试金石，有助于改革的顺利进行。

另外，历次改革在政策制定、组织实施、分流人员安置等方面的经验，也为聘用制改革提供了有益的参考。

3. S 市事业单位聘用制改革的推行状况

S 市的事业单位聘用制改革从事业单位的清理/规范入手，在新进人员中首先试行聘用制，并选取有条件的单位探索岗位管理和内部分配搞活办法，通过先行试点、积累经验的方式逐步推开。

为了顺利推进事业单位聘用制度改革，S 市把事业单位的清理规范作为突破口。对全市事业单位进行清理整顿。按照法律、法规规定和市场经济发展的要求，本着依法定职能和政事分开、事企分开的原则，对每个事业单位进行分析、定位。根据职能界定情况，采取“撤”、“并”、“转”等多种形式对事业单位的机构设置进行调整、优化，通过调整改革，全市事业单位由 2079 个减为 1938 个，减少 141 个；事业编制由 38072 名减为 35016 名，减少 3056 名。根据事业单位的社会功能和承担的职责任务，对事业单位进行科学分类。

在事业单位清理规范的基础上，进行了用人制度和分配制度改革探索。2003 年 8 月，S 市制定了《关于事业单位补充工作人员实行聘用制的意见》，规定事业单位补充工作人员，除依照国家公务员管理的事业单位和按管理权限任命的单位负责人、国家指令性安置人员、政策性安置人员、涉密岗位人员及按规定引进的高层人才以外，其他人员一律实行聘用制，签订 3 年的短期聘用合同，明确双方与工作相关的权利义务。通过实行人员聘用，转换事业单位用人制度，实现事业单位人事管理由身份管理向岗位管理转变，由行政任用关系向平等协商的聘用关系转变。2005 年下半年，开始实行事业单位全员聘用制和工资总额包干的分配制度改革试点，为稳步推进全员聘用制积累了经验。

截至 2006 年底，全市已实行聘用制的事业单位 916 个，占全部事业单位的 43.9%；签订聘用合同的职工 2837 人，占职工总数的 5.97%。通过改革，逐步淡化了身份意识，强化了岗位的概念，调动了事业单位各类人才的积极性，促进了社会事业的健康发展。

本次 S 市所推行的事业单位全面聘用制改革，正是在以上改革工作的基础上所开展的全面推广和深化工作。

4. S 市事业单位聘用制改革面临的问题和挑战

事业单位全员聘用制改革是一项覆盖面广、影响深远的系统工程，关系到事业单位和广大职工的切身利益，在推行过程中也遭遇到许多阻力。为此，通过问卷调查、面谈等形式，也了解到 S 市事业单位职工对于聘用制改革的认同度，改革的阻力和困难，以及聘用合同制在试行和试点过程中暴露的问题与面临的挑战。

(1) 思想观念转变不到位

通过调查了解到，思想观念的转变是影响事业单位聘用制改革的主要阻力。许多职工仍然认为，事业单位是“铁饭碗”、“事业单位人员是准公务员”，在事业单位聘用制改革的方向性问题上，绝大多数职工对事业单位的聘用制改革是赞成和拥护的，认为聘用制的推行能更好地实现个人价值，但仍有部分职工持不赞成、疑虑或无所谓的态度。调查显示，事业单位聘用制改革的主要阻力是改革对象的思想观念难以转变。

思想观念转变难的原因主要有：

①传统的“干部身份”的影响。事业单位的职工虽然认识到改革的必要性和重要意义，但由于长期形成的对单位的依附关系和传统观念，重视“铁饭碗”，讲究干部身份，难以接受从干部转变为雇员身份，从而产生心理上的抵制。

②习惯和安全的需要。事业单位职工已经适应了原有的管理模式，要推行聘用制，人们不得不改变原有的工作习惯，重新适应新的管理方式，难免产生排斥心理。聘用制改革之后，竞争将会更加激烈，人们的心理压力加大，这种心理的紧张也加剧了人们对改革的抵触情绪。

③对未知的恐惧。事业单位“旱涝保收”的管理体制使职工缺乏竞争观念、市场观念，实行聘用制后，通过签订聘用合同确定用工关系，意味着有可能落聘，聘用期满也可能“下岗”，这种改革后果潜在的不确定性引起职工内心的恐惧，引发抵触情绪。

④对既得利益群体的威胁。改革的过程是利益和资源再分配的过程，聘用制

改革实行按需设岗、以岗定薪，职工的预期收入会发生变化，对那些预期收入减少、使自身对组织的投资和价值受益降低的变革，人们一般都会产生抵制心理。

（2）人事政策和保障制度体系不完善

事业单位人事管理的立法层次不高，人事管理的政策、规定欠缺且不配套，成为影响事业单位人事制度改革的关键，主要表现在：

①聘用制与退休政策的矛盾。聘用制要求由身份管理向岗位管理转变，而当时的退休政策仍执行国发〔1978〕104号文件，对干部和工人的退休条件分别有所规定。事业单位聘用制推行后，原干部、工人可以打破“身份”，其在职期间可以根据岗位享受不同待遇，但退休时又受身份限制，存在明显矛盾，影响聘用制的实施。

②事业单位人事法制建设滞后。行政机关的工作人员依据《公务员法》进行管理，企业职工依据《劳动法》进行管理，唯独事业单位没有一套整体的人事管理法律、法规，人事管理的单项政策、规定也不健全，事业单位人事监督办法也没有形成，缺乏对事业单位用人的有效监管，人事管理缺少有力的制约和纠错机制，人事仲裁与司法接轨进展缓慢。

③社会保障制度不完善。分流人员安置是改革的难点，而核心问题是我国社会保障制度总体滞后，与改革和发展的实际需要不相适应。社会保障制度问题主要表现在：一是养老保险实行社会统筹，没有建立个人账户，目前人员的退休待遇按照职称、级别来核算，与保险缴纳数额没有关系，事业单位社会保险制度流于形式。二是事业保险与企业保险存在双轨制，事业单位实行聘用制后，人员一旦脱离事业单位到企业或自谋职业，保险缴纳问题无法衔接。

（3）聘后管理相关制度亟待规范

聘后管理制度是实行聘用制的关键，也是聘用制落到实处的保证，目前在聘用方面的问题包括：

①科学设置岗位仍然处于探索阶段。岗位设置是对事业单位人力资源进行科学配置的前提，也是全员聘用制的基础。实施聘用制的基本要求是“以岗定人”，而不是“因人设岗”。但是在实施过程中，由于缺乏可借鉴的经验，科学设岗的标准和依据难以把握，许多单位为了保持稳定，绝大多数岗位的设置和任职条件是根据现有人员的状况制定的，总体上并没有摆脱“因人设岗”的老套路。

②试点单位内部分配搞活的激励效用并不明显。目前，从某些试点单位实行分配制度改革的情况来看，单位领导求稳心切，担心改革会引起动荡，影响稳定，在改革的力度上相对保守。如，某试点单位制定的分配制度改革方案中，内部搞活的方式是从每位职工的当月工资中拿出200元，作为本月考核奖金，再根据职工的业绩考核情况确定本月奖金数额。由于在考核标准的制定上缺乏科学的依据，以及社会效益难以定量考核等因素，职工奖金的档次拉不开，对职工的激励效用不明显，甚至有的职工认为改革是“走过场”，影响到改革的严肃性和权威性。

③聘用合同管理制度建设仍需加强。从目前签订聘用合同的情况来看，一是聘用合同的范本不尽完善，二是在聘用合同期限上，现在签订的都是不超过3年的短期合同，容易导致单位用工的短期行为和骨干人才的流失，三是用人单位和职工对聘用合同的签订不够重视。

(4) 单位的情况复杂多样

事业单位职能构成多样，行业门类繁多，不同类型的事业单位的改革需求和方向选择并不完全一致。发展较好的事业单位支持事业单位改革，发展不好的事业单位，希望维持现状，依靠财政吃饭，对改革也会产生一定的阻碍。事业单位的多样化和复杂性，加大了全面实行聘用制的难度。

从S市的情况来看，改革发展也不平衡。市直新进人员已全部实行聘用制，全员聘用的试点工作也已经基本完成；全市5个县区中，3个区县对新进人员全部实行了聘用制，两个区仍没有实行聘用制。

总体来看，由于单位情况的复杂多样，全市事业单位转换用人机制的任务还很艰巨。

(5) 职工心理和行为的变化

事业单位聘用制通过用人单位与职工签订聘用合同，明确双方的权利和义务，实现由“身份”向“契约”的转变，转变了传统的行政依附关系，变国家用人为单位用人，调查显示，这种转换用人机制的“聘用合同”关系也引发了职工心理和行为上的变化，带来了一些消极影响。职工普遍担心聘用制可能会导致职工违背事业单位公益性的设立宗旨，更加关注经济效益，忽视社会效益，如，在卫生领域工作的职工很可能为了获得较高的经济收入而为病人开高价药，而非对症下药；还有人担心，契约关系会造成职工对单位的忠诚度降低，甚至出现消极怠工等不利于组织的行为。

S市全面推行聘用制改革中所面临的问题，也是绝大多数事业单位在用人制度改革乃至整个用工分配改革中所面临的共性问题。为了确保聘用制变革的顺利进行，应认真分析聘用制改革中可能存在的问题，根据地方和单位的实际情况精心设计改革方案，科学合理地设置岗位，在聘用标准和程序、岗位和薪酬设置以及考核方面，努力做到公平公正，通过完善社会保障体系，妥善安置落聘人员，加强聘后管理，使广大职工尤其是领导干部明确聘用改革的目标，确保改革取得实效，从而顺利地推进事业单位聘用制改革目标的实现。

第八章
事业单位人才开发改革技术与实战

第一节　人才开发概述

一、人才开发的定义

1. 人才的定义

中共中央、国务院2010年6月6日印发的《国家中长期人才发展规划纲要（2010—2020年）》中明确提出：人才，是指具有一定的专业知识或专门技能，进行创造性劳动并对社会做出贡献的人，是人力资源中能力和素质较高的劳动者。

具体到事业单位，人才的概念是指具有一定的专业知识或专门技能，能够胜任岗位能力要求，进行创造性劳动并对组织发展做出贡献的人，是职工队伍中能力和素质较高的群体。

事业单位的人才包括经营人才、管理人才、技术人才和技能人才。经营人才，主要是指单位和部门的主要负责人；管理人才、技术人才，主要是指具有中级及以上专业技术资格或较高学历的，在管理或技术领域有一定的专业知识或管理经验的人员；技能人才，主要是指在生产技能岗位工作，具有高级工及以上技能等级或专业技术资格的人员。

2. 人才开发的定义

人才开发的定义有广义和狭义之分。

广义的人才开发是指根据组织的发展战略、目标及组织内外环境的变化，预测未来的组织任务和环境对组织的要求，以及为完成这些任务，满足这些要求而提供人才的过程。换言之，广义的人才开发强调人才对组织战略目标的支撑作用，从战略层面考虑人才开发作用。因此，它既包括人才数量、质量与结构的系统规划与安排，也包括实现人才开发的策略与相应的职能安排。其作用可等同于人才管理战略，是组织竞争战略的有机组成部分。

而狭义的人才开发是指对可能的人员需求、供给情况做出预测，并据此储备或减少相应人才的过程。可见，侠义的人才开发以追求人才的平衡为目的，它主要关注的是人才供求之间的数量、质量与结构的匹配关系。

事业单位通过人才开发工作，可以解决以下问题。

①基于战略的需要，组织需要多少人才？要重点获得并储备哪些人才？如何平衡各种人才的比例关系，以确保组织活动有序进行？

②基于组织战略的需要，组织成员应具备什么样的核心专长与技能？

③组织将如何利用现有人才的能力？采取何种政策处理好组织成员之间的关系？怎样才能激活组织现有人才的潜能，提高现有组织成员的士气？

二、人才开发的特点

①组织外部的政治、经济、技术、文化环境都处于不断的变化之中，组织的战略也处于不断的调整之中，这就决定了组织内外部的人才供给与需求也处于不断的变动之中，寻求人才供需的动态平衡，是人才开发的基点，也是人才开发的必要条件。

②人才开发是以组织战略目标为基础的，当组织战略目标与经营方式发生变化时，人才开发规划也要随之发生变化。因此，人才开发规划的过程是一个不断调整的动态过程。

③人才开发是一个依据人才战略对组织所需人才进行调整、配置、补充的过程，而不单单是预测人才供给与需求变化的过程。在这个过程中，必须有其他人事管理系统的支持和配合，才能保证适时、适人、适岗。

④人才开发要保障组织和个体都能得到长期的利益，但更多的是保障组织利益的实现。因此，人才开发是一种战略规划，着眼于为组织未来的各项活动

储备人才，它所考虑的不是某一个具体人员的问题，而是一类人员的问题，个人的发展规划往往寓于一类人员的发展规划之中。

三、人才开发的原则

1. 指导理论的先进性

理论是规划的前提和先导，指导理论的先进性，决定了人才开发规划的科学性。因此，在人才开发方面，我们既要引进和学习西方人才开发方面的理论研究成果，又要基于本土实践，消化、吸收本土企事业单位在人才开发方面的理论与实践成果，确保人才开发工作具有坚实的理论基础，能够应用最为先进的管理理论、思想与方法。

2. 实践方法的具体性

宏观理论绝对不是“空中楼阁”，在人才开发方面，既要有一整套的方法论，包括具体的研究框架、数据收集及分析方法、理论的综合演绎，等等，同时，还要使得上述方法能够落地，具有可操作性的方案和丰富的案例支撑，能够做到理论与实践相结合，力图做到“言之有据，言之成理，言之可行”。

3. 目标设置的明确性

人才开发是一个范围巨大的话题，在人才开发工作的具体开展过程中，为了使方案更加具有可操作性，除了“用事实说话”，所有结论都建立在数据和资料分析的基础上之外，特别要注意目标设置的具体性、明确性，要摒弃“应该怎么做”的框架式思维，倡导“应该做什么、做到什么程度、什么时候完成”的精确的目标设置方法，对于所提出的目标和实施方案，要力求具体，力求可操作性。

4. 完善改进的周期性

受各种条件的限制，人才开发不可能是一个一蹴而就的过程，而是要在实践中不断进行方法的优化、技术的完善与目标的调整，在实际操作的过程中，更需要通过实践的检验对方案进行持续的改进。

四、人才开发的内容

1. 人力资源战略规划

人力资源战略规划有广义和狭义之分。广义的人力资源战略规划是指根据组织的发展战略、目标及组织内外环境的变化，预测未来的组织任务和环境对组织的要求，以及为完成这些任务，满足这些要求而提供人力资源的过程。狭义的人力资源战略规划是指对可能的人员需求、供给情况做出预测，并据此储备或减少相应的人力资源。

人力资源战略规划是人力资源管理的基础。人力资源战略是在总体战略指导下制定的有关于人力资源发展的战略，包括人力资源的使命和价值观，人力资源发展的目标、方向、方针与政策等。

我们在进行人力资源战略规划时，应注意以下几个问题。

①充分考虑内部、外部环境的变化。人力资源规划只有充分地考虑了内外环境的变化，才能适应需要，真正做到为组织发展目标服务。内部变化主要指销售的变化、开发的变化或者说组织发展战略的变化，还有公司员工的流动变化等；外部变化指社会消费市场的变化、政府有关人力资源政策的变化、人才市场的变化等。

②人力资源规划要注重对组织文化的整合。组织文化的核心就是培育组织的价值观，培育一种创新向上，符合实际的组织文化。在组织的人力资源规划中必须充分注意组织文化的融合与渗透，保障组织经营的特色，以及组织经营战略的实现和组织行为的约束力。只有这样，才能使组织的人力资源具有延续性，具有自己的符合本组织的人力资源特色。

③人力资源规划要使组织和员工都得到长期的利益。人力资源规划不仅是面向组织的计划，也是面向员工的计划。组织的发展和员工的发展是互相依托、互相促进的关系。如果只考虑了组织的发展需要，而忽视了员工的发展，则会有损组织发展目标的达成。优秀的人力资源规划，一定是能够使组织和员工得到长期利益的计划，一定是能够使组织和员工共同发展的计划。

④人力资源规划不只是人力资源部的事。所有管理者，上至总经理下至每个主管以至员工都应承担相应的责任。在人力资源规划中最重要的还是组织高层领导者的重视、动手甚至亲自推动。其实际运作是由各部门主管初步规划，再由人力资源部门汇总，参照公司发展策略与目标，考核人员生产力与人事薪资预算等因素，与各部门协调并达成共识，才向上呈报。

2. 人才测评

人才测评是运用现代心理学、管理学及相关学科的研究成果，通过心理测验、情景模拟等客观化方法对人的能力、素质、性格特征等因素进行测量，并根据职位需求及组织特性对其素质状况、发展潜力、个性特点等心理特征做出科学评价，为组织选人、用人等人事决策提供有价值的参考信息。心理测验、面试、评价中心，是现代人才测评的三种主要方法。

人才测评技术既可以用于国家公务员的录用、党政机关领导干部的选拔、考核及评价，又可用于人员的晋升、提拔、考核及培训，还可以用于毕业生的就业指导、在职人员的工作调动、职位变换、择业转向等。从测评的内容来看，既可以对一个人实施全面测试，也可对某人的某个单项能力进行测试。

人才测评的五大功能体现为：

①鉴定功能。鉴定功能指对人的心理素质、能力素质、道德品质和工作绩效等做出鉴别和评定。由于人才测评综合采用多种方法和技术，它能根据测评的目的和要求对被测者进行更为客观和准确的鉴定，并将鉴定结果以定量或定性的方式展现出来。鉴定功能的实现，有赖于人才测评工具的科学性、测评实施过程的规范性以及鉴定标准的适当性，这三者是实现鉴定功能的必要条件。

②预测功能。人才测评的目标就是预测受测者在实际工作岗位上所能达到的业绩。心理学是人才测评的重要理论基础，人才测评的工具——量表已经考虑到了人的发展规律，在量表的编制过程中，非常注重对其效度的研究。总体而言，当前的人才测评工具，因其内容全面、系统，有关测评对象的信息丰富、客观，因而具有较强的预测准确性。

③诊断功能。当组织发展到一定阶段后，出现发展缓慢、停滞不前甚至退后现象的时候，采用一定的人才测评技术和方法对被测评者进行评价，可以帮助组织找出存在的问题和不足，以采取有针对性的措施，如优化组织结构、改

善思维方式、更新知识和观念等，从而使组织和个人清除前进中的障碍，实现可持续发展。

④导向功能。测评的内容反映了社会对人才的需求标准，所有人才测评都有目的，无论是主测者还是受测者，都不是为测评而测评，而是要根据测评结果做出决策，如是否录用、是否晋升、是否给予奖励，等等，因此，人才测评的结果具有明确的导向作用，为了获得优良的结果，被测评者往往要针对测评的内容、标准进行各种学习、训练，在这个过程中，吸收了知识，提高了能力，增强了自身的素质和修养，调整了自己的行为，使得社会人才寻求和供给的差距大大缩小。

⑤激励功能。激励功能是指人才测评能够激励人们进取向上的愿望与动机，使人们自觉自愿地努力学习，不断地提高个人的素质和工作能力。每个人都有自尊和进取的需要，希望自己在测评中取得好成绩、好结果。这就迫使人们发愤努力、不断进取。从行为矫正理论的观点来看，获得肯定性评价的行为将会趋于高频率出现，而获得否定性评价的行为将会趋于低频率出现，从这种意义上说，人才测评已经成为促使个体素质、修养与行为向着社会需要的方向发展的强化激励手段。

3. 人才培养

人才培养是在组织战略的整体要求下，为了让职工提升素质、丰富知识、提高技能、满足组织发展与个人成长的双重要求而开展的教育、培养活动。

在人才培养方面，需要特别注意以下三个方面。

(1) 确立“人才是第一资源”的观念

在人才培养的过程中，必须强调以人为本，坚决贯彻尊重劳动、尊重知识、尊重人才、尊重创造的方针，努力营造有利于人才成长的良好氛围，构建有利于发挥才能的用人机制，形成鼓励人才干事业、支持人才干成事业、帮助人才干好事业的社会环境，给想干事的以机会，给能干事的以舞台，让各类人才各得其所，施展才华。

在这样的背景和前提下，人才已无可辩驳地成为最大的投入，成为形成绩效的 DNA。正是由于有了高素质的人才，各种资源才能得到深层次的开发和利用，从而发挥出更大效益。

在这样的背景和前提下，人才的培养和开发就不仅仅是单位的意愿，而成为全体职工的自发和自觉行为。人人都想成才，都希望通过终身学习、勤于思考、勇于创造、立足岗位而成为组织所需要的人才。

（2）优化针对人才的服务环境

优化政策环境，要牢固树立为各类人才服务的观念，想方设法优化人才服务环境，提高人才工作的满意度，把任职部门建设成为“人才之家”。积极探索新形势下为人才服务的有效方法和途径，主动为各类人才搞好服务，建立必要的快速反应机制，通过专人等形式直接为高层次人才提供便捷服务，协调解决工作、生活等方面的问题和困难。

“自我实现”的需求是人才的最高价值追求，要遵循人才的成长规律，注重发挥人才最佳期、峰值期年龄的创造性，要积极寻找适合各类人才工作与成长的最佳位置，为人才构筑充分施展才能的平台，让“英雄有用武之地”。

（3）建立有效的激励和约束机制

对于人才来说，不仅需要良好的培养条件与环境，更加需要有效的激励和约束机制，要明确各类人才的工作目标、考核机制、考核标准，促进人才自发自觉努力，为组织的目标有所贡献。同时，贯彻按劳分配与按生产要素分配相结合，效率优先、兼顾公平的分配原则，树立贡献与报酬相适应、奖励与成绩相结合的激励观。

同时，在人才的成长过程中，要明确组织所倡导的价值观、道德标准与行为规范，明确组织所禁止触碰的高压线，使得人才能够按照组织所期望的方式做人、做事。

五、人才开发的目的与意义

人力资源已成为国家经济和社会发展的重要的战略资源，建立高素质的人才队伍，是适应日益激烈的国际竞争、增强综合国力和国际竞争力的迫切需要。中国在经济国际化的过程中面临着日益严重的人才流失和短缺的问题，必须提高人口素质，尤其是扩大高层次人才的比例和规模。因此，培养人才、营造有利于人才发展的制度环境、建立有利于人才脱颖而出和施展才华的管理体制，就成为中国在21世纪实现社会经济可持续发展的根本保证。

人才培养与发展，就是为了让人形成新的素质、创造新的价值、作出新的贡献，使其才有用、其才善用、其才尽用。从个人而言，自我成才是追求幸福生活的基础；从社会而言，造就人才是民族进步的需要。为此，要更好、更多、更快地培养现代化建设的有用之才，要使人才的素质、专长、规模等与经济社会发展的要求相适应，使人才各尽其用、用当其时、时居其位、位得其所。

事业单位是我国各类人才的集中地，是强化综合国力的重要领域，是实施科教兴国战略的重要阵地。做好事业单位的人才开发工作，对于建设高素质、专业化的公共服务人才队伍，推动我国的经济发展和社会进步，具有十分重要的意义。

第二节　事业单位人才开发现状

一、事业单位人才开发现状

中共中央、国务院制订的《国家中长期人才发展规划纲要（2010—2020年)》，提出了到2020年我国人才发展的总体目标，即培养和造就规模宏大、结构优化、布局合理、素质优良的人才队伍，确立国家人才竞争比较优势，进入世界人才强国行列，为在21世纪中叶基本实现社会主义现代化奠定人才基础。围绕这一目标，《规划纲要》提出了“服务发展、人才优先、以用为本、创新机制、高端引领、整体开发”的人才发展指导方针，明确了人才队伍建设的主要任务：一是突出培养、造就创新型科技人才，努力造就一批世界水平的科学家、科技领军人才、工程师和高水平创新团队，注重培养一线创新人才和青年科技人才；二是大力开发国民经济和社会发展重点领域的急需、紧缺专门人才，为发展现代产业体系和构建社会主义和谐社会提供人才、智力支持；三是统筹推进党政人才、企业经营管理人才、专业技术人才、高技能人才、农村实用人才、社会工作人才等人才队伍建设，培养、造就数以亿计的各类人才，数以千万计的专门人才和一大批拔尖创新人才。

近些年来，我国专业技术人才大多集中在国家举办的各类教育、卫生、科研事业单位中，其中，事业单位是我国人才资源的重要聚集地和实施“人才强国”的重要阵地，也是实施人才战略的重点领域。因此，统筹规划，突出重点，注重实效，加快培养和引进高层次专业技术人才，成为我国社会事业实现更快更好发展的首要任务。

就目前改革进程而言，我国事业单位的人才开发工作已经取得了一定的成效，但与国际先进国家相比，科技、教育、卫生、文化等社会事业的发展仍相对滞后，尤其在人才培养与发展方面，目前的表现还不到位，与我们的期望还相差甚远。随着市场经济的发展和政府职能的转变，事业单位规模越来越大，单位类型不断增多，我们面临的问题也越来越多，具体到各种类型的事业单位，其人才培养与发展方面所面临的问题也各有不同。

1. 医疗卫生机构

计划经济时期，医疗卫生事业属于社会公益事业，追求社会公益目标，公共卫生机构和专业医疗服务机构的收入全部纳入各级财政预算，人职工资和基本建设等各项经费主要通过财政预算专列的“卫生事业费”和“卫生基建费”获得，隶属城镇国有企事业单位的基层医疗机构的收支，列入所属机构的核算体系。这种体制决定了各种医疗服务机构都没有营利动机，机构的设立及布局调整由政府部门确定，人事上接受政府统一管理，人职工资和福利执行国家统一政策。隶属于城镇国有企事业组织的基层卫生机构，接受所属单位的管理，医务人员为所属单位的正式职工，工资按照国家政策自所在单位领取。

但总体来看，改革开放以来，特别是90年代以来，卫生事业单位改革的基本走向是“政府管理缺位的商业化与市场化”，既没有解决传统体制遗留下来的老问题，又造成了很多新问题，比如，卫生事业单位普遍存在的严重冗员和人员结构不合理的问题。

以某省疾病控制机构为例。由于人员的准入由当地卫生行政部门确定，专业标准随意性大，导致疾病控制机构超编严重，工作人员学历偏低，结构不合理。中专学历以下的人员占一半以上，整体人员学历偏低，明显不适应现在卫生事业发展的需求。有些县级疾病控制机构超编近50%，大量非卫生技术人员占据工作岗位，医学院校的学生反而不能就业。再比如，在卫生监督执法方面，偏重于技术执法，执法人员绝大部分是原来的卫生专业技术人员，不能适应行政监督执法的要求。

公立医疗机构作为事业单位，一直以来实行的是事业单位的任职管理制度，这样的制度不利于人才的培养与发展，不能有效激活人力资源的潜力。2000 年国务院颁布的《关于深化卫生事业单位任职制度改革的实施意见》对原有的事业单位管理体制进行了改革，逐步建立起符合卫生工作特点的“政事职责分开、政府依法监督、单位自主用人、人员自由择业、科学分类管理、配套措施完善”的管理新体制，逐步建立起了“人员能进能出，职务能上能下，待遇能高能低，人才结构合理，有利于优秀人才脱颖而出，充满生机和活力”的运行机制。

2. 教育机构

随着社会经济的发展和受教育人口的增多，教育系统事业单位的规模也越来越庞大，单位类型也在不断增多。由于市场经济的发展和政府职能的转变，特别是教育财政体制的变化，教育事业单位逐渐分化，形成了多样化发展的格局。

随着政府职能的转换和公共服务型政府的建立，教育事业单位的改革将进一步深化，《义务教育促进法》的颁布和实施、“大力推进职业教育改革与发展”和“两免一补”等改革政策的出台，对促进教育体制改革的深化起到了积极的促进作用。

当前教育机构存在的主要问题是人员超编严重，财政负担过重。由于计划经济时代遗留下来的问题，相当多的事业单位内部机构繁多，党政工青妇组织齐全，加上前几次政府机构改革时教育行政部门分流的人员，特别是具有一定行政级别的领导，主要安排在经济效益较好的教育事业单位，导致教育单位人员严重超编，财政负担增加，已经影响到了教育主业的教学和科研经费投入。

为此，需要教育机构贯彻党管干部原则、干部队伍“四化”方针和德才兼备的用人标准，建立政事职责分开、单位自主用人、人员自主择业、政府依法管理、配套措施完善的分类管理体制，建立一套适合教育单位特点，符合专业人员、管理人员和工勤人员各自岗位要求的用人用工制度，使得单位与职工由人身依附关系转变为契约关系，实现事业单位任职管理的根本性变革。推行聘用合同制，按需设岗，职工由身份管理转为岗位管理，把职工由“单位人”变成“社会人”，从制度上解决人员能进能出的问题。按照“公开、平等、竞争、择优”的用人原则开展岗位竞聘，形成人员能进能出，职务能上能下，待遇能升能降，优秀人才能够脱颖而出，充满生机与活力的用人机制。

在高等学校任职制度改革方面，2000 年 6 月中共中央组织部、人事部、教育部联合下发了《关于深化高等学校任职制度改革的实施意见》，各省、自治区、直辖市相继颁布了高校任职制度改革的实施办法和教师聘任制实施办法。深化高校任职制度改革的主要目标是逐步建立符合高等学校特点的学校自主用人、人员自主择业、政府依法监督、配套措施完善的任职管理新体制；进一步健全高等学校内部的竞争机制和激励机制，转换任职管理的运行机制，搞活用人制度和分配制度。

2003 年，北京大学推出了以“非升即走”为核心的教师专业职务晋升政策，以此为突破口，出台了《北京大学教师聘任和职务晋升制度方案》，教师实行聘任制，面向国内外公开招聘，由此引发了高校系统新一轮的任职制度改革浪潮。自 2005 年开始，教育部所属的事业单位全面实行聘任制。

在中小学任职制度改革方面，2000 年后各地也开展了相关改革，特别是结合分配制度改革进行聘任制改革，启动中小学教职工编制核定和编制管理改革，按照精简、规范、合理、高效的原则规范中小学内设机构名称和职责，控制中小学领导职数，合理确定教师与职员、教学辅助人员、工勤人员的结构比例。

3. 科研院所

中国的科技事业是在计划体制下发展起来的，其组织形式是依附于政府机构的事业单位，单位经费完全由国家财政供养，科研项目来自上级计划，在特定的历史时期，这一科研管理模式为国家经济建设和国防事业做出了重大贡献，奠定了中国科技事业的基础。但随着计划经济向市场经济的转型，科技事业单位已经越来越不能适应市场经济的要求，在所有事业单位中，科研单位率先实行改革，成为事业单位改革的先驱。

科研院所特别是高水平的研究型院所，通常面临着两个方面的困难：一方面是人才的缺乏，主要是汇聚技术研究领域的领军人才、拔尖人才、创新人才，殊为不易；另一方面是经费的缺乏，科研项目的开展、科研设施的建设、研究活动的进行，需要大量的资金支持。而现实中，历史较悠久的事业单位，在人才方面面临的问题是“结构性短缺”，一方面是专业人才、领军人才缺乏，另一方面是非科研类人员数量庞大，有的科研机构，非科研人员的比例超过60%，机构膨胀、人浮于事，占用了大量的宝贵的科研经费和资源。

大多数转制后的科研单位，资产仍然是政府所有，上级组织依然决定着单位的编制审批、发展目标、主要领导人的任免，从某种程度上说，科研单位的转制类似国企改革初期的“放权让利”阶段。当然，也有一定数量的科研单位发展成为上市公司、公众公司，采取相对市场化的手段运营和管理，但从大的范围来看，科研单位在岗位管理、编制管理、任职管理等方面并没有质的改变，行政级别和身份仍然隐形存在。

4. 文化事业单位

文化是人们在认识世界和改造世界的过程中创造的精神成果，它既是经济政治的反映，又给予经济、政治能动的反作用。文化哺育和传承着民族精神，滋养着民族的生命力，激发着民族的创造力。文化事业单位在社会主义建设事业中发挥了巨大的作用，为社会主义文化建设提供了精神动力、思想保证和舆论支持。改革开放以来，文化赖以生存和发展的经济基础、体制环境和社会条件发生了深刻的变化，经济全球化正在促使文化与经济、政治相互交融，文化在综合国力竞争中的地位和作用越来越突出。

近年来，我国不断深入文化体制改革，文化事业单位管理体制取得了令人瞩目的成绩。虽然打破了传统计划经济体制下的管理模式，但是处于社会转型期的科学的文化事业单位的管理体制还未形成，还存在一些问题。具体来说体现为三个方面：第一，人才选聘不完善，选聘标准单一，不符合文化事业单位发展的要求，没有建立起科学规范的选拔聘用制度；第二，人才吸引难，尤其在经济不发达地区表现尤为明显，我国文化事业单位人才吸引受到地域、资源及自身管理体制的影响；第三，人才激励机制不健全，文化事业单位一直以来是政府宣传的喉舌，其正确的舆论导向作用指引人们的精神文化生活，大部分文化事业单位对于宣传岗位的绩效考核机制比较重视，制定比较全面，但对于技术开发岗位上的人才在考核上存在劣势，无法体现多劳多得的原则。同时，事业单位激励方式形式较为单一，物质激励大多数是以奖金为主，精神激励多以荣誉称号为主。这在一定程度上，会导致职员认为做多做少都一样，挫伤一些优秀员工的积极性，甚至导致人才的流失。

二、事业单位人才开发方面的问题与弊端

目前，国内事业单位的改革已经对于单位生产力的释放发挥了巨大的作用，但是，不容否认，较市场经济的要求，事业单位的发展还有相当大的差距。在人才开发方面，事业单位当前最突出的问题在以下四个方面。

1. 重视使用，忽视再学习和知识更新

当今社会，各类专业知识、管理知识更新很快，这就要求人才要及时更新自己的知识结构，否则就会落伍。当前，很多事业单位解放思想，不惜重金引进和使用外部的优秀人才，但这些人才进入事业单位后，却很难有系统、持续、经常的知识培训，知识落伍很快；与此同时，很多人才特别是年轻人的工作任务不多，在实践中锻炼的机会较少。很多人才千方百计进入事业单位之后不久又决然离开，相当一部分是担心自己的知识结构迅速老化，未来可能会不适应市场的激烈竞争。

2. 重视学历，忽视实际工作能力

目前，多数事业单位在招聘时都要求人员具有本科或研究生学历、英语通过国家六级考试、计算机通过国家等级考试，等等，似乎通过了这些认证考试的应聘者，就是单位所需要的高水平人才，却忽略了一个问题，就是这些“人才”很多是应试教育的产物，这些“考试人才”对于各种考试得心应手，但却不能将所学到的知识运用到实际工作中，单位将这些“高分低能”的应聘者招收进来，很可能要花极大的力气让他们适应工作要求，还有可能要承担他们工作失误所产生的损失。

3. 重视年龄，忽视实际工作水平

根据事业单位人员晋升的一般规律，一般年龄越大，资历越深，晋升机会

越多，职位级别越高，待遇也就越高，同一岗位的老职工薪酬待遇普遍高于年轻职工很多，而工作量却明显少于年轻职工。而相当多的年轻职工，工作能力强且成绩突出，但按目前的任职管理体制，却只能等工龄达到一定年限后才能升迁，等不及的年轻人员只好另寻他处。正因为此，很多事业单位成了“人才培训基地”，在不断招收大学毕业生的同时，又不断“送走”年轻的、经过培训的人才，导致其年龄结构总是偏大，既浪费了单位的财力，又为以后的发展埋下了隐患，这种一刀切的、以资历为基础的职务晋升条件以及分配制度，限制了人才的发展，限制了优秀人才的脱颖而出。

4. 重视留学归国人才，忽视本土人才

持续高温的留学热，其形成的重要原因之一就是很多单位在聘用职工时，认为留学归国的人才比本土人才见识广、能力强，愿意对其优先录用，且同一岗位的薪酬和待遇也有所区别。的确，部分留学生所学的知识比较先进，所接受的训练相对系统，但很多单位没有考虑到，国外学校的教育质量也存在良莠不齐的情况，同时，国外的工作环境与国内有很大的不同，单位花重金聘用的留学归国人才，未必都能够人有所值，有效发挥作用。

以上问题影响到事业单位员工的积极性，导致了事业单位年轻人才、优秀人才、实干型人才的严重流失，影响到了单位改革与发展的进程。

第三节 事业单位人才开发改革技术与方法

一、人才开发的基础：胜任力模型

人才测评、培养与开发，需要参照一定的标准模型，对照模型中的能力要求进行评估，就可以锁定能力差距，为接下来的培训、培养工作的开展确定目标和方向。建立人才胜任力模型的工作称为“建模”，建模是系统研究的重要手段和前提。例如，“雷达胜任力模型”通过对目标驱动、规划与组织、客户导向、商业敏感与触觉、团队凝聚、培养与发展他人、开放沟通等七个维度设

置胜任等级要求线，并通过测评，将个人的评估结果与胜任等级要求线进行对比，将评估结果反馈给后备人才，强化他们对自我的认识，进而由人力资源部、后备人才的直接领导、外部专业顾问等一起探讨该人才的发展目标，制定实践发展行动计划（IDP），针对“不达标”的能力素质，提供系统化的培训课程。

胜任力模型中，比较典型的是洋葱模型和冰山模型。

1. 胜任力洋葱模型

胜任力洋葱模型是由美国学者 R. 博亚特兹（Richard Boyatzis）在对麦克利兰的素质理论进行了深入和广泛的研究之后提出的，该模型展示了素质构成的核心要素的层次，并说明了各构成要素可被观察和衡量的特点，如图 8.1 所示。

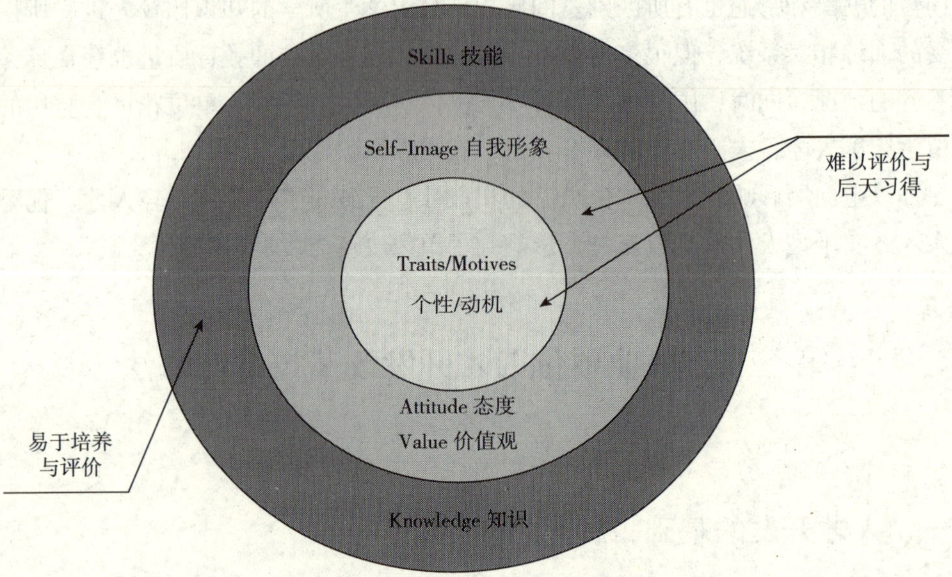

图 8.1　胜任力洋葱模型

洋葱模型中的各核心要素由内至外分别是动机、个性、自我形象与价值观、社会角色、态度、知识、技能等。

①动机是指推动个体为达到目标而采取行动的内驱力。

②个性是指个体对外部环境及各种信息等的反应方式、倾向与特性。

③自我形象是指个体对其自身的看法与评价。

④社会角色是指个体对其所属社会群体或组织接受的行为准则的认识。

⑤态度是指个体的自我形象、价值观以及社会角色综合作用外化的结果。

⑥知识是指个体在某一特定领域所拥有的事实型、经验型信息。

⑦技能是指个体结构化地运用知识完成某项具体工作的能力。

在洋葱模型中，知识、技能等外层要素易于培养和评价，而个性和动机等内层要素则难以评价与后天习得。

2. 胜任力冰山模型

美国著名心理学家麦克利兰于1973年提出了著名的素质冰山模型，所谓“冰山模型”，就是将人员个体素质的不同表现形式划分为表面的“冰山上”部分和深藏的“冰山下”部分。

其中，“冰山上”部分包括基本知识、基本技能，是外在的表现，是容易被了解和测量的部分，相对而言也比较容易改变和发展。而“冰山下”部分则包括社会角色、自我形象、特质和动机，是人内在的、难以测量的部分，它们不太容易通过外界的影响而改变，但却对人的行为与表现起着关键性的决定作用。

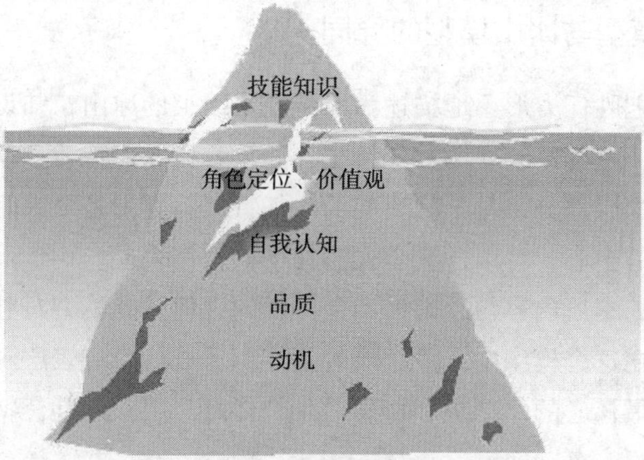

图8.2　胜任力冰山模型

具体来说，麦克利兰所提出的人的素质的六个方面包括：

①知识（Knowledge）：个人在某一特定领域拥有的事实型与经验型信息。

②技能（Skill）：结构化地运用知识完成某项具体工作的能力，或对某一特定工作领域所需技术的掌握程度。

③社会角色（Social Roles）：一个人基于态度和价值观的行为方式与风格。

④自我概念（Self－Concept）：一个人的态度、价值观和自我印象。

⑤特质（Traits）：个性、身体特征对环境和各种信息所表现出来的持续反应。

⑥动机（Motives）：对某一特定领域的自然而持续的想法和偏好（如成就、亲和、影响等），它们将驱动、引导和决定一个人的外在行动。

其中，第①②项大部分与工作所要求的直接资质相关，可以通过考察资质证书、考试、面谈、简历评审等具体形式来测量，也可以在较短的时间内通过培训、锻炼等办法来提高。

第③④⑤⑥项往往很难度量和准确表述，与工作内容看起来又没有直接关系，只有当其对工作产生直接影响的时候，其存在才会被感知和体现出来。考察这些素质项目，每一个管理者都有自己独特的思维方式和理念，但往往因其偏好而有所局限，管理学界及心理学界也有一些测量工具和方法，但往往是复杂不易采用，或者评价效果不够准确。

3. 洋葱模型与冰山模型的异同

冰山模型把胜任力形象地描述为漂浮在水面上的冰山，知识和技能是在水面以上的部分，是容易改变的胜任特征；而自我概念、特质和动机部分是属于潜藏于水下的深层部分，是不易改变的胜任特征，它们是个人驱动力的主要部分，也是人格的中心，可以预测个人工作中的长期表现。

洋葱模型的本质内容与冰山模型是一样的，但是此模型对胜任力的表述更突出层次性。在这个模型中，最表层的是知识和技巧，有表层到里层越来越深入，最里层、最核心的是动机和特质，是个体最深层次的胜任特征。

4. 基准性胜任力与内隐性胜任力

胜任力定义中包含外显行为和内隐动机。胜任力冰山模型冰上部分代表表层特征，如技能、知识、社会角色、自我形象等特征容易感知，但不能预测或决定能否有卓越表现；而处在水下深层的胜任特征，如动机等，决定着人们的行为与表现。麦克利兰（1973）把胜任特征划分为知识、技能、社会角色、自我概念、特质和动机等六个层次，水上冰山部分（知识和技能），成为基准性胜任力特征，是对胜任者基础素质的要求；水下冰山部分（包括社会角色、自我概念、特质和动机等），统称为鉴别性胜任力特征，是区别表现优异者与表现平平者的关键因素。

导师计划，为管理者获取内隐知识而进行学习提供了一种可能的途径。导师计划以成人发展和职业生涯理论为指导，导师通常由稍微年长的，具有丰富经验的，可以充当老师、建议人或者帮助人的人士充当，对被指导人进行个人及职业生涯指导，类似于师徒方式。有研究者对影响导师关系的个体特征进行了研究，如控制源，性别角色、指导人的种族、性别等等。导师理论目前已经从单纯的双向方式转向网络导师方式，研究方向也逐渐转向组织因素对导师关系的影响，如组织文化、层次结构和多样性，等等。

基于导师制的人才发展模型，如图 8.3 所示。

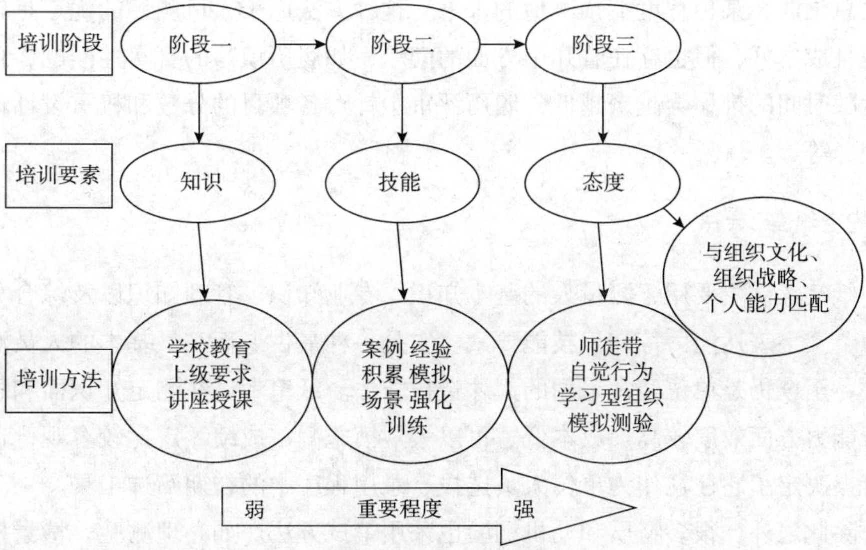

图 8.3　人才发展模型

二、人才测评方法

人才测评的方法都是基于胜任力模型的基本理论发展而来的，主要有如下九种类型。

1. 履历分析

履历分析是根据履历或档案中记载的事实了解一个人的成长历程和工作业绩，从而对其人格背景有一定的了解。近年来，这一方式越来越受到人力资源管理部门的重视，并被广泛地应用于人员选拔工作中。使用个人履历资料，既可以用于初审个人简历，迅速排除明显不合格的人员，也可根据与工作要求相关性的高低，事先确定履历中各项内容的权重，把申请人各项得分相加得总分，根据总分确定选择决策。

研究表明，履历分析对申请人今后的工作表现有一定的预测效果，个体的过去总是能在某种程度上预测他的未来。这种方法用于人员测评的优点是较为客观且成本低，但也存在着几个方面的问题，如履历填写的真实性问题，预测效度随时间的推移会越来越低，履历评审中针对各项目的分数和权重设计不尽合理，等等。

2. 纸笔考试

纸笔考试主要用于测量人的基本知识、专业知识、管理知识以及综合分析能力、文字表达能力等知识技能要素。它是一种最古老而又最基本的人员测评方法，至今仍是单位经常采用的人才选拔方法。纸笔考试在测定知识面和思维分析能力方面效度较高，成本低、可以大规模施测，成绩评定比较客观，这三个特点决定了它往往作为单位人员选拔、录用程序中的初期筛选工具。

除此之外，很多特质和动机测验也采用笔试方法。如心理测验，情景模拟测验，等等。心理测验中的个性测验、能力测验、兴趣测验、动机测验一般都采用笔试的方式，要求被试者填写答题卡或在卷面上直接完成测评题目。情景模拟测验中的公文测验和案例分析测验都有笔试的内容。

综上所述，笔试是人才测评中比较重要的基础测评方式。

3. 心理测验

心理测验是依据确定的原则，通过观察人的代表性行为，对于贯穿行为中的心理特征进行推论和数量化分析的一种科学方法，心理测验能够很好地描述和测量胜任职务需要的个性特点，因此被广泛地应用于人事测评工作中。

①标准化测验。标准化心理测验一般有事前确定好的测验题目和答卷、详细的答题说明、客观的计分系统、解释系统、良好的常模以及测验的信度、效度和项目分析数据等相关的资料。通常用于人事测评的心理测验主要包括智力测验、能力倾向测验、人格测验以及其他心理素质测验（如兴趣测验、价值观测验、态度测评等），标准化的心理测验同样具有使用方便、经济、客观等特点。

②投射测验。投射测验主要用于对人格、动机等内容的测量，它要求被测试者对一些模棱两可或模糊不清、结构不明确的刺激做出描述或反应，通过对这些反应的分析来推断被试者的内在心理特点。它基于这样一种假设：人们对外在事物的看法实际上反映出其内在的真实状态或特征。投射技术可以使被试者不愿表现的个性特征、内在冲突和态度更容易地表达出来，因而在对人格结构、内容的深度分析上有独特的功能。但投射测验在计分和解释上相对缺乏客观标准，对测验结果的评价带有浓重的主观色彩，对主试和评分者的要求很高，一般的人事管理人员无法直接使用。

4. 笔迹分析法

运用笔迹学知识和技术，对被试者的笔迹进行心理学意义的测量和评估，得出有关笔迹书写者个性特征与内心世界诸方面的结论，笔迹分析法的分支和流派很多，如临摹直觉感知分析法等。

5. 迷宫游戏法（e－profiling）

迷宫游戏法是评估人的表现和表现能力的最新方法，它以心理诊疗、医学以及神经学的最新研究成果为基础，有效克服了被测者记忆考题产生的问题，从心理学、神经学的双重角度对测评者给出客观而科学的评价，这种方法具有简捷方便、效度和信度高、低成本、趣味性强等优点，欧美国家在人才的招聘和选拔过程中已广泛使用这种方法。

最早推出迷宫分析法的是德国的 e－profiling 公司和 Goettingen（哥廷根）大学，因此，这种方法也简称为 e－profiling 测评法。

6. 面试

面试是人才测评中最常用的方法，它通过测试者与被试者双方面对面的观察、交谈，收集有关信息，从而了解被试者的素质状况、能力特征以及动机。面试是人事管理领域应用最普遍的一种测量形式，各种类型的组织在招聘中几乎都会用到面试方法。

面试，按其形式的不同可分为结构化面试、半结构化面试和非结构化面试。

①结构化面试。所谓结构化面试就是首先根据对职位的分析，确定面试的测评要素，针对每一个测评维度，预先编制好面试题目并制定相应的评分标准，据此对被试者的表现进行量化分析，对应聘同一岗位的不同被试者使用相同的题目、提问方式、计分和评价标准，以保证评价的公平性。

②半结构化面试。半结构化面试与结构化面试的区别在于，考官可以根据申请者的回答进一步挖掘信息（进行深入追问），而结构化面试为了追求公正，原则上不进行追问。

③非结构化面试。非结构化面试没有固定的程序，评价者提问的内容和顺序都取决于测试者的兴趣和现场被试者的回答，不同的被试者被要求回答的问题可能有所不同。

总体而言，面试的优点是获得信息丰富、完整、深入，组织与执行方式灵活，但同时也有很多弱点，如主观性强、成本高、效率低，等等。

7. 现场操作测试

现场操作测评主要适用于操作类的岗位，测评被试者实际操作的熟练程度、动作的协调与标准化程度。如某造船厂招聘电焊工，要求应聘者现场切割并焊接两块厚 2 厘米的铁板，以测评被试者是否熟悉电焊的操作规程、能否正确使用设备以及操作的熟练程度。再比如，某事业单位招聘打字员，对所有的应聘者给予同样的文字材料，看大家完成文字录入的时间与准确率，据此挑选优胜者。

8. 情景模拟

情景模拟是通过设置一种逼真的管理系统或工作场景，让被试者参与其中，按测试者提出的要求完成一个或一系列任务，在这个过程中，测试者根据被试者的表现或通过模拟提交的报告、总结材料为其打分，以此来预测被试者在拟聘岗位上的实际工作能力和水平。

情景模拟测验主要适用于管理人员和某些专业人员，典型的方法如文件筐测试、电梯测试、无领导小组讨论等。

9. 评价中心技术

评价中心技术是在二战后迅速发展起来的，是现代人事测评的一种主要形式，被认为是一种针对高级管理人员的、最有效的测评方法。一次完整的评价中心测试通常需要两三天的时间，对个人的评价是在团体中进行的。被试者组成一个小组，由一组测试人员（通常测试人员与被试者的数量比为1∶2）对其进行包括心理测验、面试、多项情景模拟测验在内的系列测评，测评结果是在对多个测试者系统观察的基础上综合得出。

严格来讲，评价中心是一种程序而不是一种具体方法，是组织、选拔管理人员的一项人事评价过程，而不是一个特定的空间、场所、地点的代称。它由多个专家组成评价小组，针对特定的目标，使用多种主、客观评价方法，对被试者的各种能力进行评价，为组织选拔、提升、鉴别、发展和训练个人服务。评价中心的最大特点是注重情景模拟，在一次评价中心中可能包含多个情景模拟测验，它源于情景模拟，但又不同于简单的情景模拟，是多种测评方法的有机结合。

三、人才培养与发展体系设计程序

对于人才培养与发展方面，经过数年的沉淀与梳理，汉哲总结出自己的“员工能力提升 C－UP 体系”。该体系内含六个模块和十八个支撑环节，架构图如图 8.4 所示。

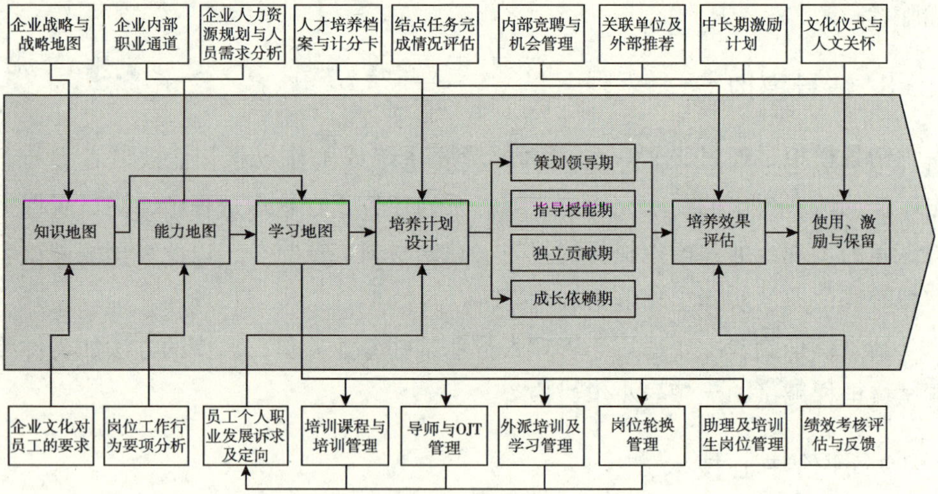

图 8.4　员工能力提升 C－UP 体系

第一大模块：知识地图

企业培养体系的出发点，正是企业需要的知识。企业缺什么知识，就需要让大家培养相应方面的能力，而知识地图是为企业导航的首选利器。知识地图的确立决定于两个方面：首先是企业战略、企业的战略地图，其次是企业文化与员工需求。据此，即可梳理出企业的知识地图。

第二大模块：能力地图

在知识地图的基础之上，进行细分和延展，继而可以确立企业的能力地图。具体可以从两个方面着手：首先，从企业内部的人才发展通道和企业的人才规划；其次，从岗位工作和行为要项的分析，即明确岗位需要什么样的能力，如此，便形成企业的能力地图。知识地图和能力地图共同导向我们的学习。

第三大模块：学习地图

提及学习地图，主要包含五个方面的内容：①培训课程和培训管理；②导师制和 OJT 的管理；③岗位轮换计划；④助理培训生的设计；⑤外派培训和学习。

在学习地图建立的基础之上，根据员工发展诉求和员工学习地图，可以明确员工成长计划。比如两年之后，培养某员工做工程项目经理或副经理，达到这个目标，需要参与哪些在岗培训，需要哪些外派培训等等，在此基础上建立员工的培训电子卡片，由此进入员工培养的全生命周期。

第四大模块：人才全生命周期的四个阶段

第一阶段：成长依赖期。一般针对刚入职的大学生，尚不能独立工作，需要一些方面的培训课程。

第二阶段：独立贡献期。此时员工在公司里能够独立承担一部分工作。

第三阶段：指导授能期。即可以作为主管指导下属完成工作。同时，可以授予下属一定的能力，帮助他们提升。

第四阶段：策略领导期。一般是公司的中层以上，如果是技术人才，应该是这个领域比较能够领军的人物。

需要说明的是：①员工在四个不同的阶段，都需要学习，而且需要学习不同的课程。②有记分卡，随时进行记录。③基于整个的学习地图，而不是单纯地听课或读 MBA，学习内容和学习方式都会比较丰富。

第五大模块：培训效果评估

经过这四个阶段培养之后，会安排培养效果评估。柯克帕特里克曾提出培训效果四层次：反应层、学习层、行为层、效果层。对于企业人才培养，在此还需补充：绩效提升的评估。培训之后，促进培训对象绩效改进或提升，本身就是培训效果的体现。综合来看，培训效果可以从两个方面去实施：一是工作任务节点完成情况，通过记分卡，在每个阶段的培训完成之后，对培训效果进行评估；二是从绩效考核的角度进行二次验证。

第六大模块：人才的使用、激励和保留

培养效果评估之后，会涉及对人才的使用、激励和保留。倘若培养效果好，随后便流失掉，也会成为人才培养使用的一个问题。在激励和保留方面提供一些建议性措施：内部竞聘和机会管理。岗位轮换，中长期激励计划，以及文化仪式与人文关怀等。

第四节 案例与实战

案例 1：B 市区属机关事业单位人事干部胜任特征研究

1. 研究目的及内容

本研究的目的是对B市区属机关事业单位的人事干部开展工作分析，基于工作分析的结果构建人事干部的胜任特征模型，为今后对这一群体开展有针对性的竞岗竞聘、教育培养等工作奠定理论依据。

本研究包括两个方面的内容：一是B市区属机关事业单位人事干部的工作分析，二是基于工作分析的人事干部胜任特征模型构建，包括基准性胜任特征与鉴别性胜任特征。

2. 研究过程与步骤

本研究过程分为三个步骤。

第一步，得出B市区属机关事业单位人事干部的工作分析结果。具体做法是：用工作技能问卷和工作风格问卷得到区属机关事业单位人事干部的基本工作信息。

第二步，通过专家访谈，进一步归类、整理问卷得出的分析结果（即形成区属机关事业单位人事干部岗位胜任特征编码词典）。

第三步，对已确认的事业单位人事干部绩效优异者与绩效一般者，进行行为事件访谈，将访谈结果转录为文本，根据胜任特征编码词典进行编码，得到频次、最高分、平均等级分等指标，根据绩优者和绩效一般者在平均等级分数上的差异，有差异者为鉴别性胜任特征，无差异者为基准性胜任特征，最后，通过专家访谈进行验证。

3. 事业单位人事干部的工作分析

（1）研究对象

本研究的对象是B市区属机关事业单位的人事干部，机关事业单位是指党政机关及其下属单位。一方面，机关的人事干部都属于公务员；另一方面，事业单位的体制是按照机关执行，人事、财政受人事厅、财政厅管制，工资福利按照国家规定执行。机关事业单位的人事干部的主要职责是贯彻国家和市关于人事人才的方针政策、法规规章，负责本单位人事劳资工作的指导、协调、服务和监督，在区人事局的指导下完成本单位人员的聘用、聘任、考核、奖惩、辞退等工作，组织工人和管理人员的培训、教育等。由于研究对象的工作性质、工作内容、工作职责等非常类似，可以统一参照公务员来探讨。

本研究选取某区73位机关事业单位的人事干部参加了工作分析调查，其中：男性18人，女性55人，平均年龄41.9岁，标准差10.17，平均工作年限是6.1年。

（2）研究工具

本研究采用的是O + NET（Occupational Information Nero.）问卷中的工作风格问卷和工作技能问卷，O + NET是美国劳工部最新开发的工作分析系统，它的特点是设计了多重指标系统（如工作行为、能力、技能、知识和工作情境等），考虑到了职业需求和职业特征，以及任职者的要求和特征，更重要的是，它还考虑到了整个社会情境和组织情境的影响。同时，该系统还具有跨职位的指标描述系统，为描述不同的职位提供了共同语言，从而使得不同职业之间的比较成为可能。

根据前人研究结果，工作风格问卷和工作技能问卷各有3个维度，两个问卷一共是6个维度，因此，不适合用维度指标作为胜任特征编码词典的项目（项目太少）。根据以前的做法，本研究按照工作分析问卷的每个题目作为分析单元。工作风格问卷有16道题，工作技能问卷有35道题，然后将平均分数高的项目作为胜任特征编码词典的内容。工作风格问卷和工作技能问卷都已对每一项内容进行了命名及界定，只要求任职者对其重要性进行评价，采用Likert五点量表，从“不重要”（1）到“极其重要”（5）。

（3）数据处理与结果分析

采用SPSS对工作分析的结果进行统计分析，根据平均分数得到对B市区属机关事业单位的人事干部技能和工作风格的要求，结果分析也分为以下两个方面的内容。

①工作分析初步结论。工作分析初步结论由工作技能问卷和工作风格问卷得到，每个工作分析的项目作为一个特征项目，因此，工作技能问卷共有35个特征，工作技能问卷共有16个特征。通过对工作分析结果的统计，根据平均值，工作技能结果取平均值3以上的项目，工作风格结果取平均值3.5以上的项目，得到初步的工作分析项目共23项，结果如表8.1和表8.2所示。

表8.1　工作技能方面的胜任特征项目

名称	定义
主动学习	了解新信息对现时、将来解决问题及做出决定时的影响
阅读理解	明白与工作有关的问卷中的句子和段落
人力资源管理	当他人工作时，激励、发展和指导他们，找出适合各种工作的最佳人选
谈话	通过与他人谈话而有效地传达信息
协调	根据他人的行动而调整行动
判断和决策	考虑计划的行动的相对成本和收益，从而选择最合适的一个
主动聆听	完全专注于别人的讲话，花时间去明白所提出的要点，适当地发问和不在不适当的时候中断别人的讲话
社交的洞察力	察觉到其他人的反应并理解他们为什么有这样的反应
学习策略	学习或教导新事物时，挑选及采用适合当时要求的培训、指导的方法及程序
书写	以书写形式有效地沟通，切合读者的需要
时间管理	管理个人和他人的时间
说服力	说服他人去改变见解或行为
解决复杂问题	辨识复杂的问题和检阅有关的数据，从而建立和评价各种选择的优劣，并实施解决方案
服务倾向	主动地寻找帮助他人的方法

表 8.2　　工作风格方面的胜任特征项目

名称	定义
正直诚信	工作要求诚实和合乎道德
可靠性	工作要求可被信赖、有责任感和可靠，并能够履行义务
注意细节	工作要求留意细节和完成工作时无微不至
合作性	工作要求对同事和蔼并表现良好且合作的态度
自我控制	工作要求即使在非常困难的情况下也要保持镇定、抑制情绪、控制愤怒和避免侵犯性的行为
关心他人	工作要求对他人的需要和感觉的敏感，并体谅、帮助同事
承受压力	工作要求接受批评，及镇定和有效地处理压力沉重的情况
主动性	工作要求一种承担责任和挑战的主动意愿
毅力	工作要求遇到障碍时坚毅不屈

②专家访谈与结果修正。通过工作技能问卷和工作风格问卷得出 23 项初步结果，对六名人力资源专家进行访谈，根据专家的意见，将结果中类似的项目进行归纳，删减不必要的项目，然后将他们认为重要的、但结果中没体现的胜任特征加入到词典中，如此，就为后续的访谈和编码奠定了基础。

具体修正如下。

首先，把胜任特征项目中的“谈话”和“书写”合并为“言语表达”，定义为“能够通过口头或书面的形式，准确、有效地进行沟通或传达信息”。

其次，由于我们研究的人事干部很少能自主决策开展培训教育工作，因此，删除“学习策略”。

再次，考虑到人事干部对计算机知识、法律意识和本专业知识的认可度，增加了“专业知识技能”项目。

最后，把“正直诚信”与“可靠性”合并为“正直可靠”。

基于以上归纳及补充，形成了 21 个项目的工作分析结果，如表 8.3 所示。

③小结：区属机关事业单位人事干部的工作分析结果，形成 21 项胜任特征，包括：主动学习、阅读理解、人力资源管理、言语表达、协调、判断和决策、主动聆听、社交的洞察力、时间管理、说服力、解决复杂问题、服务倾向、正直可靠、注意细节、合作性、自我控制、关心他人、承受压力、主动性、毅力和专业知识技能。

表 8.3　　工作分析结果

名称	定义
主动学习	了解新信息对现在、将来解决问题及做出决定时的影响，并选择合适的方法，主动学习相关知识、技能等
阅读理解	明白与工作有关的文件中的句子和段落
人力资源管理	当他人工作时，激励、发展和指导他们，找出适合各种工作的最佳人选
言语表达	能够通过口头或者书面的形式，准确有效地进行沟通或传达信息
协调	根据他人的行动而调整行动
判断和决策	考虑计划的行动的相对成本和收益，从而选择最合适的一个
主动聆听	完全专注于别人的讲话，花时间去明白所提出的要点，适当地发问和不在不适当的时候中断别人的讲话
社交的洞察力	觉察到其他人的反应并理解他们为什么有这样的反应
时间管理	管理个人和他人的时间
说服力	说服他人去改变见解或行为
解决复杂问题	辨识复杂的问题和检阅有关的数据，从而建立和评价各种选择的优劣，并实施解决方案
服务倾向	主动地寻找帮助他人的方法
正直可靠	工作诚实合乎道德，有责任感和可靠，并能够履行义务
注意细节	注意细节，完成工作时无微不至
合作性	对同事和蔼并表现良好且合作的态度
自我控制	即使在非常困难的情况下也要保持镇定、抑制情绪、控制愤怒和避免侵犯性的行为
关心他人	对他人的需要和感觉的敏感，并体谅、帮助同事
承受压力	接受批评，及镇定和有效地处理压力沉重的情况
主动性	具有承担责任和挑战的主动意愿
毅力	遇到障碍时坚毅不屈
专业知识技能	计算机知识、法律意识等，档案管理、财务、保险、工资核算等

4. 事业单位人事干部的基准性胜任特征与鉴别性胜任特征

本阶段的研究是在对 B 市区属机关事业单位人事干部工作分析的基础上，进一步确定其基准性胜任特征与鉴别性胜任特征。

（1）行为事件访谈

行为事件访谈（BEI）的目的是通过受访者对行为事件的描述，获得一个人如何从事其工作的内涵。受访者往往需要描述一个完整的工作片断。包括他们在工作中的真实行为、想法、感受等。开展行为事件访谈的人员必须经过专门培训，即使是从事心理学和人力资源专业的人员，也必须经过培训，以避免访谈中的不良习惯，从而圆满地完成研究任务。

首先，访谈对象的选择。在考察以往研究的基础上，本研究对象根据区人事局干部年度考核结果（该考核结果主要根据其直接主管的评价）选取，最终确定人事干部20人接受行为事件访谈。其中，优秀组10人，普通组10人；男性7人，女性13人；平均年龄36.55岁，标准差10.880；从事工作年限平均为5.05年，标准差3.502。

在进行行为事件访谈之前，首先根据“硬”指标（如销售额、客户满意度等）或采取上级、同事、下级和客户提名的方法来确定绩效标准，据此甄选出绩优组和一般组。从领导特质理论、行为理论、变革型领导理论的发展来看，区分绩优和一般的干部一直是个难题。目前通行的干部评价主要有两种：一种是以上级评价作为评价的依据，同级因为是利益相关者，他们的评价不纳入考核，只作参考，由上级评价决定干部的绩效；另一种是以下级评价为依据，同级评价只占较少的比例，而上级评价占较大的比例。

为便于组织调查，又不影响结果的效度，本研究采用的是第一种方法：行为事件访谈。

①行为事件访谈的步骤。

第一，认识访谈对象，了解受访者姓名、出生年月、工作单位、工作科室、职务等基本信息，以更加准确地理解访谈中的问题。

第二，事先了解访谈的内容。熟练掌握访谈提纲，并准备行为事件访谈信息记录卡，作为辅助工具。

第三，为访谈安排一间会议室，在访谈期间不在会议室安排其他活动，以保证访谈的私密性。为受访者准备茶水，让受访者感觉环境自如、舒适，有利于表述的自然、真实。

第四，为访谈进行录音，访谈中速记的方式势必会分散访谈者的精力，且访谈内容肯定不完整，无法进行后期的处理工作。

②行为事件访谈提纲。

行为事件访谈提纲分为六个部分，重点在第三部分，即行为事件描述。具体步骤如下。

第一步：介绍和打消疑虑。访谈者要做自我介绍，说明访谈目的和程序，打消受访者的疑虑。

第二步：了解工作职责。让受访者描述自己的工作任务、职责以及工作环境。

第三步：行为事件描述。询问受访者，让其描述6个“重要事件”——3件非常成功和3件不太满意、很失败的经验。

第四步：成功的素质和条件。请受访者谈谈他认为要做好工作应具备哪方面的知识技能、能力特征、个性特征。

第五步：工作情况和任职资格的可能变化。请受访者说明，未来该岗位的工作可能发生怎样的变化，相应地，任职资格要求可能发生怎样的改变。

第六步：补遗和结束。询问受访者还有哪些需要补充的重要信息。行为事件访谈信息记录卡除了包含受访者的基本信息外，还列出了观察内容和观察结果，为访谈提供基本的辅助信息，如“被访谈人的仪表”等，观察结果采用Likert七点评价量表记录。

在运用行为事件访谈法构建胜任特征的研究中，对访谈结果进行编码，其中，胜任特征编码词典的确定，是决定编码质量的重要因素。

根据已确定的胜任特征编码词典，三名人力资源管理方向的心理学研究生参加了编码工作。首先进行编码训练，对三份访谈文稿进行试编码。在编码过程中，三名编码者进行不断的讨论，使得他们的编码标准趋于一致：如遇到词典里面没有包含的胜任特征，经讨论可以加入词典。三位编码者根据胜任特征词典对20份文稿进行独立编码，编码时，编码者不知道被访者属于优秀组还是普通组。

对三位编码者的编码结果进行汇总，并进行信度检验，之后对优秀组和普通组在每一胜任特征上的平均等级分数进行差异检验，综合差异检验显著的胜任特征，即得到B市区属机关事业单位的人事干部的胜任特征，相关统计分析采用SPSS完成。

（2）结果处理与编码分析

转录过程中，要求转录人员忠于访谈录音内容，不对录音内容进行任何加工，以保证内容的完整性。因此，会在转录文件中出现一些与胜任特征研究无关的、重复的或者语气词之类的文字。

三名编码者根据“访谈材料”进行“行为描述”，并依据上面得出的胜任特征编码词典对20份访谈文件中的行为描述分别归类为不同的胜任特征，再对这些名称进行等级划分。

（3）专家访谈与结果验证

本部分专家访谈的目的是对经检验得出的鉴别性胜任特征进行效度验证。在这一阶段，邀请了4名人力资源方面的专家和2名人事干部的主管一起讨论，分析得出的鉴别性胜任特征是否与通识一致，对于差异较大的特征要去，进行深入的讨论和分析。

专家组仔细检查每个胜任特征项目的名称、定义、等级标准，讨论能否删减、合并或增加。根据他们的工作经验，建议将“服务倾向”纳入到胜任特征中。因为工作性质的原因，B市区属机关事业单位的人事干部经常会接待他人来访，其本职工作就是为人服务，要帮助来访者解决问题，遇到困难要主动替他人想办法。

总结以上观点，得出区属机关事业单位人事干部的鉴别性胜任特征6项，基准性胜任特征19项。

5. 研究结论综述

B市区属机关事业单位人事干部的鉴别性胜任特征包括人力资源管理、协调、自我控制、言语表达、主动聆听和服务倾向等6项，基准性胜任特征包括主动学习、阅读理解、判断和决策、社交洞察力、时间管理、说服力、解决复杂问题、正直可靠、注意细节、合作性、关心他人、承受压力、主动性、毅力、知识技能、服从性、人际沟通、踏踏实实、敢于谏言等19项。

本研究通过差异检验、以差异显著的项目作为B市区属机关事业单位人事干部的鉴别性胜任特征，而没有显著差异的项目作为基准性胜任特征。结果表明，绩优组在某些差异不显著的基准性胜任特征项目上的表现不如普通组，如主动学习、解决复杂问题、合作性、毅力和人际沟通，等等，这说明绩优组并不是在每个胜任特征项目上都优于普通组。因为上级在甄选绩优组和普通组的时候，是根据人事干部的综合表现进行评价的，是整体评价。而对个体而言，普通组的人事干部也有自身的优点，只不过相对来说没有绩优组那么突出，也就是说，绩优组的人事干部在大多数胜任特征项目上的表现要优于普通组，所以，该结果是可以接受的。

另外，绩优组只在鉴别性胜任特征的“自我控制”一项上的表现不如绩效普通组。这可能是由于编码过程中，发现有些人事干部认为注意锻炼身体很重要，而“自我控制”的定义为“即使在非常困难的情况下也要保持镇定、抑制情绪、控制愤怒和避免侵犯性的行为，保持良好心态”。因此就把“自我控制”的第三等级定义为“始终保持良好的心态，注意身体健康”。通过检查编码文本，发现提到注意身体健康的大多是绩效普通组的人事干部，而这又被归为第三等级，而本研究是用平均等级分数作为统计指标，因此才会导致在自我控制这一项上绩优组出现了低于普通组的情况。对此，研究小组对级别定义进行修改。

案例2：SW市市直系统局级领导干部素质模型构建

1. 研究目的

2003年年底，中共中央召开了全国人才工作会议，温家宝总理在会议上指出：“加强公务员队伍建设是实施人才强国战略的重要任务。要努力建设一支政治坚定、业务精湛、作风过硬的公务员队伍，这支队伍必须做到：一要牢固树立执政为民的思想观念；二要知法守法，依法行政；三要忠于职守，勤奋工作；四要清正廉洁，公道正派，全心全意为人民服务。”

就SW市而言，虽然各部门相继推出了领导干部选聘和考评标准，这些标准在实际工作中也发挥了巨大的作用，但也暴露了许多不足。第一，选聘、考评标准多来自相关部门以往的工作经验，这些经验性的总结虽然对实践有一定的指导意义，但缺乏科学依据，不适合推及总体。第二，选聘和考评标准的制定，注重了对领导干部政治素质的要求，弱化了对领导者胜任素质的关注。

有鉴于此，2004年，SW市开展了一次针对市直系统局级领导干部的素质模型构建工作，模型构建采用定性与定量相结合的方式，在注重经验总结的同时，采用实证分析的方法，确保模型的科学性、有效性。此次大规模的建模工作对于 SW 市培养、造就各类高素质领导人才，切实用好、用足当地的高端人才资源，促进 SW 市全面、协调、可持续发展，具有重要的意义。

2. 研究方法与流程

模型的构建采用内外部专家相结合的方式，主要采用了文献分析法、焦点小组讨论法、行为事件访谈法、类属分析法、相关分析法和因素分析法等方法。

首先，由外部专家查阅国内外大量的文献资料，获得有关公务员素质模型的第一手资料。同时，内外人员对党和国家的路线方针、SW 市委市政府领导人的重要讲话、市委的有关会议精神等进行深入的研读、提炼和总结。通过对上述文献的分析，得到领导干部素质模型的相关理论来源。

其次，对部分局级正副职领导进行访谈，收集局级领导干部必备素质的相关陈述。访谈过程中，主要采用行为事件访谈法进行资料收集，外部专家通过这种方式对四十多名市直系统的工作人员进行结构化访谈，收集关键事件，用以确定素质模型的关键要素。

最后，内外部专家通过焦点小组讨论的方法，逐一对行为事件访谈中收集到的有关局级领导干部素质的基本陈述进行归纳、总结与分类，初选出 25 个素质要项，如表 8.4 所示。

表 8.4　25 个素质要项

代号	素质项目	代号	素质项目	代号	素质项目
A1	原则性	A10	应变能力	A19	主动性
A2	纪律性	A11	学习能力	A20	责任心
A3	廉洁性	A12	沟通能力	A21	事业心
A4	品格	A13	控制能力	A22	求实精神
A5	决策能力	A14	指导能力	A23	相容性
A6	计划能力	A15	人员开发能力	A24	民主性
A7	创新能力	A16	政策水平	A25	服务意识
A8	合理授权能力	A17	专业知识		
A9	人际关系能力	A18	管理知识		

根据上述研究成果，专家设计了“SW 市市直系统局级正副职领导干部考

核”的测量问卷，测量问卷采用 5 点量表记分，5 分代表非常重要，1 分代表不重要，让被测量人员根据自己的感受，判断各个指标项对考核局级领导正副职干部的重要程度。然后，在 SW 市委组织部举办的组织人事干部培训班以及受访单位的机关人员中发放问卷，共回收问卷 293 份，其中有效问卷 284 份，有效率为 96.93%。

通过对回收的问卷进行信度和效度分析，采用折半信度（split－half method）作为问卷测量的信度指标。经计算，本研究的信度系数为 0.968，说明本研究所使用的测量问卷具有可接受的信度水平。采用内容效度（content validity）方法对问卷的效度进行测量。具体方法是：让 36 位熟悉该测量问卷内容的人员做判断，确定该问卷的指标项目与本次素质模型所需测量内容之间关系的密切程度。结果显示，该问卷的指标项目很好地反映了所需测量的内容，说明该研究使用的测量问卷所获得的结果是有效的。

问卷经过信效度检验之后，还需要对问卷进行因素分析。外部专家利用问卷调查的数据对上述 25 个素质要素进行因素分析，以检验模型的科学性。通过对 25 个素质项目的相关矩阵进行分析，并对 25 个素质项目进行 KMO 和 Bartlett 球形检验，结果表明，可以对 25 个素质要项进行因素分析。

经过两次因素分析之后，外部专家对总项的相关系数进行判定。判定结果表明，各分项对总项的相关系数均达到了 0.01 水平的显著性，各因素内部一致性系数基本符合标准。这表明，因素分析所产生的结构具有较高的信度。

3. 研究结论

经过上述建模过程，专家组最终形成四项素质纬度（即品德、能力、态度和知识），筛选出 16 项素质项目，纳入局级正职领导干部的素质模型。此外，经过访谈和征询部分委、办、局领导及工作人员的意见，又加入了政治思想素养、心理承受能力、关爱他人、献身组织精神、公开宣讲能力、组织协调能力等 8 项素质，最终修订、形成《SW 市市直系统局级正职领导干部素质模型》。

表 8.5　SW 市市直系统局级正职领导干部素质模型（部分示意，有删节）

序号	绩效结构	正局级素质要素	序号	绩效结构	正局级素质要素
2	品德	廉洁性	14	能力	决策能力
4		政治思想素养	15		计划能力
5		心理承受能力	17		沟通能力
6		关爱他人	18		组织协调能力
7		献身组织精神	21		公开宣讲能力
9	态度	责任心	22	知识	政策水平
10		服务意识	23		专业知识
11		求实精神	24		管理知识

副职领导干部素质模型的建立，与正职的过程类似，使用因素分析法进行分析，使用 SPSS 统计分析软件进行处理，最终得到局级副职领导干部的素质模型，一共也包括 16 项素质要素，具体见表 8.6。

表 8.6　SW 市市直系统局级副职领导干部素质模型（部分示意，有删节）

序号	绩效结构	副局级素质要素	序号	绩效结构	副局级素质要素
1	品德	廉洁性	14	能力	指导能力
3		政治思想素养	16		人际关系能力
4		心理承受能力	17		控制能力
7	态度	主动性	18		合理授权能力
8		民主性	19		组织协调能力
9		责任心	21		分析问题能力
10		事业心	23	知识	专业知识
13		法制意识	24		管理知识

通过市直系统局级领导干部素质模型的构建，为 SW 市市直系统领导干部的选聘、录用提供了科学的依据，并据此建立了干部考核体系的结构，为市直系统领导干部的选聘、录用、队伍建设和绩效管理提供了有力的支撑。

案例3：CQ市某区事业单位专业技术人才开发规划

1. 背景介绍

CQ市某区事业单位共有专业技术人员6238人，其中男性2345，女性3893人，男女性别比例为1∶1.66；在管理岗位工作的专业技术人才267人，具有职业资格的专业技术人才5412人，专业技术人才与管理人才比例为3.11∶1。

专业技术人才是该区事业单位人才队伍的主力军，主要分布在教育、卫生和农林牧渔业等十个行业，其中，专业技术人才最多的是教育行业，其次为卫生系统和农牧业，而工程技术、经济等领域的专业技术人才相对较少。

2. 专业技术人才队伍的现状

当前，CQ市专业技术人才队伍的现状如下。

（1）专业技术人才队伍总量增长与经济发展不匹配

根据该区2006～2011年地区生产总值增长率与事业单位专业技术人才增长率的比较发现，人才的增长速度低于GDP的增长速度。以2010年为例，当年该区GDP增长率为16.5%，而事业单位的专业技术人才增长率为10.59%，与经济增长不相适应。

（2）人才资本的投向未能突出经济主战场

专业技术人才的分布结构应与该区域的经济结构调整互为支撑，人才分布过窄容易造成人才重叠等问题，目前该区事业单位专业技术人才的行业分布矛盾比较突出，专业技术人才主要集中在教育、文化、卫生等行业，而农林牧渔、地质水利、建材等生产性行业中的高级专业技术人才的缺口较大，人才的专业分布结构与该区的经济结构调整存在着较大差距。

（3）针对专业技术人才的培训体系基本覆盖，但培训时间和频次较低

专业技术人才队伍的培养，既是造就不断适应经济社会发展的人才队伍的需要，也是人才个体全面发展的需要。调查发现，当前该区事业单位89.15%的专业技术人才在一年中参加过培训，这说明人才培养体系的覆盖面还是较广

的，但61.77%的人才接受培训时间不足12天，每人平均每年仅接受培训3.33次，培训时间和频次都较低。

（4）专业技术人才使用效益不高，“隐性流失”较严重

“显性人才流失”是指人才所有权的转移，而“隐性人才流失”则是人才使用效益的缺失。后者比前者更为普遍，更容易为人所忽视，而危害性也更大。《区国民经济和社会发展第十一个五年规划—人才发展专项规划》中反映，该区专业技术人才利用速度较慢、滞缓，引进人才动力和充分挖掘人才的潜能两个方面未能有机地保持一致，人才的利用效益不高。

3. 对问题成因的分析

导致以上四个方面问题的原因在于以下几个方面。

（1）人才使用机制僵化，缺乏合理的人才流动

当前，该区事业单位在用人制度上仍带有明显的行政色彩，尚未完全形成由国家用人向单位用人、个人自由择业、政府依法监管、适应社会主义市场经济体制要求和各类事业单位特点的用人制度。人才的单位所有制给人才成长设置了重重障碍，制约了人才服务社会的空间，导致部分单位人才重叠，而区经济结构调整中急需的懂经济管理、生产技术、资本运作、环境建设的人才则非常缺乏，造成人才的行业结构分布不平衡。

（2）人才选拔任用制度方面存在的缺陷影响了人才结构的优化

一方面是人才的引进机制尚处于起步阶段，缺乏成熟机制作为保障；另一方面，虽然已实行了专业技术人才的评聘分开，但聘用合同并没有真正成为确定人事关系的依据，而是被简单等同于完成一道程序，论资排辈现象盛行，专业技术职务“能上不能下”，缺乏通过竞争使人才大量涌现的良性机制，导致大量青年技术人才被压制在初级或中级职务，其能力得不到客观的认可。

（3）分配制度上缺乏对专业技术人才的激励，导致人才效益不高

目前，专业技术人才普遍实行职务工资制，基本是将行政管理人员的工资制度简单地套用在专业技术人员身上，分配方式单一，其他生产要素均未能参与收益分配，难以调动各类专业技术人员的积极性与创造性。

4. 改革思路

根据专业技术人才队伍建设的总体思路，结合该区“十二五”人才队伍建设的总体思路，提出专业技术人才开发的指导思想，即坚持邓小平理论和“三个代表”重要思想，积极应对知识经济和经济全球化对人才队伍的挑战，紧紧围绕区“十二五”规划所确立的经济社会发展目标，以人才战略为总揽，以高层次专业技术人才队伍建设为龙头，以能力建设为重点，增加人才总量，提高人才素质，调整队伍结构，完善管理制度，创新工作思路，营造尊重知识、尊重人才、鼓励创新的良好氛围，努力建设一支规模宏大的、高素质的专业技术人才队伍。

5. 改革方案与措施

(1) 强化人才意识，加强对专业技术人才开发的组织领导

强化人才意识是人才工作的重要思想保障。为此，该区应更新观念，提高认识，树立“人力资源是第一资源”的战略意识；完善机构，加强领导，建立“集中统一，富有权威”的管理机制；建立和完善专业技术人才开发工作领导体制和工作制度，充分发挥组织、人事部门在专业技术人才队伍建设中的主导作用。

(2) 适应深化体制改革的要求，制定并完善专业技术人才管理机制，营造良好的专业技术人才开发环境

该区政府的有关部门，应按照区国民经济和社会发展第十一个五年计划纲要的要求，根据区事业单位专业技术人才的总量、结构、行业分布等状况，研究制定有关政策，逐步形成有效的人才宏观调控机制，加强专业技术人才汇集机制的建设力度，实施人才智力引进工程，构建科学有效的人才激励模式，充分调动人才积极性，为专业技术人才提供更多的事业发展机会。

(3) 加强专业技术人才能力建设

专业技术人才能力建设是专业技术人才资源开发的根本手段和方式，是以教育培养为基础，有效提升人才队伍素质和竞争力的关键举措。为此，该区应重视对专业技术人才胜任力特征研究，并以此为基础做好人才培训工作；应加

大对专业技术人才的继续教育投入，重点加强高层次专业技术人才队伍的能力建设。

（4）开展前瞻性研究，加强人才预测、规划和信息化工作

为有效统领该区的专业技术人才开发工作，应加强专业技术人才资源开发的前瞻性研究，使人才开发工作中的重点、难点问题得到充分重视与及时解决。其中，人才的预测和规划是前瞻性研究的重点内容，区域人才资源需求预测，能够为分析人才状况、调整人才结构、引导人才流向、完善人才政策提供科学依据，使人才总量满足区域经济和社会发展的要求。应逐步建立专业技术人才的信息网络，重视人才供求信息的发布工作，加强人才信息资源的开发和利用。

6. 改革效果

通过规划的编制，该区理清了区经济社会发展规划与专业技术人才需求的关系，理顺了专业技术人才的组织管理职责与权限，优化了针对上述人才的引进、培养、使用、管理与淘汰机制，通过人才信息网络的建立，使得专业人才管理工作进入信息化时代，专业技术人才队伍结构、人才数量、人才的成长发展、专业贡献都逐步达到历史最好水平。

第九章
事业单位人事管理信息化改革技术与实战

第一节　人事管理信息化概述

20 世纪 80 年代初，随着计算机在管理领域的普遍应用，国外一些先进的应用软件企业开始将关注点聚焦于人力资源管理领域。首先使用信息软件系统进行管理的是人力资源工作中最复杂、最繁重的薪资管理。信息系统的使用，大大降低了该工作的繁冗程度且提高了效率。

到了 80 年代的中后期，随着信息技术的发展和组织对信息化要求的提高，很多单位已经不再满足于单一的、孤立的人力资源信息，管理者需要及时掌握最新的、最全面的人力资源状况，因此，网络化被逐步运用到人力资源管理中，并成为人力资源信息化的关键支撑技术，这期间大量的网络版人力资源管理系统应运而生。网络技术带给人力资源管理或者说带给各种管理工作的，不仅仅是简单的技术变革，更是深刻的管理方式的革命。

随着组织管理思想的逐步成熟，人们开始认识到，人力资源管理不仅仅是组织内部的一种辅助管理行为，而是组织生存和发展的基础与关键。至此，组织的领导者们开始认真地思考：如何以最高的效率改善组织的人力资源管理状况，这种提升管理质量和效率的需求，促进了人事管理信息化的发展，“e-HR”这一全新的术语开始进入人事管理领域与信息化业务领域。

如今，人事管理信息化已经成为众多企事业单位的普遍选择，在组织的人力资源管理过程中正在发挥着积极的、重要的作用。人事管理信息化的普及与推广，是人力资源管理发展的必然趋势。

一、人事管理信息化的定义

人力资源管理信息化，有狭义和广义两方面的定义。从狭义的意义上来看，人力资源管理信息化就是以现代互联网技术和信息技术为基础，将传统的人力资源管理工作以信息化的方式进行管理。从广义上说，人力资源管理信息化是指基于电子商务理念的、所有电子化的人力资源管理工作。

人力资源管理信息化主要包括三个层面：一是数据的信息化，二是流程的信息化，三是管理的信息化，即运用数学模型、信息管理模型和计算机仿真模型，对人力资源管理进行优化控制和战略分析，从而为组织的管理和决策提供支持。

二、人事管理信息化的特点

人事管理信息化融入了知识化信息共享、敏捷化组织结构、职能化角色分工、网络化业务协作、流程化业务办理、平台化集成服务、接口化信息交互等先进的功能组件，并引入了对象化、MDA、SOA 等先进的思想和理念，对组织系统体系结构进行全面的规划和设计，使其既能保持组织系统体系结构的科学性、完整性、规范性，又能灵活适应组织人力资源管理业务的快速发展和应用需求的不断变化，其应用功能可以覆盖人力资源管理的全业务和全流程，并具有以下特点。

①组织信息一体化：采用标准化、规范化、分级部署的形式，可实现结构化信息与非结构化信息的综合管理，实现信息内容的有效维护和充分共享。

②组织管理流程化：在信息一体化的基础上，充分利用信息管理和网络技术，引入流程管理的思想，以流程化的形式重新梳理、整合管理业务，实现管理的规范、集约和高效。

③组织运营知识化：充分利用信息化手段，可推进信息的收集、整理、加工、存储、传播、应用，与传统的管理业务有机结合，注重知识的汇集和积累，并在此基础上形成知识创新。

④组织平台统一化：以规范的信息数据模型为基础，以统一的职能业务、组织架构、角色分工、人员信息等为索引，关联和汇集各类管理信息与数据，并采用单点登录、内容管理、论坛交互、即时通信、网络社区、服务集成等各种技术手段，形成统一的交互平台，形成规范的运行管理模式。

⑤组织功能自动化：在实现随需而变定制应用功能的同时，可保持应用系统操作功能的通用化和自动化，使系统容易上手、易于操作，并采用对象化服务的形式，将各类信息和应用功能合理、有效地整合到不同类型用户的各种应用终端上，使信息资料按需配置、随手可得。

⑥组织管控集中化：应对全球经济一体化的挑战，利用先进的网络化业务平台，可实现多管理层级、多业态、多地域的统一管理，可以实时掌握组织的动态，灵活应对外部竞争环境的变化。

⑦组织管理人性化：在标准化、规范化的信息数据管理和制度化、流程化的运行管理的基础上，可通过统一的门户和虚拟的工作空间，构筑知识化、人性化的管理氛围，营造整体化的价值取向和文化氛围，增强文化的认同感和行动的一致性。

⑧组织系统集成化：采用有效的技术手段，可将人力资源管理信息化系统与其他业务和管理系统进行功能集成，进行系统间的相互调用和功能协作，使得信息化真正成为提高单位效能效率的有效方式。

三、人事管理信息化的原则

人事管理信息化，一般应遵循以下原则。

①统一规划，分级建设：统筹安排各人事项目的信息化建设，进行全局规划和顶层设计，形成全局统一的信息系统，确保其能够发挥整体效能。

②数据集中，服务下延：坚持高层级集中部署，推动数据向上集中，形成符合业务发展方向和技术实现要求的数据分布格局。通过信息网络将服务向基层延伸，为广大服务对象提供更加便捷、高效的服务。

③标准统一，资源共享：贯彻统一的信息和技术标准，推动全系统人力资源信息系统的集约化建设，实现软硬件设备、网络等共用、共享，推进网络互联，实现信息资源的有效整合、共享和交换。

④深化应用，务求实效：以组织的战略与发展需求为导向，以人力资源管理的重点工作为切入点，明确系统建设的优先顺序，在抓建设的同时关注应用，将应用效果作为衡量信息化建设成效的重要标志。

⑤安全可靠，高效运行：把信息安全始终放在至关重要的位置，做到信息安全建设与信息系统建设同步规划、同步建设、同步发展，保证数据安全，保证系统安全、稳定、高效运行。

四、人事管理信息化体系建设的内容

人力资源管理信息化体系的建设，首先需要克服以往只注重功能实现，不注重业务模型和运维服务的状况，形成贯通“管理模型→业务方案→细化分析→配置实施→知识转移→运维服务”等主要环节的系统价值链。

基于以上认识，人力资源管理信息化体系建设，需要考虑以下三大体系的内容。

1. 人力资源业务模型体系

人力资源业务模型体系是在专业的人力资源管理咨询服务机构和专家的共同参与下，在全面、深入地分析人力资源管理全业务和全流程的基础上，由业务规划团队采用专业化的业务模型建模工具（如 ARIS），将人力资源管理活动所涉及的对象、行为、流程、服务和相互关系构建成为直观的、可视化的、多维度的业务模型，并最终形成体现行业特点、业务逻辑性强、可被计算机系统准确实现的典型业务管理模型。

在建设应用系统时，首先由专业化的业务规划团队，在典型业务管理模型的基础上，结合用户组织的管理特点，对模型进行适当的调整和扩展，形成符合实际的管理方案，并采用建模工具进行图形化、多维度展现，使系统的建设目标和效果在模型层面清晰可见，便于进行方案沟通和交流，使系统业务体系结构和实施方案符合用户组织的管理实际，得到用户组织认可和接受。

2. 人力资源管理运行架构体系

系统开发团队按照业务模型体系的需要进行软件体系的架构与功能组件的

设计与开发，运用面向对象、MDA、SOA 等先进的系统设计思想，构建可快速配置、能随需而变、可适应业务需求，可复用、可扩展、可维护、易操作的业务运行平台。

在此基础上，由实施运维服务团队按照用户组织认可的业务模型和实施方案，对各类业务对象进行分类，对业务场景、功能模块、业务流程、信息内容、应用功能、交互模板、界面风格、应用权限等方面进行细化和配置，并使用配置工具生成符合用户组织管理实际的应用系统。

3. 人力资源管理运维服务体系

在系统正式运行后，运维服务团队还要对系统进行持续的维护和技术支持，包括增删组件、调整流程、定制业务插件、提供资源服务，等等。随着用户业务和规模的发展，在保证用户系统长期稳定运行的前提下，运维服务团队还将提供系统应用功能的个性化扩展，以适应用户人事管理业务的不断变化。

五、人事管理信息化的目的与意义

知识经济时代，人力资源的意义与价值达到前所未有的高度。人力资源管理信息化凭借先进的计算机技术、信息技术、网络通信技术，将显著增强人力资源管理的综合效能，并不断拓宽管理领域，使人力资源管理从传统的行政事务向效益化、效能化的方向发展，从以“管人”为主，向“管人”与“管事”相结合的方向发展。随着人力资源管理、人力资源开发、人力资本管理等现代管理思想的不断深化，信息化的人力资源管理将成为组织战略的核心组成部分，从而发挥巨大的管理效益。

归纳而言，人事管理信息化的意义，包括以下七个方面。

1. 提高人事管理效率

信息社会的主要特征是信息取代物质和资本成为社会生产和生活的第一资源，人力资源管理信息化通过应用计算机、数据库、网络等智能化设备，可高效完成人力资源信息的收集、整理、加工、存储、传播和使用等工作，将人们从复杂、繁重、无序的手工管理模式下解放出来，极大地提高人事管理的工作效率。

2. 实现信息共享

人事管理信息系统可将组织以往散乱存放、难以查找的文档资料以电子化、数字化的形式统一保存，形成标准统一、集中存储、分工维护、授权访问的管理机制，便于查阅和传递信息，实现信息资料的综合应用。同时，还可借助数据库技术和信息处理技术，对信息资料进行指标化、定量化的加工和分析，获得结构化的信息数据，并借助网络技术和权限控制技术，在确保存储安全和访问安全的前提下，实现信息、数据的共享。

3. 积累汇聚知识

当前，知识创新已成为组织生存、发展和取得竞争优势的源泉，人事管理信息化的一个重要作用是建立组织内部的知识管理体系，把知识作为资产进行有效管理，包括：建立信息数据库，实现显性知识的有效存储和充分共享；通过指标化、量化的工作分析和关键业绩指标考核积累业务数据，通过大量、翔实的数据掌握业务的运行状态和趋势；挖掘隐性知识，通过便捷的反馈和记录机制，将人员的经验体会、意见建议、创新思路等有效采集、整理、加工成可供采纳和分享的知识；利用网络化的沟通方式，促进组织内部的信息传递，促进人员间的知识交流，建立起尊重知识、积聚知识、使用知识的文化氛围。通过信息化的平台，将个体的聪明才智汇聚为组织的集体智慧，从而增强组织的创新和应变能力。

4. 实现精益管理

随着精益管理思想从生产制造领域向管理领域的延伸，精益管理的内涵得到了极大的丰富和完善，用户满意度成为评判业务成效的主要标准。通过科学地规划和设计组织、岗位、工作内容，从“做正确的事”入手，到“正确地做事”，通过减少不必要的、重复的工作环节，减少浪费、节约成本，可以有效地整合人、财、物等各种资源。同时，在人事管理信息化的支持下，绩效评价体系也可从以往概念化的定性判断转变为细化、量化、指标化的基于数据的定量考评，对于管理的精细化也有极大的推进作用。

5. 提高决策支持能力

决策的正确性与掌握信息的全面性和准确程度成正比。人力资源管理信息化一方面可以凭借完备、丰富的数据库系统，按照指标化、定量化的模型提供数据和信息，为科学决策提供支持；另一方面，也可以依靠信息系统所提供的图形化功能，以图表、图形等形式实时、动态、直观地展现信息数据和分析结果，使决策者能够直观、准确、及时地掌握业务动态。

6. 加强组织管控力度

人事管理信息化可以促进组织内部各层级、各单位组织与人员信息的公开、透明，而组织结构的设置、岗位的安排、人员的配置都反映和承载了组织的管控思想；同时，由于人事信息化的实现，管理信息在各个层级、各个单位之间高度透明，从而使得对上述组织的管控有了数据的支撑，能够实时观察到管控点的数据和信息，有利于加大管控宽度，有利于管控执行的深化、细化、标准化。

7. 改善沟通和交流

依托网络的人事管理信息化平台，就像人体内的神经系统，可以凭借电子刊物、公文流转、信息发布、内部论坛、即时通信等丰富多样的手段，将规章制度、工作简报、通知公告、业务交流等信息完整、准确地传达所有人员，并及时反馈意见、建议，实现各级组织和人员之间高效、顺畅的沟通与交流。

同时，事业单位人力资源信息化改革也是对于《中共中央 国务院关于分类推进事业单位改革的指导意见》的探索与践行，有利于优化各事业单位的人力资源结构，将各项工作职能具体化、模块化、标准化，提高工作效率，降低管理成本，促进人力资源在事业单位管理中发挥最大效能，调动人的积极性，强化各级人员的使命感，进而发挥创造力，建设良好的文化氛围，最终提升事业单位的效益与服务水平。

第二节　事业单位人事管理信息化现状

一、事业单位人事管理信息化存在的问题

从事业单位的人力资源信息化管理现状来看，管理理念落后，各方面信息处理仍以纸质为主，难以实现实时共享，在进行人才盘点时缺乏有效、完整、实时的数字支撑与分析，影响了决策的科学性和可行性；从员工的角度来说，也无法了解与自身相关的动态人事信息。导致以上问题的深层次原因，在于以下三个方面。

1. 人力资源标准体系不完善、不规范

信息化管理是以信息内容的收集、存储、加工、传播和再利用为前提的，因此，信息的标准化是影响信息化建设的关键因素之一。然而，事业单位却存在着传统人事管理信息标准不统一、信息结构、体系、标准政出多门、缺少相关信息传递标准与业务流程标准等诸多问题。

制定事业单位人力资源管理信息化标准需要统一协调、普遍参与、注重实效，充分体现事业单位职能部门、信息系统用户、信息系统开发厂商等各方的意见和诉求。

2. 缺少科学、有效的人力资源管理模型

事业单位的人事管理信息化应用仍处于初级阶段，单位现行的人事管理方式与信息化管理模式之间还有很大的距离：首先，事业单位人力资源管理的思想、理论、方法大多只是概念性表述，没有形成结构化、模型化、可视化、易操作的管理体系；其次，流程化的人力资源业务处理方式还没有被普遍接受和充分使用；第三，许多事业单位的人力资源管理者还受到责权、保密、求稳等传统思想的束缚，还难以接受信息共享、流程协作、组织管控、精确管理、集成服务等典型的信息化背景下的管理模式。

3. 认识不充分，盲目建设

近年来，事业单位投入了大量人力、物力进行信息化管理系统的开发和应用，但整体效果并不理想，有效、成功的案例凤毛麟角。归纳起来，认识不充分、规划不到位是重要原因：首先，由于改革开放后国内经济、社会快速发展，国外的管理思想、理论、方法大量涌入，西方近二百年的科学管理发展历程在有限的时间和空间内被生搬硬套在国内的管理实践中，使得人们忽视了对本组织管理现状的认识，对人事管理信息化的目标、重点、难点把握不足，系统规划贪大求全，希望毕其功于一役，其结果往往适得其反。

二、人事管理信息化发展过程中面临的挑战

经过二十多年的探索与实践，国内企事业单位在人力资源管理信息化方面已经取得了一些成就，但距事业单位组织与人事管理变革所期望的目标仍有很大的差距，所面临的挑战突出体现在如下几个方面。

1. 人力资源管理信息系统缺乏核心技术

信息化管理是以计算机、信息处理、网络通信等技术为先导的，然而，近年来国内人力资源管理信息系统市场呈现出技术热、业务冷的状况，主要表现为：从事人力资源管理应用软件开发的厂商众多，技术上互相模仿，市场上激烈竞争，系统建设上因陋就简，整体上既缺少核心技术，又缺少成熟的应用平台与解决方案，呈现出低水平重复开发和恶性竞争的局面。

在系统建设过程中，往往是签合同时信口承诺，系统实施时却草率了事，难以实现事业单位预期的目标，给事业单位人力资源管理的信息化建设带来了一定的风险与不确定性。

2. 缺少有效的人力资源系统建设与应用模式作为支撑

目前，国内的人力资源管理信息系统多数仍停留在以信息数据管理为主的阶段，管理系统的建设基本采用统一封装的软件产品或项目化定制开发两种模式。统一封装的软件产品在设计和开发过程中需要充分考虑产品的通用性，在

国内人力资源管理不够规范的情况下，难以满足个性化的应用需求。项目化定制开发的模式存在投入大、周期长、业务需求难以收敛、软件开发和测试存在不可控因素等问题。

因此，有必要参考国外先进的 MDA、SOA 等系统开发建设模式和应用模式，探索适应事业单位人力资源管理现状、能够快速满足应用需求的、成熟的应用技术平台和应用模式，促进事业单位人力资源管理信息化持续、健康发展。

3. 运维服务的大环境仍未形成

系统的运行和维护是确保人力资源管理信息系统取得实效的重要环节。然而，国内多数量身定制的个性化软件缺乏可复用性、可扩展性，也存在体系结构固定、软件更新费时费力、难以适应新增业务需求、存在信息孤岛和业务孤岛等问题，这些问题都在严重地影响着系统的应用成效和生命周期。

第三节　事业单位人事管理信息化改革技术与方法

一、人事管理信息化模块概述

根据事业单位改革精神，在国家“逐步建立符合各种类型事业单位特点”的要求的指引下，人事管理信息化改革的工作内容包括：更新人力资源管理理念，改变传统办公方式，优化业务流程，将日常人力资源工作纳入信息系统执行；建立统一的人事数据库，为各级领导提供准确、及时的数据信息；通过信息技术手段，由单机管理转变为网络管理，实现网络化操作，大幅降低工作量，提高办公效率，提升信息共享与沟通水平，等等。

具体来看，事业单位人事管理信息化大致包括以下六个模块的工作内容。

1. 建立人事信息数据库，打造信息共享平台

利用 e－HR 系统，可以构建单位人事信息数据库，整合单位的人事信息，

按照管理范围、组织层级授予相应的权限，对人员的基本信息进行全方位、深层次、多角度的查询与分析，使得领导能够更加准确地掌握单位的人才状况和人才分配、使用情况，挖掘人才潜力，从整体上进行组织结构与人员配置的优化。同时，高层领导、人事部门领导、各部门领导以及普通职工都能够从平台上获取自己所需要的信息，促使全体人员都参与到单位的人事管理中来，在很大程度上减轻人事部门在事务性工作上所花费的时间和精力。

2. 建立流程电子化平台，推动管理实现流程化

通过 e－HR 系统，可以建立单位的电子化业务流程平台，将人事管理业务流程通过信息化平台运转起来，同时，通过对各级管理人员、人事业务人员和职工进行授权，使人事审批等业务办理可以不受时间、地点的限制，在这个过程中，以往业务流程中不合理的环节也会随之暴露出来，可以加以优化，从而使得人事业务流程与单位管理实际更充分地结合起来。

3. 运用薪资管理系统，高效完成晋级晋档调资工作

利用 e－HR 系统，事业单位的工资核算、统计、发放等工作可以“一键式”完成，对于工资发放情况可以按照相应的统计规则进行分析处理，生成各类工资报表，对工资报表和各种数据进行自动审核。同时，职工可以在自助平台上查看自己的工资表，结合自己的出勤情况与绩效考核结果，核对自己的工资数额。

再比如，事业单位的晋级晋档工作，需要套用很多条件，经过很多复杂的计算，费时费力，效率低下，且易出现失误。采用人事管理信息系统后，对于职务变动引起的工资变动以及每年按期晋升薪级工资，只要使用预先定义好的模板，即可自动计算变化后的职务工资、薪级工资等，包括“双肩挑”的情况也可使用相关模板自动计算出结果，不再需要查阅相关的标准、文件、规定，大大提高了工作效率。

4. 运用绩效管理系统，让绩效考核更加科学、高效，结果更加公平、公正，具有公信力

传统的考核模式，由于缺乏计算机的辅助，考核成本巨大，为此，管理者

不得不选取简单的模式，而简单的考核势必难以量化、多角度衡量评价，过低的考核频率必然带来“近因效应”，“晕轮效应”等，再加上“老好人”等人为因素的干扰，考核工作的公平、公正很难保证。

运用e－HR系统，可以在线完成绩效考核的打分，自动计算考核结果，还可以就考核结果进行多角度的对比分析；职工的每次考核成绩都会记录在案，通过自助平台，职工可以在线查询个人的考核成绩，了解个人的考核情况，如有不同意见，可以通过系统直接反馈；此外，系统后台的各项参数控制和管理，可以有效控制“老好人”、“泄私愤”等人为因素的干扰，使得考核结果更加客观、公平。

5. 运用培训管理系统，实现培训资源利用最大化

对于事业单位来说，以往都是各部门、各下属单位各自规划培训体系，造成许多培训资源的浪费。采用培训管理系统之后，所有的培训课程及记录都可由人事部门进行统一规划及管理，形成一个开放式的平台，将所有的培训资源、培训计划、培训教材、培训教师、培训场所等进行统一管理，培训课程信息会发布到平台上，让全体职工了解，有选择性地去报名参加某些培训项目，并将培训效果及评估反馈都记录在系统中。此外，有了这样一套信息化平台，培训的方式也可有所改变，打破单一的、传统的课堂固定式培训，将培训资料及课件发布到网上，实现培训资源在全系统范围内的共享，有效地解决了传统培训的诸多弊端，能够满足随时、随地、不同群体的培训需求，达到培训资源利用的最大化。

6. 运用人事数据智能分析系统，可为领导的人事决策提供有效的数据支撑

以往事业单位在进行重要的人事决策的时候，往往是凭经验，或者在决策之前进行大量的数据统计或分析工作，采用人事数据智能分析系统（HR－BI）之后，通过多角度的人事信息汇集、分类与图表分析，可以及时、准确地掌握单位的人才结构信息、变化调整信息，完成人才状况的静态结构分析和动态趋势预测，以实现对人事信息的全局把控。

上述分析系统可为事业单位制订人才开发规划、合理配置人才、充分开发

和利用人才提供数据支持，可为单位各级领导和人事部门制订有关政策提供更为方便、快捷的信息数据支撑。

二、人事管理信息化导入实施四步法

人事管理信息化是一个有关于人力资源管理的系统工程，同时，也是事业单位综合管理中的重要组成部分，其本身还要符合单位信息化管理的整体规划。因此，必须要有一套科学、系统的工作程序，才能保证系统建设的良好的效果。

基于多年的人事信息化咨询及服务实践，汉哲提出了人事管理信息化导入实施四步法，可作为事业单位导入人事信息系统的参考及借鉴。

第一步：规划为先，精确定义

e－HR 是信息技术与人力资源战略、方法的融合，是信息技术对传统人力资源管理的渗透而产生的战略性方法再造。在事业单位开展人事信息化体系建设之初，必须清晰地定义人事信息化导入项目的输入、输出、边界与期望达到的效果，将 e－HR 规划与其他信息化推进工作一道纳入单位的改革过程，从单位人力资源战略与信息技术战略的全局高度出发，如此，才能应对单位人力资源管理环境的变化，提高 e－HR 实施的成功率，延长系统应用的生命周期。规划阶段可以参照以下步骤开展工作。

（1）成立规划领导小组，组织相关培训

e－HR 规划领导小组应由组织的主要决策者之一负责，其成员包括人力资源部门、相关业务部门的业务骨干、人力资源专家、系统分析设计人员。

通过培训，可以使得上述人员了解 e－HR 的相关专业知识，并掌握制定 e－HR规划的方法。

（2）全面收集和整理规划信息

进行 e－HR 规划时需要使用的信息包括人力资源管理政策信息、劳动力市场信息、现有人力资源结构信息，等等，通过对这些数据和信息的归类和汇总，为 e－HR 的规划准备好“原材料”。

(3) 确定规划性质和期限

e-HR 规划需要根据组织规模、管理规范化程度以及产品/劳动需求等基本情况确定规划的年限和具体方法，以明确规划的性质和适用范围，进而合理地选用规划辅助工具或软件。

(4) 约束条件分析

对 e-HR 系统建设的目标、开发方法、功能结构及财务状况等要素进行逐一分析之后，根据组织自身的财力、人力及物力等资源的现状和限制，可以将 e-HR 建设的约束条件一一定义出来，为其目标的制定确定约束范围。

(5) 明确目标和基本结构

确定 e-HR 系统的建设目标，诸如应具备的功能、服务范围、项目建设质量，等等，给出其初步形态和基本框架，为项目的分析和设计明确方向。

(6) 拟定开发方案

确定项目建设的总体顺序，选定优先建设的子项目，制定较为详细的开发策略，明确具体的开发方法，估计项目成本和人员需求，并列出建设进度表。

第二步：详细调查，全面分析

e-HR 的建设无论采用信息系统开发常用的结构化方法、原型方法还是面向对象的开发方法，对系统的分析都是必不可少的环节。e-HR 分析就是要对拟建设项目进行系统化、结构化的分析，研究 e-HR 过程并提出优化和改进的思路，进而形成逻辑方案/模型，解决“做什么”的问题。

现代系统工程的方法论为系统分析提供了科学的步骤和工具。

(1) 项目建设的可行性分析

e-HR 项目建设可行性分析的内容包括人力资源管理人员对项目建设的态度和管理方面的条件是否满足，当前项目建设队伍的能力能否满足系统需求，项目建设经费能否及时到位，项目的经济效益能否达到或超过支出，等等。此外，可行性分析的结论应明确指出项目建设是立即进行、暂缓还是否定，从而为后续工作指明方向。

(2) 业务及数据的调查和分析

项目建设的可行性分析通过后，就应对人力资源管理部门的结构、职能和业务流程进行详细的调查和分析，在此过程中，可以借助组织结构图、管理功能图、业务流程图等图形分析工具或相关软件描述相关静态或动态的管理信息，了解组织内人力资源的基本情况，以发现其不合理甚至错漏之处，进而为优化业务流程创造条件。

为了有效地引入信息技术辅助管理，还应借助数据流程图、数据字典、判断树/表等工具将管理数据和过程抽象出来，发现并解决数据流通中的问题，为后阶段建立人力资源数据库系统和设计相关功能模块奠定基础。

（3）系统化分析

在对组织原有的人力资源管理流程、管理职能、数据及处理过程等进行了深入的描述和分析之后，就可在此基础上进行系统化分析，以确定 e－HR 的功能子系统及其数据资源分布、数据处理流程和数据处理方式。本阶段的工作可以使用系统化的聚类分析方法即功能/数据分析法，通过建立 u/c 矩阵，检验 e－HR 数据的正确性、完整性、一致性和无冗余性，进而确定系统的逻辑功能、模块划分和数据资源分布。

（4）逻辑方案的建立

逻辑方案是指经过系统分析和优化后，系统拟采用的管理模型和数据处理方法，其主要内容包括系统业务流程及业务处理方式，系统数据指标体系、数据流程及描述，系统逻辑结构与数据资源分布方式，系统在各业务处理环节拟采用的模型或算法，配套的管理制度与运行体制，开发资源和时间进度估计，等等。由于逻辑方案不同于计算机配置和软件结构模型等实体结构方案，因此，本阶段可保留一定的柔性与调整空间。

（5）形成系统分析报告

系统分析阶段的最终输出物为系统分析报告，其主要内容包括人力资源部门的基本情况简述、系统目标与开发的可行性、现行管理状况及系统的逻辑方案。报告形成后，规划领导小组必须对逻辑方案进行严密论证，以发现其中的问题和疏漏，对有争议的部分，应重新核实资料或深入研究。

第三步：系统设计，科学选型

e－HR 系统的设计与选型，是在系统分析的基础上进行系统的总体设计和物理设计，建设项目的物理模型，解决“怎么做”的问题。

对于需求相对标准化的事业单位，可以考虑选择成熟的 e－HR 产品（如汉哲 e－HR 人力资源管理系统），根据自身的需求确定购买软件产品的品牌、模块、技术参数等，这一工作称为“选型”。相对而言，选型比自主开发的难度要小很多。

以下以自主开发为例，参照系统工程理论，介绍人力资源信息系统的结构化设计方法。

（1）总体结构设计

总体结构设计就是对系统总体框架和可利用的资源进行宏观设计和规划，主要工作包括功能结构设计和系统流程设计。以结构化和模块化的思想为指导，借助功能结构图和系统流程图，可以将系统分解为功能单一且相互联系的模块，并详细描述出各模块之间的数据关系，用于表述系统处理过程的大致设想。

（2）代码设计

代码设计是利用数字、字母或相关符号的组合来替代各类不同形式的管理信息，便于后面的计算机处理。通过设置信息的分类、编码和校验机制，可以在系统和使用者之间提供一种规范的、高效的交流工具。

（3）物理配置设计

此项工作是在综合衡量系统性能指标的基础上，合理选择计算机硬件设备、操作系统、网络体系结构。在配置物理设施时，要严格依据规划和分析的结果决定系统配置，同时，还要考虑设计方案实现的可行性和技术的可靠性。

（4）输入输出设计

I/O 设计是系统与用户之间交互的纽带，决定着人机交互的效率和效果，包括 I/O 内容设计、格式设计、方式设计、设备设计及用户界面（UI）设计，等等。

（5）数据结构和数据库设计

本阶段的任务是根据数据的用途、使用要求、安全保密规定等特性决定数据结构、载体和权限等问题。在设计过程中，首先应利用规范化模式和关系数据模型设计系统的数据指标体系和数据库的关系结构，然后确定网络环境下的数据资源分布，最后定义数据安全保密级别和权限。

(6) 模块功能与处理过程设计

这是系统设计的最后一步，也是涉及具体业务处理过程最详细的一步，是编写程序实现系统的基础。结合前阶段的分析和设计成果，使用层次模块结构图、HIPO 图、结构化算法描述语言等工具，具体设计出系统所有模块的功能和处理过程、步骤及相互之间的连接方式。

(7) 提交系统设计报告

设计工作结束后，要提交系统设计报告，其内容主要包括：系统总体结构图、系统分类编码方案、系统设备配置图、I/O 设计方案、数据库结构图、系统处理流程图和设计方案说明。系统设计报告是设计阶段的最终成果，也是下一步系统实施的基础，一旦设计通过审查，整个项目的建设便可以进入项目实施阶段。

第四步：周密部署，顺利实施

项目实施是项目建设的最后阶段，其实质是将设计阶段的成果在计算机系统和组织内加以实现。由于牵涉组织管理的方方面面，在实施 e－HR 之前必须要制订周密的计划，以保证其顺利进行。实施阶段的主要任务包括以下几个方面。

(1) 物理系统的安装与调试

按照系统总体设计和物理配置方案的要求，选择合适的设备供应商，安装并调试计算机系统，连接和测试计算机网络，按照数据库设计要求搭建数据库结构。

(2) 程序设计与测试

程序设计应该遵循可靠、规范、易理解、易维护的目标，选用恰当的编程工具和设计方法完成计算机程序的编写。紧随程序设计的工作是程序的调试，即在计算机上以各种可能的人力资源数据和操作条件对程序进行试验和检测，尽可能找出存在的问题并加以修正，使其符合设计的要求。

(3) 基础数据整理与人员培训

应采用统一规范的方法、手段和渠道，将组织的人力资源数据整理并输入系统内，为此，需要对操作人员和用户进行系统培训，其主要内容应集中在系统操作方式和流程、操作注意事项、可能的故障及其排除等方面，这样做的目的是使用户更有效地参与系统建设，加强用户和设计人员之间的理解与沟通，为今后系统的全面推广使用打下基础。

（4）系统试运行及切换

系统试运行实际上是程序调试和检测工作的延续，它通过初始化后输入原始数据让系统运行并记录和核对系统输出，测试系统运行的速度、可靠性，发现系统实际运行中的问题。

将通过试运行的系统应用到组织中去、替代原有人力资源管理业务操作的过程，称为“切换”。不同的组织可以根据时间、费用、复杂程度等因素决定采用直接切换、并行切换还是分段切换的方式，以完成系统的平稳过渡。

（5）系统运行维护及评价

系统日常管理的内容包括管理机构的运行、基础数据的管理、系统运行情况的记录和维护，等等。此外，系统运行状况怎样、产生的效益如何、对组织的影响多大等问题，都需要建立科学的评价指标体系加以衡量，并以此为维护、更新和进一步开发的依据。

第四节 案例与实战

案例1：云南省X规划设计研究院人力资源管理信息化改革

1. 背景介绍

云南省X规划设计研究院成立于1956年，是一家集规划、勘察、设计、咨询和监理于一体的综合甲级单位，名列全国勘察设计单位综合实力百强单位。五十多年来，该院出色地完成了一大批交通工程基础设施建设的前期工作，在西南大地上结下了累累硕果。2001年，该院由事业单位企业化管理转变为具有企业法人实体和市场主体的科技型企业。在激烈的市场竞争中，该院深刻地认识到，人才是企业发展、赢得竞争的关键，因此，要全面提升人才管理、人才培养的能力和水平。

正是基于以上背景，X 规划设计研究院全面启动了院人力资源信息系统的建设工作。

2. e－HR 实施内容及效果

通过本次人力资源信息系统建设，X 规划设计研究院在人事信息集中管理、人力资源管理流程优化、人事管理效率提升、人事管理透明化等方面都取得了较好的效果。

归纳起来，X 规划设计研究院取得的成效集中体现在以下六个方面。

(1) 建立了整合的人力资源信息平台

随着该院的快速发展，人员管理的工作量及复杂度也在不断加大。而作为勘察设计单位，该院对人员信息的准确性要求很高，比如，在各类招标中都会对有资质人员的数量提出要求。但由于人员分散到各个二级处室和二级单位，这就增加了人员信息集中管理和实时更新的难度。为此，各个处室经常要根据各类项目投标要求，查阅全院有资质人员的信息，费时费力。

通过本次信息系统建设，该院建立起了全院共享的人力资源基础信息平台，实现了如下三个效果：一是将全院人员信息整合起来，在一个数据平台下对全院人员实现统一管理；二是通过业务关联和授权维护（比如，人力资源部门可以根据职工各类信息变动情况进行集中维护，动态形成子集记录等），保证了信息的实时、准确；三是建立起了基于授权的信息共享和查询机制，可以根据业务需要方便地进行人员信息查询、导出。

(2) 规范了人力资源管理与开发的工作流程

人员入职、转正、调岗、调薪、离职等都是人事管理的基础工作，这类工作的基本导向是规范、高效，即需要用最少的成本实现最规范、最准确的操作。这类工作与人员规模密切相关，人员规模越大，基础性工作量越大，人力资源部门要投入的人力和时间就越多。更为严重的是，人力资源部门往往因为陷入这些事务性工作而没有时间和精力从事管理、规划工作。换句话说，这类工作的完成只能让职工没有不满意，但是却无法让职工真正满意。

人力资源信息系统的导入在这方面发挥了巨大的作用。通过信息系统，将基础管理流程信息化，越是大量的重复性工作，信息化流程越有优势，边际成本迅速降低。该院利用信息化手段，借助信息系统的可视化工作流程引擎，并与各类表单相结合，实现了职工从入职、转正、调岗、调薪直到离职的全周期管理，保证了基础业务的规范、高效执行。

更值得重视的是，在业务流程中实现的各类业务管理都会变更职工信息，信息系统可以在业务流程结束后自动将这些信息归档，这就保证了职工信息的实时更新，并且留下了所有业务操作过程的电子痕迹，实现了管理的可追溯，也为各类劳动关系纠纷的解决保留了全面的证据链。

(3) 形成了实时、准确的人力资源报表系统

人力资源报表是人力资源部门非常重要的一项工作内容，每到季末或是年底，人力资源部门都会专门拿出一段时间来进行各类人力资源数据的统计与分析，并制作各类报表呈递高层；而一旦企业高层临时提出一个数据需求，人力资源部门就会花费很多的时间进行数据统计、分析，而且还往往无法保证数据的准确、及时。虽然采用了 Excel 表格进行数据管理，但在数据汇总、分析、共享应用等方面仍存在着巨大的局限性。

通过建立整合的人力资源信息平台，结合数据更新机制，X 院利用信息系统中的表格工具，将企业高层所需的各类报表以及向政府有关部门定期报送的各类报表样式内置到系统中，可以随时取数，瞬间自动生成报表。即使领导临时性提出非常规的数据要求，人力资源部门利用表格工具也可以非常快速地完成报表制作，并自动生成数据。

目前，该院已经将《人员结构分析表》、《劳动报酬分析表》以及社保、年金等多类内部报表以及政府及上级主管部门劳动统计中涉及的期末人数、平均人数、劳动报酬、工资构成、学历构成、人员变动、增加人员、减少人员等各类统计报表实现了模板化，既提高了工作效率，又确保了数据的准确性，为人力资源管理决策提供了有力的支撑。

(4) 建立灵活、便捷的薪酬保险管理机制

薪酬保险管理与每个职工息息相关，包括日常的薪酬发放、社保缴纳、薪酬调整等在内的大量工作，需要绝对准确，而且也是一项工作量极大的工作。该院目前在薪酬上采取了院级统筹、绩效工资二级分配的管理机制，将职工薪酬分配的权利下放到各二级处室，从而有力地激发了职工的积极性，但由此带

来的问题是，由于各个二级处室没有人力资源专职管理人员，造成了薪酬以与此相关的社保等各项管理工作，更加个性化，更加复杂。

本次导入信息系统之后，该院人力资源部首先利用薪酬总额管理功能，对各二级处室的薪酬总额进行分配，然后各处室根据职工完成的项目工作量以及考核结果进行职工的具体薪酬分配，并将分配结果导入系统。系统即可根据职工分配，完成养老、医疗等各项社保及公积金的计算和缴纳。信息系统让这些复杂的薪酬管理工作自动化、简单化和高效化。

(5) 使得绩效管理真正落到实处

绩效管理是人力资源管理的重点，也是难题。产生这一问题的原因是多方面的，从执行角度来看，主要是如下几个原因导致，包括绩效管理本身的复杂性带来的管理成本，绩效管理难以全面推定，打分过程中的趋中趋势、手松手紧等影响了绩效的公正性，直线经理和职工对绩效管理的参与和配合有限，等等。X 院在绩效管理中也遇到了这些典型性的问题。

通过导入人力资源信息系统，上述问题有了明显的改观，该院绩效考核体系的运行上了一个档次。过去，院里实行月度、季度、年度考核，每月进行 360 度评价，这种考核方法需要进行多主体、多维度的打分，虽然能够较好地评价职工的工作表现，但却存在着工作量大、多维打分趋中趋势明显的问题。

利用 e－HR 系统，只需要将考核关系配置到系统中，评价任务就会自动推送到职工的自助平台，点击即可进行考核。同时，信息系统对考核打分做了细致的参数设置，比如，对同一考核者对多个考评对象评价为优秀的比例进行限制，还可设定对职工评价为优秀或较差的需要提交说明，这些参数设置能够在很大程度上避免打分趋中以及手松手紧的问题。

打分后，系统即可自动完成结果计算，避免了收集考核表和汇总计算的麻烦。职工登录自助平台即可查看个人考核结果，直线经理随后即可进行绩效反馈。可以说，人力资源信息系统的导入，使得曾经存在的问题和障碍在很大程度上不复存在，切实推动了绩效管理的落地执行。

(6) 实现了知识型职工的自助管理

从知识型职工的特点来说，职工参与管理对于提升积极性和创造性非常必要，因此，X 院高度重视基于人力资源信息系统的 EIP（职工自助平台）的建设。

通过导入 EIP 平台，X 院的职工可以按照授权查看自己的各项信息，包括个人基本信息，还包括工资、绩效考核结果等信息，这种自助查看的方式提高了职工的知情权。职工可以利用 EIP 参与绩效打分，还可以通过意见箱、咨询台等渠道向人力资源部提出意见和建议。反过来，人力资源部也可根据当前管理的关键问题制订调查问卷，由职工在线填写后系统自动汇总分析，帮助院里及时了解和掌握职工对各项管理工作的态度和意见。

自助平台的应用，极大地便利了职工了解企业信息、参与日常管理，改善了企业人力资源管理服务的提供方式和效率，对于提高职工满意度、调动职工积极性等都起到了很大的作用。

案例 2：F 研究所人力资源管理信息化系统实施纪实

1. 背景介绍

F 研究所始建于 1952 年，是新中国成立的第一个电信技术研究所，主要从事通信、卫星导航定位、航天航空测控、通信与信息对抗、航天电子信息系统与综合应用等前沿领域的技术研发和系统集成。在半个世纪的发展过程中，相继参与了“两弹一星”、“载人航天”、“嫦娥工程”等国家重大工程并发挥重要作用。

建所以来，取得了包括我国第一个原子弹遥控引爆系统、第一套无线电外弹道测量系统、第一台千门级数字程控交换机、第一个 15 米数字式卫星通信地球站、第一套北斗导航卫星数据分发系统在内的重大科研成果 2700 余项，其中有 100 余项成果获得国家级奖项。目前，该研究所已经成为我国电子信息领域专业覆盖面最宽、规模最大的综合性骨干研究所之一，是国家授权的电子工程甲级设计单位、电子工程专业承包壹级资质单位和工程咨询甲级资格单位。

2. 建设目标

F 所历来重视人力资源信息化工作，早在 90 年代中期就采用 Excel 表和 dBASE 数据库进行人力资源数据管理，但主要功能局限于数据存储与查询。

2005年2月，该所正式引进国内某厂商的人事管理信息系统，随着人员规模不断扩大，以及人事管理向人力资源管理的转变，以及网络技术的发展，原有的人事管理系统已经不能满足日益增长的管理需求。

正是因为前期人力资源信息化实践中积累的经验和教训，该所在新的信息系统选型前，首先对自身关键需求进行了全面、系统的分析。

（1）充分继承前期的信息化成果

从90年代中期建立电子版人事信息管理算起，F所十多年来积累了大量的人事数据及报表，新的系统必须能够把全部历史数据迁移过来，最大程度地继承历年积累的信息化成果。

（2）建立统一的人力资源管理平台

F所下设单位众多，人员数量庞大，职工类别复杂，且下属各单位人力资源管理水平参差不齐，管理手段不完备，管理体系不统一，还无法做到及时、全面掌握人事信息，因此，本次人力资源信息系统升级必须立足于建立统一的人力资源管理平台。

（3）提高工作效率

当前，F所工资发放、报表报送和档案管理等人力资源日常业务工作繁重，这些事务性工作耗费了人力资源管理者大量的时间和精力，如不同类别职工工资结构、计算方式都存在差异，手工计算工作量非常巨大。这就要求新升级的人力资源管理软件能够灵活配置，从而大幅度替代人工操作，提升人力资源管理者的工作效率。

（4）加强不同层次人力资源部门的分工协作

过去，由于人员众多、职工信息变动频繁，院人力资源部所掌握的信息往往滞后且不准确。本次系统建设的规划中，希望各层级人力资源部门在院人力资源部的统一授权下分别进行信息维护，汇总到统一的信息平台，以确保人力资源信息的完整、准确，同时，在人事管理操作方面，逐步实现各层级人力资源部门的分工协作。

（5）加强职工参与，搭建职工与人力资源管理的桥梁

传统的人力资源管理方式下，职工只能被动地接受人力资源管理的各类信息，新的信息化系统要搭建一个互动平台，提供职工自助功能（如修改个人

信息、提出培训需求、查询薪酬和绩效结果等)，从而搭建起职工与人力资源管理之间的桥梁。

本次信息化系统建设的过程可概括为“紧密配合、分步实施、快速见效”，其中，人力资源业务人员参与系统实施是项目成功的关键。首先，业务人员参与系统实施方案制定和测试，能尽早发现问题，提出新的需求。其次，业务人员能结合实际业务创造性地使用系统。随着对信息化系统的使用和熟悉，业务人员积累了丰富的操作经验，加深了对信息化系统的理解。再次，业务人员参与系统实施，发挥了他们的积极性，降低了项目实施的难度。最后，锻炼了一支人力资源管理信息化队伍，为今后信息化系统的持续改进提供了保障。

3. 实施效果

通过在全所范围内推进人力资源信息系统建设，利用信息化手段改变了传统的人力资源管理方式，扩展了服务范围，提高了服务水平，规范了业务流程，信息得以共享，日常管理工作效率有了质的飞跃，也为所人力资源决策提供了有力的数据支持。其突出的效果包括以下几个方面。

(1) 人力资源数据实现了全面整合与规范管理

规范、准确的基础数据是信息系统实施应用的基本要求，是科学决策的保障。在本次项目中，项目组对原系统中历年积累的数据和统计报表进行梳理后，全部导入新系统中，最大限度地承续了之前信息化建设的成果。同时，原信息系统中大部分信息可直接修改，难以保证人事信息的安全性和权威性，新系统具备强大的授权功能，可分别对人员、子集、管理范围直至每一个指标进行严格的分角色授权，从而保障了数据的安全性与权威性。

(2) 通过发挥系统的核心功能，加强了对各级单位的管控能力

通过人力资源信息系统，全面规范了薪酬福利、劳动合同、职工调配等基础业务流程管理。以薪酬福利管理为例，通过本次信息系统升级，全所职工工资、福利及社保均通过信息系统发放和缴交，人力资源部薪酬主管可实现对下属各单位工资项目的新增和修改的控制，统一了全所工资结构管理，方便了工资总额统计和报表生成，使得所人力资源部可以掌握下属各单位每一个职工的工资发放情况，实现了对下属各单位薪酬水平、薪酬总额及人力成本的有效管控。

(3) 完备的人力资源信息为全面、规范的人才管理提供了有力的支撑

本次升级的信息系统中包含了全部人员的数据库，人力资源部可以从各个维度全面掌握全所的人力资源状况，对核心人才及业务骨干还可以做到随时关注，提高了工作的针对性。同时，劳动合同签订情况通过系统实时反馈，促进了劳动合同规范化管理，避免了人才尤其是核心人才的流失。

(4) 系统的分析与统计功能为领导的决策提供了数据依据

利用信息系统丰富的数据分析功能和统计报表功能，可以非常方便地生成诸如《职工履历表》、《干部任免审批表》、《工资报表》、《福利报表》、《职工花名册》、《统计工资总额》、《人员属性统计、学历和专业分布情况》等各种统计报表，为领导决策提供了可靠的数据保障。

(5) 职工、经理自助平台，搭建了与人力资源部有效沟通的桥梁

由于采用了 B/S 系统架构，职工只需通过网络登录“职工自助平台”就可查询个人信息，完成权限内的业务操作，如，可以方便地查询各月薪酬，修改个人基本信息，完成绩效考核中的计划制定、自评等，而各级经理则可通过“经理自助平台”查询、修改本部门职工的各种信息，进行所属职工的考核等。

“职工自助平台”和“经理自助平台”加强了人力资源管理的透明度，架起了职工与人力资源部沟通的桥梁。自助服务平台的全面应用，开启了职工与人力资源部门关系的新模式，有力地促进了人力资源管理工作的精细化、科学化和规范化。

(6) 日常事务的管理效率大大提高，人力资源部门得以腾出精力从事高端工作

本次人力资源信息系统的升级，使得传统的人事事务工作的效率大大提高，节省了时间，减少了差错，使得人力资源管理人员得以从大量繁琐的日常事务性工作中解脱出来，腾出更多的时间和精力去实践更高端的人力资源工作，如人力资源规划、中长期激励制度研究，等等，从而有力地促进了 F 所人力资源管理水平的全面提升。

随着组织、岗位、合同、薪资、福利、考核、培训、招聘等信息化模块的不断上线，F 所的人力资源管理业务流程得以不断完善和优化，人力资源信息

化正在推动 F 所向着更为高远的目标不断迈进。

案例 3：SH 航道局人力资源管理信息系统应用实践

1. 背景介绍

SH 航道局是从事长江航道维护、管理、建设等工作的公益性事业单位，拥有港口与航道工程总承包特级、市政公用工程总承包一级施工资质，持有国家测绘局颁发的甲级测绘许可证，并于 2003 年通过了 ISO9001 质量管理体系认证。该局现有职工近万人，其中中高级技术人员千余名，设有 6 个航道局、4 个航道工程局及 1 个救助打捞局、1 个航道规划设计研究院、1 个航道测量中心和 1 所航道技术专业学校。

2. 人力资源信息化建设的目标

2007 年，根据 SH 航道局三年人才发展规划的指导思想，该局人劳处牵头提出建立人力资源信息化管理系统，其目的是通过搭建现代人力资源管理信息化平台，加快构建新的人力资源管理体系，最终推动传统人事管理向现代人力资源管理转型，为该局现代化建设提供科学、规范、便捷的人事信息和人才资源保障体系。为此，对于人力资源管理信息系统的建设，提出了以下五个方面的具体要求。

①适用性：能够适应该航道局未来发展的需要，能够支持大范围的组织架构调整和人员调配、业务流程重组等管理创新的需要。

②可操作性：利用人力资源信息化系统，相关管理人员能够对人事数据进行系统分析，可以随时查阅相关信息，实现系统化管理。

③动态性：人力资源信息系统可以根据该航道局的实际需求进行动态调整，适应业务的扩展和管理机制的转变，从而更加有效地服务于本局。

④服务性：通过搭建全局人力资源服务的共享网络平台，逐步建立全局人力资源管理的共享服务中心，提高整体运作效率，促进全局战略目标的实现。

⑤规范性：规范人力资源管理业务流程，提高人力资源工作效率，逐步实现人力资源管理工作的系统化、模式化和集成化。

3. 实施效果

2008 年开始，该局开始人力资源管理信息系统的建设工作。目前，全局已经建立起了统一的人事基础信息库，实现了局机关与各二级局多种年报的自动生成、汇总以及网上内部招聘，并且在局机关范围内开展了培训管理、薪资管理、保险福利、领导决策等人力资源管理业务的信息化。一期项目实施内容圆满结束，初步达到预期目标，成效较为显著。

(1) 夯实了人事基础信息，搭建了数据共享平台

该局成功利用人力资源信息系统构建起了全局的人力资源信息数据库，按照单位的组织层级，授予相应的权限，使业务人员可以对职工信息进行全方位、深层次、多角度的查询与分析，相关领导能够更加准确、及时地掌控全局各单位的人事信息和人才分布情况，从而挖掘本单位人力资源潜力，进一步对机构管理、人员配置、岗位设置等工作进行优化，实现人尽其用、岗尽其才。

信息化系统的便捷业务处理和自助服务功能，减轻了人劳处等业务部门在事务性工作上所花费的时间和精力，也使局领导、处领导及各二级单位领导都能方便地参与到人力资源管理工作中来，为传统人事管理向现代人力资源战略管理转型奠定了基础。

(2) 规范工作流程管理，架起局机关与各二级单位、各部门之间的信息沟通桥梁

通过人力资源信息系统建设，建立了电子化业务流程平台，将人力资源业务流程通过信息化平台管理起来；通过对各级管理人员、业务人员进行权限管理，使得人力资源业务办理不受时间和地点的限制；在这个过程中，以往人事业务流程中不合理的环节也被显现出来并得以优化，使得人力资源业务流程与全局战略流程的匹配性更高。

(3) 运用招聘系统，建立全局人才库，快速获取合格人才

人力资源信息系统能够将全局各单位的用工需求进行汇总、审核，对于有些需求，可直接从局内部人才库中寻找到合适的人选，不仅为职工提供了新的发展空间，也避免了人才的流失和盲目外聘所带来的风险，解决了人员过剩的问题。对于确实需要外部招聘的，通过信息平台将招聘信息发布出去，应聘者

在网上填报申请信息，通过系统设置的过滤条件，将符合条件的应聘人员自动下载到系统的应聘人员库中，并自动进行人岗匹配，将符合条件的应聘者自动提取出来，避免了以往人工筛选简历的低效率以及工作失误带来的损失。

（4）有效管理各种培训资源，达到培训效果最大化

所有的培训资源都可由局机关人事处进行统一规划及管理，统筹规划开放式的培训平台，同时，将所有的培训信息进行归档，每个人的培训记录保存到各自的培训子集中。人事业务人员可以通过设定的条件自动提取数据，生成培训的各种表格，方便其撰写各种文档及报告，大大缩短了培训计划的定制周期，实现了对各种培训更加有效的管理。

（5）加强薪资监控，对全局的人力成本进行有效控制和规范管理

通过信息平台，制定符合实际要求的工资标准和计算公式，通过职务晋升、正常增加薪级、工资套改、人员转序列套改、转正定级、新职工入职等工资业务流程的实施与上线，使全局所有单位可以更加规范、统一地进行薪资业务操作。局机关工资的调整、核算、统计、发放等工作均可一键式完成，大大减轻了薪资专员的工作量。下级单位定期报送工资发放情况，局机关全面掌握全局薪酬数据，并能够对全局薪资情况按照相应的规则进行统计、分析与处理，生成各类工资报表，从而实现对全局工资的有效监控。

（6）掌握全局人员动态结构，高效完成年报工作

通过系统的报表管理，制定符合要求的报表模版、表内表间公式、各统计项的取值条件等，实现了各单位报表的自动生成。提供反查和校验功能，大大提高了报表的排错效率。各级单位的报表逐级上报给局机关，最后汇总出全局报表，领导通过综合分析功能进行分析决策。同时，系统支持网上在线填报报表，局机关可随时查看系统各成员单位的填报情况，实现了报表报送的准确性、实效性和智能控制。

通过近两年信息系统的使用，该局的人力资源管理信息系统一期建设已全面完成，成功构建了高效的信息化管理平台，满足了资源共享、信息互通的要求，规范了各项人事业务的操作流程，为实现人力资源管理的战略性转变奠定了基础。在此基础上，该局将开展二期建设工作，重点规划各二级局的人力资源系统建设、扩展应用、绩效提升、自助平台的开放等。

附件

中华人民共和国国务院令第 652 号《事业单位人事管理条例》

中华人民共和国国务院令

第 652 号

《事业单位人事管理条例》已经 2014 年 2 月 26 日国务院第 40 次常务会议通过，现予公布，自 2014 年 7 月 1 日起施行。

总理　李克强

2014 年 4 月 25 日

事业单位人事管理条例

第一章　总　则

第一条　为了规范事业单位的人事管理，保障事业单位工作人员的合法权益，建设高素质的事业单位工作人员队伍，促进公共服务发展，制定本条例。

第二条　事业单位人事管理，坚持党管干部、党管人才原则，全面准确贯彻民主、公开、竞争、择优方针。

国家对事业单位工作人员实行分级分类管理。

第三条　中央事业单位人事综合管理部门负责全国事业单位人事综合管理工作。

县级以上地方各级事业单位人事综合管理部门负责本辖区事业单位人事综合管理工作。

事业单位主管部门具体负责所属事业单位人事管理工作。

第四条 事业单位应当建立健全人事管理制度。

事业单位制定或者修改人事管理制度，应当通过职工代表大会或者其他形式听取工作人员意见。

第二章 岗位设置

第五条 国家建立事业单位岗位管理制度，明确岗位类别和等级。

第六条 事业单位根据职责任务和工作需要，按照国家有关规定设置岗位。

岗位应当具有明确的名称、职责任务、工作标准和任职条件。

第七条 事业单位拟订岗位设置方案，应当报人事综合管理部门备案。

第三章 公开招聘和竞聘上岗

第八条 事业单位新聘用工作人员，应当面向社会公开招聘。但是，国家政策性安置、按照人事管理权限由上级任命、涉密岗位等人员除外。

第九条 事业单位公开招聘工作人员按照下列程序进行：

（一）制定公开招聘方案；

（二）公布招聘岗位、资格条件等招聘信息；

（三）审查应聘人员资格条件；

（四）考试、考察；

（五）体检；

（六）公示拟聘人员名单；

（七）订立聘用合同，办理聘用手续。

第十条 事业单位内部产生岗位人选，需要竞聘上岗的，按照下列程序进行：

（一）制定竞聘上岗方案；

（二）在本单位公布竞聘岗位、资格条件、聘期等信息；

（三）审查竞聘人员资格条件；

（四）考评；

（五）在本单位公示拟聘人员名单；

（六）办理聘任手续。

第十一条 事业单位工作人员可以按照国家有关规定进行交流。

第四章 聘用合同

第十二条 事业单位与工作人员订立的聘用合同，期限一般不低于3年。

第十三条 初次就业的工作人员与事业单位订立的聘用合同期限3年以上的，试用期为12个月。

第十四条 事业单位工作人员在本单位连续工作满10年且距法定退休年龄不足10年，提出订立聘用至退休的合同的，事业单位应当与其订立聘用至退休的合同。

第十五条 事业单位工作人员连续旷工超过15个工作日，或者1年内累计旷工超过30个工作日的，事业单位可以解除聘用合同。

第十六条 事业单位工作人员年度考核不合格且不同意调整工作岗位，或者连续两年年度考核不合格的，事业单位提前30日书面通知，可以解除聘用合同。

第十七条 事业单位工作人员提前30日书面通知事业单位，可以解除聘用合同。但是，双方对解除聘用合同另有约定的除外。

第十八条 事业单位工作人员受到开除处分的，解除聘用合同。

第十九条 自聘用合同依法解除、终止之日起，事业单位与被解除、终止聘用合同人员的人事关系终止。

第五章 考核和培训

第二十条 事业单位应当根据聘用合同规定的岗位职责任务，全面考核工作人员的表现，重点考核工作绩效。考核应当听取服务对象的意见和评价。

第二十一条 考核分为平时考核、年度考核和聘期考核。

年度考核的结果可以分为优秀、合格、基本合格和不合格等档次，聘期考核的结果可以分为合格和不合格等档次。

第二十二条 考核结果作为调整事业单位工作人员岗位、工资以及续订聘用合同的依据。

第二十三条 事业单位应当根据不同岗位的要求，编制工作人员培训计划，对工作人员进行分级分类培训。

工作人员应当按照所在单位的要求，参加岗前培训、在岗培训、转岗培训和为完成特定任务的专项培训。

第二十四条 培训经费按照国家有关规定列支。

第六章 奖励和处分

第二十五条 事业单位工作人员或者集体有下列情形之一的，给予奖励：

（一）长期服务基层，爱岗敬业，表现突出的；

（二）在执行国家重要任务、应对重大突发事件中表现突出的；

（三）在工作中有重大发明创造、技术革新的；

（四）在培养人才、传播先进文化中作出突出贡献的；

（五）有其他突出贡献的。

第二十六条 奖励坚持精神奖励与物质奖励相结合、以精神奖励为主的原则。

第二十七条 奖励分为嘉奖、记功、记大功、授予荣誉称号。

第二十八条 事业单位工作人员有下列行为之一的，给予处分：

（一）损害国家声誉和利益的；

（二）失职渎职的；

（三）利用工作之便谋取不正当利益的；

（四）挥霍、浪费国家资财的；

（五）严重违反职业道德、社会公德的；

（六）其他严重违反纪律的。

第二十九条 处分分为警告、记过、降低岗位等级或者撤职、开除。

受处分的期间为：警告，6个月；记过，12个月；降低岗位等级或者撤职，24个月。

第三十条 给予工作人员处分，应当事实清楚、证据确凿、定性准确、处理恰当、程序合法、手续完备。

第三十一条 工作人员受开除以外的处分，在受处分期间没有再发生违纪行为的，处分期满后，由处分决定单位解除处分并以书面形式通知本人。

第七章 工资福利和社会保险

第三十二条 国家建立激励与约束相结合的事业单位工资制度。

事业单位工作人员工资包括基本工资、绩效工资和津贴补贴。

事业单位工资分配应当结合不同行业事业单位特点，体现岗位职责、工作业绩、实际贡献等因素。

第三十三条 国家建立事业单位工作人员工资的正常增长机制。

事业单位工作人员的工资水平应当与国民经济发展相协调、与社会进步相适应。

第三十四条 事业单位工作人员享受国家规定的福利待遇。

事业单位执行国家规定的工时制度和休假制度。

第三十五条 事业单位及其工作人员依法参加社会保险，工作人员依法享受社会保险待遇。

第三十六条 事业单位工作人员符合国家规定退休条件的，应当退休。

第八章 人事争议处理

第三十七条 事业单位工作人员与所在单位发生人事争议的，依照《中华人民共和国劳动争议调解仲裁法》等有关规定处理。

第三十八条 事业单位工作人员对涉及本人的考核结果、处分决定等不服的，可以按照国家有关规定申请复核、提出申诉。

第三十九条 负有事业单位聘用、考核、奖励、处分、人事争议处理等职责的人员履行职责，有下列情形之一的，应当回避：

（一）与本人有利害关系的；

（二）与本人近亲属有利害关系的；

（三）其他可能影响公正履行职责的。

第四十条 对事业单位人事管理工作中的违法违纪行为，任何单位或者个人可以向事业单位人事综合管理部门、主管部门或者监察机关投诉、举报，有关部门和机关应当及时调查处理。

第九章 法律责任

第四十一条 事业单位违反本条例规定的，由县级以上事业单位人事综合管理部门或者主管部门责令限期改正；逾期不改正的，对直接负责的主管人员和其他直接责任人员依法给予处分。

第四十二条 对事业单位工作人员的人事处理违反本条例规定给当事人造成名誉损害的，应当赔礼道歉、恢复名誉、消除影响；造成经济损失的，依法给予赔偿。

第四十三条 事业单位人事综合管理部门和主管部门的工作人员在事业单位人事管理工作中滥用职权、玩忽职守、徇私舞弊的，依法给予处分；构成犯罪的，依法追究刑事责任。

第十章 附 则

第四十四条 本条例自2014年7月1日起施行。